Ulf Otto
Internetauftritte

Theater | Band 47

Ulf Otto (Dr. phil.) ist Dilthey-Fellow am Institut für Medien, Theater und populäre Kultur der Universität Hildesheim. Seine Forschungsschwerpunkte sind Konvergenzen von Theater- und Technikgeschichte, die Kulturgeschichte theatraler Praktiken sowie die Theatralität der digitalen Medien.

Ulf Otto

Internetauftritte

Eine Theatergeschichte der neuen Medien

[transcript]

Gedruckt mit freundlicher Unterstützung der Geschwister Boehringer Ingelheim Stiftung für Geisteswissenschaften in Ingelheim am Rhein.

Zugl.: Hildesheim, Univ. Diss., 2011 unter dem Titel: digital/theatral – zur Theatralität der neuen Medien

Bibliografische Information der Deutschen Nationalbibliothek
Die Deutsche Nationalbibliothek verzeichnet diese Publikation in der Deutschen Nationalbibliografie; detaillierte bibliografische Daten sind im Internet über http://dnb.d-nb.de abrufbar.

Umschlaggestaltung: Kordula Röckenhaus, Bielefeld
Lektorat & Satz: Ulf Otto
Druck: Majuskel Medienproduktion GmbH, Wetzlar
ISBN 978-3-8376-2013-9

Gedruckt auf alterungsbeständigem Papier mit chlorfrei gebleichtem Zellstoff.
Besuchen Sie uns im Internet: *http://www.transcript-verlag.de*
Bitte fordern Sie unser Gesamtverzeichnis und andere Broschüren an unter: *info@transcript-verlag.de*

Inhalt

Einleitung

Ein Bildschirm ist keine Bühne, das Internet kein Welttheater und wir sind auch nicht alle Rollenspieler – selbst wenn es manchmal scheint, als gäbe es keine anderen Metaphern mehr für das, was da in den Netzen passiert, und als wäre im Gegenzug das Theater bald nur noch im Internet anzutreffen. In den letzten zwanzig Jahren wurde der Computer zum Theater erklärt, die Theatralität des Internets entdeckt, und es war viel von virtuellen Theatern oder digitalen Performances zu hören.[1] Presse und Feuilleton wussten vom Internet als Karneval oder digitalen Maskenbällen zu berichten.[2] Kunst und Wissenschaft begannen, den Cyberspace als Gesamtkunstwerk zu begreifen.[3] Und auch die Alltagssprache spiegelte den theatralen Hang des Digitalen: von Auftritten im Internet war die Rede, von Plattformen oder Rollenspielen. »Vielleicht muss man eine Bühnenmetapher bemühen, um diese oft eigenartige Staffage der Webpräsenz [...] zu verstehen, unter denen sich unsere Zeitgenossen im Netz dargestellt sehen wollen«, mutmaßte die Süddeutsche Zeitung.[4] Und ein theateraffiner Blogger forderte die Entdeckung des Internets als Spielraum: »Das Internet ist das Theater der Zukunft!«[5] Wo

---

1 Vgl. u.a. Brenda Laurel: Computers as Theatre, Reading, Mass. 1991; Gabriella Giannachi: Virtual Theatres. An Introduction, London/New York 2004; Matthew Causey: Theatre and Performance in Digital Culture. From Simulation to Embeddedness, London 2006; oder Steve Dixon: Digital Performance – A History of New Media in Theater, Dance, Performance Art and Installation, Cambridge (Mass.) 2007.

2 Vgl. bspw. Der Spiegel 8/2007: ›Der digitale Maskenball. Zweites Leben im Internet‹, S.150-163; oder Spiegel Special 3/2007: ›Leben 2.0 - Wir sind das Netz‹.

3 Vgl. bspw. Florian Rötzer/Peter Weibel: Cyberspace. Zum medialen Gesamtkunstwerk, München 1993; Manfred Faßler/Wulf Halbach: Inszenierungen von Information. Motive elektronischer Ordnung, Gießen 1992. Mike Sandbothe: ›Theatrale Aspekte des Internet. Prolegomena zu einer zeichentheoretischen Analyse theatraler Textualität‹, in: Kommunikation im Wandel. Zur Theatralität der Medien, hg. v. U. Göttlich/J.-U. Nieland/H. Schatz, Köln 1998, S.209-226.

4 Bernd Graf: ›Der entblößte Mensch‹, Süddeutsche Zeitung vom 18./19.7.2009, S.4.

5 Eintrag vom 23.5.07 im Blog von Soeren Fenner, http://soeren.theaterblogs.de/?p=90. Soweit nicht anders vermerkt, wurden die elektronischen Quellen zuletzt am 3. August 2010 überprüft.

immer man in den digitalen Weiten auch hinkam, das Theater war schon da – meist durch niemand anderen als Hamlet selbst vertreten: Ob im *Chatroom*, auf dem *Holodeck* oder bei *YouTube*, es wimmelte nur so von Dänenprinzen, und es verwunderte fast, dass sich noch keine Medienphilosophie finden liess, die Hamlet aufgrund seiner binären Unterscheidung zwischen Sein und Nicht-Sein zum Vater des Computers, oder besser noch: Hamlet selbst zur ersten Rechenmaschine erklärt hatte.[6]

Und doch steckt hinter der metaphorischen Verklärung des Computers zum Welttheater nicht nur ein vermeidbarer Kategorienfehler und hinter der kuriosen Wiederbelebung der Guckkästen im Internet mehr als eine zeitgemäße Mode. Es zeigt sich hier vielmehr, wie sich die neuen Medien freigiebig aus dem Fundus der Theatergeschichte bedienen, um sich auf den Begriff zu bringen, und dass das Theater im Gegenzug nicht mehr ohne Bezug auf das Digitale gedacht werden kann.[7] So wenig wie sich die neuen Medien aus ihren Technologien ableiten lassen, so wenig gelingt es der Theaterkunst in kritischer Distanz zu ihnen zu verharren.[8] Stattdessen verbirgt sich hinter der vermeint-

---

6 *Hamlet_X* heißt das bekannteste deutsche Internettheater-Projekt, *Hamnet* nannte sich die vermutlich erste Aufführung eines Theaterstücks im Chatroom, und von *Hamlet on the Holodeck* träumte eine der ersten Veröffentlichungen zu den Erzählformen der neuen Medien. Hamlet stand in den neuen, also den digitalen Medien meist nicht nur stellvertretend für das Theater in seiner Gänze, es schien darüber hinaus eine spezifischere Affinität zu geben, die den vermeintlichen Helden der Moderne mit jenen postmodernen Technologien verband, von denen man sich eine Rückkehr in die Vormoderne erhoffte. Diese mediale Affinität Hamlets zeigt sich schon bei Alexander Graham Bell, der potentiellen Käufern die Möglichkeiten des Telefons mit einem Hamlet-Monolog unter Beweis gestellt haben soll, und reicht bis zu Manuel Castells, der feststellte, dass die gesellschaftliche Wirkung des Fernsehens »nach dem binären Code ›Sein oder Nicht-Sein‹« funktioniert. Zumindest jedoch scheint sich an diesen praktischen und diskursiven Auftritten Hamlets im Internet ablesen zu lassen, wie das Theater versuchte, die neuen Medien in den Griff zu kriegen, und wie sich umgekehrt Diskurse und Praktiken der neuen Medien aus dem Theater speisten. Vgl. Sidney Aronson: ›Bell's electrical toy – What's the use? The sociology of the early telephone usage‹, in: The Social Impact of the Telephone, Cambridge (Mass.) 1977; Manuel Castells: Das Informationszeitalter I. Der Aufstieg der Netzgesellschaft, Opladen 2001, S.385.

7 Unter den neuen Medien sind in Abgrenzung von der Kultur der Schrift und des Buchdrucks und den vornehmlich audiovisuellen Massenmedien die digitalen, besser gesagt die digitalisierten gemeint. In diesem Begriffsverständnis folgt die Arbeit vornehmlich Lev Manovich: »All existing media are translated into numerical data accessible for the computer. [...] In short, media becomes new media.« Lev Manovich: The Language of New Media, Cambridge (Mass.) 2001, S.25.

8 Da Medialität – wie Jürgen Fohrmann festgestellt hat – zu einer Kategorie geworden ist, die wie der ›Geist‹ als Einheitsformel dazu tendiert, »differenzlos und damit unbestimmbar zu werden«, und andererseits – wie Rainer Leschke beobachtet hat – »der Theaterdonner, mit

lich selbstverständlichen Unterscheidung des Computers vom Theater eine diskursive und praktische Vertracktheit des Digitalen mit dem Theatralen, die es auf ihre geschichtlichen Linien, begrifflichen Voraussetzungen und gesellschaftlichen Bedeutungen zu untersuchen gilt. Anders gesagt: Es lohnt sich, das Theater von seinem Ende her zu denken und die neue Medien von ihrer Erbschaft her zu verstehen, mehr noch: Erst von der Geschichte des Theatralen her wird der kulturelle Wandel, den das Digitale mit sich bringt, überhaupt verständlich. Nur so lässt sich sinnvoll fragen, ob jenes bunte Treiben auf *YouTube* und *Facebook*, in *World of Warcraft* und *Second Life* tatsächlich etwas Neues ist oder ob dahinter doch nur wieder die nächste Stufe des altbekannten Medienspektakels steckt – und ob dieses Spektakel noch mehr ist als eine ästhetische Spielerei auf den Oberflächen von Maschinen, deren Botschaft sich längst in ihrem Schaltwerk erschöpft?[9]

Doch wie kommt man begrifflich mit diesem Theater klar, das sich seit Anfang des Jahrtausends in den graphisch und audiovisuell aufgerüsteten Netzen breit gemacht hat, aber eigentlich keines ist, weil es sich nicht in Kategorien und Kriterien einpassen lässt und aus dem Artefaktbereich und Phänomenbestand der Disziplin herausragt? Wie lassen sich jene Diskurse und Praktiken, »die ›theatral‹ genannt werden könnten«[10], auf den Begriff bringen, ohne darauf warten zu müssen, dass die Regie die bunten Gestal-

dem das neue Medium [...] in der medienwissenschaftlichen Manege vorgeführt wird«, eher auf den »Anerkennungsbedarf der zugehörigen Theorien« hindeutet als etwas über die medialen Qualitäten der Maschine auszusagen, interessiert sich die vorliegende Arbeit für die Medientheorie vor allen Dingen dort, wo sie als diskursive Macht auf die theatralen Praktiken Einfluss hat. Vgl. Jürgen Fohrmann: ›Der Unterschied der Medien‹, erschienen in: Transkriptionen 3 (2003), S. 2-7, hier: S.2; Rainer Leschke: Einführung in die Medientheorie, München 2003, S.153.

9 Vgl. Friedrich Kittlers Vermutung auf dem Hellerauer Symposium, dass das Ästhetische angesichts der medialen Umbrüche zu »kleine[n] Bonbons, spielende[n] Elemente[n], die uns noch Vergnügen machen sollen«, herabgesunken sei: ›Hellerauer Gespräche: Theater als Medienästhetik oder Ästhetik mit Medien und Theater?‹, in: Maschinen, Medien, Performances. Theater an der Schnittstelle zu digitalen Welten, hg. v. Martina Leeker, Berlin 2001, S.405-450, hier: S.426.

10 Vgl. Samuel Weber: Theatricality as Medium, New York 2004, S.1. – Statt vom Fortschritt der Mediengeschichte berichtet Weber von einem merkwürdigen Anachronismus, einer Heimsuchung des Heute durch das Gestern, und zwar in Form von Praktiken und Diskursen, die theatral genannt werden könnten. Was also sind dies für Praktiken und Diskurse – könnte man fragen –, die zwar theatral genannt werden könnten, es aber anscheinend doch nicht sind, und was hält uns davon ab, sie theatral zu nennen? – Der Konjunktiv II verwahrt sich vor der Tendenz der Schrift zum Wesentlichen, er benennt und beschreibt stattdessen eine Ähnlichkeit. Etwas, das theatral genannt werden könnte, ist mit anderen Worten nicht genug Theater, um theatral zu sein, und fordert die Benennung dennoch heraus.

ten auf den Bühnenhorizont projiziert?[11] Täte die Theaterwissenschaft nicht gut daran, ihren Gegenstand wenn auch nicht vor »beleidigenden Familiarisierungen«[12] so doch zumindest vor ubiquitärer Entdifferenzierung zu bewahren und angesichts des inflationären Gebrauchs der Metapher auf der Unterscheidung zwischen Obst und Gemüse, d.h. Medien und Theater, zu beharren? Schließlich hat die Disziplin ihre Existenz und ihren Erfolg nicht zuletzt der begrifflichen Fixierung des Theaters auf jene unvermittelte Gegenwärtigkeit des Aufführungsereignisses zu verdanken, die dem Medialen gerade abzugehen scheint. Was nützt schließlich die Feststellung, dass wir auch in den neuen Medien alle nur wieder mehr Theater spielen, wenn es am Ende heißt, »dass es kein Theater mehr gibt, weil alles Theater ist«.[13]

Aber ist es tatsächlich so selbstverständlich, dass Theaterwissenschaft mit dem Theater, und nicht mit dem Internet zu tun hat oder Theater nur das ist, was sich in der Anwesenheit von Schauenden und Spielenden vor Ort erschöpft? Nicht nur aktuelle Tendenzen im gegenwärtigen Kunsttheater und die nachfolgende Begriffsbildung lassen daran Zweifel aufkommen. Schon der Blick zurück und nach draußen, d.h. vor die Renaissance und jenseits Europas, zeigt deutlich, dass es jenes Theater nicht wirklich gibt, das in anthropologischer Konstanz und historischer Variation als diskursunabhängiger Gegenstand dienen könnte, sondern dass es immer erst konstruiert werden muss. Doch hinter der Konstruktion liegt jedoch meist ein komplexes Netzwerk aus sehr unterschiedlichen und wechselhaften Phänomenen verborgen, die nur allzu oft eigentlich kein Theater sind und nicht immer sinnvoll darauf festzulegen sind, dass sie sich in der gegenwärtigen Rückkopplung von Darstellern und Zuschauern vollziehen. Nicht ob und was Theater ist, führt daher als Fragestellung weiter, sondern was weshalb keines sein soll und weshalb sich eine Disziplin, die sich der Flüchtigkeit der Phänomene so bewusst ist, über einen Gegenstand konstituieren muss, statt ihr Feld und ihre Verantwortung aus ihren Möglichkeiten abzuleiten: Wieso sollte sich eine Wissenschaft, die in ihrer historischen Ausrichtung wie kaum eine andere die komplexen Wechselwirkungen zwischen Kunst, Körper und Macht seziert hat, wenn sie sich der Gegenwart zuwendet, auf die affirmative Bestandsaufnahmen der Kunst beschränlen, die sie im Namen trägt?[14]

---

11 Vgl. bspw. die Produktion Second Life – ›So real wie Du dich fühlst‹ von Thomas Schweigen am Theaterhaus Jena im Oktober 2007, die Ibsen-Inszenierung Helden auf Helgeland von Roger Vontobel am Hamburger Schauspielhaus im Januar 2008 und den Alice im Wunderland-Abend an der Berliner Schaubühne im Mai 2007.

12 Vgl. die oft und gerne zitierte Passage von Klaus Lazarowicz: ›Einleitung‹, in: Texte zur Theorie des Theaters, Stuttgart 1991, hier: S.29.

13 Hartmut Böhme: ›Das Theater der Kulturwissenschaften‹, erschienen in: Der Tagesspiegel vom 30.12.2002, S.25.

14 Geht mit der Expertise und der Sensibilität der Disziplin denn nicht auch eine Verantwortung für eben jene Phänomene in den Schirm- und Netzwelten einher, die jenseits des Theaters der Kunst liegen? Wieso war zu erwarten, dass sich auf dem 8. Kongress der thea-

Was also – außer Metaphern – bleibt einer Wissenschaft vom Theater, die von der Aufführung als Maß der Dinge Abstand nimmt? – Ein *Auftritt,* lautet der Vorschlag, den diese Arbeit unterbreitet. Denn Auftritte sind konkret und alltäglich und es gibt sie außerhalb der Kunst und in den Medien. Auftritte erregen Aufmerksamkeit, indem sie zwischen Akteuren und Publikum unterscheiden. Sie setzen diese nicht voraus, sondern bringen sie erst hervor, indem sie zwischen Machen und Schauen trennen und in einem Atemzug Teilnahme verlangen und unterbinden. Aus einem Auftritt geht immer auch eine Figur hervor, d.h. eine Gestalt, die sich von ihrer Umhebung abhebt, aus dem Gewöhnlichen herausragt und über jene temporäre Gemeinschaft enthoben ist, der sie als Gegenüber ihre Orientierung gibt. Als singulärer Vollzug eines Bündels von tradierten und inkorporierten Praktiken und Techniken bleibt ein Auftritt zugleich potentiell prekär und instabil und ist aufs Engste mit jenen Technologien, Diskursen und Institutionen verstrickt, die ihn nicht nur vorbereiten und nachvollziehen, sondern überhaupt erst als substantivierte Vergegenständlichung eines distinkten Geschehens und Erlebens zum Träger von Bedeutungen werden lassen. Weil ein Auftritt so aus dem Alltäglichen, Individuellen und Unmittelbaren herausragt, ist er immer schon Ausnahmezustand, Gesellungsereignis und Medienwirklichkeit. Auftritte werden also nicht nur auf Probebühnen und in Studios vorbereitet, sondern entstehen meist auch erst an Schreibtischen und Schnittpulten – oder eben im Internet.

Die eigene Kontingenz in Betracht ziehend, will der Begriff des Auftritts, den das erste Kapitel skizziert, daher nichts Wesentliches bestimmen und keinen Gegenstandsbereich festlegen, sondern einen historischen und kulturellen Vergleich der Spielarten ostentativer Differenzierung und ihrer Genealogien ermöglichen: Vom Eccomi-Schrei der Commedia über die unzähligen Varianten bürgerlichen Türenklapperns und populären Treppensteigens bis zum verteilten Auftreten im Internet. Denn auch wenn der Fuß in der Datenbank nicht gesetzt werden kann, weil es an jenen Brettern fehlt, die dem Gewicht des Körpers Halt bieten, die dabei helfen, den Schall auszubreiten und die Blicke anzuziehen und so die große Geste und die gestützte Stimme durch Suchmaschinenoptimierung ersetzt und ergänzt werden müssen, zielen doch beide darauf ab, Aufmerksamkeit zu erregen. Ob im Internet oder im Theater, ein Auftritt ist immer mehr als *nur* eine Metapher und zugleich trotzdem weniger als das *Eigentliche*. Der Auftritt *ist* kein und nicht *das* Theater, sondern das, woraus Theater und anderes gemacht wird.

---

terwissenschaftlichen Gesellschaft zum Thema Theater und Medien die meisten Beiträge mit »(anderen) Medien im Theater«, »vorwiegend Inszenierungen des letzten Jahrzehnts«, beschäftigt haben? Weshalb haben sich die meisten Wissenschaftler dort »(evidenterweise) mit [...] der Inszenierung bzw. Aufführung« beschäftigt, weshalb fiel die »Analyse von Diskursen über Theater in anderen Medien [...] völlig aus dem Fokus des Interesses«, und wieso galt Ähnliches auch für den Bereich »theatrale Praktiken in der Mediengesellschaft«? (Henri Schoenmakers et al.: Theater und Medien. Grundlagen - Analysen - Perspektiven, Bielefeld 2008, S.26f.)

Das Kompositum des *Internet*auftritts provoziert so die zweischneidige Frage nach den ostentativen Praktiken, die in den neuen Medien überdauert haben, *und* nach den theatralen Diskursen, in denen die neuen Medien ihre begriffliche Zurichtung erhalten. Er nimmt von der Annahme Abstand, dass Medien und Theater etwas eindeutig Unterscheidbares seien, ohne zu der simplifizierenden Behauptung Zuflucht zu nehmen, das Theater sei einfach selbst ein Medium, und impliziert damit auch eine Kritik an den Reichweiten der in der Theaterwissenschaft vorherrschenden Begrifflichkeiten. Ausgangspunkt dieser Kritik, die das zweite Kapitel *Antimedium* entwickelt, ist die Beobachtung, dass sich die Theaterwissenschaft mit medialen Phänomenen schwer tut – und zwar genau deshalb, weil sie dazu neigt, ihren Begriff vom Theater in Abgrenzung zu den Medien zu gewinnen. Dass diese Bestimmung des Theaters im Gegensatz zu den Medien aber kein Zufall ist oder einfach in der Zeit liegt, zeigt sich in der Gründung der Diziplin und der Tradition des Aufführungsbegriffes, der aus der zweifachen Abgrenzung gegenüber Schrift und Audiovisionen hervorgeht. Denn das Insistieren auf der Rückkopplung zwischen Bühne und Zuschauerraum und dem Unterschied, den die körperliche Anwesenheit von Produzenten und Rezipienten in der geteilten Raumzeit macht, wirft zwar Licht auf den blinden Fleck der Philologien; gleichzeitig zieht die Ontologisierung des Begriffes und die damit einhergehende Bestimmung körperlicher Präsenz als conditio-sine-qua-non des Theaters eine Ausgrenzung medialer Wirklichkeiten nach sich, die sicherlich heuristisch, politisch und didaktisch sinnvoll sein kann, sich aber zugleich fragen lassen muss, welche Wertungen ihr eingeschrieben sind und aus welchen Traditionen sie sich nährt.

Daher plädiert die Arbeit für eine historisierende Relativierung des Aufführungsbegriffes, die die Aufführung als eine historisch kontingente Form, einen Auftritt praktisch und diskursiv einzubinden und einzuhegen begreift und an eine bestimmte historische Medienkonstellation gebunden ist – da es genau dort Sinn macht, von der Aufführung als Definiens des Theaters zu sprechen, wo sich ein Auftritt als etwas Präsentes von seiner medialen Reproduktion unterscheiden lässt, d.h. wenn man auch das Drama lesen oder das Video anschauen kann. Löst man den Auftritt aber aus dem Kontext der Aufführung, dann treten die körperlichen Praktiken und medialen Techniken ostentativer Differenzierung in ihrer historischen Kontingenz hervor. – Nichts Neues soll der Begriff also begründen, nichts Wesentliches bestimmen, er begnügt sich mit dem vorübergehenden Perspektivwechsel und muss sich im Rahmen der vorliegenden Arbeit daran messen lassen, was er zur Formulierung des Befundes beiträgt. Denn ausgehend von diesen propädeutischen Überlegungen zur Perspektive einer medienaffinen Theaterwissenschaft begibt sich die vorliegende Arbeit auf die Suche nach dem Auftritt im Internet.

Der unerwartete Befund, der sich erstmals im dritten Kapitel *Simtheatre* in der Beschäftigung mit den kuriosen Bemühungen um ein Theater im Internet andeutet und dann an unterschiedlichsten Stellen wiederkehrt, ist widersprüchlich: Einerseits scheinen die Netze und ihre Diskurse vom bürgerlichen Theater nie losgekommen zu sein und in den neuen Medien fast schon obsessiv die alten Konventionen heraufzubeschwören und nachzuahmen. Andererseits aber scheint sich hinter dieser Simulation von Theater im virtuellen Raum ein radikaler Bruch zu verbergen: Die nahezu vollständige Rücknahme jener Differenzierung zwischen Akteuren und Publikum, die zuvor als operative Dynamik des Auftritts beschrieben wurde und die in der historischen Entwicklung von der Zentralperspektive über Abdunklung bis zu Reproduktion und Rundfunk über die letzten fünfhundert Jahre immer statischer geworden ist. In den virtuellen Räumen der neuen Medien jedoch scheint sich Anwesenheit nicht mehr voraussetzen oder unterstellen zu lassen, sondern muss durch ununterbrochene Entäußerung manifestiert werden, und die teilnahmslose Anteilnahme des Publikums ist nur noch als partizipative Simulation machbar.

Aus diesem doppelten Anfangsverdacht aber ergibt sich die Trajektorie der vorliegenden Arbeit: Erstens gewinnt das Projekt seine Kontur als paradoxer Versuch, eine *Theatergeschichte der neuen Medien* zu schreiben, d.h. die medialen Phänomene digitaler Kultur auf ostentative Praktiken und deren diskursive Genealogien hin zu untersuchen. Zweitens leitet sich daraus auch die Leitthese der Arbeit ab, die den Befund zur Diagnose auszuformulieren versucht: Denn die allerorts zu beobachtende Rücknahme der Unterscheidung zwischen Akteuren und Publikum scheint die direkte Folge der technischen Struktur einer verteilten Öffentlichkeit zu sein, in der die Position des schweigenden Beobachters nicht mehr möglich ist, und weitreichende Folgen für die Gesellschaft zu haben, in der sie sich abspielt. In der Informationsgesellschaft verlagert sich das Auftreten im Übergang von der Versammlung zur Vernetzung auch von den Schauplätzen in die Spielwelten. Schaustellung geht ins Fest über. – Was sich nicht zuletzt sinnbildlich in William Gibsons Bild des Cyberspace als ›Stadtlicht im Rückzug‹ ausdrückt.

Der historische Ort aber, an dem sich die beobachtete Entdifferenzierung abspielt, ist eben jene Gesellschaft, in der die Unterscheidung von Akteuren und Publikum als allgegenwärtig, unhintergehbar und unüberwindlich empfunden wird, in der das Publikum zum Schweigen verdammt und die Akteure unerreichbar geworden scheinen und in der Ausnahmezustände alltäglich geworden sind, Gesellungsereignisse vereinzelt erlebt werden und die Medienwirklichkeit als scheinhaft verdächtigt wird. Das mag jene Gesellschaft sein, die von Urbanisierung, Industrialisierung und Kommerzialisierung geprägt seit dem 19. Jahrhundert Massenmedien, Audiovisionen und Warenschauen produziert. Vor allen Dingen aber ist es jene Gesellschaft, die an der Unterscheidung von Akteuren und Publikum zu leiden beginnt, weil sie sich durch das Phantasma der Persönlichkeit und eine korrespondierende Angst vor öffentlicher Selbstentblößung der eigenen Expressivität beraubt.

Die Antriebskraft hinter der diagnostizierten Entdifferenzierung ist insofern jener Diskurs, der in vielfältigen Variationen eine Überwindung passiver Distanz und Aktivierung des Rezipienten durch Verbesserung des Feedbacks fordert oder feststellt. Und so scheint es kein Zufall zu sein, dass Guy Debords Anklage der *Gesellschaft des*

Spektakels nicht nur in die Zeit des *Living Theatre* und von Enzensbergers *Medienbaukasten* fällt, sondern eben auch mit der diskursiven und technischen Erfindung des Rechners als *Kommunikationsapparat* durch Licklider einhergeht. Denn alle diese Diskurse verbindet mit Wagners Prototypen eines medialen Apparates zur theatralen Gemeinschaftsbildung die Sehnsucht nach der Überwindung von massenmedialer Entfremdung durch eine mit medialen Mitteln wiederhergestellte Unmittelbarkeit der Kommunikation. Die Entdeckung des Theaters als Interaktion ist das Echo der Festlegung der medialen Spezifik des Computers auf die Interaktivität. Denn auch wenn es im Theater die Feier der Leiber ist, die seit den 60er Jahren das Programm der Avantgarde bestimmt, und die Programme der Computerpioniere genau entgegengesetzt an der Überwindung des Fleisches durch den Algorithmus arbeiten, teilen doch beide das Ideal einer vormodernen Kommunikation, die am Vorbild bürgerlicher Konversation orientiert ist.

Die Sehnsucht nach Überwindung des Spektakels scheint also nicht eigentlich in der Performing Garage verwirklicht worden zu sein, sondern vor allem in jenem digitalen Karneval, der in den Netzen tobt und in dem die Avatare die Funktion der Gesichter und Masken übernommen haben: symbolische und zugleich operative Stellvertreter, numerische Verkörperungen der Spieler, die aus der Rückkopplung von Mensch und Maschine hervorgehen und die sich neben ihrem Aussehen vor allen Dingen durch ihre Benutzbarkeit auszeichnen. – Entsprechend wird das Spiel mit den Avataren meist als individueller Selbstausdruck und bürgerliches Rollenspiel gefeiert und genormt oder aber als technizistische Anpassung des Menschen an die Algorithmen der Maschinen entlarvt. Betrachtet man das Spiel mit den Avataren jedoch als öffentliches Auftreten und hebt den Schau-Charakter hervor – wie es die vorliegende Arbeit im vierten Kapitel *Avatare* mit Computerspielen, interaktiver Kunst, Benutzerschnittstellen und sozialen Netzwerken durchspielt –, dann wird deutlich, dass es hier immer auch um die Manifestation von Macht und die Besetzung der Körper geht – wie nicht zuletzt die Hahnenkämpfe in *World of Warcraft*, die *Cosplays* von *Lara Croft* oder auch die Theorie Turings zeigen. Es sind die Maschinen, deren Macht sich hier manifestiert und mit deren Beschwörung zugleich eine neue Gesellschaftsordnung trainiert und exemplifiziert wird.

Die konfigurativen Praktiken, aus denen diese Auftritte der Avatare hervorgehen, scheinen dabei nicht nur einen neuen Typ graphisch aufgeblasener und numerisch parametrisierter Figuren hervorzubringen, die Race, Class und Gender in einem Atemzug zu überwinden versprechen und in neuer Macht wiederauferstehen lassen, sondern auch ein neues Subjekt etablieren, das sich vielleicht am besten als personalisiertes Selbst umschreiben lässt. Statt rhetorischer Figuren, natürlicher Gestalten oder narzisstischer Persönlichkeiten treten die Figuren der digitalen Welten als personalisierte Avatare auf: individuell konfigurierbare Stellvertreter, die mit den aktivierten Zuschauern der interaktiven Installationen, den augmentierten Intellekten der Informatik und den Kreativsubjekten der Informationsgesellschaft jenen Optionalitätshabitus teilen, der aus den digitalen Wahlmöglichkeiten hervorgeht. In der personalisierter Figuration aber scheint Persönlichkeit nur noch simuliert zu werden, denn hitner der Beschwörung eines bürgerlichen Vorstellungskomplexes aus Ausdruck, Rollenspiel und Abbildung verbirgt sich ein radikaler Bruch mit dem Ausdruck von Innerlichkeit, dem Spielen von Rollen oder der Darstellung von Selbst.

Abbildung 1: Der Spiegel, Titelseite 8/2007

Wenn sich aber in den virtuellen Räumen der neuen Medien die Sehnsucht der Gesellschaft des Spektakels erfüllt, die Unterscheidung von Akteuren und Publikum tendenziell zurückgenommen wird und sich der Auftritt von der Rolle löst, dann ist zu vermuten, dass auch der bürgerliche Persönlichkeitskult und die entsprechende Angst vor unwillkürlicher Selbstentäußerung hier an ihr Ende kommt. – Und solch eine Verschiebung hin zu einer neuen Lust an der ›ausdruckslosen‹ Selbstveröffentlichung lässt sich – wie das fünfte Kapitel *iHamlet* zeigt – von den frühen Praktiken des Auftretens mit Homepages und Webcams bis zu dem Mainstreaming der Auftritte in den sozialen Netzwerken des Web 2.0 verfolgen und spiegelt sich zeitgleich in einer neuen Fernsehästhetik seit den 80er Jahren, die mit dem Einsatz digitaler Bildtechnologien im Reality-TV neue Möglichkeiten der Figuration erschließt. Jenseits von Selbstdarstellung und Sendungswillen erscheinen die Praktiken der Selbstveröffentlichung, wie sie sich zuerst in den 90er Jahren mit Homepages und Webcams etablieren, im Grunde als *ausdruckslos*. Das heißt, sie kommen ohne ein Inneres aus, das sich hier auf den Oberflächen und in den Körpern wie auch immer distanziert oder spielerisch entäußern soll. Mit der Verfügbarkeit von Aufzeichnungsgeräten und Bildspeichern entsteht zeitgleich zum ›reality-turn‹ des Fernsehens eine theatrale Netzkultur, die mit der zunehmenden Allgegenwart von Aufzeichnung, Speicherung und Verbreitung des Alltags durch die Ausbreitung der digitalen Technologien die Kameras zu lieben gelernt hat.

Mit der neuen Alltäglichkeit des Auftretens aber weicht auch die bürgerliche Angst vor der Selbstentblößung zugunsten einer neuen Lust an unpersönlicher Expressivität: ›Broadcast yourself‹ lautet der Slogan, mit dem die Videoplattform YouTube wirbt und der eben jene Botschaft von einem Publikum, das auf Sendung geht, mit der nochmaligen Beschwörung des Ausdrucks eines Selbst vereint, das am Anfang des bürgerlichen

Theaters stand. Der *Couch-Potatoe* wird zum *Content-Provider* und der einstmals öffentlichkeitsscheue Bürger erfindet sich auf den virtuellen Plattformen als Kreativsubjekt mit Lust an der partizipativen Selbstentäußerung neu. Die Figur aber, die auf diesen Plattformen auftritt, ist nur noch oberflächlich mit jener Person verwandt, die das 18. und 19. Jahrhundert auf die Bühne phantasierte. Persönlichkeit ist Personalisierung gewichen, denn die empfindsame Beobachtung der eigenen Innerlichkeit wird im Zeichen der Interaktivität durch die optionale Konfiguration der Oberflächen ersetzt. So erhält sich der Glaube, dass es Personen sind, die auf diesen Plattformen auftreten, während es doch eigentlich um Hahnenkämpfe und Jungfrauenopfer geht, in denen über die Verfügbarmachung der Körper entschieden wird. Das Profil im sozialen Netzwerk aber stellt sich so als Pendant der personalisierten Konfigurationen im Computerspiel dar, weil es sich ebenfalls nach dem Modus einer operativen, nicht einer projektiven Figuration gestaltet, bei der ein Oberflächen-Ich in der Vernetzung hervortritt und als personalisierter Stellvertreter mit den Nutzern verbunden bleibt. Das, was in der Darstellung hervortritt, wird zunehmend mehr als unpersönliches Profil denn als individueller Ausdruck wahrgenommen. Und während es in den graphischen Räumen der Computerspiele kein Publikum mehr geben kann, weil eine Anwesenheit ohne Entäußerung nicht mehr möglich ist, steht in den realen Räumen, die zunehmend durch die Allgegenwart digitaler Medien geprägt sind, jedes Publikum immer schon potentiell auf der Seite der Akteure, weil alles Tun als mögliches Auftreten gedacht werden muss. Jene Unterscheidung zwischen Akteuren und Publikum, die die Keimzelle des Theatralen bildet, aber wird vielerorts wieder zurückgenommen.

Die Transformation, die das Theatrale durch den Einfluss der neuen Medien erlebt, lässt sich zusammenfassend als ein Prozess der Entdifferenzierung beschreiben: Der Auftritt scheitert in der Informationsgesellschaft an der Unmöglichkeit des Schweigens in den neuen Medien. Angetrieben von einem im Grunde theaterfeindlichen Interaktivitäts-Diskurs, wandelt sich das Alltagstheater zunehmend in ein digitales Fest der Avatare, in dem Theaterkunst noch als Simulation bürgerlicher Persönlichkeiten auftaucht, aber längst von Praktiken unpersönlicher Profilbildung unterwandert ist. Jenes karnevaleske Theater der Maske aber, das – sich spielerisch auf das Theater der Macht und der Kunst beziehend – zwischen Affirmation und Subversion schwankt, blüht in den Aneignungspraktiken der Amateure teilweise neu auf. – So ließe sich in Anlehnung an Rudolf Münz' Theatralitätsmodell die Theatralität der Informationsgesellschaft als ein historisch kontingentes Gefüge aus Alltags-, Kunst-, Masken- und Nicht-Theater beschreiben. Und dieser Befund provoziert die Frage, ob die im Theater lange Zeit gefeierte Aktivierung des Zuschauers wirklich (noch) als Befreiung aus einer medial verschuldeten Passivität verstanden werden kann, sich nicht viel eher als Freisetzung bislang unausgeschöpfter Produktivkräfte perfekt in die postindustrielle Ökonomie einpasst und das partizipierende Publikum in Analogie zum Online-Banking gedacht werden muss. Vielleicht ist Theater ja im Gegenteil gerade dort am widerständigsten, wo es sich dem Übergang in Interaktionen und Installationen verwehrt und an jener anachronistischen Distanzierung laboriert, die ein Auftritt hervorbringt. – Doch diese Überlegung wiederholt nur wieder, was die Arbeit anfangs vehement kritisiert: einen positiven Begriff des Theaters aus der Negation der Medien abzuleiten, und erkauft so die institutionelle Eigenständigkeit mit einer theoretischen Abhängigkeit.

Wie aber entgeht man diesem Dilemma, ohne zu jenen historisch überkommenen Theaterbegriffen Zuflucht zu nehmen, deren diskursiver Übermacht man die letzten hundert Jahre ja gerade entkommen wollte? Vielleicht hilft es, sich von der Vorstellung zu verabschieden, dass Theaterwissenschaft als Wissenschaft vom Theater betrieben werden muss, und zu überlegen, ob Theaterwissenschaft nicht paradoxerweise genau das zum Gegenstand hat, was gerade kein Theater mehr ist.[15] Schließlich kommt die Disziplin gleich mehrfach zu spät und tritt erst dann auf, wenn im Grunde schon alles gelaufen ist und der namensgebende Gegenstand sich als uneinholbares Ereignis verflüchtigt, seine gesellschaftliche Zentralstellung eingebüßt hat und die phänomenale Vielfalt begrifflich bezwungen hat. Was der Theaterwissenschaft so von Anfang an bleibt, sind Medien: als Speicher, die Spuren überliefern; als Kanäle, die Gesellschaft machen, und als Institutionen, die sich der Begriffe bemächtigt haben.[16]

---

15 Wenn man weiter über Theater reden wolle, müsse man sich im Klaren darüber sein, dass das »endgültige Verschwinden der herkömmlichen Theaterkunst« (S.11) begonnen habe, hat Helmar Schramm im Vorwort seiner Untersuchung des Theaterbegriffs in der neuzeitlichen Philosophie postuliert. Der »Kulturverlust des gegenwärtigen Kunsttheaters« stehe im Kontrast zu einem »völlige[n] Außer-sich-Geraten des Theaters im Kurzschluss [mit] der ›Realität‹« (S.11) und den »enorme[n] Wucherungen des Theatralen im Gewebe der Gesellschaft« (S.9). Die zunehmende Marginalität des eigentlichen Theaters und die Ubiquität des uneigentlichen bilden so zwei Seiten derselben Medaille. »Ein Theater, gezeichnet von Krankheit und Tod, tanzt heute im Schatten einer spektakulären Kultur sein kaum beachtetes Finale«, fasst Helmar Schramm diesen Gegensatz vom Bedeutungsverlust des Theaters im Wortsinne und seiner metaphorischen Dissemination in einem gewaltigen Gemälde zusammen (S.3). Vgl. Helmar Schramm: Karneval des Denkens. Theatralität im Spiegel philosophischer Texte des 16. und 17. Jahrhunderts, Berlin 1996.

16 Statt also die Theatergeschichte traditionell als »ungeliebte, als notwendiges Übel erachtete Kehrseite der Beschäftigung mit dem aktuellen, stets lebendigen Theater, das nur im Moment seines Sich-Ereignens Wirklichkeit [ist]«, zu verstehen – wie es Peter Bayersdörfer 1990 moniert –, muss man vielleicht den Spieß umdrehen und nicht nur die »radikale Geschichtlichkeit« des theaterwissenschaftlichen Gegenstandes bedenken – wie Harald Zielske fordert –, sondern auch die Vorstellung von Theater als einer ›nur im Moment des sich Ereignens‹ Wirklichkeit werdenden Kunst auf seine historischen, diskursiven und medialen Ursprünge befragen, wie Theo Girshausen vorgeschlagen hat – und so »Maßstäbe des Unterscheidens und Vergleichens [...] für eine Forschungspraxis [zur Verfügung stellen], die darauf abzielt, die Theater- und Medienlandschaft der Gegenwart (und die eigene Stellung in ihr) durch den ›historischen Gesichtspunkt zu verfremden‹ und in seinen geschichtlichen Vermittlungen transparenter werden zu lassen.« Vgl. Hans-Peter Bayersdörfer: ›Probleme

Wenn aber das eigentliche Theater immer schon verschwunden ist, wenn die Wissenschaft auf der Szene erscheint, dann gilt es vielleicht weniger, diese phänomenale, kulturelle und kategoriale Verlusterfahrung durch Gegenstandskonstitution zu kompensieren oder zu kaschieren und sie vielmehr als eigentliches und grundsätzliches Potential der Disziplin zu verstehen. Das aber heißt nichts anderes, als jenes ›andere‹ Theater als Gegenstand der Disziplin zu begreifen, das eben eigentlich keines ist und erst recht keinen guten Gegenstand abgibt.[17] Denn dieses andere Theater, das keines ist und trotzdem als solches auftritt, und daher innerhalb und nicht außerhalb des Diskurses anzusiedeln ist, lässt sich nicht restlos in Kategorien und Kriterien einpassen und hält

der Theatergeschichtsschreibung‹, in: Theaterwissenschaft heute. Eine Einführung, hg. v. Renate Möhrmann, Berlin 1990, S.41-63, hier: S.41; sowie: Theo Girshausen: ›Zur Geschichte des Fachs‹, in: Theaterwissenschaft heute, S.21-37, hier: S.35; sowie: Harald Zielske: ›Theatergeschichte oder praktisches Theater? Bemerkungen über den Gegenstand der Theaterwissenschaft‹, in: Theaterwissenschaft im deutschsprachigen Raum, hg. v. H. Klier, Darmstadt 1981, S.164-170, hier: S.169. Einen ähnlichen Gedanken formuliert Gabriele Brandstetter, wenn sie auf die narrative Konstruktion des Ereignisses und die grundsätzliche Unerreichbarkeit des Unvermittelten hinweist: »Das Reale, das Ereignis der Stimme des Kastraten, ist das Un-Erhörte: das, was nicht übertragbar und verzeichenbar ist und damit dem Vergessen anheim gegeben.« (Gabriele Brandstetter: ›Dies ist ein Test. Theatralität und Theaterwissenschaft‹, in: Theatralität als Modell in den Kulturwissenschaften, hg. v. E. Fischer-Lichte et al., Tübingen/Basel 2004, S.27-42, hier: S.37).

17 Vgl. Rudolf Münz: Das 'andere' Theater. Studien über ein deutschsprachiges teatro dell'arte der Lessingzeit, Berlin 1979. – Stefan Hulfeld hat in seiner Untersuchung zur Theatergeschichtsschreibung eindringlich darauf hingewiesen, dass »[d]er simple Sachverhalt, dass das bürgerliche Theatermodell die historische Besonderung und nicht ahistorische Norm war, [...] mühsam in Erinnerung gerufen werden [musste]« und dass die mit der hegemonialen Etablierung des bürgerlichen Theaters einhergehenden begrifflichen Verluste durchaus schwerwiegend sind: »Die Theaterreformbewegung hat es geschafft, ein mit ›das Theater‹ beschriftetes Kuckucksei ins Nest der überaus reichen und differenzierten europäischen Terminologie der ›res spectaculorum‹ zu legen, wobei der Verlust der Begriffe fast nachhaltiger wirkt als der Verlust der Phänomene selbst.« »›Theater‹ wird des Weiteren mit repräsentativer Architektur assoziiert und mit einem Kommunikationsmodell, das von Agierenden veristisches Als-ob-Rollenspiel fordert, von den Zuschauenden hingegen geistige Assistenz bei körperlicher Inaktivität. [...] Das so verstandene Theater wirkt positiv auf die Entwicklung der Gesellschaft und antizipiert als kulturelles Frühwarnsystem die Probleme derselben« (Stefan Hulfeld: Theatergeschichtsschreibung als kulturelle Praxis. Wie Wissen über Theater entsteht, Zürich 2007, S.234 & S.308). Vgl. dazu auch Joachim Fiebach: ›Zur Geschichtlichkeit der Dinge und der Perspektiven. Bewegungen des historisch materialistischen Blicks‹, in: Theaterwissenschaft heute, S.371-388, hier: S.379f.

den Widerspruch aus, zugehörig zu sein und fremd zu bleiben.[18] Es erschöpft sich nicht in einem Artefaktbereich und keinem Phänomenbestand und muss vielmehr als eine Taktik verstanden werden, die das Ausgegrenzte und Übersehene gegenüber dem Offensichtlichen und Eingemeindeten zu behaupten versucht und damit immer auch herausfordert.

Nach jenem ›anderen‹ Theater zu fragen, das dort draußen in den Datenleitungen tobt, heißt mit anderen Worten, sich mit den allgegenwärtigen Überresten, Anachronismen und Restbeständen eines Theaters herumzuschlagen, das seinem Begriff längst entwachsen ist und dennoch nicht von ihm loskommt. Die Theatergeschichte, um die es hier gehen soll, spielt insofern *nach* dem Theater, das heißt nach seiner Hegemonie als Begriff und als Institution und benennt eine Perspektive und ein Genre: ein Blick auf das Vergangene im Gegenwärtigen – und ein Schreiben, das nach Verwandtschaften und Genealogien Ausschau hält. Statt in medienphilosophischer Euphorie die wieder-nächste Zeitenwende auszurufen, vom Ende der Geschichte im Zeitalter der Datenbanken zu schwärmen oder retrospektiv die attische Tragödie zur Informationsverarbeitungsmaschine zu verklären, soll hier das Neue auf die Reste des Alten abgeklopft werden:[19] Wie viel Theatergeschichte steckt in den neuen Medien, und: Wie viel neue Medien stecken in den alten Theatergeschichten?

18 Vgl. auch Eric Havelocks Hinweis, dass es die aus der Schriftlichkeit hervorgehende Kopula ist, die anstelle des in oralen Kulturen vorherrschenden Konzeptes eines im Prozess befindlichen Werdens das Sein als eine dem Begriff entsprechende fixierte Gegenständlichkeit setzt. Vgl. Eric A. Havelock: Als die Muse schreiben lernte, Frankfurt a.M. 1972; Walter J. Ong: Orality and Literacy. The Technologizing of the Word, London/New York 1982; Ludwig Wittgenstein: Philosophische Untersuchungen, hg. v. Eike v. Savigny, Berlin 1998.

19 Zur medientheoretischen Vereinnahmung des Theaters vgl. bspw. Till Nikolaus von Heiseler: Medientheater. Inszenierte Medientheorie, Berlin 2008, S.39, oder Derrick de Kerckhoves mediengeschichtlichen ›Kurzschluss‹ des Theaters: »Die Bildschirme ersetzen die Bühne. Diana vereinte den Globus. Das Medium dieser Vereinigung war das Fernsehen. Das Fernsehen generierte und unterhielt eine einzige, globale Emotion. [...] Alle Nationen weinten, sogar die Chinesen.« – Mit den Tränen für die Exfrau des britischen Thronerben kommt die ästhetische Erziehung also endlich auch im Fernen Osten an. Wie zweieinhalb Jahrhunderte zuvor das Mitleid für Lessings Miß Sara half, das Bürgertum mit Selbst-Bewusstsein auszustatten, soll nun das Opfer von Lady Diana im mediatisierten Guckkasten globale Einigkeit hervorbringen. Vgl. Derrick de Kerckhove: ›Eine Mediengeschichte des Theaters. Vom Schrifttheater zum globalen Theater‹, in: Maschinen, Medien, Performances, Hellerau 1999, S.501-525, hier: S.521f; sowie: ›Theatre as Information-Processing in Western Cultures‹, erschienen in: Modern Drama 1/XXV 1982, S.143-153; und ›Eine Theoxrie des Theaters‹, in: Schriftgeburten. Vom Alphabet zum Computer, München 1995, S.71-94. Als »maximale Simplifizierung« der historischen Prozesse hat Andreas Kotte diese Theoriebildung treffend beschrieben. Vgl. Andreas Kotte: Theaterwissenschaft. Eine Einführung, Köln 2005, S.262.

Das Alte-Veraltete kommt damit auch bei dem ganz und gar Gegenwärtigen ins Spiel, und auch die Neuigkeit der neuen Medien kommt um die Vergangenheit von Praktiken, Figuren und Diskursen des Theatralen nicht herum. Das Theater tritt hier als ein Geist auf: Wie Hamlet Senior scheint es zu etwas *Wesentlichem* verdichtet worden zu sein; etwas, das gerade dadurch, dass das allzu feste Fleisch geschmolzen ist, an Auftrittsmöglichkeiten gewonnen hat, auch wenn sich diese Auftritte eben nur noch als Erscheinung einer *Form* in einem *Medium* abspielen. Im Internet Theater spielen heißt daher immer auch, Ahnen anzurufen und Geister zu beschwören. – Wie diese alten Geister in den neuen Medien Gestalt gewinnen, soll daher untersucht werden, und welche Tänze und Gesänge sie hervorbringen.

1. Auftritte

Ostentative Differenzierungen

Craig Bazan steht an einer Straßenecke und rezitiert Shakespeare: »Oh what a rogue and peasant slave am I.«[1] Dort, wo Craig Bazan steht, geht der Bürgersteig in einen spärlich mit Gras bewachsenen und mit Abfällen gesprenkelten Sandhaufen über. Im Hintergrund steht die alte Backsteinmauer eines Eckgebäudes, die Fenster sind mit Brettern vernagelt. Craig Bazan trägt halblange Cargo-Pants, ein rotes T-Shirt mit verwaschenem Aufdruck und rezitiert Hamlet: Akt II, Szene 2. Das Video trägt den Titel ›Hamlet on the Street‹, zeigt Craig Bazan in der Totalen, besteht aus nur einer Einstellung und dauert genau 3 Minuten und 10 Sekunden. Craig Bazan spricht mit den Händen, sie geben den Rhythmus vor und lassen den Körper zögernd nachfolgen. Abwechselnd verdecken sie das Gesicht, weisen nach oben auf etwas Höheres oder hilflos nach vorn. Immer wieder ist es der Indexfinger, der die Worte akzentuiert. Der Blick schwankt zwischen dem Beobachter hinter dem Objektiv und einem unbestimmten Außen, das jenseits des Bildes zu liegen scheint und von der Kamera verschwiegen wird.

Abbildung 2: Hamlet on the Street

»Hi my name is Craig Bazan, I'm from Camden, New Jersey and I'll be doing the part of Hamlet, from the play Hamlet, written by Mr. William Shakespeare.« – Mit diesen Worten stellt Craig Bazan 2007 der rasant wachsenden Gemeinde der Internetplattform YouTube sich und sein Tun vor. Aus dem Rahmen am rechten Rand der Internetseite erfahren wir, dass Craig Bazan ein 18jähriger Schauspieler ist und sich die abgefilmte

1 http://www.youtube.com/watch?v=Oa-cfEncd6Y

Straßenecke auf der anderen Straßenseite seiner ehemaligen High School befindet. Des Weiteren findet sich dort ein Dank an ›Big Joe‹ für die Aufnahme als Feature und an alle anderen für die Kommentare; schließlich die Ankündigung, dass es demnächst mehr Videos geben werde, und zuletzt die Email-Adresse einer Agentin für Interview-Anfragen. Mit einigen Klicks gelangt man von dort zu Craig Bazans Interpretationen von Monologen und Songs aus ›Porgy and Bess‹, ›The Colored Museum‹ oder ›Sweeney Todd‹ und schließlich zu einer Reporterin des Lokalfernsehens von CBS, die wissen will, wie es ist, sich selbst im Fernsehen zu sehen, und sich beeindruckt davon zeigt, dass Bazan den Text fehlerfrei rezitieren konnte.[2]

Craig Bazan ist der erfolgreichste Hamlet-Interpret auf YouTube. Sein Auftritt wurde bis dato von knapp 500 000 Menschen gesehen, und ca. 1700 von ihnen hat diese Erfahrung dazu veranlasst, einen ein- bis zehnzeiligen Kommentar zu hinterlassen. Aber er ist nicht der Einzige, weder der Beste noch der Skurrilste: Unter den Suchbegriff ›Hamlet‹ fallen Anfang des Jahres 2009 schon 10.600 Videos, die Kombination von Hamlet und Shakespeare liefert 1.500 Ergebnisse. Das Gros davon führt eine ausgesprochene Nischenexistenz, der Erfolgreichste jedoch kann sich mit 2.845.145 Views und 3000 Kommentaren durchaus sehen lassen. Das Spektrum reicht von den mannigfaltigen Produkten amerikanischer Highschools über diverse Ausschnitte aus Film- und Fernsehproduktionen. Aus diesen Clips ließe sich nicht nur das ganze Stück von Akt I bis Akt V Szene für Szene zusammenbauen, sie veranschaulichen auch die prägenden Darstellungsformate: Von Film und Fernsehen über das Theater geht es zurück bis zum Erzähler. Das Internet dient dabei als Speicher-, als Distributions-, aber auch als Kommunikationsmedium. Neben Filmschnipseln, Probenausschnitten und Theateraufzeichnungen finden sich Mashups, Machinima und Puppenspiele. Hamlet wird erzählt, nachgespielt, neuvertont und abgemischt. Es gibt den Filmklassiker von Laurence Olivier aus dem Jahr 1948, vermischt mit Musik von Gnarls Barkeley[3]; Mel Gibson[4] und Patrick Stewart[5] in der Sesamstraße; Hamlet, die Rockband[6], und unzählige Highschool-Adaptionen, in denen Hamlet im Stil des Genre-Kinos als Science-Fiction, Mafia- oder Gangstafilm nachgespielt oder neu verschnitten wird.

Ein Clip kündigt einen Warner-Brothers-Film an: »Somewhere in the Middle of Europe«.[7] Nebel wallen über einen in Sepia gehüllten Hügel in der Dämmerung. »In the castle. A king. A murder«. Ein Schwert wird von der Wand gerissen. »A widow«, eine Frau in weißen Gewändern blickt verzweifelt in die Kamera. Im Inneren einer Burg sitzt ein Mann über einen Tisch gebeugt, sorgenumwölkt, zornige Augenbrauen ziehen sich zusammen. Eine schöne junge Frau lässt den Blick nach unten gleiten. »A

2 http://www.youtube.com/watch?v=Vmx3VYZnqJs

3 http://de.youtube.com/watch?v=J5rrGn5Go4Y

4 http://www.youtube.com/watch?v=gcc44UYrECA

5 http://www.youtube.com/watch?v=hA7lv1SDzno

6 http://www.youtube.com/watch?v=XGFwWf5Zxu8

7 http://de.YouTube.com/watch?v=4OaxrZv32tY

love.« Und schließlich am Ende der seriellen Aufblenden: »A vengeance«. Arnold Schwarzenegger im Mittelalterstaat. Ein Mann fällt die Schlossmauer hinunter, eine Armee stürzt auf eine Burg zu, der Hals eines galoppierenden Pferdes gleitet durchs Bild: »After Franco Zeffirelli. After Kenneth Brannagh: A New James Cameron Adaption of a Masterpiece«. Galoppierende Pferdehufe, ein Schwert holt aus und köpft einen Soldaten, eine Salve brennender Pfeile wird von einer Einheit Bogenschützen in die Luft geschickt und findet ihr Opfer. Die pathetische Musik schwillt an, das Pferd galoppiert ins Bild, der Reiter betritt den Saal. Arnold Schwarzenegger zündet sich die Zigarre an: »Hey Claudius, you killed my father. Big mistake.« Claudius wird am Kragen hochgezogen und fliegt durch das Schlossfenster. »Arnold Schwarzenegger is Hamlet.« Polonius erscheint hinter einem Vorhang: »Stay thy hand fair prince.« »Who said I'm fair?« Eine Maschinenpistole mäht Polonius und einige andere nieder, die in Folge diverse steinerne Treppenhäuser herunterstürzen. »To be or not to be?« – »Not to be!« Zigarre und Explosionen im Hintergrund, aufgeschlitzte Bäuche und abgeschlagene Köpfe: »I'll be back.«

Abbildung 3: Hamlet is back. And he's not happy.

Die Grundaussage des Trailers für den Actionfilm Hamlet ist einfach: »Hamlet is back. And he's not happy.« Ihm wurde Unrecht angetan, also bringt er nun alles um, was an diesem Unrecht beteiligt war; eine Rückkehr zu Hamlets Ursprüngen, dem elisabethanischen Revenge-Play – im Gewand des Ego-Shooters.[8] Die Schlüsselszenen des Clips, die Arnold Schwarzenegger als Hamlet zeigen, sind dem Film ›Last Action Hero‹ (USA 1993) von John McTiernan entnommen. Zu Anfang des Films begegnen wir einem Jungen, der die Schule schwänzt, um im Kino seinen Action-Helden Jack Slater alias Arnold Schwarzenegger zu sehen. Später, in der Schule angekommen, erklärt die Englischlehrerin Hamlet zum ersten Action-Helden und führt den Olivier-Film von 1948 vor. Als Olivier allerdings mit dem Dolch ausholt, hält er inne und fängt an Shakespeare'sche Verse zu sprechen. Der Kommentar des Jungen, »Schwatz nicht, handel!«, blendet in eben jene Sequenz über, in der nun in der Fantasie des Jungen Laurence Olivier durch Arnold Schwarzenegger ersetzt wird. Der Träumer imaginiert

8 Vgl. Lisander William Cushman: The Devil and the Vice in English Dramatic Literature Before Shakespeare, Halle 1910, und Robert Weimann: ›Rede-Konvention des Vice von Mankind bis Hamlet‹, in: Zeitschrift für Anglistik und Amerikanistik 2 (1967).

den Helden, bis er eines Tages durch eine magische Eintrittskarte in die Welt des Films versetzt wird und sich in dem Universum seines Helden handelnd behaupten muss, während dieser am Ende des Filmes in der Wirklichkeit des Jungen erfahren muss, dass Heldenhaftigkeit nur begrenzt praktikabel ist. Das Wort als Tat des Theaters steht als veraltetes Bildungsgut der verzögerungsfreien Filmwirklichkeit des Actionhelden gegenüber, die schließlich im Modus des Computerspiels als Fiktion erlebt und entlarvt wird.

Hamlet tritt hier als eine Figur auf, die von einer digitalisierten Jugendkultur spielerisch zelebriert, probiert und neu abgemischt wird. Bilderbuch, Musikvideo, Computerspiel sind die Folien, vor denen Hamlet ironisch gebrochen als Leser, Denker oder Schwätzer auftaucht: als *Klischee* – als der, der den Totenschädel räsonniert, oder der, der mit dem Wahnsinn kokettiert; und gleichzeitig als Stellvertreter – als *die* Figur der Bühne, als das Stück der Stücke, als Theater schlechthin. Es wird keine neue Interpretation geliefert, sondern mit alten Klischees gespielt; und wofür Hamlet *steht*, ist weitaus wichtiger, als wer er *ist*. Die Gestalt, die hier im Medialen auftritt, weiß – mit anderen Worten – recht genau um ihre theatrale Herkunft, und sie spielt bewusst damit. – Zum spezifischen Internet-Phänomen wird Hamlet aber gerade dort, wo Hamlet ganz bei sich und der Darsteller mit seinem Publikum allein ist: im als Videoblog getarnten Soliloquy – am liebsten in Szene III,1 bei der Frage nach Sein oder Nicht-Sein. Verglichen mit den anderen Hamlet-Szenen auf YouTube ändern sich hier die Parameter grundlegend: Das Sprechen verdrängt die Handlung restlos, der Unernst weicht einer gewissen Bedeutungsschwere und das Alter der Protagonisten steigt signifikant an: Sein oder Nicht-Sein scheint vor allen Dingen ein Problem älterer, aber noch nicht alter Männer zu sein.[9]

Weshalb also hat es ausgerechnet Craig Bazan in wenigen Wochen auf eine halbe Million Zuschauer und bis ins Lokalfernsehen geschafft, während seinen Kollegen ihre 500.000 Klicks und der 15-minütige Ruhm bislang vorenthalten blieben? Was hat Craig Bazan, was die anderen nicht haben? Die Antwort verbirgt sich in den 1643 Kommentaren, die das Video begleiten und seinen Erfolg im doppelten Wortsinne begründen:[10] Auf Applaus – »clap! clap! clap!«, »*standing ovations*«, »bravo!« – und

9 Vgl. die Eröffnung von ›Hamlet (to be or not to be).Shakespeare‹: »So how're you doing people. Hmm. Today is August. The 2nd of August. 2006. So this is what we're gonna try today and the following weeks. We gonna try to do – it's a very hard task, a very difficult task that we're trying to do – Ah, well I am gonna do the famous monologue of the hmm play Hamlet, by William Shakespeare that is. Hmm the title to be or not to be is famous because of that question. [...] So at least trying to do it, I am not saying that I gonna make it, because whatever you know. Hmm but anyway I just like to kick up and nutch this YouTube experience, ah.. I mean in my mind. So. Never mind. Anyways, whatever you can tell me about it, I appreciate it, everybody loves feedback, don't we« (http://www.YouTube.com /watch?v=ubWpZQOU960).

10 http://www.youtube.com/comment_servlet?all_comments=1&v=Oa-cfEncd6Y&page=4

Wertschätzungen – »nice work«, »well done«, »good job«, »congrats«, »WOW« folgt meist die Schilderung subjektiver Rezeptionserfahrungen: »I was crying«, »I still have goose bumps«, »This is so intense, so eerie, i could feel your emotions.« Daran schließen sich häufig Ratschläge zur Verbesserung der Schauspieltechnik an: »focus on the body«, »watch the yelling«, »a bit more movement«, »take time«, »slow down a bit«, »work on the footwork«, »modulate the voice.« Schließlich und endlich aber enden nicht wenige der nur zwei bis dreizeiligen Kommentare mit der großen Zukunftsvision: »You have a gift. you're going to go far«, »I'll be watching your name«, »keep on the path you are travelling upon! do not give up and make your dreams come true!«, »I say go forth.« – Du, der du ein Auserwählter bist, gehe hin und erfülle deinen Traum, wir werden als Zeugen deines Ruhms dich verfolgen und Anteil nehmen: »I can't wait to buy my first overpriced dress to wear to your first hollywood award ceremony«, »I have a feeling i will be paying big $ to see you someday, either on broadway or the big screen.« Hollywood ist das Ziel und zugleich der Fabrikant dieses Traumes. Die Anteilnahme am Lebensweg des Darstellers und seine Überhöhung werden so zum thematischen Mittelpunkt der Kommentatoren.

Abbildung 4: Sein oder nicht sein...

Quelle: YouTube, Vgl. Abbildungsverzeichnis

Das Pathos der Erzählung korrespondiert dabei mit der Aufmerksamkeit, die der Kulisse des Videos beigemessen wird, und ihres Kontrastes zu der vermeintlichen Herkunft des Textes – »the contrasting backdrop«: jene Straßenecke, die so zum eigentlichen Bedeutungsmotor des Auftritts wird: »its nice to see someone literate from my home town for once«, »he has talent and showing that a shitty area can have culture«, »I am glad you are on the streets of Camden performing art!!«, »it's so great to see something good coming from such a torrid and sorrowful city«, »it's nice to see a change in Camden NJ, I like the talent thats coming out of the worst neighborhood in NJ« – Craig Bazans Erfolg geht aus dem Auftritt in dieser Szenerie hervor und aus der Geschichte, die sich davon erzählen lässt: »Shakespeare in the Ghetto« – eine Geschichte von mythischem Format: vom Aufstieg aus der Gosse via Hochkultur ans Firmament der Filmindustrie. »When you are wealthy, forget not from whence you came.« Anders als seine Kollegen, die in unbestimmten und austauschbaren Wohnzimmern, Hobbykellern, Küchen und Parkanlagen auftreten, ist Craig Bazan verortet und gewinnt aus dieser szenischen und sozialen Verortung seine figurative Bedeutung, die von Camden/NJ aus ihre Kreise im Internet immer weiter ausdehnt. Sind es zuerst noch Familie und Nachbarn, dann Einwohner und Weggezogene, die den Auftritt kommentieren, weitet sich die Gemeinde und zieht immer weitere Kreise um diejenigen, die aus den Camdens dieser Welt kommen, sie kennen oder sich um sie sorgen und so aus diesem Auftritt des Theaters im Ghetto ihre Hoffnung ziehen.

»It is a Breath of fresh air to come in here, and see true talent like yours, Craig Bazan, shine through. By sharing your Time on YouTube with all, you pass on inspiration that covers us all. You have proven a rose among weeds.«

›Hamlet on the street‹ wird so zu einem Ereignis durch eine Geschichte, die von den Zuschauern erzählt wird und nur deshalb erzählbar wird, weil man ihren Darsteller verorten kann. Nicht der Darsteller erzählt die Geschichte von Hamlet, sondern die Kommentatoren erzählen die Geschichte von Craig Bazan: Die Botschaft dieses Auftritts verantwortet kein Künstler und kein Autor, aber auch kein Medium hat hier ausreichend Einfluss, um sich an diese Stelle zu setzen. Stattdessen ist es ein ungewohnt verteiltes und ungleichzeitiges Publikum, eine sehr indirekte Art von Öffentlichkeit, die hier zum Zuge kommt: eine sporadische unverbindliche Versammlung ohne Leiber mit kurzer Halbwertszeit. Um diesem Auftritt beizuwohnen, bedarf es keiner teuren Theaterkarten, vornehmer Kleidung und distinguierten Vorwissens; man muss sich nicht auf den Weg begeben, nicht eingezwängt zwischen anderen ausharren und keine Blamage fürchten, wenn man danach im Foyer nichts zu sagen hat. Hier im Internet kann man privat und anonym im Bademantel mit einer Tüte Chips ein Geschehen begutachten, auf das man eher zufällig gestoßen ist, kann zwischendurch Emails lesen und zwei Tage später wieder darauf zurückkommen, ohne größeren Aufwand betreiben zu müssen. Dafür aber hat man die Möglichkeit, dem Auftritt zu antworten, unmittelbar und öffentlich und ein wenig differenzierter als mit Bravos und Buhs. Nachrichten können hinterlassen werden, die der Geschichte überhaupt erst ihre Moral geben.

Craig Bazans Erfolg geht daher nicht unwesentlich darauf zurück, dass das, was er zeigt, Fragment, Versuch und daher semantisch offen bleibt. Er führt nichts vor, sondern er tut etwas: er *spricht vor* – »I'll be doing the part of Hamlet.« Nur dass der Adressat dieses Vorsprechens eine zum Zeitpunkt der Probe noch unbestimmte und weltweit verstreute Gemeinde selbsternannter Regisseure und Produzenten ist; vertreten durch eine statische Kamera auf Augenhöhe, die der Amateurästhetik der selbst aufgenommenen Videoblogs entspricht. Im Gegensatz zu diesem *nativen* Internet-Format der dreieinhalb Minuten unverbindlichen Selbstentblößung in Nahaufnahme macht Craig Bazan allerdings etwas Erstaunliches: er hält erstens Abstand zur Kamera, verzichtet zweitens auf Schnitte und Nachbearbeitung und er hebt und stützt drittens die Stimme. Während sich der Sprechakt des durchschnittlichen *YouTubers* als assoziativer Sprachfluss in unmittelbarer Nähe von Objektiv und Mikrofon darstellt, stellt Craigs Auftritt die Rampe wieder her. Seine Stimme überbrückt einen Raum, der nicht nur einsichtig, sondern auch hörbar wird, deutlich den Resonanzraum des Mikrofons überfordert und damit den Platz für einen Auftritt des Körpers schafft.

Und dieser Körper, der hier auftritt, kann nicht nur durch die Mundbewegungen als Sitz der Sprache ausgemacht werden, sondern seine Gestik, Mimik und Haltung, kurz sein Antrieb, entstehen aus und mit dem Sprechen des Shakespeareschen Textes: Während die Gesten anfangs noch unbeholfen illustrativ erfolgen – ein umschauendes Schwenken des Kopfes, Hände, die vor Verzweiflung vors Gesicht geschlagen werden –, so verlieren sie diese Funktion zugunsten der Rhythmisierung des Sprechens schon mit der zweiten Zeile fast vollständig. Körper und Stimme greifen rhythmisch ineinander. Hatte das linke Bein bei der Vorstellung zu Beginn noch völlig unabhängig vom Sprachfluss am rechten Bein gekratzt, so sind jetzt mit dem Einstieg in den Monolog die wenigen Bewegungen des Körpers auf den Fluss und Rhythmus von Text und Stimme bezogen. Hierin zeigt sich Bazans Fertigkeit als klassisches Theaterhandwerk: Sein Auftritt erschöpft und erfindet sich in dem Sprechen des Textes. Anders als Kenneth Brannagh, Laurence Olivier oder Mel Gibson muss er auf das Gesicht als Spiegel der Seele verzichten, denn es fehlt nicht nur die Bildregie, sondern auch die Auflösung, um ein solches Mienenspiel wirkungsvoll in Szene zu setzen. Die Distanz, die Craig zum Zuschauer aufbaut, ähnelt jener, die ein Auftritt im Theater etabliert, und bedient sich durchaus ähnlicher Praktiken.

Anfangs wirkt dies angestrengt und produziert, merkwürdig fehl am Platz. Bazan scheint die altertümlichen Worte, die sicher nicht die seinen sind und an diesem Ort nicht passen, mehr aufzusagen und herauszupressen als zu sprechen. Doch langsam gewöhnt man sich, Craig eignet sich den Text an oder der Text eignet sich Craig Bazan an. Etwas an sich Künstliches wird zusehends natürlich, er wächst in die Rolle hinein oder man hat sich an die Behauptung gewöhnt. Aber spätestens, wenn Hamlet mit »I know my course« seinen Plan gefasst hat, scheint auch Bazan irgendwie dieser Hamlet geworden zu sein. Das heißt, dass man ihm zutraut, die Worte zu meinen – nicht nur aufzusagen –, und dass im Umkehrschluss die Worte Hamlets als die seinen gelesen werden könnten. »Who does me this?« brüllt Bazan an der Kamera vorbei in seine Nachbarschaft hinein, und es ist denkbar, dass hier ein junger Mensch auch *seine* Wirklichkeit verhandelt. Ob er das tut, ist eine andere Frage, aber dass die Möglichkeit besteht, es so zu sehen, lässt diesen Vorgang zum Schauspiel werden. Denn während Bazan die Kamera den größten Teil seines Monologs meidet oder zumindest ignoriert, blickt er am Ende des Monologs wieder direkt ins Objektiv, aber diesmal nicht als der freundliche und ein wenig unsichere junge Mann, der auf einem Bein stehend angekündigt hat, er werde nun Hamlet spielen, sondern wie eben dieser Hamlet selbst, der herausfordernd seinen Zuschauern an den Monitoren ins Gesicht blickt.

Und so wird aus Craig Bazan, was sein Publikum aus ihm macht: eine Rückkopplung der Rezeption, die als Akkumulation erlebbar wird und so ein öffentliches Ereignis mit Nachrichtenwert konstitutiert. Er ist nicht Herr über die Figuration und auch kein Autor, der hinter den Kulissen die Fäden zieht. Dass er erscheint und wie er erscheint, ist ausschließlich der Rezeption zu verdanken. Das Fehlen an Verbindlichkeit korrespondiert im Internet mit den Möglichkeiten der (An-)Teilnahme. Weil niemand vorgeschrieben hat, wie Craig Bazans Auftritt zu lesen ist, können wir aus ihm machen, was wir wollen: Einen Kämpfer für die schwarze Bevölkerung, einen Amerikaner, der zeigt, dass das Gute auch im Schlechten gedeihen kann, einen Schauspieler, der beweist, dass nicht das ganze Show-Buiz verdorben ist, einen Internetpionier, der vorführt, dass das Netz nicht nur für Kommerz und Pornographie gut ist; und vor allen Dingen eine Neuauflage des amerikanischen Traums vom Aufstieg aus der Gosse ans Firmament der Filmindustrie: vom Ghettokid zum Hauptdarsteller. Craigs Auftritt schließt niemanden aus, weil er keine Lesart der Geschichte vorschlägt, keine Figur festlegt, kein Wissen voraussetzt. Und damit eröffnet Craigs Auftritt die denkbar größte Möglichkeit für eine Gemeinschaft, die nicht gesehen und nicht berührt werden kann - sich durch Klicks und Kommentare trifft und deren unermessliche Weite sich aus der Unbestimmtheit ihrer Figuren ergibt.

Das eigentliche Drama Hamlets aber scheint hier nicht mehr stattzufinden. Wer dieser Hamlet ist oder was er sein könnte, das erfahren wir nicht. Bazan trägt kein Kostüm, er gibt nicht vor, ein anderer zu sein oder auch nur eine Szene zu betreten. Es gibt keine Ausstattung, keine Lesart, keine Dramaturgie. Craig Bazan *macht* kein Theater, sondern *spielt* es nur, und führt dabei vor, was Schauspiel ist: Eine Praktik des körperlich-sprachlichen Agierens, das sich aus tradiertem Know-How und habituell inkopooriertem Verhalten speist. Diese Praxis hat Craig Bazan sich angeeignet und führt sie als ein Kunststück vor – ein körperliches Kunststück, das jedoch traditionell von Geist zeugt und kulturelles Kapital verkörpert. Er führt dies in einem Medium vor, das von denen, die das Deklamieren schätzen, lehren und praktizieren, meist mit Skepsis betrachtet wird. Craig Bazan verdankt seinen Erfolg daher der Aneignung einer Praktik und nicht einer Bedeutung. Das, was von seinem Publikum goutiert wird, ist, dass er etwas kann, nicht dass er etwas sagt. Und es ist in diesem Sinne kein semiotisches Unterfangen, was er betreibt, sondern ein praktisches – auch wenn das, was er tut, bedeutsam ist, so wird ihm die Bedeutung doch erst von seinen Exegeten beigelegt.

Das aber wirft nicht nur die Frage auf, was aus dem tiefsinnigen Vordenker der Moderne geworden ist und welche Rolle Hamlet hier eigentlich noch spielt, sondern auch, wie sich ein solcher Auftritt, der sich sowohl des bürgerlichen als auch des avantgardistischen Theaterbegriffs entzieht und doch zugleich wesentlich ›theatral‹ zu sein scheint, begrifflich fassen lässt. Denn das, was Craig Bazan hier tut, oder besser gesagt: was sein Publikum mit ihm macht, hat weder mit jenem einfühlbaren Rollenspiel zu tun, in dem ein A als B vor C erscheint, noch findet es im Rahmen gegenwärtiger Anwesenheit statt. Was dieses Geschehen aber dennoch wesentlich ›theatral‹ erscheinen lässt, ist zweierlei: erstens seine Abstammung von und Angewiesenheit auf Theatergeschichte; zweitens die Unterscheidung und Bezugnahme von Akteuren und Publikum, aus dem es hervorgeht. Neben dem Fortleben der Traditionen des Schauspiels ist es der Auftrittscharakter dieses Geschehens, der es möglich und nötig macht, Craig Bazans vom Theater aus zu denken und zu beschreiben. Denn im Gegensatz und in Ergänzung zur Aufführung, die Theater als Ereignis, von seiner Eigenheit her und aus dem Parkett heraus begreift, erlaubt es der Auftritt, das Theater als Praxis, d.h. in seinen genealogischen Verstrickungen und von der Hinterbühne aus, zu beschreiben. – Drei grundlegende Fragen lassen sich so an einen Auftritt stellen, die es vorab zu entwickeln gilt: (1.) Was für Praktiken der Unterscheidung von Akteuren und Publikum liegen einem Auftritt zugrunde? (2.) Was für Gestalten gehen aus einem Auftritt hervor? (3.) Wie erlangen ein Auftritt und die Gestalten, die aus ihm hervorgehen, ihre Bedeutung?

1.1 OSTENTATION
DER UNTERSCHIED, DEN EIN AUFTRITT MACHT

Ein Auftritt erregt Aufmerksamkeit. Sie ist sein Grund, seine Ware, seine Währung.[11] Und diese Aufmerksamkeit, die ein Auftritt schafft und ohne die er nicht stattfindet, ist kein subjektives Vermögen, dessen Defizit sich als pathologisches Syndrom attestieren lässt, sondern ein soziales und ästhetisches Phänomen und als solches grundsätzlich nicht-individuell, nicht-alltäglich und nicht-unmittelbar. Ein Auftritt setzt daher weder Darsteller noch Zuschauer voraus, sondern bringt diese erst hervor, indem er zwischen ihnen unterscheidet. Die Hervorhebung macht den Akteur und in der Bündelung der Aufmerksamkeit wird das Publikum. Die Schaustellung trennt und verbindet zugleich. Akteure und Publikum sind durch den gegenseitigen Bezug aneinander gebunden und

11 Als »Konzentration der Aufmerksamkeit auf einen gegebenen Gegenstand« hat Jan Mukařovský das Ästhetische gefasst und damit auch die außerkünstlerische Funktion der Ästhetik in den Blick gebracht: »[W]o im gesellschaftlichen Zusammenleben sich die Notwendigkeit ergibt, eine Handlung, Sache oder Funktion hervorzuheben, auf sie aufmerksam zu machen und sie von unerwünschten Zusammenhängen zu lösen, erscheint die ästhetische Funktion als Begleitfaktor« (Jan Mukarovsky: Kapitel aus der Ästhetik, Frankfurt a.M. 1970, S.32f.). – Zum Topos der Aufmerksamkeit in der jüngeren kulturwissenschaftlichen Diskussion vgl. u.a. Georg Franck: Ökonomie der Aufmerksamkeit, München 1998; Aleida und Jan Assmann: Aufmerksamkeiten, München 2001; Jonathan Crary: Aufmerksamkeit. Wahrnehmung und moderne Kultur, Frankfurt a.M. 2002; Bernhard Waldenfels: Phänomenologie der Aufmerksamkeit, Frankfurt a.M. 2004.

voneinander abhängig. Die Einen verhalten sich so, wie sie sich verhalten, weil sie wissen, dass sie wahrgenommen werden, und die Anderen wiederum wissen von eben diesem Wissen und verhalten sich entsprechend: als Zuschauer. Ein Seiltänzer, der mit dem Absturz kokettiert, weiß nicht nur, dass die Blicke auf ihm ruhen, sondern auch, dass die dort unten, die zu ihm aufblicken, wissen, dass er damit kokettiert.[12] Erst im Rückbezug und in der Rückkopplung zwischen beiden Seiten der Unterscheidung wird ein Auftritt möglich: ein paradoxes Phänomen, das in einem Atemzug Teilnahme verlangt und unterbindet. Denn die Akteure bleiben, was sie sind, nur solange das Publikum seine Lebensäußerungen zugunsten ihrer Sicht- und Hörbarkeit unterdrückt und sie dennoch aufrechterhält. Ein Publikum, das außer Kontrolle gerät, ist so gut wie ein totes. Das Paradox des Publikums besteht – wie das des Zeugen – in der unbeteiligten Beteiligung. Im Theater begegnet man sich so auf Kosten der Begegnung, denn das, was einen verbindet, ist die gemeinsame Orientierung auf etwas Anderes als den Anderen. Und so wie den Einen das Handeln zugunsten der Aufmerksamkeit untersagt wird, ist dies den Anderen unter dem Druck derselben geboten. Mit der Differenzierung zwischen Akteur und Publikum geht immer auch eine Diskrimierung zwischen denen einher, die schauen müssen/dürfen, und denen, die handeln dürfen/müssen. Die Einen werden zugunsten der Anderen erhöht – und sei es nur, um im Verlauf der Vorstellung erniedrigt zu werden.

Die ungeteilte Aufmerksamkeit jedoch ist unwahrscheinlich, und Auftritte sind grundsätzlich prekär und instabil. Es bedarf eines nicht unerheblichen Aufwands, sie zustande zu bringen, und eines noch größeren, sie aufrechtzuerhalten. Aufmerksamkeit wird nicht ohne Weiteres geschenkt, es braucht gute Gründe, um ins Theater zu gehen, und noch bessere, um bis zum Ende der Vorstellung auszuharren. Ein Auftritt findet daher immer auch im Rahmen eines Verfahrens statt, das diese Unwahrscheinlichkeit der Aufmerksamkeit verringert. Vom *Eccomi*-Schrei der Commedia bis zur Verdunkelung des Bayreuther Zuschauerraums reichen die Varianten; entweder wird Aufmerksamkeit durch die offensive Hervorhebung körperlichen Agierens erregt oder durch Konventionen und Regeln verordnet und eingeübt.[13] Wer im Theater flüstern will, der

12 Zum Seiltänzer als Denkfigur des Populären vgl. Hans-Otto Hügel: ›Die ästhetische Zweideutigkeit der Unterhaltung‹, erschienen in: Montage a/v 2/1 (1993), S. 119-141.

13 Zum Begriff der Hervorhebung vgl. Andreas Kotte: ›Theatralität: Ein Begriff sucht seinen Gegenstand‹, erschienen in: Forum modernes Theater 2/13 (1998), S. 117-133, hier: S.125: »Als Theater wird eine historisch konkrete Interaktion zwischen Akteur(en) und Zuschauer(n) erfahren, als deren Hauptfunktion eine Hervorhebung von Körperbewegungen erscheint.« Wie auch Stefan Hulfleld unterscheidet Kotte dabei andernorts zwischen Hervorhebung durch äußeres Erscheinen, körperliches Verhalten oder räumliche Anordnungen. Darauf aufbauend versteht Stefan Hulfeld die theatrale Interaktion daher als den »dynamischen Bezug von im konkreten Zeit/Raum hervorgehobenen Personen, die von anderen in einem über den Alltag hinausweisenden Horizont interpretiert und dadurch aktiv – tastend, vergleichend, zwischen Verständnismöglichkeiten oszillierend – wahrgenommen werden,

braucht eine Verstärkung oder muss dafür sorgen, dass Stille herrscht. Ein Auftritt geht aus einer Korrespondenz von Darstellen und Zuschauen hervor, die sozial verankert, institutionell abgesichert und technisch bedingt ist. Stillsitzen und Goutieren muss genauso erlernt werden wie das Stützen der Stimme oder das Setzen bedeutender Pausen. Der skandalöse Auftritt und die moralische Empörung brauchen einander und müssen sich die Hand reichen, wenn der Auftritt Erfolg haben soll. – Auftritte lassen sich daher weder auf eine spezielle Art und Weise des Agierens zurückführen noch auf einen bestimmten Modus der Rezeption, sondern konstituieren sich in der historisch und lokal kontingenten Differenzierung von Wahrnehmen und Handeln durch eine ostentative Operation.

Da die kollektive Aufmerksamkeit, die ein Auftritt verlangt bzw. hervorruft, die Tätigkeiten und das Tagwerk der Einzelnen unterbricht und verdrängt, grenzt er sich als außerordentlicher und außergewöhnlicher Zeitraum von Alltag und Umwelt ab. Ein Auftritt ist Ausnahmezustand und *Gesellungsereignis*[14] – und als solches den Konventionen und Konflikten der jeweiligen Gesellschaft unterworfen. Ein Auftritt ohne Vorbilder und Vorgänger ist daher ebenso unwahrscheinlich wie unberechenbar und wird zugunsten institutionalisierter Auftritte, die sich regelmäßig und in geregelten Bahnen vollziehen, meist vermieden. Durch die Wiederholung an festgelegten Orten, in bestimmten zeitlichen Abständen und nach klar nachvollziehbaren Mustern, die sich in der Wiederholung selbst ähnlich bleiben, wird der Auftritt im Rahmen von institutionalisierten Ausnahmen installiert und schafft habitualisierte und tradierbare Praktiken des Darstellens und Zuschauens. Die Institutionalisierung von Auftritten regelt nicht nur, wer wann und wo auftreten darf oder muss, sondern auch, wer sich zu welchen Auftritten einzufinden hat, um sie auf welche Art und Weise zu bezeugen, und erschafft so in der Wiederholung des Vollzugs überhaupt erst ein Publikum, das diesen Namen verdient.[15]

---

woraus sich eine funktionsteilige Gemeinschaft von Zeigenden und Schauenden ergibt« (Stefan Hulfeld: Zähmung der Masken, Wahrung der Gesichter. Theater und Theatralität in Solothurn, 1700-1798, Zürich 2000, S.395).

14 Vgl. Joachim Fiebach: ›Kommunikation und Theater. Diskurse zur Situation im 20. Jahrhundert‹, in: Keine Hoffnung, keine Verzweiflung. Versuche um Theaterkunst und Theatralität, Berlin 1998, S.85-182, hier: S.164. Der Begriff knüpft u.a. an den Begriff der Cultural Performance an, der auf Milton Singer zurückgeht und eine entscheidende Rolle bei der Herausbildung der angloamerikanischen Performance-Studies gespielt hat: »a definitely limited time span, a beginning and an end, an organized program of activity, a set of performers, and audience, and a place and occasion of performance« (Milton Singer: ›Introduction‹, in: Traditional India. Structure and Change, Philadelphia 1959, S.xviii).

15 Zum Publikumsbegriff vgl. Willmar Sauter : ›Publikum‹, in: Metzler Lexikon Theatertheorie, hg. v. E. Fischer-Lichte et al., Stuttgart 2005, S.253-259; und Helmar Schramm: ›Theatralität und Öffentlichkeit. Vorstudien zur Begriffsgeschichte von Theater‹, in: Ästhetische

Wenn Auftritte also aus der ostentativen Differenzierung von Akteur(en) und Publikum hervorgehen – bzw. diese zuallererst erzeugen – und sich als Ineinandergreifen korrespondierender Praktiken der Schaustellung und des Zuschauens verstehen lassen, die im Rahmen gesellschaftlicher Ausnahmezustände institutionalisiert sind, dann ist *das* Theater nichts anderes als *eine* Spielart solcher Institutionalisierungen. Ihm gegenüber finden sich außerhalb der Kunst eine Vielzahl ganz anderer Auftritte von Politikern, Unterhaltern und Selbstdarstellern in anderen Institutionen und Systemen. Auftritte sind ganz grundsätzlich als etwas zu verstehen, das im und aus dem Alltag heraus mit fließenden Grenzen entstehen kann. – Ein Auftritt ist wie in Brechts Straßenszene ein Vorgang, »der sich an irgendeiner Straßenecke abspielen kann«, wenn »der Augenzeuge eines Verkehrsunfalls [...] einer Menschenansammlung [demonstriert], wie das Unglück passierte.«[16] Und damit ist nicht nur gesagt, wie Carl Hegemann erleichtert betont, »dass dieser Mensch nicht so tun muss, als wäre er ein anderer«[17], sondern vor allem, dass das Theater als die Institutionalisierung einer Situation zu verstehen ist, die jenseits der Musentempel unmittelbar aus einem *Lebensprozess* hervorgeht, von diesem nur marginal getrennt ist und in diesen wieder zurückfallen kann, sobald keine Anstrengungen mehr unternommen werden, ihn aufrechtzuerhalten.[18]

Der Auftritt im Rahmen der Straßenszene kommt ohne größere künstlerische Befähigung, Techniken der Illusionserzeugung oder psychologische Charakterzeichnung aus – dafür ist er zweckgebunden, wirklichkeitsbezogen und handlungsweisend: ein Alltagstheater, dessen theatrales Mittel der ›Stempel des Auffallenden‹ ist und für Brecht ästhetisches Programm und Forschungsprojekt zugleich darstellt. »Anschließend an die Untersuchungen in der ›Straßenszene‹«, heißt es in einem Eintrag im Arbeitsjournal, »müsste man [...] die Gelegenheiten aufsuchen, wo im alltäglichen Leben Theater gespielt wird. In der Erotik, im Geschäftsleben, in der Politik, in der Rechts-

---

Grundbegriffe. Studien zu einem historischen Wörterbuch, hg. v. K. Barck/M. Fontius, Berlin 1990, S.202-242.

16 Bertolt Brecht: ›Die Straßenszene. Grundmodell einer Szene des epischen Theaters‹, in: Werke. Große kommentierte Berliner und Frankfurter Ausgabe, Bd.22 [= Schriften 2, Teil 1], Berlin u.a. 1993, S.370-381, hier: S.371.

17 Vgl. Carl Hegemann: ›Das Theater retten, indem man es abschafft? Oder: Die Signifikanz des Theaters‹, in: Maschinen, Medien, Performances, hg. v. M. Leeker, Berlin 2001, S.638-649, hier: S.639.

18 Vgl. zu diesem Moment der möglichen Entdifferenzierung von Theaterformen auch Hulfeld: Theatergeschichtsschreibung als kulturelle Praxis, S.315: Es sei nicht nur zu beobachten, wie Theaterformen unmittelbar aus dem Lebensprozess entstünden, sondern auch, »dass entwickelte und durch ihre Künstlichkeit beziehungsweise Kunst vom Lebensprozess emanzipierte Theaterformen auch wieder zu sozialem Spiel werden könnten, das nur Mitspielende und keine Zuschauenden mehr kennt.«

pflege, in der Religion usw. Man müsste die theatralischen Elemente in Sitten und Gebräuchen studieren.«[19]

Ausgehend von Brechts Straßenszene stellte der Theaterwissenschaftler Joachim Fiebach in den 80er Jahren *symbolische Aktionen*[20] ins Zentrum seines Theatermodells: »vertrackt paradoxe Phänomene – ›reale‹ Aktionen, deren wichtigste Momente ihre symbolischen Dimensionen und die Bedeutungen sind, die sie erzeugen.«[21] Als *Keimzelle* von Theater erschien ihm daher ein »Ausstellen des tätigen Darstellerkörpers«, das zugleich instrumentell und symbolisch ausgerichtet ist.[22] Insofern es jedoch die »gleichen oder sehr ähnliche Handlungstechniken« seien, die außerhalb des ausdiffe-

19 Bertolt Brecht: Arbeitsjournal [Eintrag vom 6.12.1940], in: Große kommentierte Berliner und Frankfurter Ausgabe, hg.v. Walter Hecht et al., Berlin/Frankfurt 1993, Bd. 26, S.443. – Jan Berg hat darauf hingewiesen, dass das Faible der Theatertheorie für Straßenszenen Tradition hat. Schon Goethe begegnet auf seiner Italienischen Reise einer Nation, die »stets öffentlich lebend, immer in leidenschaftlichem Sprechen begriffen ist«, und schließt von dort auf die Theaterpraxis: »Jetzt verstehe ich besser die langen Reden und das viele Hin- und Herdissertieren im griechischen Trauerspiele.« Diderot hingegen wies gerade auf die Differenz von Straßenszene und Bühnenszene hin: »Wenn aber eine Menge von Menschen, die sich auf der Straße zusammengefunden haben, durch eine Katastrophe dazu gebracht würden, plötzlich und jeder auf seine Weise ihre natürliche Empfindsamkeit zu entfalten, ohne sich vorher verständigt zu haben, so würden diese Menschen ein wundervolles Schauspiel zustande bringen [...]«, überlegt der Dialogpartner, um von Diderot sogleich widerlegt zu werden: »Das ist wahr. Aber ließe sich dieses Schauspiel mit demjenigen vergleichen, das aus einer wohldurchdachten Übereinstimmung, das aus jener Harmonie hervorginge, die der Schauspieler hineinlegen wird, wenn er es von der Straßenkreuzung auf die Bühne oder die Leinwand überträgt? Wenn Sie das behaupten wollen, würde ich Sie fragen, worin denn die vielgerühmte Magie der Kunst bestehe, wenn sie sich darauf beschränkt, das zu verderben, was die rohe Natur und eine zufällige Anordnung besser vollbracht haben als sie.« (Denis Diderot: ›Das Paradox über den Schauspieler‹, in: Ästhetische Schriften, Bd.2, Berlin/Weimar 1967, S.481-539, hier: S.494)

20 Der Begriff der »symbolische Aktion« stammt von Kenneth Burke: The Philosophy of Literary Form. Studies in Symbolic Action, London 1957 und wurde vor allen Dingen durch Clifford Geertz profiliert: Deep Play. Notes on the Balinese Cockfight, New York 1973.

21 Joachim Fiebach: ›Brechts Straßenszene. Versuch über die Reichweite eines Theatermodells‹, in: Keine Hoffnung, keine Verzweiflung. Versuche um Theaterkunst und Theatralität, hg. v. J. Fiebach, Berlin 1998, S.9-34, hier: S.11.

22 Ders.: ›Ausstellen des tätigen Darstellerkörpers als Keimzelle von Theater, oder Warum Theater kein Medium ist‹, in: Maschinen, Medien, Performances, hg. v. M. Leeker, Hellerau 1999, S.493-499. Siehe auch ders.: ›Theatralitätsstudien unter kulturhistorisch-komparatistischen Aspekten‹, in: Spektakel der Moderne. Bausteine zu einer Kulturgeschichte der Medien und des darstellenden Verhaltens, hg. v. J. Fiebach et al., Berlin 1996, S.9-68, hier: S.9f.

renzierten Kunstsystems zum Einsatz kämen, werde damit die wesentlich theatrale Verfassung von Gesellschaften und ihren Teilbereichen zur zentralen theaterwissenschaftlichen Fragestellung.[23]

Ausgehend von den Überlegungen zur Straßenszene lässt sich ein Auftritt daher als eine Operation beschreiben, die ein Interaktionssystem in ein Schausystem verwandelt. Er geht aus einer Versammlung hervor, die durch die Trennung von Handelnden und Schauenden und das implizite Wissen um diese Trennung einen kommunikativen Ausnahmezustand etabliert. Ob dabei einer auf eine Kiste steigt, laut schreit oder ein auffälliges Kostüm trägt, die Anderen auf ihn zeigen, jemand sich durch Zufall zum Affen macht oder zum Affen gemacht wird; ob es eine Verabredung gibt, sich zum Affen zu machen, ob ein Zeremoniell durch Kalender und Institutionen vorgeschrieben ist, ein spezialisiertes Gebäude existiert, das den Rahmen setzt, oder sich ganze Berufsgruppen herausgebildet haben; ob derjenige oder diejenige sich nur durch Stimme und Stab bemerkbar macht, auf einem Podest erhöht ist, durch einen Graben und Scheinwerfer gerahmt und entrückt, auf einer Leinwand vergrößert oder in einen Kasten gesperrt erscheint; ob die da unten selbstverständlich mitsingen und mitmachen, Dacapos einfordern und die dort oben auspfeifen oder zum schweigenden Schauen verdammt sind, idealerweise mit Zigarre und Whisky ausgerüstet sind oder nur noch übers An- und Ausschalten ihre Beteiligung kundtun können – das alles ist dabei von nachgeordneter Bedeutung. Ein Auftritt ist ein Auftritt, ob auf dem Marktplatz, im Theater, in Funk und Fernsehen – oder eben im Internet.

Das Theater ist nur *eine* Institution, nur *eine* konkrete Praxisform, der Orchestergraben eine solche Technologie, die Nachrichten sind eine andere Institution, der Teleprompter eine andere Technologie. Grundsätzlicher aber lassen sich Auftritte jeweils einer historisch und kulturell spezifischen Praxis zuordnen, aus der sie hervorgehen. Eine Praxis meint dabei ein habituell und kulturell verankertes Tun und Machen, das

23 Fiebach: ›Brechts Straßenszene‹, S.26. Vgl. auch ders.: ›Zur Geschichtlichkeit der Dinge und der Perspektiven‹, S.379. – »Nicht-ästhetische Realitäten wären daher nach Maßgabe ihrer theatralen Verfassung zu untersuchen«, fasst Fiebach dieses Forschungsvorhaben rückblickend zusammen: »Es interessieren jene Vorgänge sozio-kultureller und politischer Kommunikation, für die darstellerische Tätigkeiten eine wesentliche Rolle spielen« (Joachim Fiebach: Inszenierte Wirklichkeit. Kapitel einer Kulturgeschichte des Theatralen, Berlin 2007, S.1). Eine ähnliche theoretische Position hat auch Philipp Zarilli in seiner Einführung in die Theaterhistoriographie formuliert: »From this point of view, theatre-making is a mode of socio-cultural practice. As such, it is not an innocent or naive activity seperate from or above and beyond everyday reality, history, politics, or economics. As theatre historian Bruce McConachie asserts, ›theatre is not epiphenomenal, simply reflecting and expressing determinate realities and forces‹ [...]; rather, as a mode of socio-cultural practice theatre is a complex network of specific, interactive practices [...] which helps to constitute, shape and affect 'selves' as well as historical events and relationships« (Phillip B. Zarrilli/G. J. Williams (Hg.): Theatre Histories. An Introduction, London/New York 2006, S.1).

sich aus einem durchaus widersprüchlichen Komplex ineinandergreifender Praktiken ergibt: inkorporierter, habitueller und alltäglicher Verfahren, die weniger gewusst werden als vielmehr sind. Von alltäglichen Verrichtungen wie Körperpflege und Fernsehkonsum bis hin zu ausdifferenzierten und spezialisierten beruflichen Tätigkeiten. Praktiken sind insofern nicht mit Handlung oder Verhalten zu verwechseln. Jenseits der Vorstellungen von individuellen intentionalen Handlungsakten sind Praktiken sozial und kulturell geregelt und typisiert und rekurrieren dabei auf ein implizites Wissen, das nicht gewusst, sondern beherrscht wird.[24]

Dass ein Auftritt aber aus einer kulturell konkreten Praxis des Auftretens hervorgeht, impliziert, dass die Vorstellung von einem Theater, das stattfindet, wenn einer auf eine Apfelsinenkiste steigt, naiv ist. Brechts Straßenszene bleibt ein Modell. Sie hat nicht stattgefunden. Hätte sie stattgefunden, wäre vermutlich niemand stehen geblieben, um dem selbsternannten Unfallberichterstatter Gehör zu schenken. Irgendwann wäre die Polizei gekommen, um dem Redner seine Öffentlichkeit zu entziehen, und hätte auf eine schriftliche und individuell zu signierende Aussage bestanden. Auftreten hätte der Mann von der Straße erst später dürfen: Vor Gericht, als Zeuge in einem geregelten Rahmen, der festlegt, wer aufzutreten hat, was zu sagen ist und wie man es zu verstehen hat. Weil der Auftritt in der Straßenszene keine Praxis hat, auf die er zurückgreifen kann, ist er – anders als derjenige vor Gericht – ausgesprochen unwahrscheinlich.

Einen Auftritt als Praxis zu beschreiben, heißt insofern, jene Praktiken des Zeigens und Schauens zu untersuchen, die erlernt und trainiert werden müssen, damit ein Auftritt stattfinden kann: einerseits die Praktiken des Agierens, des Sprechens und Bewegens, des Memorierens, Extemporierens und Improvisierens, die Arbeit am Selbst und an der Rolle; dann jene Praktiken des Organisierens, die dem Auftreten seinen Rahmen geben: Architekturen und Dramaturgien, Spielplangestaltung, Berichterstattung und Bewertungsverfahren, Probengestaltung, Vertragsformen und Premierenfeiern; schließlich die Praktiken des Rezipierens, des Schauens und Verstehens, des Informierens, Abonnierens und Applaudierens, des Amüsierens und Interpretierens. Nicht nur das Machen von Theater, sondern auch das Schauen von Theater und das Verstehen von Theater wollen gelernt und trainiert sein. – Es ist dieser Komplex aus teilweise widersprüchlichen, sich unentwegt verändernden Praktiken, die einen Auftritt hervorbringen und ihn zu einem Teil einer Ort und Zeit überschreitenden Auftrittspraxis machen. – Solange die Praktiken ähnlich bleiben, ändert die Auswahl der Stücke, Schauspieler und Inszenierungen nicht viel – wer dieses Theater zu schauen gelernt hat, der wird

24 Vgl. zum Praxis-Begriff in der jüngeren sozialwissenschaftlichen Debatte: Theodor R. Schatzki et al.: The Practice Turn in Comtemporary Theory, London/N.Y. 2001; Karl H. Hörning: Doing Culture. Neue Positionen zum Verhältnis von Kultur und sozialer Praxis, Bielefeld 2004; Andreas Reckwitz: ›Grundelemente einer Theorie sozialer Praktiken‹, in: Zeitschrift für Soziologie 4/32 (2003), S. 282-301; ders: Unscharfe Grenzen. Perspektiven der Kultursoziologie, Bielefeld 2008.

Anteil nehmen können. Wer nicht eingeweiht ist und die korrespondierenden Kompetenzen nicht verinnerlicht hat, der wird kaum wissen, was er mit dem Gesehenen *machen* soll. Denn wer eine Praxis erlernt, eignet sich dabei auch immer einen Blick auf die Welt und die damit verbundenen Werturteile und Empfindungswelten mit an. Es kommt zur Ausprägung spezifischer Wahrnehmungsweisen, Sinnhorizonte, Wertsetzungen und Affektstrukturen. – Mitfühlen will ebenso gelernt und trainiert werden wie das kritische Beobachten mit Zigarre und Whisky-Glas. Wie man einen Auftritt bewertet, ob man ihn als gut oder schlecht unterscheiden soll oder ob er überhaupt zu bewerten ist; wie ein Stück zu deuten ist, was einen guten Schauspieler ausmacht oder wo man lieber die Türen knallend den Saal verlassen sollte – kann nicht einfach als abstrakter Wert übernommen werden, sondern muss praktisch geübt und abgeschaut werden.

Wenn Theater also jenseits von Kunst und Form wesentlich auf historisch kontingente Praktiken zurückzuführen ist, die nicht nur starke Ähnlichkeiten mit theatralen Praktiken der Politik aufweisen, sondern diese Praktiken auch noch in alltäglichen Tätigkeiten verwurzelt sind, dann stellt sich das (Kunst-)Theater als Sonderfall heraus – und zwar als jener mächtige Sonderfall, der sich anmaßt, der Maßstab für das zu sein, was Theater ist und sein sollte. Hinter der vermeintlichen Selbstverständlichkeit eines Theaters mit bestimmtem Artikel verbirgt sich eine grundsätzliche Geworden- und Gemachtheit, eine interessegeleitete und umkämpfte Ausspezialisierung und Institutionalisierung sozialer Praktiken. – Zu fragen ist daher nicht nur, welche Qualitäten je einzelne Werke aufweisen, die aus dieser Praxis hervorgehen, oder welche gesellschaftlichen Entwicklungen sich in ihnen spiegeln, sondern vor allem welche Spielräume eine Praxis ihren Auftritten überhaupt zur Verfügung stellt, welche Transformationen und Kontinuitäten sie prägen, aus welchen Genealogien und Verwandtschaften sie sich speist und wie was beschaffen ist, was aus ihrer Unterscheidung zwischen Akteuren und Publikum hervorgehen

1.2 FIGURATION
DIE GESTALT, DIE EIN AUFTRITT VERKLÄRT

Ein Auftritt ist ein Vorgang, der auf sich selbst verweist und dadurch ausstellt und erscheinen lässt. Ein Auftritt will gesehen und gehört werden und kann sich nur soviel Dezenz leisten, wie ihm durch seine Rahmung ohnehin schon an Aufmerksamkeit zukommt. Dabei erzeugt Auftreten Aufmerksamkeit für das, was auftritt, also das, was im Auftritt erscheint als das, *wie* es auftritt: für die *Figur*, d.h. für eine Gestalt, die (1.) in Abgrenzung von ihrer Umgebung sinnlich wahrnehmbar wird;[25] die (2.) als eine von

25 Ein solcher ›medialer‹ Begriff der Figur findet sich bspw. bei McLuhan: »Alle kulturellen Situationen setzen sich aus einem Bereich der Aufmerksamkeit (der Figur) und einem grö-

der Norm abweichende Wendung eine Wirkung erzeugen soll;[26] und die (3.) als Subjektmodell aus der Wechselwirkung von Darstellerhandlungen und Zuschauerwahrnehmung hervorgeht.[27] – Figuren sind Gestalten, die sich abheben, aber auch Gestalten, die durch Überschuss an Aufmerksamkeit zu wirken versuchen und schließlich in einer Verhandlung des Sehens und Gesehenwerdens überhaupt erst entstehen. Ihr Erscheinen ist fragil, die Wirkung fraglich und die Bedeutung kontingent.[28] Eine kurze Ablenkung der Aufmerksamkeit reicht, um alle Anstrengungen des Auftritts zunichte zu machen. Die Unkenntnis des vorherrschenden Geschmacks oder leichtes Ungeschick im Gebaren lassen alle Wirkungsabsichten obsolet werden. Und über die Bedeutsamkeit entscheiden immer Andere als die Auftretenden selbst. – Ein Auftritt hat einen Prozess der *Figuration*[29] zur Folge, in dem eine Figur in Erscheinung tritt, die so instabil ist wie der Auftritt, aus dem sie hervorgeht, und in gleichem Maße auf die Erzeugung und Erhaltung von Aufmerksamkeit, auf die Wiederholung ihres Auftretens angewiesen ist.

Insofern sich eine Figur jedoch notwendig von ihrer Umwelt abhebt, beschreibt Figuration auch immer einen Prozess der Ablösung und Überhöhung, der Sichtbarkeit herstellt und damit Aufmerksamkeit verlangt. Die Figur ist *bigger than life,* sie steht erstens im Gegenüber des Publikums und zweitens gegenüber dem Publikum erhöht. Sie ragt so aus dem gewöhnlichen und alltäglichen Lebensprozess heraus als etwas tendenziell *Meta*-Physisches. Mit dem Auftritt tritt der Auftretende als etwas Anderes als das, was er ist, in Erscheinung; als etwas, das aus einer Distanz zu erblicken und damit der unmittelbaren Erreichbarkeit der Hand entzogen ist. Eine Figur ist immer

---

ßeren Bereich, der der Aufmerksamkeit entgeht, zusammen (dem Grund)« (Marshall McLuhan: ›The Global Village‹, in: Medien verstehen. Der McLuhan Reader, Mannheim 1997, S.223-235, hier: S.226).

26 Zum rhetorischen Begriff der Figur vgl. u.a. Jürgen Fohrmann: Rhetorik. Figuration und Performanz, Stuttgart 2004.

27 Zum theatralen Begriff der Figur vgl. v.a. Jens Roselt: ›Figur‹, in: Metzler Lexikon Theatertheorie, Stuttgart 2005, S.104-107.

28 Ausgehend von Erich Auerbachs Figur-Begriff als »etwas Lebend-Bewegtes, Unvollendetes, Spielendes«, das eher auf die Tätigkeit als das Ergebnis aus ist, hat Gabriele Brandstetter den Begriff der Figur in der Tanz- und Theaterwissenschaft profiliert. Vgl. Erich Auerbach: ›Figura‹, in: Gesammelte Aufsätze zur romanischen Philologie, Bern/München 1967, S.55-92, hier: S.55, zit n. Gabriele Brandstetter/Sybille Peters: ›Einleitung‹, in: De figura: Rhetorik, Bewegung, Gestalt, München 2002, S.7-22, hier: S.8.

29 Zum Begriff der Figuration in der deutschsprachigen Theaterwissenschaft vgl. Bettina Brandl-Risi et al.: ›Prolog der Figuration. Vorüberlegungen zu einem Begriff‹, in: Figuration. Beiträge zum Wandel der Betrachtung ästhetischer Gefüge, hg. v. ders. et al., München 2000, S.10-29.

auch schon ein Bild und als solches etwas dem unmittelbaren Alltag Enthobenes.[30] Sie zeigt etwas, das mehr ist als das Normale, weil es zuerst und zuletzt darauf zielt, wahrgenommen zu werden – eine Totenwelt, Utopie oder Fiktion – und verbirgt damit im gleichen Atemzug etwas Anderes. Es ist eine andere Wirklichkeit, die hier zur Erscheinung kommt und der als einem außeralltäglichen Geschehen erhöhte Aufmerksamkeit und intensiviertes Erleben sicher ist.

Figuration ist immer auch *Transfiguration*: Eine Verklärung der Gestalt, die über das Hier und Jetzt des Auftritts hinausweist und die Gestalt für etwas Anderes stehen lässt, als was sie vor dem Auftritt war. Ihren Archetyp hat die Transfiguration im biblischen Bericht von der Verklärung des Herrn.[31] Auf dem Gipfel eines Berges, den sie zum Beten bestiegen haben, wird Jesus vor den Aposteln Petrus, Johannes und Jakobus von überirdischem Licht überstrahlt: »Und während er betete, veränderte sich das Aussehen seines Gesichtes und sein Gewand wurde leuchtend weiß.«[32] »Sein Antlitz strahlte wie die Sonne, und seine Kleider wurden weiß wie das Licht.«[33] Nun erscheinen Mose und Elija, und »[a]ls sie staunend vor dem verklärten Herrn standen, der mit Mose und Elija sprach, wurden Petrus, Jakobus und Johannes auf einmal in eine Wolke gehüllt, und aus der Wolke rief eine Stimme: ›Das ist mein geliebter Sohn; auf ihn sollt ihr hören.‹«[34] Die Verklärung hat *Herr*schaft auf der einen Seite, das Staunen des Publikums auf der anderen Seite zur Folge.[35] Die Figur wächst über sich und Andere hinaus, sie hat etwas, was die Anderen nicht haben, eine Abstammung, Auserwähltheit oder Begabung, die ihr von einer körperlosen Stimme bescheinigt wird, ihre Überhöhung begründet und ihren Anblick zur Freude gereichen lässt. Dieser Anblick beinhaltet die Aufforderung zu einem kollektiven Ge*hor*sam: »Das ist mein geliebter Sohn; auf ihn sollt ihr hören.« Der verbale Zeigefinger, der akustische Index auf die Sichtbarkeit

---

30 Vgl. den Bild-Begriff von Hans Belting: Bild-Anthropologie. Entwürfe für eine Bildwissenschaft, München 2001. – Die Idee einer Verbesserung der Wirksamkeit durch ästhetische Gestaltung findet sich in einem anderen Zusammenhang auch bei André Leroi-Gourhan: Hand und Wort. Die Evolution von Technik, Sprache und Kunst, Frankfurt am Main 1980. Vgl hierzu auch Hartmut Böhme: ›Kulturgeschichtliche Grundlagen der Theatralität‹, in: Theatralität als Modell in den Kulturwissenschaften, hg. v. E. Fischer-Lichte et al., Tübingen 2004, S.47: »Instrumente sind nicht nur Mittel zur Beherrschung eines Natursegments, sondern sie ›bedeuten‹ auch diese Beherrschung, besser: sie figurieren sie. Die Einführung figuraler Zeichen erhöht die Wirksamkeit des Instruments.« In der Kunstwissenschaft vgl. Gottfried Boehm et al. (Hg.): Figur und Figuration. Studien zu Wahrnehmung und Wissen, Paderborn 2006.

31 Vgl. Markus 9:2-8, Matthäus 17:1-9, Lukas 9:28-36.

32 Lukas 9:29.

33 Matthäus 17:2.

34 Markus 9:7.

35 Kenneth Burke spricht von der rhetorischen Funktion der Performance (The Philosophy of Literary Form).

der (stummen) Figur, fordert zum Hören und Gehorchen auf. Und so finden sich in der verklärten Gestalt, die uns sehen macht, um uns etwas zu hören zu geben, die Jünger als Gemeinschaft mit einem Auftrag wieder: *Zu berichten* von diesem Auftritt einer Figur, die so auch in der Ferne und in der Zukunft ihr Publikum erreichen kann, um eine Gemeinschaft zu bilden, die sich um einen Körper versammelt, der zum Zeichen geworden ist und damit das *Hier und Jetzt* seines Auftritts überwunden hat.[36]

Abbildung 5: Transfiguration

Die Transfiguration ist daher immer auch eine *transpersonale Figuration*, wie es Hartmut Böhme am Beispiel der Verklärung des Propheten Jeremiah zum ›figurativ Handelnden‹ beschreibt.[37] Sie ist geprägt von der »absolute[n] Inanspruchnahme seiner Existenz durch das Symbolische« und »zehrt das biographische Ich vollständig aus durch die ›Sendung‹, welche es darstellt. [...] Sein Leben selbst wird zum ›Zeichen‹.«[38] Die Erhöhung durch den Auftritt lässt den Körper selbst zum Zeichen – und eben nicht nur zum Zeichenträger – werden: *Dass* einer auftritt, verleiht ihm Bedeutung, und *weil* ihm Bedeutung zukommt, tritt er auf. Unabdingbar wird so die Frage nach der Autorisierung des Auftritts, die sich – wie Hartmut Böhme gezeigt hat – jenseits der Institu-

36 Die auf Augustinus zurückgehende Vorstellung der Figuraldeutung geht davon aus, dass die Personen und Ereignisse des Alten Testaments als Vorankündigungen und Allegorien von Personen und Ereignissen des Neuen Testaments zu verstehen sind. »Vetus enim Testamentum est promissio figurata, novum Testamentum est promissio spiritualiter intellecta« (Augustinus, Serm. 4.8). Die Körper überbrücken den heilsgeschichtlichen Prozess mit ihrer (Vor-)Bedeutung, und das kulturelle Erbe des Judaismus wird in die Jetztzeit des Christentums zurückgeführt. Vgl. dazu Erich Auerbach: ›Figura‹, erschienen in: Archivum Romanicum 22 (1938), S. 436-489; und Gabriele Brandstetter: ›de figura. Überlegungen zu einem Darstellungsprinzip des Realismus – Gottfried Kellers 'Tanzlegendchen'‹, in: De figura: Rhetorik, Bewegung, Gestalt, München 2002, S.223-245.

37 Vgl. Böhme: ›Kulturgeschichtliche Grundlagen der Theatralität‹. In der Schauspieltheorie fasst Max Marterstein die Verkörperung des Schauspielers durch die Figur als Transfiguration. Vgl. Jens, Roselt: Seelen mit Methode, Berlin 2005; Hajo Kurzenberger: ›Die 'Verkörperung' der dramatischen Figur durch den Schauspieler‹, in: Authentizität als Darstellungsform, hg. v. J. Berg/H.-O. Hügel/H. Kurzenberger, Hildesheim 1997, S.106-121.

38 Böhme: ›Kulturgeschichtliche Grundlagen der Theatralität‹, S.53.

tionen und ohne *Berufung* durch und auf Schrift nur als rhetorisch-performative Selbstlegitimation, d.h. als ein *berufenes Sprechen* in Szene zu setzen vermag. Denn im Unterschied zum Professor wird ein Prophet nicht von einer Universität berufen, kann sich auf keine Publikationsliste stützen und bleibt so vom Zugang zum Katheder ausgeschlossen, wenn er sich nicht durch sein Auftreten selbst autorisiert. So berichtet der Auftritt des Propheten Jeremiah von einer vorgängigen oder vorgestellten Berufungsszene, in der der Prophet als Prophet initiiert wird und Macht übertragen bekommt – und wiederholt eben diese Szene zugleich in seinem Auftreten.[39] Auf Autorität wird hier nicht verwiesen, sie wird auch nicht begründet, sondern in einem auf sich selbst verweisenden Sprechakt hergestellt: »Das ist mein geliebter Sohn; auf ihn sollt ihr hören.«[40]

Dieser geliebte Sohn aber ist laut Hartmut Böhme als Verkörperung von *inspirierter Oralität* und *szenischem Agieren* nur noch eine Unterbrechung auf dem Weg zu den Offenbarungstexten einer Schriftkultur, die den Auftritt in erster Linie als Zeugnis für die Schrift begreift.[41] Schon bei Hesiod müsse die Schrift »für das Ereignis, das keines gewesen sein könnte, zeugen, indem sie sich selbst zum Ereignis macht.«[42] Am Anfang der Theogonie – so Böhme – stehe die Berufung Hesiods durch die Musen auf dem Berg Helikon, der niemand außer dem Dichter selbst beigewohnt habe und die zugleich die Autorität des Geschriebenen verbürge. In der Schrift entstehe die Figur des von den Musen geküssten Dichters als selbst autorisierter Autor in einem Prozess der Figuration, der zwar auf den Vollzug des leiblichen Auftritts verzichten könne, aber nicht ohne den zentralen Verweis auf einen solchen Auftritt als Ursprung der Autorität auskomme. Aus dem Auftritt als etwas, *von dem* berichtet werden kann, wird so der Auftritt als etwas, das stattfindet, *damit es* berichtet werden kann: ein Ereignis, das zeigt, dass die Leute wichtig sind, weil sie auftreten, und dass sie auftreten, weil sie wichtig sind und deshalb ihren Handlungen – ob es sich nun um politische oder ästhetische handelt – Vertrauen zu schenken ist. Denn würden sie so viel Aufmerksamkeit bekommen, wenn sie tatsächlich nur Popanze wären? Ganz sicher nicht!

Durch die (Trans-)Figurationen, die sie zur Folge haben, befinden sich Auftritte häufig im Mittelpunkt von Gemeinschaftsbildungen. Und auch wenn im Laufe des Zivilisationsprozesses ausdifferenzierte Verfahren der Vergesellschaftung die Bedeutung ritueller Gemeinschaftsbildung zurückgedrängt haben und die Stimme des Herrn zur Stimme des Gewissens oder Volkes säkularisiert wurde, so ist die *Macht der Bühnen* – wie Georges Balandier feststellt – keinesfalls ein für allemal durch die besseren Argu-

39 Ebd., S.52: Die Berufungsszene erzeuge »eine initiale und die Auftritts-Inszenierungen eine das Initial immer wieder renovierende Bedeutung«.

40 Ebd., S.53: Die »genuinie Theatralität des Propheten« besteht nach Böhme insofern eben darin, dass »[e]r ist, was er darstellt: In diesem magischen Kurzschluss zwischen Sein, Bedeutung und Darstellung wurzelt aller Zauber des Theaters, des sakralen wie des profanen«.

41 Vgl. ebd., S.54.

42 Ebd., S.51.

mente des Buchdrucks verabschiedet worden: »La société ne ›tient‹ pas par le seul moyen de la coercition, des rapports de force légitimés, mais aussi par l'ensemble des transfigurations dont elle est, à la fois, l'objet et le réalisateur.«[43] – Der Zusammenhalt von Gesellschaften werde nicht ausschließlich durch den Zwang, die Verhältnisse der legitimen Mächte erreicht, »sondern auch durch das Ensemble von Transfigurationen, dessen Objekte wie Macher sie gleichermaßen und gleichzeitig sind.«[44] – Figurationen und die ihnen zugrundeliegenden Auftritte sind von daher nur begrenzt im Rahmen singulärer Ereignisse als eine ausdifferenzierte Kunsttätigkeit zu verstehen. Sie müssen in ihren konkreten kulturellen und gesellschaftlichen Feldern beschrieben werden. Historisch auffällig ist daher nicht, dass sich theatrale Praktiken und Begriffe in der Gesellschaft breit zu machen scheinen, sondern dass *das* Theater solange in den goldenen Käfig der Kunst eingehegt geblieben ist.

Auftritte konstituieren also temporäre und lokale Gemeinschaften, die sich in der kollektiv erlebten und bezeugten Erscheinung einer Figur von ihrer Umgebung abgrenzen. Das, was dabei erscheint, verweist nicht nur auf eine höhere Wirklichkeit, sondern hält die Gemeinschaft in dem Glauben daran im profanen und sakralen Sinne zusammen. Ein Auftritt stellt daher auch immer einen Zugang zum kollektiven Schauplatz einer Gesellschaft dar, auf dem entschieden wird, was eine Gesellschaft als Gemeinschaft zusammenhält und wer zu dieser Gemeinschaft überhaupt gehört. Dementsprechend sind Auftritte umkämpft und wollen gelernt sein.[45] Wer oben steht, kann auf die unten herabblicken, es kann ihm aber auch die Aufmerksamkeit entzogen und die Maske abgerissen werden, er kann mit Spott, Tomaten und Schlimmerem überhäuft werden. Wer auftritt, ist mehr, weil er erscheint, und wer auftreten darf, muss dieses Mehrs daher berechtigt sein. Könige werden durch Auftritte gemacht und Götter in Auftritten gestürzt. Die Ausnahme beinhaltet die Möglichkeit zum Umsturz der Verhältnisse; und gerade deshalb hilft nichts mehr gegen den Umsturz als die institutionalisierte Wiederholung eben dieser Ausnahme. Wer wann und wo auftreten darf, wer diesen Auftritten beizuwohnen hat und wie diese Auftritte berichtet und bewertet werden, ist die klassische Frage symbolischer Politik. Ihre Antwort findet diese Frage in den unterschiedlichen Institutionalisierungen der Auftritte, und begründet wird diese

43 Georges Balandier: Le pouvoir sur scènes, Paris 1980, S.50f.

44 Fiebach, Inszenierte Wirklichkeit, S.241.

45 Diderot berichtet von jener Debütantin, die zu Hause im kleinen Kreise auftritt und dort Lob und Talent zugesprochen bekommt, dann aber auf der großen Bühne versagt; und er bemerkt: »Was geschieht aber? Sie tritt auf und wird ausgepfiffen [...]. Hat sie etwa von gestern auf heute ihre Seele, ihre Empfindsamkeit, ihre Innerlichkeit verloren? Nein - aber in ihrer Wohnung standen Sie mit ihr auf gleichem Boden; Sie hörten ihr zu ohne Rücksicht auf die Konventionen der Bühne; sie stand unmittelbar vor Ohren; zwischen Ihnen und ihr gab es kein Midell, mit dem Sie sie hätten vergleichen können; [...] nichts forderte eine Steigerung. Auf den Brettern war das alles anders: dort war eine andere Gestalt nötig, denn alle Dinge waren größer geworden.« (Diderot: Ästhetische Schriften, S.524f)

Antwort von vielfältigen Strategien der Autorisierung und Legitimation des Auftretens: Ob der Prophet auf dem Berg, der Professor hinter dem Katheder, Billy Graham im Velodrame d'Hiver[46], Prinzessin Diana im Fernsehen oder Barack Obama im Videoblog – Auftritte fügen sich in Institutionen ein, die ihren Ablauf regeln, und sie müssen sich auf Höheres berufen können: auf göttliche Gnade, religiöse Weihung, politische Wahl, gesellschaftlichen Verdienst, künstlerisches Talent oder auch akademische Meriten.[47]

»Ein erster Ansatz für das Entstehen von (schamlos offener) Theatralität«, mutmaßt Rudolf Münz, »liegt in der gesellschaftlichen Notwendigkeit, dass bestimmte Individuen (als Schamanen, Priester, Führer, Fürsten, Herrscher) die urgemeinschaftliche, kollektive, undifferenzierte, symbiotische Einheitsbeziehung aufgeben und sich – ›als Unbeteiligte‹ – über die Sphäre der unmittelbaren materiellen Produktion stellen, was sie zwingt, in der Realität eine ›Rolle zu spielen‹, d.h. etwas fiktiv darzustellen, was sie real nicht sind.«[48] Mit der Kultivierung ostentativer Praxis geht insofern auch eine Aufwertung des Schauwertes gegenüber den Realwerten einher. Theater und Theatrales sind als eine durchaus ambivalent zu bewertende kulturelle Leistung zu verstehen. Die Vorgänge der Schaustellung lassen sich nicht auf klar abgegrenzte Ausnahmesituationen beschränken, sie sind aufs Engste mit dem Alltag und den Institutionen der Gesellschaften verflochten, in denen sie entstehen. – Einen Auftritt nach der Gestalt zu befragen, die er verklärt, heißt daher, die Figur und das, was sie darstellt, im Verhältnis zur umgebenden Subjekt- und Soziokultur zu betrachten: Was für eine Gestalt erscheint in einem Auftritt, was für eine Gemeinschaft versammelt sich in dieser Erscheinung und was ist das für ein Verhältnis zwischen der Gestalt und der Erscheinung? – Ihre Bedeutung aber erhält diese Gestalt, die ein Auftritt verklärt, erst durch den Prozess ihrer Vermittlung.

1.3 MEDIATION
DIE BEDEUTUNG, DIE EIN AUFTRITT VERMITTELT

Ein Auftritt kann erlebt oder beschrieben werden. Er kann berichten, und es kann von ihm berichtet werden. Eine Beschreibung kann von einem Auftritt Zeugnis ablegen, ihn

---

46 Vgl. Roland Barthes: Mythen des Alltags, Frankfurt a.M. 1964.

47 Vgl. Christian Horn: ›Verhandlung von Macht durch Inszenierung und Repräsentation‹, in: Diskurse des Theatralen, hg. v. E. Fischer-Lichte et al., Tübingen/Basel 2004, S.151-169; Matthias Warstat: ›Theatralität der Macht – Macht der Inszenierung‹, in: Diskurse des Theatralen, S.151-169.

48 Rudolf Münz: ›Theatralität und Theater. Konzeptionelle Erwägungen zum Forschungsprojekt 'Theatergeschichte'‹, in: Theatralität und Theater. Zur Historiographie von Theatralitätsgefügen, Berlin 1998, S.66-81, hier: S.71.

festhalten und verbreiten, sie kann ihn aber auch überhöhen, erfinden oder zuallererst veranlassen. Reden wie Schreiben über Auftritte prägt das, was zukünftige Auftritte gewesen sein werden, wie sie wahrgenommen und erlebt wurden. Ein Auftritt *ist* daher immer schon mehr und zugleich weniger als die Praxis, aus der er hervorgeht, und die Figur, die er hervorbringt. Ein Auftritt ist die Vergegenständlichung eines vergangenen oder zukünftigen Geschehens, das nur vermittelt zugänglich ist; etwas, das erst einmal nicht ist oder sich ereignet, sondern *wird*, genauer: gemacht wird – und zwar nicht nur auf Hinter- oder Probebühnen. Ein Auftritt lebt immer auch und nicht zuletzt von seiner Vermittlung, Verbreitung und Verdichtung. Erst in der Erinnerung, im Gespräch oder im Gerücht, in der Aufzeichnung oder dem Aufsatz wird der Auftritt zu einem distinkten Etwas, das stattgefungen hat und in der Erzählung von diesem Stattfinden als Ereignis Bedeutung erlangt. Diese Bedeutung jedoch liegt außerhalb des Auftritts und kommt erst durch seine Vermittlung zustande.

Henry Morton Stanley, der englische Afrikareisende, Entdecker und Kartograph, berichtet in seinen Reiseberichten von einem Auftritt, der sich 1877 an einem Ort namens Mowa in Zentralafrika abgespielt haben soll.[49] Während eines mehrtätigen Aufenthaltes an eben jenem Ort habe er sich recht behaglich gefühlt und damit begonnen, das Vokabular der Einheimischen in seinem Notizbuch niederzuschreiben. Daraufhin habe sich eine Unruhe unter den Umstehenden ausgebreitet, bis diese schließlich davonliefen und zwei Stunden später mit einer Schar bewaffneter Krieger zurückkehrten. Auf Stanleys Fragen, was denn die Bewaffnung bezwecke und ob sie denn einen Kampf gegen Freunde führen wollten, antworten die Einheimischen, sie hätten Stanley Zeichen auf ein Papier machen sehen und folgerten laut Stanley dementsprechend: »Unser Land wird wüst werden, unsere Ziegen werden sterben, unsere Bananen verderben und unsere Frauen austrocknen.«[50] Sie würden wieder friedlich abziehen, wenn Stanley das Papier vor ihren Augen verbrenne.

Stanley, der um den Wert seiner Aufzeichnungen weiß und die prekäre Situation erkennt, vertauscht sein Notizbuch mit einer Gesamtausgabe Shakespeares, die er auf seiner Reise mit sich führt. Als er den *Freunden* jedoch das *tara-tara* zum Verbrennen anbietet, wollen diese es nicht anrühren.[51] Es sei Fetisch. Er solle es selbst verbrennen. Und eben dies macht Stanley dann auch:

49 Vgl. Henry Morton Stanley: The Exploration Diaries of H. M. Stanley, London 1961, S.187, zit. n. Stephen Greenblatt: Verhandlungen mit Shakespeare. Innenansichten der englischen Renaissance, Frankfurt a.M. 1993, S.202-208.

50 Ebd., S.206.

51 Vgl. ebd., S.207 »Ist dies das tara-tara, Freunde, das ihr verbrannt haben wollt?' / ‚Ja, ja, das ist es!' / ‚Nun, so nehmt es und verbrennt es oder behaltet es.' / ‚Mmmm. Nein, nein. Wir werden es nicht anrühren. Es ist Fetisch. Du musst es verbrennen.' / ‚Ich! Nun gut, soll es so sein. Ich tue alles, um meine guten Freunde aus Mowa zufrieden zu stellen'.«

»Ich entbot meinem genialen Weggefährten, der mir während mancher schwerer Nachtstunde geholfen hatte, mein niedergeschlagenes Gemüt von fast unerträglichen Leiden zu befreien, ein reuevolles Lebewohl, übergab den unschuldigen Shakespeare gravitätisch den Flammen und häufte mit zeremonieller Sorgfalt Buschreisig darüber. [...] ›Aaaaah‹, seufzten die armen, irregeleiteten Eingeborenen vor Erleichterung. ›Der Mundelé ist gut – ist sehr gut. Er mag seine Mowa-Freunde. Nun gibt es keinen Ärger, Mundelé. Die Mowa-Leute sind nicht böse.‹ Es wurden unter ihnen so etwas wie Hochrufe laut, und damit ging diese Episode der Verbrennung Shakespeares zu Ende.«[52]

Stanleys Auftritt im Zentralafrika des 19. Jahrunderts macht auf ungewöhnliche Art und Weise von einem Theatertext Gebrauch. Die inszenatorischen und schauspielerischen Praktiken missachtend, benutzt Stanley Shakespeare für seine Zwecke. Stanleys Auftritt vor den Anwesenden bezeugt nicht nur die tatsächliche Vernichtung des Buches, sondern setzt die zuvor Be- und Gezeichneten wieder frei. Angesichts des oralen Kulturzusammenhangs muss Stanley die mitgeführte Literalität opfern.[53] Und es ist gleichzeitig das Opfer einer mitgeführten kulturellen Erinnerung für einen gegenwärtigen technisch-ökonomischen Schriftgebrauch. – Die Pointe der von Stephen Greenblatt überlieferten Ankedote liegt insofern darin, dass die Mowa die Situation im Grunde richtig erfasst haben und jene Zeichen, denen der afrikanische Kontinent Planquadrat für Planquadrat zum Opfer fiel, zu Recht fürchten. Stanley jedoch, der dieses als primitives Vorurteil verkennt, geht, indem er die falschen Zeichen opfert, durch einen Betrug dennoch als Sieger hervor. Stanleys Auftritt ist also ein gezielter Betrug, denn das, was er opfert, ist, wie Stephen Greenblatt bemerkt, nicht nur das Falsche, sondern auch jederzeit ersetzbar. Nach London zurückgekehrt, kann sich Stanley dank Buchdruck von den Erträgen seiner Reisebücher eine neue Gesamtausgabe kaufen. Seine eigentliche Bedeutung jedoch erlangt dieser Auftritt nicht vor Ort in Zentralafrika, sondern in den Salons der bürgerlichen Welt, wo man sich durch Stanleys populäre Reiseberichte ein Bild von den ›primitiven‹ Bräuchen der afrikanischen Kulturen macht und den Autor-Forscher mit Ruhm und Geld dafür entlohnt.

---

52 Ebd.

53 Greenblatt weist zu Recht darauf hin, dass das einzige andere Buch, das in dieser Geschichte die Funktion der Shakespeare-Ausgabe hätte übernehmen können, die Bibel gewesen wäre. Und diese Analogie der kanonischen Texte ließe sich weiter treiben: Hier wie dort ist die standardisierte Praxis der Vergegenwärtigung eine hermeneutische Exegese in der Aufführung, deren Rahmen durch institutionalisierte Kalender und Architekturen bestimmt wird. Hier wie dort spielte sich der klassische Streit lange Zeit zwischen Texttreue und Auslegung, zwischen Spektakelhaftigkeit und Entsinnlichung ab. Hier wie dort schließlich stehen Bücher für ganze Kulturformen. Nur deshalb kann es Stanley auch gelingen, mit Shakespeare Afrika zu unterwerfen, indem er ihn opfert, weil diese rituelle Verbrennung für den westlichen Leser des Berichts vermutlich weit religiösere Bedeutung hat als für die pragmatisch denkenden Mowa.

Aber auch dieser symbolische Auftritt beruht auf Missbrauch und Betrug. Er dient der Gestaltwerdung und Verklärung des Autors. Und der Betrug besteht wiederum darin, dass dieser Auftritt in Mowa vermutlich so nie stattgefunden hat, sondern seinen Urspung einer Erzählung verdankt.[54] – Und diese Erzählung berichtet vom Übergang der elisabethanischen Aufführungspraxis in das kanonische Artefakt viktorianischer Buchkultur, von der Rückverwandlung dieses Artefaktes durch einen rituellen Vollzug im Kontext einer von Mündlichkeit geprägten Kultur – und schließlich von der Verwertung dieses Rituals in einer auf Information und Unterhaltung ausgerichteten Zeitungskultur Ende des 19. Jahrhunderts. Shakespeare begegnet hier als ein privatisierter Talismann in der Fremde, als ein in Flammen aufgehender Fetisch in einem englisch-afrikanischen Ritualvollzug, als Ersatzobjekt in einem betrügerischen Tauschhandel und als Metapher einer Anekdote von der Kultivierung des Unkultivierten. Aus dem Arbeitsmaterial eines kollektiven Aufführungsgeschehens wird ein auktorial sanktifiziertes Artefakt, dessen Aufgabe weniger darin besteht, einen anwesenden afrikanischen Stamm zu besänftigen, als ein europäisches Publikum im Lesesessel von der Eroberung des vermeintlich dunklen Kontinents und von Stanleys Heldenhaftigkeit zu überzeugen. Das theatrale Ereignis der Verbrennung konstituiert sich hier erst in seiner Erzählung und erlangt in seiner schriftlichen Verbreitung Wirksamkeit. Anstelle der Vergegenwärtigung des Mythos im Ritus wird hier der Ritus als Mythos aktualisiert. Stanley braucht die um das Feuer tanzenden Mowa, um dem von ihm in diesem Ereignis geopferten Shakespeare seine Wirksamkeit im europäischen Lesesessel zu verleihen. Seine Bedeutung erlangt das Theater hier als Medienereignis in den Printmedien; als Fetisch einer bürgerlichen Kultur, der seine Wirksamkeit nur noch durch seine vermeintliche Opferung zu entfalten vermag.[55]

---

54 Stanleys Geschichte von der Shakespeare-Verbrennung ist nur überliefert aus seinen populären Expeditionsberichten, die das ökonomische Rückrat seiner Forschungstätigkeiten bildeten. In den Notizbüchern, die postum veröffentlicht wurden, taucht zwar die Konfrontation mit den Mowa auf, eine Spur von der Shakespeare-Verbrennung aber ist nicht zu finden. Die Geschichte ist insofern mit aller Wahrscheinlichkeit frei erfunden. Vgl. Greenblatt, Verhandlungen mit Shakespeare, S.202-208.

55 Je mehr Bilder und Berichte des Auftritts zirkulieren, umso mehr nimmt die Gestalt, die der Auftritt hervorbringt, Konturen an. Denn bei einem Medienereignis ist »die Kommunikation über das Ereignis das, was das Ereignis zum Ereignis macht.« (Mathias Mertens: Kaffeekochen für Millionen. Die spektakulärsten Ereignisse im World Wide Web, Frankfurt a.M. 2006, S.56.) Es ist die Aufmerksamkeit der Mediatoren und Multipikatioren, die erregt, die Bedeutungsproduktion, die angeregt werden muss, um die Gestalten hervortreten zu lassen und zu verklären. Solche Medienereignisse vermögen, wie Dayan und Katz gezeigt haben, durchaus noch die Aufmerksamkeit ganzer Gesellschaften zu bündeln, den Alltag zu unterbrechen und ein Publikum im Angesicht verklärter Gestalten als Gemeinschaft vor den Bildschirmen zu versammeln. Vgl. auch Daniel Boorstin: The Image. A Guide to

Was ein Auftritt war und was er zu bedeuten hatte, wird daher in Sprache und Bilder übersetzt, in Berichten und Sendungen verbreitet und schließlich in Archiven und Speichern aufbewahrt. Der Auftritt Chimènes im dritten Akt von Corneilles *Le Cid* im Théâtre du Marais 1636/37 verdankt seine Bedeutung der Académie Française und der *Querelles*, die er ausgelöst hat; und der Auftritt Janet Jacksons und ihrer Brustwarze in der Halbzeit des *Superbowls* 2004 hat seine Bedeutung von der Empörung des prüden Amerika erhalten und den fünf Sekunden Verzögerung, mit denen Grammy- und Oscar-Verleihungen dort angeblich seitdem ausgestrahlt werden. – Das Wissen von einem Auftritt greift und schreibt insofern immer auch schon vor; nicht nur indem es bestimmt, wie die Auftritte zu verstehen sind und was es an ihnen zu bemerken gilt, sondern indem es voraussetzt, welche Auftritte es überhaupt wert sind, berichtet und bewahrt zu werden, was schließlich ein Auftritt *ist* und wie er gedacht werden kann. Weil die Begriffe den Auftritt erkennen und erleben lassen, tritt er daher als etwas gar nicht mehr Fremdes, sondern tatsächlich sehr Bekanntes entgegen, das sich als Variation eines bekannten Prinzips erkennen lässt.

Wenn also der Spielraum eines *Internet*auftritts untergründig von Algorithmen und Datenabstraktionen abgesteckt wird, lässt er sich ungetrübt davon auf seine theatralen Verwandtschaften hin befragen und als etwas beschreiben, das durch die Unterscheidung von Akteuren und Publikum Aufmerksamkeit erzeugt, als Ausnahmesituation und Gesellungsereignis aus dem Alltag hervorgeht und in einem Komplex ineinandergreifender Praktiken des Agierens, Organisierens und Rezipierens institutionalisiert wird. Er bringt eine Gestalt hervor, die er hervorhebt und einer Gemeinschaft gegenüberstellt. Diese Erhöhung verleiht der Gestalt Bild- oder Zeichenhaftigkeit, autorisiert sie und bildet zugleich eine Gemeinschaft, die ihr Bedeutung beimisst. Ein Auftritt erlangt diese Bedeutung schließlich durch seine Vermittlung, die Verbreitung und Verarbeitung, die das Geschehen in Worte und Bilder fasst und in die symbolischen Kreisläufe der Gesellschaft einspeist.

Untersucht werden sollen daher im Folgenden jene ostentativen Praktiken, die die Auftritte in den neuen Medien hervorbringen, die figurativen Prozesse, die sie initiieren, und die autorisierenden Diskurse, die ihre Bedeutung in Zaum halten: (1.) Wie unterscheidet ein Auftritt zwischen Akteuren und Publikum? Auf was für Praktiken geht diese Unterscheidung zurück und auf welchen Technologien und Konventionen basieren diese? Was für eine Qualität hat die Aufmerksamkeit, die daraus entsteht? Und wie löst sich der Auftritt als Ausnahme und Versammlung aus dem Alltag heraus? (2.) Was für Gestalten bringt ein Auftritt hervor? Welche Frequenzen, Reichweiten und Halbwertzeiten haben diese Gestalten? Was autorisiert sie und wie werden sie legitimiert? Was für Gemeinschaften bilden sich in ihrem Wirkungskreis, wie eng sind diese geknüpft, wie zugänglich und wie verbindlich sind sie? (3.) Welche Bedeutung erlangen

Pseudo-Events in America, New York 1961; Daniel Dayan/Elihu Katz: Media Events. The Live Broadcasting of History, Cambridge, Mass. 1992.

Auftritte durch ihre Vermittlung? In welchen Kanälen und mit welchen Mitteln wird die Kunde vom Auftritt verbreitet und welche Begriffe stehen zu ihrer Beschreibung zur Verfügung und welche Kriterien zu ihrer Speicherung? Wie und von wem werden sie kritisiert, kommentiert und kanalisiert?

Nicht zuletzt diese Überlegung aber, dass es keinen Auftritt gibt ohne den Begriff, der ihn einfängt, und das Medium, das ihn vermittelt, lässt auch diese Ausführungen fraglich werden und legt nahe, sich von dem soeben entwickelten Begriff wieder zu verabschieden, bevor es zu folgenreichen Missverständnissen kommen kann. Denn wenn ein Auftritt seine Bedeutung erst im Rahmen der Diskurse verliehen bekommt, in denen er vermittelt wird, dann laufen alle starken oder schwachen Definitionen, hinreichenden und notwendigen Bedingungen Gefahr, nicht nur alle Fragen zu beantworten, bevor sie überhaupt gestellt werden konnten, sondern auch dem Schein aufzusitzen, man reiste ohne mitgeschlepptes Gepäck. Weil eine Wissenschaft, die das Theater im Namen trägt, vom roten Samt so schnell nicht loskommen wird, wie sie es vielleicht manchmal gerne möchte, ist sie allein schon deshalb darauf angewiesen, sich der Historizität der eigenen Begriffe bewusst zu werden, den Spielraum auszuloten, den sie eröffnen, und dementsprechend von dem Ort des eigenen Schreibens Rechenschaft abzulegen.[56] Und weil die Begriffe und ihre Traditionen sich oft als stärker erweisen als ihre Reformatoren, stellt sich also vielleicht weniger die Frage, ob man dem Kind einen neuen Namen gibt, sondern wie man mit dem Erbe lebt. Denn eine *Inszenierungsgesellschaft*, das ist aus dieser Perspektive nicht nur eine Gesellschaft, die sich viel und gerne inszeniert, sondern auch eine Gesellschaft, die sich als eine Gesellschaft *beschreibt*, die sich viel und gerne inszeniert. Nicht die Tatsache allein, *dass* sie sich inszeniert, ist aufschlussreich, und nicht nur die Art und Weise, *wie* sie sich inszeniert, sondern zuallererst vielleicht, wie sie sich dabei als eine sich-inszenierende *beschreibt*: In barocker Genüsslichkeit oder mit aufgeklärter Scham?

Das folgende Kapitel kehrt so auf einem Umweg zum Theater zurück, fragt noch einmal, was die Theaterwissenschaft für die Medien begrifflich übrig hat, und verfolgt die Gründung der Disziplin zur Unterscheidung zwischen den Auftritten des Theaters und jenen der Medien zurück. Denn wirklich ist für die Theaterwissenschaft traditionell nur solch ein Auftritt, der in einer Aufführung eingehegt ist und als solches von den

56 Von Michel de Certeau stammt die Aufforderung, sich von dem Ort des eigenen Schreibens Rechenschaft abzulegen, die sich aus der Historisierung des Wissens im Gefolge Nietzsches durch Foucault, Bourdieu u.a. ableitet. In der Theaterwissenschaft spiegelt sie sich in der von Joachim Fiebach benannten Herausforderung, »die Geschichtlichkeit des [eigenen, U.O.] Wahrnehmens und Denkens historischer Sachverhalte« theoretisch und methodisch zu berücksichtigen (Fiebach, ›Zur Geschichtlichkeit der Dinge und der Perspektiven‹, S.373), und hat jüngst in Stefan Hulfelds Forderung, die Auseinandersetzung mit der eigenen Wissens- und Wissenschaftsgeschichte als »unabdingbare[s] Ausloten des eigenen Spielraums« zu begreifen, eine pointierte Zuspitzung bekommen (Hulfeld, Theatergeschichtsschreibung als kulturelle Praxis, S.13).

Medien gänzlich unberührt geblieben ist. Die Theatergeschichte der neuen Medien beginnt hier insofern mit der diskursiven Vorgeschichte der disziplinären Trennung von Theater und Medien.

2. Antimedium

Grenzsetzungen der Theaterwissenschaft

Ein Auftritt ist ein historisch kontingenter Komplex aus Praktiken. Auftritte können sich ähnlich sein, sie können ähnliche Figuren hervorbringen und ähnliche Bedeutungen zugewiesen bekommen. Was ein Auftritt ist, das wissen wir, ohne dass wir darüber nachdenken müssen, und ähnlich verhält es sich mit dem Theater. Von einigen Auftritten behaupten wir, das sei Theater, von anderen sagen wir, das sei kein Theater.[1] Und dieser Sprachgebrauch benennt keine Fakten, sondern trifft eine Unterscheidung und nimmt damit immer auch schon eine Wertung vor.[2] Das Theater sind eben jene Auftritte, die *nicht* der Circus, das Varieté, die Show und das Gipfeltreffen sind, auch und gerade dann, wenn vieles daran theatral und als »Theater« in Anführungszeichen erscheint. Jene Auftritte, die zum Theater gezählt werden, gehören also nicht deshalb zusammen, weil sie bestimmte gemeinsame Merkmale teilen, sondern weil es einen Sprachgebrauch gibt, der sie von anderen Auftritten unterscheidet. Und folglich ist auch die Theaterwissenschaft weniger ein aufgehäufter Wissens- und Methodenbestand bezüglich eines vorgängigen Gegenstandsbereiches als vielmehr eine tradierte Praxis des Schreibens, die eine implizite Auswahl von Auftritten mit einer expliziten Begründung dessen vereint, was diese von anderen unterscheiden soll.

Indem die Wissenschaft vom Theater daran arbeitet, das Theater auf den Begriff zu bringen, schreibt sie auch fest und vor, was ein Auftritt im Theater ist und zu sein hat: ein szenischer Vorgang beispielsweise, ein inszeniertes Zeichen oder auch ein erlebter Moment.[3] Die begriffliche Zurichtung schlägt nicht nur aus der »Gegenstandslosigkeit

1 Vgl. Diederich Diederichsen: ›Der Idiot mit der Videokamera. Theater ist kein Medium – aber es benutzt welche‹, erschienen in: Theater Heute 4 (2004), S.27-31.

2 Vgl. Jacques Derrida: Randgänge der Philosophie, Frankfurt/M 1976.

3 Vgl. bspw. Andreas Kotte: Theaterwissenschaft. Ein Einführung, Köln 2005. Erika Fischer-Lichte: Geschichte des Dramas. Epochen der Identität auf dem Theater von der Antike bis zur Gegenwart, Tübingen 1999; Jens Roselt: Phänomenologie des Theaters, München 2008.

Profit«[4], sie wirkt auch auf die Praxis zurück, und zwar nicht nur durch institutionelle Verstrickungen, sondern grundlegender, indem sie Formen der Bedeutungserzeugung nacharbeitet und vorschlägt. Ob es im Theater darum geht, die Lesart eines Stückes zu entziffern, die schauspielerische Interpretation einer Rolle zu bewundern, sich über gängige Subjektmodelle der Gesellschaft zu verständigen oder die eigenen Wahrnehmungsmuster irritieren zu lassen, ist eine Entscheidung, die nicht nur im Theater getroffen wird, sondern auch von der Wissenschaft.

Welche Auftritte sind es also, die die Theaterwissenschaft traditionell auswählt, welche schließt sie dabei aus und auf welchen Kategorien, Maßstäben und Wertsetzungen beruht diese Auswahl? – Die klassische Emanzipationsgeschichte der Theaterwissenschaft, mit der die Disziplin ihre Distinktion gewinnt, erzählt von der Befreiung des Auftritts aus den Fängen seiner literarischen Entmündigung.[5] Um die Jahrhundertwende und parallel zu den Avantgarden entsteht die Theaterwissenschaft in einer Wende zum Performativen, mit der jene Leiblichkeit, der Vollzugscharakter und die Zuschauerbeteiligung des Auftretens wiederentdeckt werden, von der eine in die Krise gekommene Repräsentationskultur lange Zeit nichts wissen wollte. Der Gegner des Theaters ist von da an sein bislang engster Verbündeter: das Drama und eine bürgerliche Regelpoetik, die ihre uneingeschränkte Bedeutungshoheit nicht zuletzt der Verbreitung des Buchdrucks und einer entsprechenden Schriftkultur verdankte.

Ein zweiter Antipode der jungen Disziplin, der in den Gründungserzählungen der Theaterwissenschaft lange Zeit eher vernachlässigt wurde, verdient im Rahmen der Frage nach den Medien des Theaters jedoch besondere Aufmerksamkeit: Der Film, oder genauer gesagt, das Kintopp und jene Medien des Populären, die zeitgleich mit der Theaterwissenschaft am Anfang des 20. Jahrhunderts entstehen, sind seit ihren Anfängen der zweite Gegner der Theaterwissenschaft, gegen die sie sich nach vorne hin abgrenzt.[6] Die Emanzipation des Auftritts aus der hermeneutischen Umklammerung und seine Manifestation als körperlich-sozialer Vollzug fallen daher historisch und theoretisch mit der Einhegung des Auftritts in die Aufführung zusammen. Mit dem paradoxen Konstrukt der Aufführung als flüchtiges Werk werden die Auftritte nicht nur in ihrer Leibhaftigkeit von den Vor*schriften* des Literaturtheaters befreit, sondern zeitgleich zum Schutz vor der kunstlosen Reproduktion der Medien und ihrem Hang zur profanen Popularität in Schutz und damit auch in Haft genommen. Erst aus der Abgrenzung von den alten *und* neuen Medien, von Schrift *und* Film, gewinnt die Theaterwissenschaft in

4 Vgl. Christel Weiler: ›Weiter denken - analytisch und wild zugleich‹, in: Strahlkräfte. Festschrift für Erika Fischer-Lichte, hg. v. C. Weiler/C. Risi/J. Roselt, Berlin 2008, S.28-41, hier: S.28.

5 Vgl. Erika Fischer-Lichte: ›Theaterwissenschaft‹, in: Lexikon Theatertheorie, hg. v. E. Fischer-Lichte et al., Stuttgart/Weimar 2005, S.351-358.

6 Vgl. Corinna Kirschstein: ›Ein 'gefährliches Verhältnis' – Theater, Film und Wissenschaft in den 1910er und 1920er Jahren‹, in: Theaterhistoriographie. Kontinuitäten und Brüche in Diskurs und Praxis, hg. v. F. Kreuder/S. Hulfeld/A. Kotte, Tübingen 2007, S.179-187.

ihren Anfängen Profil und Legitimation. Und an dieser Argumentationsfigur scheint sich in den letzten hundert Jahren nicht viel geändert zu haben. Die Preisfrage der Theaterwissenschaftlichen Gesellschaft anlässlich ihres 8. Kongresses in Erlangen 2006: »Ist Theater (k)ein Medium?« hätte insofern auch heißen können: »Nun sag, wie hast du's mit den Medien?« – Denn wie alle Gretchenfragen gibt sie vor allen Dingen über die Konfession der Fragenden Auskunft. Was wäre schließlich ein Theaterwissenschaftler, der glaubt, das Theater wäre ein Medium, wenn nicht eigentlich ein Konvertit, der am medienwissenschaftlichen Institut in der Unterabteilung Theater sein Auskommen sucht?[7] Warum Theater kein Medium sei, hätte man auch fragen können, oder vielleicht besser noch: Wie kommt das Theater damit klar, kein Medium zu sein?

2.1 Relevant am Rand
Das antimediale Vorurteil

Wenn das Theater an jener *Realität der Massenmedien*[8], die laut Luhmann bestimmt, was wir über die Welt wissen, keinen Anteil mehr hat und es in Hans-Thies Lehmanns Worten »immer lächerlicher« wird, dies »krampfhaft zu leugnen«[9], was für eine Realität bleibt dem Theater dann jenseits der Massenmedien, und wie entgeht es der Gefahr, zur kulturellen Marginalie zu verkommen, bzw. wie geht es damit um, dies längst zu sein? – Gerade aus dieser Randlage, die dem Theater immer wieder vorgehalten wurde,

7 Grete jedenfalls bei Goethe weiter: »Du bist ein herzlich guter Mann, / Allein ich glaub', du hältst nicht viel davon.« Und Faust antwortet: »Lass das, mein Kind! Du fühlst, ich bin dir gut« – Und vielleicht ist dieses mürrische ›Lass das‹, das darauf verweist, dass man es ja eigentlich gut meint und die großen Fragen deshalb lieber beiseite lassen sollte, in der Tat die beste Antwort, die es auf diese Frage nach der Medialität des Theaters zu geben scheint. Denn wie mit jedem anderen Glauben scheinen auch in der Theaterwissenschaft die Probleme da zu beginnen, wo er zur Religion wird. Vgl. auch Gabriele Brandstetter: ›Un/Sichtbarkeit: Blindheit und Schrift. Peter Turrinis 'Alpenglühen' und William Forsythes 'Human Writes'‹, in: Theater und Medien/Theatre and the Media. Grundlagen-Analysen-Perspektiven. Eine Bestandsaufnahme, Bielefeld 2008, S.85-97. – Andererseits scheinen die theaterwissenschaftlichen Abgrenzungsbemühungen angesichts der medienwissenschaftlichen Versuche der systematischen Eingliederung des Theaters in ein umfassendes und überspannendes Mediennarrativ wiederum nicht ganz unbegründet zu sein (vgl. bspw. Werner Faulstich: Mediengeschichte von 1700 bis ins 3. Jahrtausend, Göttingen 2006).

8 Vgl. Niklas Luhmann: Die Realität der Massenmedien, Opladen 1996.

9 Hans-Thies Lehmann: Postdramatisches Theater, Frankfurt a.M. 1999, S.11.

ließe sich womöglich »neue politische Relevanz«[10] gewinnen, mutmaßt Matthias Warstatt 2008 in Bezug auf Rancière und nimmt damit jenes argumentative Muster auf, mit dem spätestens seit den 70er Jahren die Theaterwissenschaft den eigenen Gegenstand in Schutz nimmt. Wie aber lässt sich aus Randständigkeit Relevanz gewinnen? – Hans-Thies Lehmann sieht angesichts der Allgegenwart der Medien im Alltag und einem oberflächlichen und passiven Konsum der Bilder und Datenströme die »Chance« des Theaters in dem »Realen und der Reflexion«.[11] Andreas Kotte mutmaßt, dass in dem Maße, in dem die Angebote des Fiktiven sich im Alltag häuften, die Zuschauer im Theater »das Reale« suchten: Gegenwart und Gesellung.[12] Und Erika Fischer-Lichte beobachtet, dass während die Abbildungen der Medien »an die Stelle der realen Körper« träten und »sie mehr und mehr aus dem Blickfeld« verdrängten, das Glücksversprechen des Zivilisationsprozesses »in der absoluten Gegenwärtigkeit des Theaters, in der physischen Präsenz von Schauspielern und Zuschauern« längst eingelöst sei.[13]

Die Liste ließe sich fortsetzen.[14] Theater in der Mediengesellschaft heißt fast immer Wirklichkeit im Angesicht von Scheinwelten – Uneinigkeit scheint häufig nur darin zu bestehen, ob diese Wirklichkeit in der Gegenwärtigkeit der Leiber, der Versammlung von Gemeinschaften oder dem Freiraum zur Reflektion zu suchen ist. Das Theater der Theaterwissenschaft ist – wenn man es pointiert formulien will – ein Antitheater, das mit jenen bunten Spektakeln, die im Alltagsgebrauch als Theater und thea-

10 Matthias Warstat: ›Ausnahme von der Regel. Zum Verhältnis von Theater und Gesellschaft‹, in: Strahlkräfte. Festschrift für Erika Fischer-Lichte, S.116-133, hier: S.81.

11 Lehmann: Postdramatisches Theater, S.11f und 409.

12 Andreas Kotte: ›Der Mensch verstellt sich, aber der Schauspieler zeigt. Drei Variationen zum Theater im Medienzeitalter‹, in: Horizonte der Emanzipation. Texte zu Theater und Theatralität, Berlin 1999, S.151-168, hier: S.155.

13 Erika Fischer-Lichte: ›Die Verklärung des Körpers. Theater im Medienzeitalter‹, in: Die Entdeckung des Zuschauers. Paradigmenwechsel auf dem Theater des 20. Jahrhunderts, Tübingen 1997, S.205-220, hier: S.207 und S.220.

14 Schon Arno Paul mutmaßt 1971, dass im Zeitalter elektronisch bedingter Massenkommunikation das Theater nur mithalten könne, wenn es das »verkümmerte Zusammenspiel mit dem Publikum« wiederbelebe. – Vgl. Arno Paul: ›Theaterwissenschaft als Lehre vom theatralischen Handeln‹, in: Kölner Zeitschrift für Soziologie und Sozialpsychologie 1 (1971), S.55-77, hier: S.58: »Wenn das Theater im Zeitalter der elektronisch bedingten Massenkommunikation nicht nur überleben, sondern mithalten will, muss es vor allem das verkümmerte Zusammenspiel mit dem Publikum beleben.« Und noch Samuel Weber mutmaßt 1998, dass im »Zeitalter der Medien« eine mögliche Aufgabe des Theaters darin bestehen könne, »am Rande, als Randerscheinung der Virtualisierung zu insistieren, zu existieren, vor allem aber einfach zu sistieren« (Samuel Weber: ›Vor Ort. Theater im Zeitalter der Medien‹, in: Grenzgänge. Das Theater und die anderen Künste, hrsg. v. Gabriele Brandstetter, Tübingen 1998).

tral firmieren, nichts zu tun haben will und auf der Suche nach einer wirklicheren Wirklichkeit jenseits der Realität der Massenmedien ist.

Der Archetyp dieser theaterontologischen Argumentationsfigur stammt von Jerzy Grotowski aus dem Jahr 1968: »What is the theatre? What is unique about it? What can it do that film and television cannot?«[15] – Mit anderen Worten: Was das Theater ist, macht es einzigartig und setzt es Film und Fernsehen entgegen; oder umgekehrt: Das Theater ist das, was es einzigartig macht; und was es einzigartig macht, ist das, was Film und Fernsehen nicht können. Die unterstellte Eigenart des Theaters lässt sich so im Grunde auch *ex negativo* von den Medien ableiten: Körper statt Bild, Versammlung statt Vereinzelung, Reflektion statt Konsum. Diese Vorstellung, dass Theater aus der »Differenz zu den Medien«[16] zu verstehen sei, geht insofern davon aus, dass (1.) Theater allein im Unterschied und Gegensatz zu den Medien zu verstehen ist, (2.) dieser Unterschied auf einer grundsätzlichen Andersartigkeit des Theaters beruht, (3.) diese Andersartigkeit auf eine wesentliche Wirklichkeit des Theaters zurückzuführen ist und sich (4.) daraus die Legitimation des Theaters in der Mediengesellschaft ergeben kann. Mit anderen Worten: Weil das Theater dank einer unterstellten Spezifität etwas Anderes ist als die Medien, ja geradezu das Gegenteil, und im Theater noch lebende Körper statt der toten Bilder auftreten, ist nicht nur der gelegentliche Theaterbesuch als angenehme Abwechslung vom medialen Alltag attraktiv, sondern das Theater *an sich* trotzt auf Grund seiner Randständigkeit der Mediengesellschaft.

»Insofern liefert die Reflexion auf die [...] Eigenart von Theater [...] eine Begründung dafür, dass die neuen Medien [...] letztendlich dem Theater keine [...] Konkurrenz zu machen vermögen«, fasst Erika Fischer-Lichte diese Argumentation 1997 zusammen und fügt hinzu: »Dies Argument ist unverändert gültig.«[17] Und so wird die antimediale Eigenart des Theaters als ein ontologisches Apriori konstruiert, das meist nicht nur ein Monopol beansprucht, sondern aus der vermeintlichen Eigenart zugleich auch eine moralische Überlegenheit ableitet: »Performance' only live is in the presence«[18]

15 Jerzy Grotowski: Towards a poor Theatre, Holstebro 1968, S.19. – Bei Grotowski beschreitet das Theater dabei einen asketischen, heiligen und protetantischen Weg, der von den Oberflächen der Medien zum Wesentlichen vordringt: »By gradually eliminating whatever proved superflous, we found that theatre can exist without make-up, without autonomic constume and scenography, without a seperate performance area (stage), without lighting and sound effects, etc. It cannot exist without the actor-spectator relationship of perceptual, direct, 'live' communion« (ebd.).

16 Kotte: ›Der Mensch verstellt sich, aber der Schauspieler zeigt‹, S.160. Vgl. ebd., S.161: »Der eigentliche Kern einer Motivation aber, Theater zu besuchen, liegt heute stärker in der strukturellen Verschiedenheit von den medialen Erzeugnissen begründet, und damit in den Erlebnisstrukturen sozialer Praxis.«

17 Fischer-Lichte: ›Die Verklärung des Körpers‹, S.206.

18 Peggy Phelan: Unmarked. The Politics of Performance, London/New York 1993, S.146.

heißt das in Peggy Phelans Ontologie der Performance oder »Theater ist immer Live« in der Werbung des Deutschen Bühnenvereins.

Im Unterschied zu jener zugleich profaneren und materielleren Realität der Massenmedien ist die Wirklichkeit des Theaters daher trotz des Insistierens auf der Leiblichkeit eine vorwiegend ideelle Angelegenheit. Sie ist sowohl mit dem Ringen um eine essentialistische Spezifik des Gegenstands der Disziplin als auch mit der normativen Frage nach dem Sinn und Sollen des Theaters in der Mediengesellschaft untrennbar verknüpft. Dabei verdankt sich diese Realität des Theaters vornehmlich einer Unterscheidung zwischen Theater und Medien, die problematisch ist, weil sie stillschweigend voraussetzt, dass (1.) das Theater grundsätzlich außerhalb der hegemonialen Medienkultur steht, (2.) von dort aus kritisch und distanziert auf diese herauf- bzw. herabblicken kann und (3.) ihm im Gegensatz zu dieser eine grundsätzlich progressive oder emanzipative Funktion zukommt. Die begriffliche Unterscheidung, die dieser vermeintlichen Wirklichkeit des Theaters zugrunde liegt, geht nicht von Beobachtungen aus, sondern legt den Rahmen für solche Beobachtungen überhaupt erst fest. Und zugleich wird dabei eine Wertung des Gegenstandes vollzogen, die nicht nur gewisse Phänomene einer theatralen Medienkultur stillschweigend ausschließt, sondern auch bestimmte Verstrickungen von Theater und Medien nicht mehr wahrzunehmen imstande ist, und die Fragen stattdessen programmatisch und normativ vorentscheidet.

Abbildung 6: Grotowskis Laboratorium der Leiber

»Wer in beiden Welten zu Hause ist, dem muss es geradezu absurd vorkommen, dass jemals ein Bildschirm die magische Präsenz einer Bühnenhandlung [...] wird aus dem Felde schlagen können«[19], stellt Detlef Brandenburg fest und fasst damit eben jene

19 Detlef Brandenburg: ›Einflüsse der Informationsgesellschaft auf die Darstellenden Künste‹, in: Kulturpolitik für das 21. Jahrhundert. Anforderungen an die Informationsgesellschaft, hg. v. O. Zimmermann/G. Schulz, Bonn 1999, S.51-67, hier: S.55. Brandenburg weiter: »Denn vieles spricht dafür, dass das Theater gerade dann erfolgreich sein könnte, wenn es klar macht, dass seine spezifischen Eigenarten quer stehen zu den Trends der modernen Kommunikationsgesellschaft.« Im Theater gehe es um, »soziale Nähe, mitmenschliche Geborgenheit, intensive Realitätserfahrung, Anstiftung zu gemeinsamen Erlebnissen des Erkennens und Fühlens, die einmalige Gegenwart eines nicht reproduzierbaren, mit all seinen

scheinbare Selbstverständlichkeit zusammen, mit der jedes weitere Nachdenken über das kulturell konkrete Verhältnis von Theatralität und Medialität abgewendet wird – und die jede längere Unterhaltung mit einem Cinéasten, Computerspieler oder jedem Jugendlichem, der nicht in der Theater-AG ist, schnell aufzulösen vermag. Denn es stellt sich die Frage, wieso ungeachtet dieser Selbstverständlichkeit so viele Zeitgenossen für jene offensichtlich magische Präsenz so wenig Neigung verspüren und stattdessen Tag für Tag jene blassen Absenzen der Bildschirme und Leinwände vorziehen.

Woher also kommt dieses theaterwissenschaftliche Apriori, das den medialen Auftritt aus dem Theater verbannt und die randständige Realität des Theaters auf einer dogmatischen Abgrenzung von den Medien fußen lässt? – Es ist, wie das folgende Kapitel nachzuzeichnen versucht, alles andere als ein oberflächliches Vorurteil, sondern eine in den Begriffen der Disziplin fest verankerte Tradition. Seine theoretische Ausformulierung findet es in der Bestimmung einer spezifischen *Medialität des Theaters* durch den Aufführungsbegriff, die paradoxerweise gerade als Abwesenheit von Mediatisierung bestimmt wird. Die historischen Wurzeln dieses Ansatzes aber liegen in der Abgrenzung der sich von der Literaturwissenschaft emanzipierenden Disziplin gegenüber dem Film und der Populärkultur. Am Anfang der theaterwissenschaftlichen Theoriebildung steht so einerseits die Entdeckung der Eigenständigkeit des Auftritts und anderseits seine Einhegung in der Ästhetizität der Aufführung.

2.2 LIVE IS LIVE
DIE MEDIALITÄT DES THEATERS

»Die medialen Bedingungen von Aufführungen sind mit der leiblichen Ko-Präsenz von Akteuren und Zuschauern gegeben und durch sie bestimmt«[20], fasst Erika Fischer-Lichte im Jahr 2005 die spezifische *Medialität* des Theaters im Lexikon Theatertheorie zusammen. Die besondere mediale Situation des Theaters zeichne sich durch die (exklusiv) vorhandene »leibliche Ko-Präsenz« von Darstellern und Zuschauern aus, die nicht nur die (Re-)Produktion von Bildern und Bedeutungen zur Folge habe, sondern zugleich und zuerst auch eine besondere »Präsenz des Akteurs« hervorbringe, von der ein »Strom der Energie« auf den Zuschauer auszugehen scheine, der die Gegenwärtigkeit der Situation besonders intensiv erfahrbar werden lasse.[21]

Mängeln der menschlichen Ausführung einmaligen, unverwechselbaren Ereignisses« (S.57).

20 Erika Fischer-Lichte: ›Aufführung‹, in: Lexikon Theatertheorie, hg. v. E. Fischer-Lichte et al., Stuttgart/Weimar 2005, S.16-26, hier: S.17.

21 Ebd., S.18.

»In Aufführungen wirkt also der phänomenale Leib der Beteiligten mit seinen spezifischen physiologischen, affektiven, energetischen und motorischen Zuständen unmittelbar auf den phänomenalen Leib anderer ein und vermag in diesem je besondere physiologische, affektive, energetische und motorische Zustände hervorzurufen.«[22]

Ähnlich geht auch der maßgebliche Aufsatz zum Aufführungsbegriff von Jens Roselt und Erika Fischer-Lichte aus dem Jahr 2001 von einer für das Theater konstitutiven Kommunikationssituation aus, die sich ausschließlich in einem geteilten und flüchtigen Zeitraum ereignen könne und als »Inbegriff des Performativen« und als Definiens der Aufführung verstanden wird.[23] Zwar bezieht der revidierte Aufführungsbegriff auch Semiose und Semiotizität, also die zeitgleich und im Rahmen des leiblichen Vollzugs stattfindenden Produktion von Zeichen und Bedeutungen als einen zentralen Aspekt der Aufführung mit ein. Das Primat der Präsenz, wie es auch die Ästhetik des Performativen formuliert, bleibt davon jedoch unberührt.[24] Der rhetorische Impetus des Aufführungsbegriffs speist sich auch in der Attraktion des Augenblicks aus der Befreiung des Leibes aus der Herrschaft der Zeichen, des Ereignisses aus dem Zwang der Wiederholung und des Zuschauers aus der Anteilnahmslosigkeit. Denn offensichtlich – so Roselt und Fischer-Lichte – sei die »Emergenz dessen, was geschieht, wichtiger als das, was geschieht, und als die Bedeutungen, die man ihm größtenteils erst später [...] beilegen mag.«[25] Damit mache die Theaterwissenschaft ernst mit der Beobachtung, »dass nämlich etwas stattfindet zwischen Bühne und Parkett, was sich als Spannung, Stimmung, Atmosphäre oder Intensität vollzieht.«[26] Es sei dieses »performative Potential«, das »den eigenen Reiz und die besondere Qualität des Theaters« ausmache.[27]

---

22 Ebd., S.19. Vgl. auch: Erika Fischer-Lichte: ›Verkörperung/Embodiment. Zum Wandel einer alten theaterwissenschaftlichen in eine neue kulturwissenschaftliche Kategorie‹, in: Verkörperung, Tübingen/Basel 2001, S.11-25, hier: S.19-22.

23 Erika Fischer-Lichte/Jens Roselt: ›Attraktion des Augenblicks – Aufführung, Performance, performativ und Performativität als theaterwissenschaftliche Begriffe‹, in: Theorien des Performativen. Paragrana: Internationale Zeitschrift für Historische Anthropologie, Berlin 2001, S.237-253, hier: S.241.

24 Vgl. Erika Fischer-Lichte: Ästhetik des Performativen, Frankfurt am Main 2004.

25 Fischer-Lichte/Roselt: ›Attraktion des Augenblicks‹, S.239.

26 Ebd., S.252.

27 Ebd.. Vgl. auch Sybille Krämer: ›Was haben 'Performativität' und 'Medialität' miteinander zu tun? Plädoyer für eine in der 'Aisthetisierung' gründende Konzeption des Performativen‹, in: Performativität und Medialität, München 2004, S.13-32: Das Augenmerk gelte »dem Ereignischarakter und damit der Instabilität und Flüchtigkeit von Aufführungen, die eben in ihrem Ereignis- und Präsenzaspekt den Rahmen repräsentations-fungierender Semiosis immer auch überschreiben« (S.17). »So rückt die durch das Schema des referentiellen Zeichens und des repräsentierenden Textes nicht mehr organisierte und auch kolonialisierte Präsenz des Körperlichen ins Zentrum des Geschehens.« (S.18)

Die Konsequenz dieser Konzeption ist ein Verständnis von Theater als Form von Kommunikation, die prinzipiell nicht mediatisiert ist und werden kann: Die Medialität des Theaters ist die Negation der Mediatisierung – oder eben auch: die Un*mittel*barkeit der Kommunikation. Denn folgt man der eingängigen Verständigung, dass Medien auf solchen Technologien aufbauen, deren erster Sinn und Zweck darin besteht, die Kommunikation über den Kreis der unmittelbar Anwesenden hinaus zu ermöglichen,[28] und geht zugleich davon aus, dass Theater auf eben diese Anwesenheit angewiesen ist, dann schließen sich Medien und Theater a priori gegenseitig aus. Dort wo Medien sind, ist Theater dann nicht mehr: Eine Fernsehübertragung – und sei es von Goethes Faust – ist keine Aufführung und kann daher nicht als Theater betrachtet werden. Den Medien fehle eben – so Erika Fischer-Lichte – die wichtigste, »ja konstitutive Bedingung von Aufführungen – die leibliche Kopräsenz von Akteuren und Zuschauern.«[29] So könnten Medien das Versprechen von Aufführungen, »dass der phänomenale Leib von Akteuren unmittelbar auf den phänomenalen Leib des Zuschauers im Akt seiner Wahrnehmung einwirken wird«, nicht einlösen.[30] Dieses uneingelöste Versprechen könne nur mit sekundären Effekten kompensiert werden. An die Stelle der »tatsächlich leiblichen Anwesenheit der Akteure, deren Präsenz der Zuschauer leiblich erspürt«, träten »Präsenz-Effekte«, die »spezifischen Inszenierungstrategien« geschuldet seien.[31] Da sie einer echten Ereignishaftigkeit entbehrten, könnten Medien das reale Erleben leiblicher Teilhabe, das für Aufführungen gerade konstitutiv sei, nur simulieren.[32] – Der leiblichen Wirklichkeit der primären Auftritte steht in dieser Konzeption die Wirklichkeit des medialen Scheins sekundärer Auftritte gegenüber. Und so verbürgt das Theater als Performance in eucharistischer Tradition die »unmittelbare Präsenz des Leibes«.[33]

---

28 Vgl. Niklas Luhmann: Die Gesellschaft der Gesellschaft, 2 Bde, Stuttgart 1997, hier: Bd.1, S.11: »Interaktion wird durch Zwischenschaltung von Technik ausgeschlossen, und das hat weitreichende Konsequenzen, die uns den Begriff der Massenmedien definieren.«

29 Erika Fischer-Lichte: ›Theatralität als kulturelles Modell‹, in: Theatralität als Modell in den Kulturwissenschaften, hg. v. E. Fischer-Lichte et al., Tübingen/Basel 2004, S.7-26, hier: S.23.

30 Ebd., S.24.

31 Ebd.

32 Ebd., S.25.

33 Fischer-Lichte: ›Verkörperung/Embodiment‹, S.19. Vgl. auch Erika Fischer-Lichtes Resümee zur Debatte um eine Erweiterung der Theaterwissenschaft um Film und Fernsehen: Die Tatsache, »dass beim Film Schauspieler unter der Leitung eines Regisseurs nach einem Drehbuch die Rolle fiktiver Figuren spielen«, hätte in den 70er Jahren einige Theaterwissenschaftler dazu verleitet, Film und Fernsehen der Theaterwissenschaft zuzuschlagen, »ohne viel Aufhebens um die grundlegenden medialen Unterschiede zwischen Theater auf der einen und Film und Fernsehen auf der anderen Seite zu machen.« Die Umbenennung der Institute habe jedoch nicht zur Reflexion der Differenzen geführt. Die leibliche Ko-Präsenz von Akteuren und Zuschauern sei aber für Theater konstitutiv und gelte nicht

Diese Unterscheidung zwischen der leibhaftigen Bühne und dem Schein der technischen Reproduktionen geht auf jene Diskurse zurück, die Anfang des 20. Jahrhunderts mit dem rasanten Aufstieg der *Audiovisionen*[34] Schritt zu halten versuchten, indem sie zwischen Theater und Kino Grenzen zogen. Bei Walter Benjamin, Georg Lukács und vielen anderen findet sich diese Vorstellung von einer besonderen Präsenz der Bühne und des Schauspielers, die dem flüchtigen Schein des Kinos überlegen oder doch zumindest grundsätzlich von diesem verschieden ist.[35] Vor allen Dingen aber die Gründungsfigur des Berliner theaterwissenschaftlichen Instituts Max Herrmann und seine Überlegungen zum Theater als *sozialem Spiel* sind es, die zum Ausgangspunkt für

---

für Film und Fernsehen. (Fischer-Lichte: ›Theaterwissenschaft‹, S.355) – Das ist auch insofern bemerkenswert, als Karl Prümm noch fünfzehn Jahre früher feststellt, dass die Debatte längst entschieden sei: »In allen deutschsprachigen theaterwissenschaftlichen Instituten ist die Behandlung film- und fernsehwissenschaftlicher Themen selbstverständlich geworden« (Karl Prümm: Theaterwissenschaft heute. Eine Einführung, hg. v. Renate Möhrmann, Berlin 1990, S.220). In der Tat scheint die Besinnung auf die Spezifität von Theater maßgeblich durch diese disziplinären Debatten ausgelöst worden zu sein. So kommentiert Theo Girshausen die programmatischen Debatten rückblickend: »Die Kontroverse geht um die Frage: soll sich die Wissenschaft auf ihr angestammtes Objekt beschränken (und: wie wäre es angesichts der dargelegten Problematik zu definieren) oder soll sie um die Medien, voran um Film und Fernsehen, erweitert werden (und: wie wäre Theater in Bezug auf diese Medien zu definieren?)« (Girshausen: ›Zur Geschichte des Fachs‹, S.32).

34 Vgl. Siegfried Zielinski: Audiovisionen. Kino und Fernsehen als Zwischenspiele in der Geschichte der Kulturen und Ideen. Reinbek bei Hamburg 1989.

35 Vgl. Walter Benjamin: »Wenn unter allen Künsten die dramatische am offenkundigsten von der Krise befallen ist, so liegt das in der Natur der Sache. Denn zu dem restlos von der technischen Reproduktion erfassten, ja – wie der Film – aus ihr hervorgehenden Kunstwerk gibt es keinen entschiedeneren Gegensatz als den der Schaubühne mit ihrem jedesmal neuen und originären Einsatz des Schauspielers.« (Walter Benjamin: Gesammelte Schriften, Frankfurt a.M. 1977, Band 1, Teil 2, S.452). Georg Lukács spricht in der Frankfurter Zeitung von 1913 von der »Wirkung des tatsächlichen daseienden Menschen.« Nicht in den Worten und Gebärden der Schauspieler oder in den Geschehnissen liege die Wurzel der Theatereffekte, sondern »in der Macht, mit der ein Mensch, der lebendige Wille eines lebendigen Menschen, unvermittelt und ohne hemmende Leitung auf eine gerade so lebendige Menge ausströmt«, und folgert daraus: »Die Bühne ist absolute Gegenwart.« Das Fehlen dieser Gegenwart sei hingegen »das wesentliche Kennzeichen des ›Kino‹. – Nicht weil die Filme unvollkommen sind, nicht weil die Gestalten sich heute noch stumm bewegen müssen, sondern weil sie eben nur Bewegungen und Taten von Menschen sind, aber keine Menschen.« (In: Anton Kaes: Kino-Debatte. Texte zum Verhältnis von Literatur u. Film 1909-1929, München/Tübingen 1978, S.112f).

die theaterwissenschaftlichen Bemühungen um den Aufführungsbegriff am Ende des 20. Jahrhunderts werden.[36]

Das Verständnis von Theater als *soziales Spiel* und sein agonales Verhältnis zum Drama hatten Max Herrmann die theoretische Begründung für eine Ausgliederung der Theatergeschichte aus der im Übergang von der Philologie zur Literaturwissenschaft befindlichen Germanistik gegeben. Die Gründung der neuen Disziplin vollzog sich damit in Abgrenzung von den hermeneutischen Traditonen des Schreibens über Geschriebenes als ein Schreiben über einen ungegenständlichen Gegenstand, der sich durch seine Flüchtigkeit entzog und durch schriftliche Dokumente und architektonische Monumente nur bezeugt, nie aber wirklich erfasst werden konnte. Die Rekonstruktion und Revitalisierung des sozialen Spiels der Aufführung wurde so Anfang des 20. Jahrhunderts zur wesentlichen Herausforderung der wissenschaftlichen Bemühungen um ein Theater jenseits des Dramas.[37]

Mit dem Insistieren auf dem Aufführungscharakter von Theater grenzte sich die neue Disziplin daher erfolgreich von der Literaturwissenschaft ab, beraubte sich aber im gleichen Atemzug ihres Gegenstandes. Denn wenn Theater nicht aus der Literatur, sondern aus sozialem Spiel hervorgeht, ist es (1.) nicht nur schwer fassbar, sondern (2.) auch kaum von anderen Künsten abzugrenzen und (3.) schließlich nur mühsam überhaupt als Kunstform zu verteidigen. Nicht nur der Gegenstand der in Gründung befindlichen Disziplin war daher in seinem ontologischen und ästhetischen Status fraglich, im Kontext der positivistischen Wissenschaftslandschaft wurde auch der Status der Disziplin problematisch.[38] Als »ein eigenartiges Gebiet der allgemeinen Kunstgeschichte« ist die Theatergeschichte, wie Max Herrmann 1914 selbst konstatiert, »den Gebieten der eigentlichen Hochkünste, der Literatur-, Musik- und Bildkunstgeschichte nicht

36 Der »Ursinn des Theaters« sei mithin »ein soziales Spiel«, »ein Spiel Aller für Alle. Ein Spiel, in dem Alle Teilnehmer sind, – Teilnehmer und Zuschauer« (Max Herrmann: Forschungen zur deutschen Theatergeschichte des Mittelalters und der Renaissance, Berlin 1914, S.19).

37 Vgl. ebd.: Statt gleich »Geschichte [zu] schreiben«, gehe es erst einmal darum, »Geschehnisse vor Augen zu führen« (S.18), die »dürftigsten urkundlichen Notizen [...] in wirkliches Leben umzusetzen« (S.7), »die wirkliche Gesamtvorstellung mit allen ihren Teilen wieder lebendig werden zu lassen« (S.5). Vgl. dazu auch Hans-Christian von Herrmann: Das Archiv der Bühne. Eine Archäologie des Theaters und seiner Wissenschaft, München 2005, S.243.

38 Vgl. Girshausen: ›Zur Geschichte des Fachs‹, S.23: Damit stehe die neu entstehende Theaterwissenschaft im Kontext einer sich zu Wort meldenden ›Geistesgeschichte‹, der es »gerade um die Individualität der Werke und den eigenen ›Wesenskern‹ des Ästhetischen zu tun« wäre. Die Ganzheit und Einheit des Objektes würden innerhalb eines positivistischen Wissenschaftsbegriffs zum Maßstab der Objektivität. Die Eigenart des Gegenstandes versichere die Einheit der Wissenschaft.

vollkommen ebenbürtig.«[39] Als Ausweg aus diesem Dilemma blieb – wie Corinna Kirchstein ausgeführt hat – mithin die Konstitution eines ungegenständlichen Gegenstandes, der sowohl den positivistischen als auch ästhetischen Maßstäben der Geisteswissenschaftlichkeit genügen konnte: die Aufführung. Als »eigentümliche[s] Konstrukt eines transitorischen Werkes« verabschiedet sich die Aufführung vom Werk zugunsten des Ereignisses, nur um dem Ereignis im gleichen Atemzug werkhafte Züge zu verleihen.[40]

Nicht das überbordende ›soziale Spiel‹ der Avantgarden, das sich in Manifesten erschöpft, auf der Straße und in den Zeitungen beginnt und im Reichstag endet, wird zum Beispiel der Theaterwissenschaft, sondern das Regietheater.[41] Die Aufführung im Sinne der Inszenierung ist folglich ein räumlich und zeitlich abgegrenztes und in sich geschlossenes Ganzes, das sich in seiner Rezeption vor Ort erschöpft und einem Autor zugesprochen werden kann. Im Regietheater findet sich ein Kunstwerk, das nicht allein die schon von Lessing dem Theater zugesprochene Transitorität aufweist, die dieses spätestens seit der zweiten Hälfte des 19. Jahrhundert mit den *zeitbasierten* Medien teilen muss, sondern sich in der und durch die Gleichzeitigkeit von Produktion und Rezeption als Ereignis von der technischen Reproduktion abgrenzen lässt.[42] Jenseits der Flüchtigkeit der Rezeption ist es die Unwiederholbarkeit und Einzigartigkeit der Aufführung, mit der sich das Theater von einer als Bedrohung empfundenen populären

---

39 Herrmann: ›Forschungen zur deutschen Theatergeschichte‹, S.3. Vgl. auch Herrmann: Das Archiv der Bühne, S.251: »[Z]wischen ›totem‹ Archivmaterial und transitorischem Aufführungserlebnis stehend«, laufe die Theaterwissenschaft beständig Gefahr, »einen Begriff ihres Gegenstandes und damit das Signum der Wissenschaftlichkeit [zu] verfehlen.« Weil das Drama zum »theaterhistorischen Dokument« herabsinke, werde damit »zugleich der Kunstcharakter des Theaters in höchstem Maße fragwürdig« (ebd., S. 247).

40 Corinna Kirschstein: ›Ein 'gefährliches Verhältnis' – Theater, Film und Wissenschaft in den 1910er und 1920er Jahren‹, in: Theaterhistoriographie, hg. v. Friedemann Kreuder/Stefan Hulfeld/Andreas Kotte, Tübungen 2007, S.179-187, hier: S.187.

41 Vgl. Herrmann: Das Archiv der Bühne, S.233: »Zu einer Zeit nämlich, da durch die europäischen Avantgardebewegungen allmählich der tradierte Kunst-Begriff ganz grundsätzlich infrage gestellt wird, etabliert sie sich als neue Kunst-Wissenschaft mit dem Ziel, gegen die Dominanz des Dramas die theatralische Aufführung als eigenständige Kunst zu behaupten. Es handelt sich dabei gewissermaßen um eine Akzentverschiebung im Rahmen des bestehenden Werk-Begriffes«.

42 Vgl. Prümm: ›Theaterwissenschaft heute‹, S.221: »Mit dem Anspruch des Regietheaters seit der Jahrhundertwende auf eine eigene Textualität neben dem Dramentext [...] war zugleich der spezifische Gegenstand der Theaterwissenschaft konstituiert. Das Transitorische, das Lebendige, das Unwiederholbare der Theateraufführung wurde in der Medienkonkurrenz immer wieder gegen die mechanische Reproduzierbarkeit des 'seelenlosen' Films ausgespielt«.

Filmkultur abgrenzt und den »Beweis ihrer Echtheit, ihres Status als Kunstwerk« erbringt.[43]

Das Verständnis von Theater als Aufführung entsteht Anfang des 20. Jahrhunderts daher in einer paradoxen medialen Konstellation. Einerseits treten mit dem Aufkommen der audiovisuellen Technologien und der populären Kultur in der zweiten Hälfte des 19. Jahrhunderts auch im Theater verstärkt jene Qualitäten hervor, die das Theater potentiell mit dem Film teilt: Die Korporalität des Auftretens, seine Transitorität und Perspektivität sind, bevor sie von den Avantgarden erfunden und von der Wissenschaft entdeckt werden, in Varieté und Kintopp schon lange erprobt. Der Film verändert auch die Wahrnehmung des Theaters, und die Gemeinsamkeiten von Film und Theater treten in ihren vielfältigen Verbindungen deutlich hervor.[44] Erst diese große Nähe von beiden Formen des Auftretens, die sich in unzähligen Spektakeln der populären Kultur äußert, scheint den eigentlichen Impuls für die Abgrenzung und Unterscheidung des Theaters vom Film auszulösen; eine Unterscheidung, die sich im Gegensatz zu der realen Vermischung auf das Wesentliche verlegt. Während im Varieté oder in den Vorführungen von Piscator und Meliés Theater und Film kaum voneinander zu unterscheiden sind, wird an den Schreibtischen der Gelehrten an der sauberen Trennung durch die Konstruktion medialer Spezifizität gearbeitet. Und diese Konstruktion kann sich Anfang des 20. Jahrhunderts nicht mehr auf die seit Lessing bewährte Transitorität des Theaters verlassen, denn diese teilt das Theater nun auch mit dem Film. Bewegung, Zeitlichkeit, Körperlichkeit, all das scheint in den Nahaufnahmen und Effekteinstellungen des frühen Films in den dunklen Buden des Kintopps wesentlich präsenter zu sein als in den guten Stuben der naturalistischen Spielarten des bügerlichen Theaters. Das spezifische Merkmal des Theaters, das 1913 bei Max Herrmann als Eigenart des Theater genannt wird, ist daher nicht einfach die Flüchtigkeit des Theaters, sondern ein besonderes körperliches (Mit-)Erleben der (Theater-)Aufführung.[45]

»[Dies garantiert], daß der Film, auch der Tonfilm, in den Erlebnissen, die er auslöst, von den theatralischen Erlebnissen stets grundverschieden sein wird, weil das theatralisch Entscheidende,

43 Kirschstein: ›Ein 'gefährliches Verhältnis'‹, S.187. Vgl. zu dieser fachspezifischen Legitimation durchs Transitorische auch Jan Bergs unveröffentlichte Habilschrift, Berlin 1985, S.99.

44 Corinna Kirschstein führt bspw. die von Eugen Wolff für das 1924 eröffnete Kieler Theatermuseum vorgeschlagenen Maßnahmen an, umfassende »grammophonische und phonographische Aufnahmen« anzufertigen, »um die eigentliche Seele der Theaterkunst für die Nachwelt und die Forschung festzuhalten und von der Schauspielkunst den tragischen Fluch zu benehmen, dass sie mit dem Augenblick ihrer Schöpfung vergeht« (ebd., S.182).

45 Ebd., S.186f: »Die Aufführung, d.h. das transitorische Theaterereignis macht nun den unangreifbaren Kunststatus aus, den es in Abgrenzung gegenüber anderen Theaterformen und gegenüber dem Film durchzusetzen gilt«. Damit werde das Miterleben der Aufführung zum »Definiens« und Unterscheidungskriterium.

das Miterleben der wirklichen Körper und des wirklichen Raumes in ihm immer fehlt, weil nur Auge und Ohr an der Aufnahme beteiligt sind.«[46]

Unter diesem Erleben versteht Herrmann aber – ähnlich wie Fischer-Lichte später – keinesfalls nur eine gemeinsame Anwesenheit vor Ort, das Husten und Räuspern im Parkett oder die Möglichkeit zum Türenschlagen, sondern eine wesentlich emphatische Verbindung zwischen Bühne und Zuschauerraum, nämlich

»[j]ene schöpfersiche, mitschöpferische Tätigkeit des Publikums an allem schauspielerischen Spiel [...], die zu allertiefst in einem heimlichen Nacherleben [besteht], in einer schattenhaften Nachbildung der schauspielerischen Leistung, in einer Aufnahme nicht sowohl durch den Gesichtssinn wie vielmehr durch das Körpergefühl, in einem geheimen Drang, die gleichen Bewegungen auszuführen, den gleichen Stimmklang in der Kehle hervorzubringen.«[47]

Das Miterleben der Aufführung ist insofern nach Herrmann ein Vorgang, der im Publikum angenommen wird und aus einer besonderen Form der Rezeption hervorgeht, die ganz *über*-sinnlich nicht nur Augen und Ohren in Anspruch nimmt, sondern unmittelbar körperlich erleben lässt. Das Theaterkunstwerk lässt sich folglich als *Erlebnis der Aufführung* begreifen, und das Publikum tritt statt des Dichters an die Stelle des »Schöpfer[s] der Theaterkunst.«[48] Das Ereignis kann Werk bleiben, weil sein Schöpfer vom Schreibtisch ins Parkett gewechselt hat, und das Theater findet gegenüber dem Film seine Abgrenzung, indem es der ihm eigenen Körperlichkeit und Zeitlichkeit eine eigene Qualität unterstellt: eine *Ko*-Präsenz, die exklusiv aus einer unmittelbaren Kommunikation der Leiber hervorgeht. – Zur Aufgabe des Theaterhistorikers wird damit die Rekonstruktion des verpassten Ereignisses: Sein Platz ist in den Zuschauerräumen der Vergangenheit, aus denen heraus er das Theater anhand von Überresten in seiner Imagination wiederauferstehen lässt. Damit aber trennt sich die Geschichte des Theaters von seiner Gegenwart, die Perspektive des Wissenschaftlers wird aufs Parkett festgelegt und die Wirklichkeit der Medien rückt in die Ferne.[49]

---

46 Zit. n. ebd. (Beleg fehlt).

47 Max Herrmann: ›Das theatralische Raumerlebnis‹, erschienen in: Zeitschrift für Ästhetik und allgemeine Kunstwissenschaft 25 (Beilagenheft: Vierter Kongreß für Ästhetik und allgemeine Kunstwissenschaft, Hamburg 1931, Oktober 1930), S.159.

48 Ders.: ›Über die Aufgaben eines theaterwissenschaftlichen Institutes‹, in: Theaterwissenschaft im deutschsprachigen Raum. Texte zum Selbstverständnis, Darmstadt 1981, S.15-24, hier: S.19.

49 Diese Situation artikuliert sich nicht zuletzt in der Aufführungsanalyse, in der die Wahrnehmungen des Analytikers zur alles entscheidenden Grundlage werden und sich die Analyseleistung in die Reflektion auf das eigene Erleben verlagert. Von Aufzeichnungen schriftlicher und audiovisueller Art kann diese zwar angeregt werden, einen Anteil an der Analyse können diese aber nicht haben, da sie nicht das Erleben der Aufführung, sondern

Die Abgrenzung des Theaters als Aufführung von der Aufnahme entsteht insofern Anfang des 20. Jahrhunderts in Reaktion auf eine kulturelle und mediale Konstellation, in der nicht nur die Gemeinsamkeiten von Film und Theater stark hervortreten, sondern die Grenzen zwischen Filmvorführung und Theatervorstellung auch fließend sind. Mit der paradoxen Konstruktion der Aufführung als flüchtigem Werk, das sich im emphatischen Kontakt zwischen Darstellern und Zuschauern entfaltet, wird nicht nur der Bruch mit der Literatur und dem Drama vollzogen, sondern zugleich auch die Grenze zum Film und der populären Kultur abgesteckt. Der Auftritt wird aus seiner hermeneutischen Zurichtung und semiotischen Umklammerung befreit und doch im gleichen Atemzug in einer ungegenständlichen Werkkategorie eingesperrt, um ihn vor Reproduktion und Popularisierung zu bewahren. Aus der Unterscheidung von ästhetisch wertvollem und ordinärem Auftreten geht jene zwischen echt Leiblichem und bloß Scheinhaftem hervor. Der Aufführungsbegriff bricht daher mit den Vorstellungswelten des Literaturtheaters und setzt dieses zugleich auch fort. Aus dem Blick gerät dabei jedoch dreierlei: (1.) die *pragmatische Bedingtheit des Theatralen*, die aus der Position im Parkett kaum ersichtlich wird, (2.) die *soziopolitische Eingebundenheit des Theatralen*, die aus dem abgeschlossenen Ereignis ausgegrenzt wird, und schließlich (3.) die *mediale Vermittlung Theatralen*, die in dem unmittelbar leiblichen Rapport keinen Platz hat.

Die Unterscheidung von Aufführung und Aufzeichnung mag daher zu heuristischen und analystischen Zwecken durchaus Sinn machen, als ontologische und essentialistische Kategorie ist sie fragwürdig. Sicherlich ist eine Performance von Marina Abramovic etwas anderes als ein Blockbuster aus der Traumfabrik, sie werden nicht nur grundsätzlich anders erlebt, sondern es braucht auch ganz andere Kategorien, um sie zu beschreiben. Ob dieser Unterschied allerdings ähnlich offenbar ist, wenn es sich beispielsweise um Melodramen in Theater und Film handelt, steht zu bezweifeln.[50] Die Entgegensetzung von Theater und Medien hat sich nicht nur in den spielfreudigeren Formen des zeitgenössischen Theaters zugunsten eines Auslotens der medialen Bedingtheit von Welt verschoben;[51] es lässt sich auch grundsätzlicher vermuten, was Jan

nur die medial transformierten Oberflächenstrukturen der Inszenierung wiedergeben. »Da Aufführungen sich in ihrem Vollzug erschöpfen, also nicht fixier- und überlieferbar sind, lassen sich nur Aufführungen analysieren, an denen der Analysierende selbst teilgenommen hat.« (Fischer-Lichte: ›Aufführung‹, S.23) Und so soll zwischen der Verwendung von Aufzeichnungen als Erinnerungshilfe einer auf die Gegenwart bezogenen Aufführungsanalyse und der Verwendung der gleichen Aufzeichnungen als »Dokumente über die A., wie sie von der Theaterhistoriographie verwendet werden« unterschieden werden (ebd.).

50 Vgl. A. Nicholas Vardac: Stage to screen. Theatrical method from Garrick to Griffith, Cambridge (Mass.) 1949.

51 Vgl. Sybille Peters: ›Zur Figuration von Evidenz: Der Vortrag als wissenspoietisches Szenario – Prolegomena‹, in: Diskurse des Theatralen, Tübingen/Basel 2004, S.311-344, hier:

Berg schon in den 80er Jahren festgestellt hat, »dass umgekehrt unser heutiges Theater möglicherweise mit Film- und Fernsehvorführungen verhältnismäßig mehr verbindet als mit den Darstellungen des großen antiken Festspieltheaters«.[52]

Und diese ästhetische und kulturelle Vertracktheit der Phänomene wird von der kategorialen Unterscheidung des Aufführungsbegriffs nur allzu leicht verdeckt. Es werden Grenzen zwischen hybriden Phänomenen gezogen, die nicht nur kategorisch ein- und ausschließen, sondern auch Nachrangigkeit unterstellen und Abwertung implizieren.[53] Und will man Theater nicht ausschließlich rezeptionsseitig beschreiben, sondern gerade die Praxis und Produktion in den Blick nehmen, dann verstellt die unabdingbare Kopräsenz der Aufführung, die Unterscheidung zwischen den echten und den falschen Auftritten die Sicht auf eben jene vielfältigen Verwandtschaften, die zwischen Stanislawsly und Strassberg, zwischen Fernsehzeremonie und Königskrönung, zwischen Wagner und Disney durchaus bestehen. Die realen Verwandtschaften und Wechselwirkungen zwischen den Auftritten vor Ort und ihrer medialen Vermittlung lassen sich in den Unterscheidungen, die der Aufführungsbegriff einführt, nur schwer unterbringen.

Versteht man den Aufführungsbegriff daher nicht als universalistische Theaterdefinition, sondern als eine historisch kontingente Unterscheidung, der wie alle anderen Theaterbegriffe auch an seine Zeit gebunden ist, mit der ästhetischen Praxis korreliert und ähnlich wie diese medial beeinflusst und kulturell geprägt ist, dann lässt sich nicht nur fragen, welche ästhetische Präferenzen sich hinter der objektiven Emphase verbergen, sondern auch, aus welchen ökonomischen und technologischen Konfigurationen die Begriffsbildung hervorgeht. Mit anderen Worten: Wird nicht jenes Erlebnis des Ereignisses, das die Aufführung verbürgt, erst dort zu einem kulturellen Wert, wo es als abgeschlossenes Ganzes mit Eigenbeteiligung im Abbild erkennbar wird und wo die Produktion eben dieser Abbilder technisch möglich und kulturell erwünscht ist? Ist die

S.316; Jon, McKenzie: Perform or Else. From Discipline to Performance, London/New York 2001, S.49; Andre Eiermann: Postspektakuläres Theater. Die Alterität der Aufführung und die Entgrenzung der Künste, Bielefeld 2009.

52 Jan Berg: Zur Theorie und Geschichte des spektatorischen Ereignisses, Unveröffentlichte Habilitation, Berlin 1985, S.6.

53 Zwar grenzt sich Erika Fischer-Lichte andernorts deutlich von der ideologischen Aufladung der Liveness ab, doch es bleibt fraglich, wie wertfrei eine solche ›rein faktische‹ Unterscheidung tatsächlich sein kann: »Während der Begriff von Vertretern der oben skizzierten Positionen [gemeint ist u.a. Peggy Phelans Ontologie der Performance] als ein normativer und ideologischer Begriff verwendet zu werden scheint, werde ich ihn als einen rein deskriptiven Begriff gebrauchen. [...] Eine solche Feststellung impliziert keinerlei Werturteil. [...] Auch diese Aussage impliziert kein Werturteil. [...] Der Unterschied zwischen ›liveness‹ und Mediatisierung ist wahrnehmbar und beschreibbar, er stellt in diesem Sinne ein Faktum dar.« (Erika Fischer-Lichte: ›Live-Performance und mediatisierte Performance‹, in: Theaterwissenschaftliche Beiträge, Berlin 2000, S. 10-13, hier: S.11f)

Ereignishaftigkeit von Marina Abramovic's *Lips of Thomas* nicht gerade darin zu suchen, dass kaum einer dabei war, aber alle die Fotos kennen? Und besteht das Erlebnis, in Woodstock dabei gewesen zu sein, nicht gerade darin, sich die Bilder von damals anzuschauen? Und wozu ist schließlich ein Familienfest dar, wenn nicht, um Filme und Fotografien zu erstellen?

Eine solche Umkehrung der Kausalitäten, die die vermeintliche Vorgängigkeit der Aufführung gegenüber der Aufzeichnung auf den Kopf stellt, vollzieht Philipp Auslanders Polemik Liveness aus dem Jahr 1999.[54] Die Vorstellung, dass eine Aufführung *live* ist – so der Ausgangspunkt der Argumentation – sei ein Konzept, das nur dort Sinn mache, wo ein Gegensatz existiere. Von der antiken Tragödie zu behaupten, sie hätte *live* stattgefunden, sei demnach eine Rückprojektion, die – auf eine Gesellschaft bezogen, in der es weder Aufzeichnung noch Übertragung gegeben habe – wenig mehr sage, als dass es damals noch kein Fernsehen gab. Denn nur dort, wo es *Records* gebe, werde es möglich zu verstehen, was es heißt, dass eine Aufführung *live* stattfindet. Und erst, wenn es darüberhinaus *üblich* geworden sei, dass Aufzeichnungen an die Stelle von Aufführungen treten, werde es auch nötig, zwischen *live* und *record* zu unterscheiden. Solange das Rauschen und Kratzen des Grammophontrichters die Sicherheit gebe, dass hier kein wirkliches Symphonieorchester spielt, sei auch kein Bedarf für eine Unterscheidung gegeben. Erst die mögliche Verwechslung zwischen Aufführung und Aufzeichnung, die Unsicherheit, ob das Fußballspiel im Fernsehen längst vergangen oder noch immer unentschieden ist, begründe den Sprachgebrauch.[55]

Die technischen, institutionellen und kulturellen Bedingungen von *Liveness* entstehen nach Auslanders Argumentation daher erst mit dem Fernsehen der 50er Jahre, in dem Speicherung und Übertragung audiovisueller Informationen zusammenfallen und das als kulturelle Institution interessanterweise gerade mit seiner Nähe zum Theater – im Gegensatz zum reproduzierten Film – wirbt. Im Fernsehen sei man *live* dabei, heißt es in der Werbung, bleibe aber sicher zu Hause, ist also gerade jenen Belästigungen in der Öffentlichkeit nicht ausgesetzt, mit denen sich das Theater seit der Avantgarde immer wieder brüstet.

---

54 Philipp Auslander: Liveness. Performance in a Mediatized Culture, New York 1999. Vgl. in diesem Kontext auch Erika Fischer-Lichtes Diskussion von Auslanders Kritik in: Fischer-Lichte: Ästhetik des Performativen, S.114-126.

55 Ähnlich argumentiert Jan Berg in seiner Habilitation, wenn er schreibt, dass vor der Ära der Kinokultur »die Bestimmung, Zuschauer müssten Schauspielern Aug in Auge gegenübersitzen, damit Theater sich ereigne, etwa so sinnvoll gewesen [ist] wie die, Zuschauer müssten Augen haben und von Fleisch und Blut sein« (Berg: Das spektatorische Ereignis, S.95). Berg betont dabei u.a., dass diese Bestimmung der medialen Spezifität ausschließlich in Relation zu anderen Medien zustande komme: »Und was eine Theateraufführung, was eine Filmvorführung, ein Fernsehspiel ausmacht, erfahre ich nicht allein im Theater, sondern auch negativ im jeweils anderen Medium« (ebd., S.7).

Das aber heißt in der Konsequenz, dass *Liveness* keine naturgegebene Qualität beschreibt, sondern als eine historisch kontingente Kategorie zu verstehen ist: als Produkt einer konkreten kulturellen Ökonomie, mit der u.a. die Überlegenheit eines bestimmten medialen Produktes beworben wird. Die Live- und auch Leibhaftigkeit der Aufführung erscheint aus diesem Blickwinkel daher als etwas, das keinesfalls unberührt daliegt, bis ihr die Unschuld von Aufzeichnung und Aufnahme entrissen wird, sondern vielmehr als eine Qualität, die überhaupt erst aus den Kreisläufen der medialen Ökonomie hervorgeht. – Auslander führt dies u.a. am Beispiel der Rockmusik vor, die ähnlich wie das Theater vom Mythos des Live-Auftritts lebt und bei der dennoch das Konzert – die Aufführung – entgegen dieses Mythos sowohl in ästhetischer wie auch in ökonomischer Abhängigkeit von Aufnahmen – Schallplatten – und ihrer Verbreitung entsteht.[56] Denn da Auslander zufolge die musikalischen Qualitäten des Rock überhaupt erst mit und durch die technischen Möglichkeiten der Studio-Aufnahmen und der Schallplatten-Industrie entständen, kommt das Konzert im Rock ästhetisch und zeitlich *nach* der Platte. Und dennoch dient es als ihr Garant, da es die Authentizität der aufgenommenen Musik verbürgt, indem es vorführt, dass die Musiker tatsächlich so aussehen wie auf dem Cover und so spielen wie auf der Platte. Um diesen Beweis der Echtheit der Musik anzutreten, muss sich das Live-Konzert aber dem Klang der Tonträger und dem Bildmaterial der Öffentlichkeitsarbeit, die es bezeugen will, anpassen – plus ein wenig Rauschen, das immer noch echter wirkt als das wirklich Echte.

Das, was während der Aufführung stattfindet, wird von daher von der Tatsache, dass sie stattfindet, stattgefunden hat oder stattfinden könnte, in seiner Bedeutung verdrängt. In direkter Umkehrung des Satzes von Jens Roselt und Erika Fischer-Lichte könnte man mit Auslander behaupten, dass die »Emergenz dessen, was geschieht«, weit weniger wichtig ist »als die Bedeutungen, die man ihm größtenteils erst später [...] beilegen mag.«[57] Nichts Neues, sondern gerade das von den Ton- und Bildträgern Altbekannte wird von der Live-Aufführung der Rockmusik erwartet; und das, obwohl gerade die Rockmusik ganz ähnlich wie das Theater der Theaterwissenschaft vom Mythos der Einmaligkeit, des Erlebnisses und der Kopräsenz lebt. Was man in Woodstock erlebt hat, ob man tatsächlich viel von dem Konzert mitbekommen hat oder zermürbt in Regen und Schlamm in der hintersten Reihe gewünscht hat, man wäre bloß zu Hause geblieben, ist vernachlässigbar im Vergleich zu dem symbolischen Kapital, das sich aus der Tatsache speist, mit Fug und Recht behaupten zu können, dass man dabei war. Wichtiger als das Dabeisein (das Erleben) wird somit auch für den Rezipienten, dabei *gewesen* zu sein, also sagen zu können, dass man dabei war, Zeuge gewesen ist und besser noch: Aufnahmen gemacht hat.[58] – In einer Welt der Couch Potatoes, in denen

56 Vgl. Auslander: Liveness, Kapitel 3.

57 Fischer-Lichte/Roselt: ›Attraktion des Augenblicks‹, S.239.

58 Es ließe sich vielleicht einwenden, dass Philipp Auslander im Gegensatz zu Peggy Phelan einen völlig anderen Bereich von Phänomenen im Blick hat: Während Letztere von Performance-Kunst spricht, hat Ersterer Musicals, Rockkonzerte, Gerichtsverhandlungen im Sinn.

die Unterpriviligierten und bildungsfernen Schichten aufs Sofa vor die Glotze imaginiert werden, bringt Liveness immer auch symbolisches Kapital mit sich und schafft Distinktionen zwischen denen, die im *echten Leben* dabei waren, und jenen, die in der Entfremdung des *falschen* versumpft sind.[59]

Wenn also *Liveness* etwas ist, mit dem das frühe Fernsehen sich im Gegensatz zum Kino als Theater beworben hat und das in der Rockmusik vor allen Dingen die Authentizität einer medial bedingten Musik garantiert, was kann es dann heißen, wenn 50 Jahre später der Deutsche Bühnenverein behauptet, Theater sei immer *live*? – Vielleicht vor allen Dingen dies: Dass (1.) das Theater bei all seinen Bemühungen, das *Andere* der Medien zu sein, nicht umhin kommt, diesen Anspruch in der Sprache des Fernsehens zu formulieren; dass (2.) auch das unmittelbare *Hier und Jetzt* der Aufführung genauso eine begriffliche Konstruktion darstellt wie die Vorstellung vom Theater als Umsetzung eines literarischen Werks; und dass es (3.) vermutlich eines Studiums der Theaterwissenschaft bedarf, um eine Aufführung im emphatischen Sinne zu erleben, während der durchschnittliche Abiturient noch einige Jahre an den von seinen literaturwissenschaftlich ausgebildeten Lehrern abverlangten Lektüre-Versuchen verzweifeln muss.

Das aber heißt in der Konsequenz, dass es sich empfiehlt, dort wo die Medien ins Spiel kommen und das Reich der Kunst verlassen wird, nach Begriffen Ausschau zu halten, die jenseits des Aufführungsbegriffs und seiner kategorialen Unterscheidung operieren. Ein solcher Begriff, den die Theaterwissenschaft in den 90er Jahren von der Literaturwissenschaft übernommen hat, ist *Intermedialität*. Im Gegensatz zur definitorischen Engführung des Theaters auf seine spezifischen Eigenarten sollten mit der Diskussion der *Intermedialität* des Theaters gerade die Wechselwirkungen zwischen den einzelnen Medien – hier meist im Sinne von Kunstformen verstanden – hervorgekehrt werden. Doch auch wenn sich aus diesen Ansätzen viele aufschlussreiche Herangehensweisens an den Medieneinsatz auf der Bühne ergeben haben, so verbleiben sie dennoch im Rahmen der hier diskutierten Medialität des Theaters und weisen keine alternative Denkfigur des Theatralen auf. Denn letztlich scheint die Tatsache, dass Theater all diese medialen Wechselwirkungen zu beinhalten vermag doch nur wieder zu bestätigen, dass es gerade die spezifische Präsenz des Theaters ist, die diesen Prozessen im Theater ihren Reiz verleiht.

Kann es also sein, dass genau das, was in der Kunst echte Anwesenheit ausmacht, in der Popkultur nur noch als verderbter Authentizitätseffekt auftaucht? – Die Pointe von Auslanders Argument scheint mir jedoch zu sein, dass er gerade keine kategoriale Unterscheidung zwischen Rockkonzert oder Musical und Performance Art vornimmt und jene unausgesproche Übereinkunft beiseite lässt, dass Performances von Marina Abramovic als etwas von ihrer Vermarktung Unabhängiges zu betrachten seien, während an Disney eigentlich nur die Vermarktung von Interesse sei.

59 Vgl. Pierre Bourdieu: Die feinen Unterschiede. Kritik der gesellschaftlichen Urteilskraft, Frankfurt am Main 1982.

2.3 PRIMUS INTER PARES
DIE INTERMEDIALITÄT DES THEATERS

Die Versuche, die spezifische Ästhetizität der einzelnen Künste und damit die Maximen ihrer Gestaltung aus der Materialität der zugrunde liegenden Technologien abzuleiten, reichen bis zu Lessings Laokoon zurück.[60] Und in eben diese Tradition reiht Christopher Balme auch die Bemühungen um eine spezifische Medialität des Theaters ein, denen er wie Susan Sontag mit einem grundsätzlichem Zweifel begegnet: »Gibt es etwas echt ›Theatermäßiges‹, das sich qualitativ von dem unterscheidet, was echt ›filmisch‹ ist?«[61] – Wie Sontag verneint auch Balme diese Frage und geht stattdessen davon aus, dass es sich »bei medialer Spezifität [...] um ein wissenschaftliches Konstrukt« handele, »das mit den eigentlichen ästhetischen Mechanismen von Medienprodukten wenig zu tun« habe.[62] – So profiliert sich die theaterwissenschaftliche *Intermedialitäts*-Forschung gerade in Abgrenzung von jenen Traditionen, aus denen der Aufführungsbegriff hervorgeht.[63] Im »Zeichen einer immer komplexer werdenden Medienwelt« und einer zunehmend konvergenten Medienkultur sei die Orientierung auf die Spezifität des Theaters als methodologischer und theoretischer Hintergrund für die Untersuchung von Theater und seinen Produkten zunehmend ungeeignet, schreibt Balme.[64] Stattdessen gelte es, eine Theorie der Intermedialität zu entwickeln, die imstande sei, die Aufmerksamkeit auf die vielfältigen Wechselwirkungen, Verbindungen und Einflussnahmen zwischen den Medien zu lenken. So differenziert Balme – anknüpfend

---

60 Ephraim Lessing: ›Laokoon oder Über die Grenzen der Malerei und Poesie‹, in: Werke, Bd.3, Berlin/Weimar 1965, S.161-332.

61 Vgl. Susan Sontag: ›Theater und Film‹, in: Kunst und Antikunst. 24 literarische Analysen, München 1980, S.177-195, hier: S.177.

62 Christopher B Balme/Markus Moninger: Crossing media. Theater, Film, Fotografie, neue Medien, München 2004, S.1.

63 Stellvertretend zitiert Balme Arno Paul: »Es gilt gezielt und systematisch nach dem konstitutiven Moment des Theaters zu fragen, um von dort aus das zentrale Objekt einer Wissenschaft vom Theater zu fixieren.« (Arno Paul: ›Theaterwissenschaft als Lehre vom theatralischen Handeln und Theater als Kommunkationsprozeß. Medienspezifische Erörterungen zur Entwöhnung vom Literaturtheater‹, in: Theaterwissenschaft im deutschsprachigen Raum, hg. v. H. Klier, Darmstadt 1981, S.208-289, hier: S.216) Zur Kritik dieser Konzeption vgl. auch Peter M. Boenisch: ›Aesthetic Art to Aisthetic Act: Theatre, Media, Intermedial Performance‹, in: Intermediality in Theatre and Performance, hg. v. C. Kattenbelt/F. Chapple, Amsterdam/New York 2006, S.103-116, hier: S.103.

64 Christopher Balme: ›Theater zwischen den Medien: Perspektiven theaterwissenschaftlicher Intermedialitätsforschung‹, in: Crossing media. Theater, Film, Fotografie, neue Medien, München, hg. v. Christopher Balme/Markus Moninger, S.13-31, hier: S.14.

an die deutschsprachige Intermedialitätsforschung in der Literaturwissenschaft[65] – drei Konzeptionen von Intermedialität: (1.) Die *Adaption* von Stoffen und Sujets anderer Medien; (2.) die *Referenz* auf Werke anderer Medien – im Sinne eines erweiterten Intertextualitätsbegriffs; (3.) die *Simulation* von Konventionen anderer Medien. Insbesondere Letztere ist es, der Balme eine herausragende Bedeutung für das Theater zuweist und die er von einer bloßen Multimedialität im Sinne des zweckdienlichen Einsatzes von Medientechnologien auf der Bühne abgrenzt. Diese besondere Relevanz intermedialer Verfahren im Sinne der Simulation von Medienkonventionen ergibt sich für Balme dabei aus den Rückwirkungen neuer Medien auf die Rezeption der alten, wie er sie schon bei Brecht findet, der bereits 1931 feststellte: »Der Filmsehende liest Erzählungen anders. Aber auch der, der Erzählungen schreibt, ist seinerseits ein Filmsehender. Die Technifizierung der literarischen Produktion ist nicht mehr rückgängig zu machen.«[66]

An Dick Higgins anschließend, der sich mit dem Begriff »intermedial« 1966 offensiv von puristischen Kunstdoktrinen ab- und den medial geprägten Wahrnehmungsbedingungen zuwendet, führt Balme das intermediale Theater als einen Rahmen ein, in dem »Medien repräsentiert, thematisiert und realisiert« würden.[67] Dabei gehe es »um die Inszenierung einer Sehgewohnheit aus einem anderen Medium [...], ohne es technisch realisieren zu wollen«.[68] Entscheidend sei vielmehr der Kontrast oder Konflikt zwischen Übernahme und Widerstand gegen das simulierte Medium: Intermedialität entstehe so, wie Balme am Beispiel Lepages deutlich macht, »weil die Seherfahrung immer wieder mehr an das Kino als an Theater zu erinnern scheint, ohne jedoch das Rahmenmedium Theater aufzulösen«.[69] – »Hier wird das Theater fast zum Kino, bleibt aber Theater aufgrund der Präsenz der Schauspieler«[70] – oder in dem ähnlich gelagerten Intermedialitäts-Konzept Kati Röttgers zu einer »offene[n], dynamische[n] Konfiguration medialer Übersetzungen«, die zwar an die »Anwesenheit des menschlichen Körpers« gebunden bleibe, aber »gleichzeitig grundsätzlich offen für die Integration

65 Vgl. die Überblicksdarstellungen von Jürgen Müller: ›Intermedialität als poetologisches und medientheoretisches Konzept. Einige Reflektionen zu dessen Geschichte‹ und Joachim Paech: ›Intermedialität. Mediales Differenzial und transformative Figurationen‹, in: Intermedialität. Theorie und Praxis eines interdisziplinären Forschungsgebiets, hg. v. Jörg Helbig, Berlin 1998, S.31-40 bzw. S.14-29; Mathias Mertens et al.: Forschungsüberblick 'Intermedialität'. Kommentierungen und Bibliographie, Hannover 2000.

66 Bertolt Brecht: Gesammelte Werke, Bd. 18, Frankfurt/M. 1967, S 156.

67 Vgl. Dick Higgins: Horizons. The Poetics and Theories of the Intermedia. Carbondale, Edwardsville 1984.

68 Balme: ›Theater zwischen den Medien‹, S.27.

69 Ebd., S.26f.

70 Ebd., S.24.

sekundärer und tertiärer Medien ist«.[71] Und so scheint trotzt aller Intermedialität am Ende doch wieder die Spezifik des Theaters die Oberhand zu behalten, denn im Unterschied zu den Remediatisierungs-Strategien, die Bolter und Grusin – von McLuhan ausgehend – am Beispiel des frühen Films beschreiben, steht am Ende der intermedialen Wechselwirkungen nicht die Herausbildung einer neuen medialen Form durch Aneignung und Umwandlung alter Konventionen, sondern das Theater bleibt – dank der realen Leiber – als es selbst erhalten.

Theater avanciert so zu einem *Hypermedium*, »das in der Lage ist, alle anderen Medien zur Darstellung zu bringen«, ohne doch dabei seine Gestalt zu verlieren und die der anderen zu assimilieren.[72] Es habe, wie Marcus Moninger ausführt, die »außergewöhnliche Fähigkeit, [...] Medien unter Beibehaltung ihrer jeweiligen Wahrnehmungsmodi und technischen Repräsentationsbedingungen zu integrieren«, während beispielsweise der Film die »zitierte[n] Medien dem kinematographischen Code unter[ordnet], so dass sich ihre Materialiät in der Apparatur verliert«.[73] Die Bühne werde daher zum »bevorzugten Schauplatz für intermediale Experimente« und »Medienbeobachtung«[74] und könne über die intermedialen Wechselspiele als »Theater der Zukunft« »Anschluss an eine neue Zuschauergeneration finden.«[75] Noch weiter geht Petra Maria Meyer, wenn sie aus der Intermedialitätsdiskussion folgert, dass Theater zumindest potentiell die ganze Medienwelt umfasse und daher die Mediengeschichte in Zukunft als Theatergeschichte zu verfassen sei. Die »Erweiterung der Theaterwissenschaft zu einer allgemeinen Medienwissenschaft«[76] ergibt sich bei Meyer aus der Auffassung, dass der Text der Aufführung potentiell das gesamte Medienrepertoire umfasse und alle Medien als Zeichen(systeme) im Theater Platz fänden. Daher ließen sich die im Rahmen der Semiotik des Theaters ausgearbeiteten Kategorien und Analyseverfahren auf alle anderen Medien übertragen. Das Theater erscheint so als oberstes Zeichensystem und *Hypermedium*, das sich allerdings substantiell von allen anderen Medien durch die Mobilität der Zeichen, die Plurimedialität und eine im Gegensatz zu den elektronischen Medien ungelenkte Wahrnehmung unterscheide.[77] – Wenn Theater also im Sinne der Intermedialitätsdiskussion ein Medium zu sein scheint, dann ist es das er-

71 Kati Röttger: ›F@ust vers. 3.0: eine Theater & Medien-Geschichte‹, in: Crossing media, hg. v. Balme/Moninger, S.33-54, hier: S.38.

72 Balme: ›Theater zwischen den Medien‹, S.29f. Vgl. auch Christopher B. Balme: ›Pierrot encadré. Zur Kategorie der Rahmung als Bestimmungsfaktor medialer Reflexivität‹, in: Maschinen, Medien, Performances, hg. v. M. Leeker, S.480-492.

73 Markus Moninger: ›Vom 'Media-Match' zum 'Media-Crossing'‹, in: Crossing media, hg. v. Balme/Moninger, S.7-12, hier: S.9.

74 Ebd.

75 Balme: ›Theater zwischen den Medien‹, S.31.

76 Petra Maria Meyer: ›Theaterwissenschaft als Medienwissenschaft‹, erschienen in: Forum modernes Theater 2/12 (1997), S. 115-131, hier: S.122.

77 Vgl. ebd., S.122-127.

ste und das letzte: das Medium der Medien.[78] Die Intermedialitätstheorie läuft so auf eine ›Hypertheatralitätstheorie‹ hinaus, die auf der zweifelhaften Annahme einer Superiorität der Semiotizität des Theaters beruht. Doch nur weil die ganze Welt auf die Bühne gestellt werden kann, ist die Welt ja noch lange keine Bühne. Wieso ist ein Fernseher auf der Bühne etwas grundsätzlich Anderes als eine Bühne im Fernseher? Als Wolf Vostell für Heymes Hamlet 1979 achtzehn Fernseher auf die Bühne stellte, blieb da mehr vom Fernsehabend, als vom Theatererlebnis bleibt, wenn Goethes Faust im Theaterkanal läuft?[79]

Die Medialität von Theater scheint daher durch die intermedialen Bezüge desselben keineswegs in Frage gestellt. Entworfen wird hier ein Vokabular, das den Medieneinsatz auf der Bühne in seinen Wechselwirkungen mit der umgebenden Medienlandschaft zu fassen vermag. Statt eines Rückzugs auf die eigene Spezifität wird eine andere Ästhetik propagiert, die die zeitgenössische Medienwirklichkeit als szenisches Material begreift, das sich gerade im Kontrast zur theatralen Spezifik als reizvoll erweist: Statt als Refugium von der Medienwelt wird Theater hier als Experimentierfeld mit den medialen *Weisen der Welterzeugung* entworfen. – Intermedialität beschreibt so, was *in* einem Medium mit einem anderen möglich ist. Bevorzugtes Forschungsgebiet ist und bleibt der Medieneinsatz auf der Bühne. Das aber, was sich *zwischen* den Medien abspielt, bleibt außen vor. – Es bleibt bei der Einteilung der Auftritte in ontologisch getrennte Sphären: jene der realen Leiber, die vielleicht auch mit technischen *Gadgets* spielen, und jene der scheinhaften Bilder der Medienwelt, in denen die Leiber zwangsläufig verblassen. Zu Recht wendet Erika Fischer-Lichte daher ein, schon Lessing habe im Laokoon Wechselwirkungen zwischen den Medien beschrieben und der Gebrauch von Medientechnologien in Aufführungen stelle keinesfalls die Spezifität des Theaters

78 Vgl. Andy Lavender: ›Mise en scène, hypermediacy and the sensorium‹, in: Intermediality in Theatre and Performance, hg. v. Chapple/Kattenbelt, Amsterdam/New York 2006, S.55-66. Lavender unterscheidet in Anlehnung an Bolter und Grusins Konzept der Remediation zwischen ›hypermedial theater‹ und ›theatre of immediacy‹: »Immediacy depends upon a sense of contact with something that matters, something that affects you. What matters to you might be that you laugh, wince, flinch, cry, think, feel excited or simply get absorbed. When this is the case, you experience the event in a pleasurable frisson of commitment, an engagement that is deliciously rapt. I have argued elsewhere that one of the potencies of live performance is precisely its ability to involve the spectator in an awareness of the here and now, the uniquely present moment of current experience« (S.64). Hingegen »hypermedial theatre engages the spectator in an awareness of the interaction of different media, hence of media themselves« (S.63). Das Spiel mit dem Medienwechsel, mit dem Virtuellen und dem Aktuellen, oder präziser: mit der Bildproduktion und ihrer materiellen Bedingtheit bilde den Reiz und das Vergnügen der Rezeption.

79 Vgl. zur Inszenierung von Heyme Volker Canaris: ›Erstarrte Schritte eines aufrechten Ganges‹, in: Spiegel 9/1979.

in Abrede.[80] Und genau jene Spezifiät ist es ja auch, die schließlich dann doch den bevorzugten Platz der Bühne innehalb des intermedialen Geflechtes begründen soll: weil hier und nur hier alles als es selbst und zugleich als etwas Anderes auftreten können soll – als echter Körper und als nur symbolischer Verweis.

Wie Peter M. Boenisch angemerkt hat, fällt der Aufstieg des Intermedialitäts-Konzeptes aber nicht zufällig mit der Ausbreitung der digitalen Technologien und der einhergehend Konvergenz von Text, Bild und Tondaten im Computer zusammen.[81] Jene Hypermedialität, die dem Theater von den Intermedialitätheorien unterstellt wird, scheint daher nicht nur theatersemiotisch begründet zu sein, sondern findet sich schon einige Jahre zuvor als unterstellte Spezifität der ›universellen Maschine‹ Computer. Als »meta-medium« sei der Computer imstande, alle anderen Medien zu sein, hat Alan Kay diese Überzeugung, die sich seitdem zum Allgemeinplatz entwickelt hat, bereits 1977 formuliert.[82] »All digital media [...] share the same digital code. This allows different media types to be displayed using one machine – a computer – which acts as a multimedia display device«, fasst Lev Manovich diese weitverbreitete Annahme 2001 zusammen, die er zugleich als klassisches Vorurteil ausweist, weil diese Form der Remediation schon seit der Integration von Bild und Text in mittelalterlichen Manuskripten üblich sei.[83] Und eben jene Kritik lässt sich auch auf die Intermedialitäts-Konzepte in der Theaterwissenschaft übertragen. Mit ihrer Hilfe lassen sich zwar die Einflüsse anderer Künste und Medien im Theater beschreiben, zur Diskussion um die mögliche Spezifität des Theaters oder zur Rolle von theatralen Praktiken im medialen Kontext vermögen sie wenig beizutragen. – Das aber scheint ein anderes Konzept leisten zu wollen, das sich in den 90er Jahren im Kontext der Theatralitätsdiskussion herausgebildet hat. Nach der Diskussion von Medialität und Intermedialität des Theaters gilt es daher abschließend noch jene Überlegungen in Augenschein zu nehmen, die sich unter dem Topos einer *Theatralität der Medien* versammelt haben.

---

80 Vgl. Fischer-Lichte: ›Live-Performance und mediatisierte Performance‹.

81 Boenisch: ›Aesthetic Art to Aisthetic Act‹, S.104.

82 Vgl. Alan Kay/Goldberg, A.: ›Personal dynamic media‹, in: Computer 3/10 (1977), S. 31-41.

83 Manovich: The Language of New Media, S.50. – Vgl. Jay David Bolter/Richard Grusin: Remediation. Understanding New Media, Cambridge, Mass./London 2000: »What is new about new media comes from the particular ways in which they refashion older media and the ways in which older media refashion themselves to answer the challenges of new media« (S.15). – Der Grundgedanke geht auf McLuhan zurück: »The ‚content' of any medium is always another medium. The content of wiritng is speech, just as the written word ist he content of print, and print is the content of the telegraph« (Marshall McLuhan: Understanding Media. The Extensions of Man,, New York 1964, S.23-24).

2.4 ÜBERALL UND NIRGENDS
DIE THEATRALITÄT DER MEDIEN

Wenn die *Aufführung* jener Begriff ist, mit dem sich die Theaterwissenschaft seit ihrer Gründung bevorzugt auf das Eigene zurückgezogen hat, dann ist *Theatralität* im Gegenzug dazu jener Begriff, mit dem dieses Eigene nun im Anderen geltend gemacht wurde und jenes Theater jenseits des Theaters ohne Stück und Schauspielhaus auf den Begriff gebracht werden sollte: Fußballspiele, Stammesfeiern – und eben auch Medienereignisse. Hinter den Anstrengungen um ein brauchbares Theatralitätskonzept steht daher die Erkenntnis der eng gefassten Grenzen eines bürgerlichen Theaterbegriffs und die (Wieder-)Entdeckung von theatralen Phänomenen des europäischen Mittelalters und der frühen Neuzeit, der historischen Avantgarde und außereuropäischer Kulturen, die schon zuvor das Interesse anderer Disziplinen auf sich gezogen hatten.[84] Auch der inflationäre Gebrauch der Theatermetapher in den Kultur- und Sozialwissenschaften hat daher sicherlich eine theaterwissenschaftliche Auseinandersetzung mit einem erweiterten Theaterbegriff motiviert, der jenseits der hermeneutischen und kunsthistorischen Traditionen Anregungen aus Ethnologie, Soziologie und Kulturgeschichte aufnahm.[85] Nicht zuletzt jedoch scheint auch – wie Andreas Kotte mutmaßt – ein »we-

84 Vgl. Nikolai Evreinovs Konzeption von Theatralität als prä-ästhetischer Instinkt: »[...] eine ästhetische Monstranz von offen tendenziösem Charakter, die selbst weit von einem Theatergebäude entfernt durch eine einzige bezaubernde Geste, durch ein einziges schön ausgesprochenes Wort Bühnenbretter und Dekorationen erzeugt und uns leicht und freudig und unabänderlich von den Fesseln der Wirklichkeit befreit« Nikolaij Evreinov: ›Apologija teatral' nost‹, erschienen in: Utro, 08.09.1908 zit.n. Harald Xander: ›Theatralität im vorrevolutionären russischen Theater. Evreinovs Entgrenzung des Theaterbegriffs‹, in: Arbeitsfelder der Theaterwissenschaft, hg. v. Möhrmann, hier: S.113 Vgl. auch Nikolaj Evreinov: Teatr dlja sebja (Theater für sich selbst), Teil 1, St. Petersburg 1915. Zum Theatralitätsbegriff im englischen und französischen Diskurs vgl. Roland, Barthes: Sade, Fourier, Loyola, Paris 1971, S.10; Elizabeth Burns: Theatricality. A Study in Convention in Theatre and Everyday Live, London 1972; Josette Féral: ›La théâtralité; Recherche sur la spécificité du langage théâtral‹, erschienen in: Poétique 75 (1998); dies.: ›Performance and Theatricality: The Subject Demystified‹, in: Mimesis, Masochism, and Mime. The Politics of Theatricality in Contemporary French Thought, Ann Arbor 1997, S.289-300. In der westdeutschen Forschung wird Theatralität zuerst als Wesen des Theaters begriffen: »Das Theater realisiert diese seine Ästhetizität auf eine besondere, nur ihm eigene Weise, die wir mit dem Terminus Theatralität bezeichnen wollen« (Erika Fischer-Lichte: Semiotik des Theaters, Bd. 1, Tübingen 1983, S.196).

85 Zum Theatralitätsbegriff in der Ethnologie vgl. Marcel Mauss: ›Eine Kategorie des menschlichen Geistes. Der Begriff der Person und des 'Ich' (1938)‹, in: Soziologie und Anthropologie, Bd.2, Frankfurt a.M. 1989; Michel Leiris: ›Die Besessenheit und ihre theatralischen

sentlicher Grund für den inflationären Gebrauch des Wortes Theatralität [...] in einer ernsten und tiefen Beunruhigung darüber« zu liegen, »ob ein Theaterbegriff den Problemen des Medienzeitalters überhaupt noch gerecht werden kann«[86].

In Umkehrung solcher Selbstzweifel wurde Theatralität in den 90er Jahren im Rahmen mehrerer Forschungsprojekte als *Paradigma der Moderne*, als *Modell in den Kulturwissenschaften* oder im Zusammhang mit den *Krisen der Repräsentation* diskutiert.[87] Theatralität wurde von Erika Fischer-Lichte im Rahmen dieser Forschungsvorhaben als ein »heuristisches Instrument« bestimmt, dessen Innovationspotential vor allem darin liege, »den spezifischen Aufführungscharakter von Kultur in den Blick zu bringen«;[88] es gehe um das »Insistieren auf dem Aufführungscharakter kultureller

Aspekte bei den Äthiopiern von Gondar‹, in: Die eigene und die fremde Kultur. Ethnographische Schriften, Bd.1, Frankfurt a.M. 1989; Claude Lévi-Strauss: ›Die Zweiteilung der Darstellung in der Kunst Asiens und Amerikas (1944/45)‹, in: Strukturale Anthropologie, Bd.1, Frankfurt a.M. 1977, S.268-291.

86 Kotte: ›Theatralität‹, S.119. Eine ähnliche Vermutung äußert bspw. auch Rüdiger Ontrup: »Die machtvolle Bedeutung theatralischer Aspekte hat genau in dem Maße zugenommen, in dem technische Medien neue Kommunikationsstrukturen geschaffen haben, die die Möglichkeiten des Theaters weiter überschreiten und die bisherigen Vorstellungen von Öffentlichkeit, die an die raumzeitlichen Koordinaten direkter Interaktion gebunden sind, obsolet werden lassen« (Rüdiger Ontrup: ›Die Macht des Theatralischen und die Theatralität der Macht. Vorüberlegungen zu einer Theorie der Medientheatralität‹, in: Kommunikation im Wandel. Zur Theatralität der Medien, hg. v. Göttlich/Nieland/Schatz, Köln 1998, S.20-35, hier: S.23). Oder auch Eckart Voigts-Virchow: »[T]heatre and drama have generated some of the master models and metaphors for the current media society.« (Eckart Voigts-Virchow: ›Introduction: Post-Theatrical Drama/Post-Dramatic Theatre‹, in: Mediated drama, dramatized media. Papers given on the occasion of the eighth annual conference of the German Society for Contemporary Theatre and Drama in English, Trier 2000, S.7-11, hier: S.7) Douglas Kellner bemerkt, »that the idea of contemporary society being a mediatised spectacle has become a commonplace« (Douglas Kellner: Media Culture. Cultural Studies, Identity and Politics between the Modern and the Post-Modern, London 2002).

87 Das Mainzer Graduiertenkolleg ›Theater als Paradigma der Moderne. Theater und Drama im 20. Jahrhundert (ab 1880)‹ lief seit 1993. Das DFG-Schwerpunktprogramm ›Theatralität. Theater als kulturelles Modell in den Kulturwissenschaften‹ an der Freien Universität Berlin lief von 1995 bis 2002. (Das Graduiertenkolleg Körper-Inszenierungen startete im Oktober 1997, und der Sonderforschungsbereich ›Kulturen des Performativen‹ wurde im Januar 1999 gegründet.). Vgl. Fischer-Lichte, ›Einleitung‹, in: Theatralität als Modell, hg. v. E. Fischer-Lichte et al., Tübingen/Basel 2004.

88 Erika Fischer-Lichte: ›Vom Theater als Paradigma der Moderne zu den Kulturen des Performativen. Ein Stück Wissenschaftsgeschichte‹, in: Theater als Paradigma der Moderne, hg. v. C. Balme/E. Fischer-Lichte/S. Grätzel, Tübingen 2003, S.15-32, hier: S.24.

Handlungen.«[89] Und dementsprechend realisiert sich ein Großteil der Forschungsprojekte als Versuch der Übertragung eines im (Kunst-)Theater erprobten Aufführungsbegriffes auf einen erweiterten Gegenstandsbereich. »Unsere Gegenwartskultur« – heißt es in der Selbstdarstellung des DFG-Forschungsschwerpunktes *Theatralität* – »konstituiert und formuliert sich zunehmend nicht mehr in Werken, sondern in theatralen Prozessen der Inszenierung und Darstellung, die häufig erst durch die Medien zu kulturellen Ereignissen werden«.[90]

Der unzweifelhafte Erfolg der Forschungsprojekte, der nicht unwesentlich zur Anerkennung der Theaterwissenschaft im kulturwissenschaftlichen Verbund beigetragen hat, führte jedoch zu einer eigentümlichen Stille um den Begriff. Dies mag nicht zuletzt daran liegen, dass trotz der überzeugenden Einzelergebnisse des Theatralitäts-Schwerpunktes unklar geblieben ist, was Theatralität jenseits von Theaterhaftigkeit meinen könnte. Denn wie Andreas Kotte deutlich gemacht hat, läuft die dem Forschungsschwerpunkt zugrunde gelegte Aspektierung des Begriffs in Aufführung, Inszenierung, Körperlichkeit und Wahrnehmung im Grunde letztlich auf eine Explikation des Theaters – besser gesagt: eines bestimmten Theaterbegriffs – hinaus: »Die durch interagierende Körper (Korporalität) entstehende Situation (Performance) wird, weil in besonderer Weise strukturiert (Inszenierung), auch in ihrer Funktion erkannt (Wahrnehmung).«[91] Der Theatralitätsbegriff wird so durch hohe Abstraktion aus einem erweiterten und um die Aufführung zentrierten Verständnis der Kunstform Theater gewonnen; er steht damit im Rahmen der Bestimmung einer spezifischen Ästhetizität von Theater, wie sie oben diskutiert wurde. – Wenn aber Theatralität nun als Theaterabstraktion gerade auf dem Aufführungscharakter kultureller Handlungen insistiert und Aufführungen ja gerade als Unvermitteltes im Gegensatz zum medial Vermittelten ge-

89 Ebd., S.11. Vgl. auch den Überblicksartikel im Lexikon Theatertheorie: Matthias Warstat: ›Theatralität‹, in: Metzler Lexikon Theatertheorie, hg. v. Fischer-Lichte/Kolesch/Warstat, Stuttgart, 2005 S.358-364, sowie Erika Fischer-Lichte: ›From Theater to Theatricality. How to Construct Reality‹, erschienen in: Theater Research International 2/20 (1995); dies.: ›Theatralität – eine kulturwissenschaftliche Grundkategorie‹, in: Evolution. Gedächtnis und Theatralität als kulturelle Praktiken, München 2000, S.167-182.

90 http://www.innovations-report.com/html/reports/dfg_humanities/report-22006.html

91 Kotte: ›Theatralität‹, S.120. Vgl. Erika Fischer-Lichte: ›Inszenierungsgesellschaft? Zum Theater als Modell, zur Theatralität von Praxis‹, in: Inszenierungsgesellschaft. Ein einführendes Handbuch, hg. v. Willems/Jurga, Wiesbaden 1998, S.81-90, hier: S.86: Es gelte folgende vier Aspekte zu unterscheiden: »1. Den der Performance, die als Vorgang einer Darstellung durch Körper und Stimme vor körperlich anwesenden Zuschauern gefasst wird und das ambivalente Zusammenspiel aller beteiligten Faktoren beinhaltet; 2. den der Inszenierung, der als spezifischer Modus der Zeichenverwendung in der Produktion zu beschreiben ist; 3. den der Korporalität, der sich aus dem Faktor der Darstellung, bzw. des Materials ergibt, und 4. den der Wahrnehmung, der sich auf den Zuschauer, seine Beobachterfunktion und -perspektive bezieht.«

dacht werden, fragt es sich, was dann eine *mediale Theatralität* oder die *Theatralität der Medien* überhaupt bedeuten könnten, wenn nicht eine Vermittlung des Unvermittelten, also im Endeffekt eine kulturwissenschaftliche Quadratur des Kreises?

»Welchen Erklärungswert kann das Theatralitätskonzept für den ästhetischen und sozialen Impakt der neuen Medien haben – vorausgesetzt, dass es möglich ist, zu seiner präzisen Begründung eine rein metaphorische Verwendung weitestgehend auszuschließen?«, hat der Politologe Rüdiger Ontrup stellvertretend für die sozialwissenschaftliche Auseinandersetzung mit dem Theatralitätskonzept gefragt.[92] Und der Soziologe Herbert Willems hält einige grundlegende Modifikationen für notwendig, um den Theatralitätsbegriff »für die wichtigste gesellschaftliche Inszenierungspraxis«[93] – gemeint sind die Medien – gelten zu lassen, und macht damit zugleich deutlich, worum es ihm dabei geht: *Inszenierungs*praxis. Medientheatralität sei demzufolge von *Interaktions*theatralität in drei grundlegenden Punkten zu unterscheiden: (1.) Die Kommunikation vollziehe sich nicht unvermittelt unter Anwesenden, sondern werde durch eine technische Vermittlung von Darstellung und Wahrnehmung geprägt. (2.) Die Körper träten in den Medien zugleich verknappt und verändert auf, sie würden zugleich reduziert und manipuliert. (3.) Auch wenn dem Rezeptionsprozess eine Transitorität zu eigen sei, so seien die medialen Artefakte zugleich auch reproduzierbar.[94] Die medialen Inszenierungen verbinde mit dem Theater daher einerseits die Gestaltung körperlicher Handlungen, andererseits eine auf ein Publikum ausgerichtete Wirkungsabsicht.[95]

Mit der mediensoziologischen Diagnose der *Inszenierungsgesellschaft* hat Raymond Williams frühe These von der Dramatisierung des Bewusstseins Unterstützung bekommen.[96] Es sei das »Einfließen dramatischer Grundmuster ins Alltagshandeln«[97], das Herbert Willems für eine Zunahme intentionaler *Inszenierung*en im Gegensatz zu unwillkürlichem *Ausdruck* und habituellen *Darstellungen* verantwortlich macht. »[I]nszenatorische Verhaltens-weisen« – das »zur Erscheinung Bringen« mit »einer bestimmten Wirkungsabsicht« durch »kalkuliertes Auswählen, Organisieren und

92 Ontrup: ›Die Macht des Theatralischen‹, S.24.

93 Herbert Willems: ›Medientheatralität‹, in: Wahrnehmung und Medialität, hg. v. Fischer-Lichte et al., Tübingen/Basel 2001, S.385-401, hier: S.385.

94 Vgl. ebd., S.385, sowie ders.: ›Theatralität. Überlegungen zu einem kulturtheoretischen Ansatz‹, erschienen in: Österreichische Zeitschrift für Soziologie 2/32.Jg. (2007), S. 53-71, hier: S.57.

95 Ders.: ›Inszenierungsgesellschaft? Zum Theater als Modell, zur Theatralität von Praxis‹, in: Inszenierungsgesellschaft. Ein einführendes Handbuch, hg. v. Willems/Jurga, Wiesbaden 1998, S.23-80.

96 Vgl. Raymond Williams: ›Drama in einer dramatisierten Gesellschaft‹, in: Kommunikation im Wandel. Zur Theatralität der Medien, hg. v. Göttlich/Niemand/Schatz, Köln 1998, S.238-252.

97 Vgl. Willems: ›Theatralität‹, S.58-61.

Strukturieren von Darstellungsmitteln«[98] – würden, wie Udo Göttlich schreibt, »im Prozess der Mediatisierung immer nachhaltiger konstitutionell für soziales Handeln.«[99] Infolge des steigenden Inszenierungsdruckes »muss der mediale Schein Vorrang vor dem Tun haben, der Auftritt wichtiger werden als die Handlung«, stellt Thomas Meyer fest.[100]

Es sind insofern Inszenierungen, nicht Aufführungen, die Soziologen und Politologen im Sinn haben, wenn sie von Theatralität sprechen.[101] Und folglich herrscht am Ende des Forschungsschwerpunktes Uneinigkeit, wenn es um die Rolle der Theatralität in den Medien geht. Zwar habe sich der Begriff als geeigneter Rahmen erwiesen, »um den medialen Wandel zu begleiten«, resümiert Erika Fischer-Lichte. Über den Unterschied zwischen mediatisierten und Live-Performances hingegen herrsche bislang keine Einigkeit. Einzig, dass es einen gebe, nicht aber, worin dieser bestehe oder welches

98 Thomas Meyer et al.: Die Inszenierung des Politischen. Zur Theatralität von Mediendiskursen, Wiesbaden 2000, S.13. Vgl. auch Christian Schicha/Rüdiger Ontrup (Hg.): Medieninszenierungen im Wandel. Interdisziplinäre Zugänge, Münster 1999, S.7.

99 Udo Göttlich: ›Öffentlichkeitswandel, Individualisierung und Alltagsdramatisierung. Aspekte der Theatralität von Fernsehkommunikation im Mediatisierungsprozess‹, in: Diskurse des Theatralen, hg. v. Fischer-Lichte et al., Tübingen/Basel 2005, hier: S.293.

100 Zur Inszenierung der Politik und steigenden Bedeutung von sinnlicher Wahrnehmung und körperlicher Darstellung vgl. u.a. Thomas Meyer/Rüdiger Ontrup: ›Das 'Theater des Politischen'. Politik und Politikvermittlung im Fernsehzeitalter‹, in: Inszenierungsgesellschaft, hg. v. H. Willems, Berlin 1998, S.523-541, hier: S.533. Vgl. zu den politologischen Theatralitätsdiagnosen auch Herfried Münkler: ›Die Theatralisierung der Politik‹, in: Ästhetik der Inszenierung, Frankfurt a.M. 2001, S.144-163, hier: S.149; Heribert Schatz/Jörg-Uwe Nieland: ›Theatralität als Zerfallsform politischer Öffentlichkeit? Symbole, Inszenierungen und Identitäten in der 'Berliner Republik'‹, in: Theatralität als Modell in den Kulturwissenschaften, Tübingen/Basel 2004, S.159-181, hier: S.167; und die älteren Diagnosen: Murray Edelman: Politik als Ritual. Die symbolische Funktion staatlicher Institutionen und politischen Handelns, Frankfurt a.M. 1976; Roger-Gérard Schwartzenberg: L'état spectacle. Essai sur et contre le star system en politique, Paris 1977; Neil Postman: Amusing Ourselves to Death. Public Discourse in the Age of Show Business, New York 1985; Ulrich Sarcinelli: Symbolische Politik. Zur Bedeutung symbolischen Handelns in der Wahlkampfkommunikation der Bundesrepublik Deutschland, Opladen 1987; Joshau Meyrowitz: Die Fernseh-Gesellschaft. Wirklichkeit und Indentiät im Medienzeitalter, Weinheim 1987.

101 Vgl. auch Hickethiers Begriffbestimmung: »Inszenierung bedeutet etwas ›in Szene setzen‹, meint, einem Geschehen Gestalt und Form geben, eine Geschichte in einen Rahmen fügen, sie in einem Raum in eine Aktion von Figuren zu überführen.« (Knut Hickethier/Joan Kristin Bleicher: »Die Inszenierung der Information im Fernsehen«, in: Inszenierungsgesellschaft, hg. v. H. Willems/M. Jurga, Opladen 1998, S. 369-383, hier: S.369). Vgl. auch Manfred Faßler/Wulf Halbach (Hg.): Inszenierungen von Information. Band Motive elektronischer Ordnung, Gießen 1992.

Ausmaß er habe, sei Konsens.[102] Nach dem Forschungsschwerpunkt Theatralität scheint auf Seiten der Theaterwissenschaft daher vielfach eine Rückkehr zum Theater im engeren Sinne vollzogen worden zu sein. So schlägt Gabriele Brandstetter in ihrem Resümee des Forschungsschwerpunktes eine Rückkehr zum Alltagsgeschäft und die Rückbesinnung auf die Geschichte und Gegenwart von Theater vor und stellt die Frage, ob die Theaterwissenschaft »sich nicht gerade als eine auch historisch forschende Wissenschaft und in Hinsicht auf die Geschichtlichkeit ihrer Gegenstände nunmehr anders zu reflektieren und zu positionieren« habe.[103] Einen anderen Weg hat das Folgeprojekt des Theatralitätsschwerpunktes eingeschlagen, das sich auch in Hinblick auf die in Amerika seit den 70er Jahren entstandenen Performance Studies unter dem Titel ›Kulturen des Performativen‹ konstituiert hat.

---

102 Erika Fischer-Lichte: ›Diskurse des Theatralen‹, in: Diskurse des Theatralen, hg. v. Fischer-Lichte et al., Tübingen/Basel 2004, S.11-34, hier: S.24f. Verbreitet scheint hingegen die Annahme, die Funktion der Medien ließe sich in Analogie zum Theater begreifen. Das Fernsehen, formuliert Manuel Castells unter Berufung auf Umberto Eco und Neil Postman, schaffe eine »Bühne für alle Prozesse [...], die der Gesellschaft allgemein vermittelt werden sollen.« Castells: Das Informationszeitalter I. Der Aufstieg der Netzwerkgesellschaft, Opladen 2001, S.384. Von »medialen Großbühnen« ist bei Hans-Georg Soeffner die Rede (Hans-Georg Soeffner: ›Die Wirklichkeit der Theatralität‹, in: Theatralität als Modell in den Kulturwissenschaften, hg. v. Fischer-Lichte et al., Tübingen u. Basel 2004, S.235-247, hier: S.245). Und Herbert Willems spricht von »gigantische[n] Raum-, Zeit-, und Sozial-Grenzen überspringenden [...] elektronische[n] ›Bühnen‹«, die »eine unumgehbare Vorstruktur [...] für das Verhalten derjenigen [bilden], die auf ihr auftreten müssen, um gesellschaftlich präsent zu sein« (Willems: ›Medientheatralität‹, S.396); vgl. auch ders.: Theatralität der Werbung. Theorie und Analyse massenmedialer Wirklichkeit: zur kulturellen Konstruktion von Identitäten, Berlin 2003, S.1.

103 Brandstetter: ›Dies ist ein Test‹, S.30. Vorgeschlagen wird hier insofern unter Anlehnung u.a. an den New Historicism und ein Konzept der Anekdote eine Historisierung der Begriffsbildung unter diskursanalysitschem Vorbehalt. Vgl Stephen Greenblatt: ›The touch of the Real‹, in: Practising New Historicism, hg. v. S. Greenblatt/C. Gallagher, Chicago/London 2000, S.20-48. Kritischer drückt es Stefan Hulfeld aus, wenn er anmerkt, dass »die neuerliche Beschwörung des unwiederholbar Performativen der Aufführung historischem Bewusstsein nicht zuträglich [scheint]. Aber meines Erachtens ist eine solche Einschränkung weder zwingend noch wünschenswert, zumal hinter dem Geschichtsbild, das sich an den Grenzen des Regietheaters erschöpft, oftmals eher Unvermögen als Absicht steht« (Hulfeld: ›Theatergeschichtsschreibung als kulturelle Praxis‹, S.306).

2.5 RETURN TO RITUAL
DAS SPEKTAKEL DER GESELLSCHAFT

Performativ heißt mit Austin, dass Sprechen auch Handeln ist;[104] mit Butler, dass kulturelle Differenzen erst in und durch ihre Verkörperung Wirklichkeit werden;[105] und mit Singer, Turner u.a., dass Kultur aufgeführt wird.[106] Im Diskurs der deutschprachigen Theaterwissenschaft wird das Performative jedoch vorwiegend als Essenz der Aufführung begriffen und fordert insofern die gleichen Einwände heraus, die schon oben gegenüber dem Aufführungsbegriff ausgeführt wurden.[107] Mit der Ästhetik des Performativen wird darüber hinaus Performance-Kunst zum neuen Paradigma des Theaters ausgerufen und die Präsenz der Leiber als antimediales Ideal inthronisiert. Dieses Ideal aber, das den distanzierten Zuschauer zum aktiven Teilnehmer machen möchte und damit auch die Trennung von Bühne und Publikum tendenziell überwinden will, ist den neuen Medien und ihren Theorien weitaus näher, als es auf den ersten Blick scheint. Zumindest legt dies Jon McKenzies übergreifender Vergleich des Performance-Paradigmas nahe.

Die Challenger-Katastrophe 1986 ist das eindrucksvolle Bild, mit dem Jon McKenzie seine These von einem übergreifenden Performance-Paradigma veranschaulicht. Seit Ende des zweiten Weltkrieges – so mutmaßt McKenzie – sei *Performance* als gesamtgesellschaftlicher (Leistungs-) Imperativ dabei, das Foucaultsche Dispositiv der

104 Vgl. John L. Austin: Sprache und Analysis, hg. v. Rüdiger Bubner, Göttingen 1968; ders.: Zur Theorie der Sprechakte, Stuttgart 1979; ders.: ›Performative Äußerungen‹, in: Gesammelte philosophische Aufsätze, Stuttgart 1986, S.305-327.

105 Vgl. Judith Butler: ›Performative acts and gender constitution: An essay in phenomenology and feminist theory‹, erschienen in: Theatre Journal 4/40 (1988), S. 519-531; dies.: Haß spricht. Zur Politik des Performativen, Frankfurt a.M. 2008; dies.: Das Unbehagen der Geschlechter, Frankfurt a.M. 2009.

106 Vgl. Singer: Traditional India; Victor Turner: From Ritual to Theatre. The Human Seriousness of Play, New York 1982; ein Überblick findet sich bei: John J. MacAloon: Rite, Drama, Festival, Spectacle. Rehearsals Toward a Theory of Cultural Performance, Philadelphia 1984; MacAloon beschreibt Cultural Performances zusammenfassend als »occasions in which as a culture or society we reflect upon and define ourselves, dramatize our collective myths and history, present ourselves with alternatives, and eventually change in some ways while remaining the same in others« (S.1).

107 Vgl. zum englisch-sprachigen Forschungsstand die Überblicksdarstellungen: Janelle Reinelt: ›The Politics of Discourse. Performativity meets Theatricality‹, erschienen in: SubStance #98/99 2 & 3/31 (2002), S. 201-215; Marvin Carlson: Performance. A Critical Introduction, New York 2004.

Disziplin[108] abzulösen: eine »onto-historische Formation von Macht und Wissen« des 20. und 21. Jahrhunderts, die angesichts der Unübersichtlichkeit der sozialen Institutionen in der Informationsgesellschaft auf fragmentierte und dezentrierte Subjekte setze, die sich durch spielerische Flexibilität statt durch industrielle Normierung selbst hervorbrächten.[109] »Perform or Else...« lautet der Titel einer Ausgabe des Manager-Magazins Forbes, das einen Manager zeigt, der von einem Stock hinweggerissen zu werden droht. *Performance* verbinde kulturelle Wirksamkeit, technologische Effektivität und organisatorische Effizienz als eine Leistung, die zur Erscheinung gebracht werde mit einer Wunschstruktur, die nicht von Repressionen, sondern vom Exzess geprägt sei und durch Überbietung gegenseitig konkurrierender Systeme vorangetrieben werde.[110] Der Exzess werde zur Norm. Diese Verbindung aus Leistung und ihrer Schaustellung, die sich in den Forderungen nach Innovativität, Flexibilität und Effektivität niederschlage, sei etwas, das gleichermaßen von Künstlern, Kampfflugzeugen, Verbundstoffen, Vorstandsvorsitzenden oder Aktienkursen erbracht werden müsse.

Mit McKenzie lässt sich der *performative Turn* in den Kulturwissenschaften und auch der Paradigmenwechsel innerhalb der Theaterwissenschaft daher noch einmal anders verstehen. Es ließe sich fragen, ob die ästhetische und wissenschaftliche Wende zum Performativen dem gesellschaftlichen und ökonomischen Konsens nicht weit mehr entspricht, als dies in ihren Selbstdarstellungen der Fall ist; ob also auch die performative Avantgarde weniger Opposition als eben Avantgarde ist: Wegbereiter für das nachziehende Heer und für kulturelle Umbrüche, die nicht zuletzt technologisch und ökonomisch bedingt sind. Anders ausgedrückt: Das Performative sehnt sich nach einem aktivierten Zuschauer, den man aus seiner Passivität befreien bzw. in seiner distanzierten Zurückhaltung nicht mehr in Ruhe lassen will. Der Ort aber, an dem dieses performative Ideal entsteht, ist die *Gesellschaft des Spektakels*. Von Guy Debord, im gleichnamigem Pamphlet von 1968 so benannt, stellt sie die Kehrseite und den Nährboden eines ›Konversationsideals‹ dar, das Theater und Medien seit Ende des 19. Jahrhunderts in ihrem Bann hält.[111] In der zum Spektakel verkommenen Gesellschaft scheint die

108 Vgl. Michel Foucault: Überwachen und Strafen. Die Geburt des Gefängnisses, Frankfurt a.M. 1994.

109 John McKenzie: Perform or Else. From Discipline to Performance, London/N.Y. 2001, S.18.

110 Ebd., S.18 und weiter auf S.19: »Further, diversity is not simply integrated, for integration is itself becoming diversified. Similarly, deviation is not simply normalized, for norms operate and transform themselves through their own transgression and deviation.« »The desire produced by performative power and knowledge is not modeled on repression. Performative desire is not molded by distinct disciplinary mechanisms. It is not repressive desire; it is instead ›excessive‹, intermittently modulated and pushed across the thresholds of various limits by overlapping and sometimes competing systems.«

111 Guy Debord: Die Gesellschaft des Spektakels, Hamburg 1978, im französischen Original: La société du spectacle, Paris 1971.

Lebenswelt zugunsten eines unhintergehbaren Schauplatzes verloren gegangen, denn das Spektakel unterbindet (1.) die Rückkopplung, reduziert (2.) die Welt aufs Optische, ist (3.) immer schon reproduziert, trennt (4.) rigoros zwischen Produzenten und Konsumenten und beruht (5.) auf einer statischen Hierarchie. Mit der industriellen Vervielfältigung und Vermarktung der Auftritte scheint auch die moderne Sehnsucht nach einer Rückkehr zu den Auftritten der Vormoderne zu entstehen.

Die distanzierte Schau, die für den Bürger noch als emanzipatives Potential beschworen wurde, ist in der Gesellschaft des Spektakels zum eigentlichen Problem geworden.[112] »Alles was unmittelbar erlebt wurde, ist in eine Vorstellung entwichen«, stellt Guy Debord fest.[113] Eine »nicht mehr unmittelbar greifbare Welt« werde »durch verschiedene spezialisierte Vermittlungen« zur Schau gestellt.[114] Und diese Schaustellung sei das Resultat einer grundsätzlichen Trennung, die »das Alpha und das Omega des Spektakels«[115] sei und mit dem »Verlust der Einheit der Welt« einhergehe.[116] Das Schauspiel wird zur Plage, wo es zum unumgehbaren Alltag der Gesellschaft wird. Aus der Lebenswelt macht es eine Kulisse und den Menschen verdammt es zum Zuschauer. Aus der abgegrenzten Ausnahme ist ein ausnahmsloser Zustand geworden und das reale Erleben zugunsten des fiktionalen Konsums auf der Strecke geblieben. Vor allen Dingen aber etabliere die schaustellende Trennung auch ein Machtverhältnis: »Im Spektakel stellt sich ein Teil der Welt vor der Welt dar und ist über sie erhaben.«[117] Und diese Mächtigkeit realisiert sich nicht zuletzt als Trennung von tätigen Darstellern und passiven Zuschauern, die in den dargestellten Bildern via Identifikation zum (falschen) Leben kommen:

»Die Entfremdung des Zuschauers zugunsten des angeschauten Objektes [...] drückt sich so aus: je mehr er zuschaut, um so weniger lebt er; je mehr er sich in den herrschenden Bildern des Bedürfnisses wiederzuerkennen akzeptiert, um so weniger versteht er seine eigene Existenz und seine eigene Begierde. Die Äußerlichkeit des Spektakels im Verhältnis zum tätigen Menschen erscheint darin, daß seine eigenen Gesten nicht mehr ihm gehören, sondern einem anderen, der sie ihm vorführt. Der Zuschauer fühlt sich daher nirgends zu Hause, denn das Spektakel ist überall.«[118]

---

112 Spektakel leitet sich von spectaculum – dem Schauspiel / Schauplatz ab – und geht aus spectare – schauen, betrachten, (an)sehen – hervor. Vgl. Stephan Grigat et al.: Guy Debord und die Situationistische Internationale, Berlin 2006.

113 Debord: Die Gesellschaft des Spektakels, S.§1.

114 Ebd., S.§18.

115 Ebd., S.§25.

116 Ebd., S.§29.

117 Ebd., S.§29.

118 Ebd., S.§30.

Die Gesellschaft des Spektakels erscheint so als ein totales Theater oder als eine Theater gewordene Wirklichkeit. Anders aber als in der Metaphorik des Barock ist die Welt hier keine Bühne, und die Menschen sind keine Spieler im Auge eines göttlichen Betrachters, sondern sind selbst zu Betrachtern geworden, die einem umfassenden Schauspiel gegenüberstehen.[119] Das sture Empfangen hat alle Spielfreude verdrängt, denn der Diagnose Debords zufolge ist die spektakuläre Schauanordnung als alltäglicher Modus der Wahrnehmung längst verinnerlicht worden. Die Schau stellt keine befreiende Auszeit gegenüber den Zwängen des Alltags mehr dar und vermag keinen Abstand zum Wirklichen mehr zu entwickeln, weil Ausnahme und Distanz sich zum Normalfall entwickelt haben und sich der Lebensprozess im Schauhaften erschöpft. Angesichts der Spektakelhaftigkeit der Gesellschaft wird die ästhetische Distanz schauhaften Handelns nicht mehr als eine mögliche Befreiung von materiellen Nöten, sondern als Entfremdung und Entzug materieller Wirklichkeiten empfunden.

Seinen historichen Ort hat dieses *vergesellschaftete* Spektakel in der zweiten Hälfte des 19. Jahrhunderts zugewiesen bekommen. Das Aufkommen audiovisueller Medien, die Liberalisierung der Theatergesetze und die Herausbildung massenmedialer Popularkultur im Gefolge von Industrialisierung, Urbanisierung und Kommerzialisierung hat Christopher Balme für die Herausbildung des Spektakels verantwortlich gemacht.[120] Für Florian Nelle sind es die Weltausstellungen, die als erste »Mythen der Moderne« für den »Beginn einer Synthese von traditionellen Formen der Theatralität mit modernen Massenmedien« und damit am Anfang der heutigen Gesellschaft des Spektakels ständen.[121] Und Peter W. Marx hat den Aufstieg des Spektakels an der gestiegenen Bedeutung des Schauwertes festgemacht. Im Kontext einer von Bildhunger, Sehsucht und Sensationalismus geprägten Lebenswelt der Großstadt trete die Aura des

119 Zur Theatermetaphorik im Barock vgl. Kirchner: ›Der Theaterbegirff des Barock‹, in: Maske und Kothurn. 31. Jg. (1985), S.131-142; Wolfgang Matzat: ›Welttheater und Bühne der Gesellschaft. Überlegungen zur Tragödie der französischen Klassik‹, in: Theater im Aufbruch. Das europäische Drama der frühen Neuzeit, Tübingen 2008, S.133-154.

120 Vgl. Christopher Balme: ›Die Bühne des 19. Jahrhunderts: Zur Entstehung eines Massenmediums‹, in: Amüsement und Schrecken. Studien zum Drama und Theater des 19. Jahrhunderts, hg. v. Mennemeier/Reiz, Tübingen 2006. Jonathan Crary hingegen datiert die Anfänge der Gesellschaft des Spektakels auf die späten 20er Jahre und verbindet sie mit dem Aufkommen von Fernsehen, Tonfilm, den Massenspektakeln der Nazis; vgl. Jonathan Crary: ›Spectacle, Attention, Counter-Memory‹, erschienen in: October Herbst/50 (1989), S. 97-107.

121 Florian Nelle: Künstliche Paradiese. Vom Barocktheater zum Filmpalast, Würzburg 2005, S.192. Dementsprechend lässt auch Helmar Schramm seine begriffsgeschichtliche Rahmenskizze der Theatermetaphorik mit dem Spektakel im 19. Jahrhundert enden: »Das öffentliche Leben wird allmählich immer stärker durch das Spektakel der Waren, durch Werbung und die Wechselwirkung von Theater und Mode geprägt« (Schramm: ›Theatralität und Öffentlichkei‹, S.242).

autonomen Kunstwerkes zurück und der Schauwert in die Ströme der kulturellen Zirkulation ein.[122] Einer »dramaturgische[n] Struktur des Spektakels [...], deren Hauptmerkmal nicht mehr die narrative Verklammerung der Charaktere ist, sondern das spektakuläre Moment« sei, entspreche ein Konsum, der als »aktiver Akt kultureller und gesellschaftlicher Teilhabe« an Bedeutung gewinne.[123] Mit dem Begriff des Spektakels trete so »das Theatralische in die soziale Interaktion des urbanen Raumes in der Epoche der Modernisierung ein«.[124]

Das Spektakel wird entsprechend dort Gesellschaft, wo das bürgerliche Theater als Begriff und als Institution an Bedeutung einbüßt und der Auftritt an Schauwert gewinnt und ökonomisch vermittelt in den sozialen Alltag Einzug hält. Die Waren treten auf, und der Auftritt selbst wird Ware. Es ist das andere, das kommerzielle, populäre und massenmediale Theatrale, das den Auftritt aus dem Kunstwerk befreit, ihm Warencharakter verleiht und eine antitheatrale Polemik gegen die Allgegenwart dieses Schauwerts auf den Plan ruft. Die Auftritte scheinen im Bilderstrom zu verschwimmen, die ostentative Differenz wird absolut und rückt die Figuren, die aus ihr hervorgehen, in unerreichbare Ferne. In der Gesellschaft des Spektakels scheinen jene Bühneneingänge unzugänglich geworden, an denen man auf die Menschen hinter den Figuren warten konnte. Aus einer ästhetischen Distanz, die durch den Abstand zum Alltag Erleichterung und Reflektion ermöglichte, scheint ein unhintergehbarer Dauerzustand geworden zu sein. Die Gesellschaft des Spektakels entsteht nicht schon mit industrieller Vervielfältigung und Zirkulation des Schauwertes, sondern erst mit der Sehnsucht nach einer Rückkehr zu einer idealisierten vormodernen Interaktion.[125] Und es ist bezeichnenderweise der gleiche antitheatrale Impetus, die Differenz zwischen Darstellern und Publikum zu überwinden, der nicht nur der performativen Ästhetik eingeschrieben ist, sondern zugleich der die neuen Medien unter dem Schlagwort *Interaktivität* antreibt.

---

122 Vgl. Marx: ›Ein theatralisches Zeitalter‹. – Gernot Böhm spricht anknüpfend an Benjamin und Baudrillard von einer Ästhetisierung des Realen, die ihre Grundlage in einer ästhetischen Ökonomie, in der die affektiven Begierden nach Sichtbarkeit, der Wunsch gesehen zu werden, gegenüber den materiellen Bedürfnissen die Oberhand gewinne. Dass In-Erscheinung-Treten werde zum Inszenierungswert einer ästhetischen Arbeit. »Inszenierung ist die Möglichkeit, das Leben auch jenseits der Befriedigung elementarer Bedürfnisse noch unendlich zu steigern und dadurch dem Kapitalismus immer neue Wachstumsdimensionen zu eröffnen« (Gernot Böhm: Aisthetik. Vorlesung über Ästhetik als allgemeine Wahrnehmungslehre, München 2001, S.20-22, S.19).

123 Marx: ›Ein theatralisches Zeitalter‹, S.317.

124 Ebd., S.312.

125 Vgl. Balme: ›Die Bühne des 19. Jahrhunderts‹, S.18; sowie Richard Sennett: Verfall und Ende des öffentlichen Lebens. Die Tyrannei der Intimität, Frankfurt a.M. 1986, S.396. »Es ist an sich ungewöhnlich, dass eine Gesellschaft dem Ritual oder der ritualisierten Geste misstraut; es ist ungewöhnlich, dass sie geformtes Verhalten als inauthentisch beargwöhnt«.

Doch bevor es im vierten Kapitel um den Einfluss dieser Sehnsüchte der Gesellschaft des Spektakels auf die digitalen Technologien – und die figurativen Praktiken, die sie hervorbringen – gehen soll, gilt es noch zu zeigen, was das Theater und seine Wissenschaft ins Netz lockt. Das folgende Kapitel skizziert, wie sich Theater im Internet als diskursive Konstruktion darstellt. Aus der Verbindung von theoretischem Begehren und technischen Strukturen entsteht so mit einer Hamlet-Aufführung im Chatroom eine karnevaleske Simulation von Theater, an der sich trotz ihrer Randständigkeit nicht nur die Sehnsüchte der Theaterkunst gegenüber den neuen Medien, sondern auch die weitgehenden Transformationen theatraler Praktiken ablesen lassen. Dem Verdacht, dass die neuen Medien nicht ganz unschuldig an der performativen Wende im Theater sind, steht dabei die Entdeckung gegenüber, dass sich das Theater in den neuen Medien von seiner bürgerlichsten Seite zeigt.

3. Simtheatre

Kurze Geschichte des Internettheaters

Die Geschichte des Theaters im Internet beginnt mit einem Zweifel. »Gibt es so etwas wie Theater im Netz oder etwa bloß einen wissenschaftlichen Diskurs über ein Phänomen, das in Wirklichkeit gar nicht existent ist?«, fragt sich die Journalistin Silke Greulich nach dem Platzen der großen Blase Ende 2001 unter dem Titel: »Das Internet: Alles Theater?«[1] – Und die Theaterkritikerin Esther Slevogt, die sich zur gleichen Zeit für die Zeitschrift Theater Heute auf die Suche nach dem Theater im Internet machte, berichtet von ungewarteten Servern oder bankrott gegangenen Providern und stellt enttäuscht fest: Theaterprojekte im Internet »existieren in der Regel als Gerücht. Selten hat jemand sie wirklich gesehen«.[2] Wie die Aktienphantasien hätten sich auch die Theaterträume längst in Luft aufgelöst, so dass man sich dem abschließenden Resümee der Internettheater-Macherin Gisela Müller in der Berliner Gazette anschließen könne: »Zu aller Kunst, die es im Internet nicht geben kann, gesellt sich nun auch das Theater.«[3] – Dabei hatte alles ganz anders angefangen: Mit großen Erwartungen und einem Gefühl für ein außerordentliches Ereignis. »We are making cyber-history«, soll jemand gesagt haben, ein anderer »we are all inventing wheels«, und eine Dritte hat angeblich »I wish my mum saw me« getippt haben.[4]

1 Silke Greulich: ›Das Internet: Alles Theater?‹, in: Perlentaucher.de vom 16.11.2001, http://print.perlentaucher.de/artikel/12.html.

2 Esther Slevogt: ›Das Cyber-Gerücht. Eine Expedition in die Labyrinthe des world wide webs auf der Suche nach dem Theater im Internet‹, in: Theater Heute 12.2001; vgl. auch dies.: ›Könnte Lara Croft die Ophelia spielen? Eine historische Expedition in die Tiefen des www‹, http://www.nachtkritik.de/index.php?option=com_content&task=view&id=23&Itemid=85.

3 Gisela Müller: ›Das ganze Web eine Bühne. Netzinszenierung und Internet-Performances‹, Vortrag vom 13.6.2001 an der Humboldt-Universität Berlin, http://www.inbeta.de/-theatermaschine/netzwerk/berlin0601_1.html.

4 Vgl. Brenda Danet: ›Curtain Time 20:00 GMT: Experiments in Virtual Theater on Internet Relay Chat‹, erschienen in: Journal of Computer-Mediated Communication 2/1 (1995), http://jcmc.indiana.edu/vol1/issue2/contents.html; Stephen A Schrum: Theatre in Cyberspace. Issues of teaching, acting and directing, New York 1999, S.1; Alice Rayner: ›Eve-

In der Theatersaison 2000/2001 war es, als das deutsche Theater im Internet ankam.[5] Zum literarischen Diskurs um die künstlerischen Möglichkeiten neuer Schriftkultur gesellten sich nicht nur die Homepages mit den aktuellen Spielplänen, sondern auch zahlreiche Projekte und Publikationen zu einem Theater *im* Internet oder zu digitalen Performances. Herbert Fritschs im Jahr 2000 gestartete Projektreihe Hamlet_X ist das sicher mit Abstand prominenteste Projekt aus dieser Zeit im deutschsprachigen Raum – nicht nur weil Fritsch der prominenteste Protagonist unter den Internettheater-Machern war, sondern auch weil er am längsten am Ball geblieben ist und es mit dem Internet nicht gerade protestantisch gehalten hat. Im Rahmen des Hamlet_X-Projektes sind so bisher entstanden: 111 Kurzfilme mit Theaterstars, die sich mehr oder weniger lose um das Drama ranken, eine Website, die neben Filmen und

rywhere and Nowhere: Theatre in Cyberspace‹, in: Of Borders and Thresholds, hg. v. M. Kobialka, Minnesota 1999, S. 278-302. Zum Selbstverständnis der ›digitalen Avantdarde‹ vgl. Digital Performance: The Online Magazine for Artists Embracing Technology, http://www.digitalperformance.org/; und Dixon: Digital Performance, S.8: »Rather, pioneers of digital performance equate fully with the ›avant-garde‹ in ist original military sense of individual soldiers going ahead of the main batallion, to penetrate and explore unknown and hostile territories.«

5 Die Theatersaision 2000/2001 werde als jene in Erinnerung bleiben, in der das Theater ans Netz gegangen sei, schreibt Max Glauner 2001 im Freitag. Seine ›Überlegungen zum Verhältnis von Internet und Theater‹ stellen fest, dass schon die diversen ›Auftritte‹ der Stadttheater im Internet (von denen die ersten Ende 1999 online gingen) die Behauptung, Theater sei Theater und Website sei Website, zweifelhaft werden lasse (Freitag Nr. 29, 13.7.2001). Aber auch auf der Bühne sei das Internet - in Wort und Bild - angekommen. Das Theater könne die Auseinandersetzung mit dem Internet nicht verweigern, da Publikum und Macher »längst vom medialen Kreislauf affiziert« seien. Erwähnung finden neben Peter Steins Videodokumentation des Faust-Projektes im Theaterportal, René Poleschs www.slums.de vor allen Dingen Herbert Fritschs Hamlet_X. Zeitgleich entstehen auch abseits des Stadttheaters Internettheater-Projekte wie Cyberstaging Parzival (Rodatz/Diefenbach, 2000), Cyberdämmerung (Sandy Stone, 1997), Oudeis (Gunter Piringer, 1996/1997) oder die Aether-Aether-Projekt-Reihe von Penelope Wehrli. Weitere Marksteine der Entwicklung sind der 2000 ausgelobte Wettbewerb Webscene im Rahmen des Münchener Spielart Festivals, der von der Performance The Finalists der Gruppe Gob Squad gewonnen wurde; das Symposium Future Theatre 2003 am Zentrum für Kunst und Medientechnologie Karlsruhe; sowie die Gründung einer virtuellen vierten Spielstätte Ende 2000 am Hamburger Schauspielhaus, in der neben einer Übertragung der www.slums.de von René Pollesch u.a. Fotos und Texte tagesaktuell online gestellt und Schreibwettbewerbe veranstaltet wurden. In Großbritanien wird 2004 am Doncaster College ein M.A. in ›Digital Performance‹ eingerichtet.

Filmstills noch drei Computerspiele zum Thema anbietet, eine Buchpublikation und eine Serie von Vorträgen über das Projekt.[6]

Fritsch war wie viele andere mit Hamlet_X auf der Suche nach neuen Formen des Erzählens im Internet. Aber im Unterschied zu den meist eher konventionellen Visionen amerikanischer Literaturwissenschaftler glaubte der Volksbühnen-Schauspieler das Heil weniger in Wahrheit und Schönheit als in einem »großen Mosaik [...] unterschiedlichster Formen« zu finden, das sich aus einer Vielzahl von Auslegungen und Querbezügen zusammensetzen und die Geschichte in unsere Zeit übersetzen sollte: »Hamlet als Modenschau, Hamlet als Werbefilm, als Schnulze oder als Krimi oder einfach als ein zu verkaufendes Produkt.«[7] Dennoch ging es auch Fritsch weniger um eine einfache Adaption des Stoffes, als es auf den ersten Blick den Anschein hatte. Es war die Hoffnung auf die Befreiung von den Zwängen einer der Buchkultur und dem Literaturtheater unterstellten schmalspurigen Hermeneutik. Nach der Bündelung der oralen Überlieferung der Hamlet-Geschichte durch Shakespeare und nach ihrer Jahrhunderte währenden Erstarrung wolle Hamlet_X den Text wieder auseinanderreißen, zer- und verteilen und so in einer digitalen Rückkehr zu oralen Traditionen befreien, hieß es in der programmatischen Beschreibung des Projektes: »Da bieten sich die modernen Netze an.«[8] – Dennoch scheint das Projekt die Hoffnungen auf eine Fusion von neuen Medien und Theaterkunst nicht restlos erfüllt zu haben, wie sich an einer Rezension auf der Website theatermaschine.net ablesen lässt.

»Ein Theatertext wird in 111 Teile zerlegt und in den unterschiedlichsten Formaten im Netz präsentiert. Der User entscheidet durch sein ›Klicken‹ selbst, in welcher Reihenfolge er dem Hamletstoff neu begegnet. Langt es, dass Herbert Fritsch ein Mann des Theaters ist, der sich einen Theatertext vornimmt, um von einer theatralen Inszenierung, von Theater zu sprechen? Oder ist es doch nur eine Spielerei im Netz?«[9]

---

6 Vgl. http://www.hamlet-x.de/ und Herbert Fritsch/Sabrina Zwach: Hamlet_X. Interpolierte Fressen, Berlin 2006.

7 http://www.hamlet-x.de/, Menüpunkt ›Projekt‹.

8 Ebd.

9 Annegret Arnold auf der 1999 von Horst Konietzky und Gisela Müller gegründeten Website www.theatermaschine.de. Neben der Theatermaschine entstehen zu der Zeit weitere Internetplattformen im Grenzbereich von neuen Medien und performativen Künsten: Steve Dixon und Barry Smith gründen ebenfalls 1999 in Großbritannien das Digital Performance Archive, und Arnold Grether, der u.a. in Gießen Seminare zur ›Theaterinformatik‹ anbietet, gründet 2001 die Seite www.netzwissenschaft.de. Während es in der Ankündigung zu seinem Seminar im Jahr 2002 noch heißt: »Ausgehend vom Softwarecode als dramatischem Text wird Dr. Grether in seinen Seminaren ›Theater und Internet‹ und ›Die digitale Arena‹ am Institut für Angewandte Theaterwissenschaft vor allem die performativen Strukturen von Theater und Neuen Medien systematisch untersuchen und erörtern«, ist im April 2010 auf der Internetseite nur noch folgende Notiz zu finden: »Abandoning the internet in 2003

Und die Theaterkritikerin Esther Slevogt merkt an, Hamlet_X sei dann am besten, wenn Herbert Fritsch *live* davon erzähle.[10] – Während also die Rezensenten eher ernüchtert feststellen, dass sich das Theater im Netz weder als Theater, Netzkunst oder etwas Drittes behaupten kann und sich vorwiegend als technische Spielerei entpuppt, geht es für die Theaterwissenschaftlerin Birgit Wiens in Hamlet_X um die größere Frage des Abschieds vom Proszeniums-Theater und darum, ob Hamlet in der digitalen Kultur kommuniziert werden könne – mithin um Hamlets Rettung aus der untergehenden Schriftkultur in die heraufziehende Medienkultur.[11] Im Unterschied zur Netzkunst, die sich vor allem als Reflektion auf die medialen Strukturen des Internet profiliert habe, betont sie, dass hier die Narrativität und Figuralität der Oberflächen hervorträten und vor allen Dingen intermediale Wechselbeziehungen thematisiert würden. Hamlet_X sei insofern nicht nur ästhetisch innovativ, sondern habe auch eine subversive Wirkung, das Theater bewohne wie ein Virus das Internet und ermögliche so auch dessen ästhetische Kritik. Dennoch bleibe Hamlet_X ein Theaterprojekt, weil es nur dann angemessen genossen und verstanden werde, wenn man Theater genießen und verstehen könne.

Hinter dieser von vielen geteilten Beschwörung einer neuen Theaterkunst im Internet und der Überlegung, ob das Internet als neue Weltbühne nicht eine bessere, weil aktuellere Plattform für Theater darstellen könnte, scheint dabei eine tiefe Verunsicherung darüber zu herrschen, was aus Theater angesichts der medialen Umwälzungen werden könnte. Wenn Birgit Wiens feststellt, dass das Theater um die Auseinandersetzung mit dem Internet nicht länger herumkomme, und überlegt, »wo, in welchem wie zu begrenzenden Raum findet Theater künftig überhaupt statt?«[12], oder wenn Kerstin Evert fragt, »ob interaktive Konzepte möglicherweise einen Ersatz für die aufgehobene physische Gegenwart bieten sollen, um kommunikative Austauschprozesse auf einer anderen Ebene zu ersetzen«[13] – dann geht es bei diesen Überlegungen sicherlich einerseits um das Ausloten neuer ästhetischer Möglichkeiten, also die Erweiterung und Ausweitung der etablierten theatralen Spielarten. Andererseits jedoch lassen sich diese Fragestellungen auch als Fluchtbewegungen verstehen, als Suche nach noch möglichen

and the cell phone network in 2006 my netzwissenschaft link page is completely out of date. it's time to bid farewell.«

10 Esther Slevogt: ›Das Cyber-Gerücht‹.

11 Vgl. Birgit Wiens: ›Hamlet and the Virtual Stage: Herbert Fritschs Project Hamlet_X‹, in: Intermediality in Theatre and Performance, hg. v. F. Chappel/C. Kattenbelt, Amsterdam/New York 2006, S.223-236.

12 Dies.: ›Telematisch, distribuiert, vernetzt: Theater als 'interaktive Landschaft'? – Ein Essay‹, in: Szenografie in Ausstellungen und Museen, hg. v. G. Kliger, Essen 2004, S.111-115.

13 Kerstin Evert: ›Theater im virtuell geteilten Raum‹, in: Transforming Spaces. The Topological Turn in Technology Studies, hg. v. M. Hard/A. Lösch/ D. Verdicchio, 2007, http://www.ifs.tu-darmstadt.de/fileadmin/gradkoll//Publikationen/transformingspaces.html, S.7.

Räumen, die sich wie die *New Frontier*-Ideologie des *Go-digital* aus Platzmangel und Ortlosigkeit speist.

Die Geschichte vom Auftritt des Theaters im Internet lässt sich so als eine Geschichte von großen Hoffnungen und großen Abenteuern, neuen Grenzen und verlassenen Geisterstädten erzählen. All diese Projekte aber, die mit der Euphorie der New Economy um die Jahrtausendwende entstanden, wie auch jene, die mit Web 2.0 und Second Life auf der nächtsten Welle ritten, wiederholen meist nur auf dem jeweiligen technischen Entwicklungsstand die gleichen Motive, die schon das sogenannte *Chattheater* Anfang der 90er Jahre entwickelt hat: *Hamnet* heißt der Urahne aller Internettheater-Projekte, der den Anfang der kurzen Geschichte vom Internettheater markiert.

3.1 CHATROOMTHEATER
ALTER WEIN IN NEUEN SCHLÄUCHEN

Die Geschichte vom Theater im Internet wird nicht oft erzählt. Aber wenn sie erzählt wird, dann beginnt sie meist mit den *Hamnet-Players*: »Mit der Welt-Uraufführung ihrer ersten Produktion Hamnet, einer Adaption von Shakespeares Hamlet, am 12. Dezember 1993, begann die Geschichte der Internet Performances.«[14] D.h. »[e]igentlich

14 Julia Glesner: Theater und Internet. Zum Verhältnis von Kultur und Technologie im Übergang zum 21. Jahrhundert, Bielefeld 2005, S.68. – Erzählt wurde die Geschichte vom Theater im Internet bisher dreimal: Zuerst von der Jerusalemer Anthropologin Brenda Danet (»Curtain Time 20:00 GMT: Experiments in Virtual Theater on Internet Relay Chat«, in: Journal of Computer-Mediated Communication 2 (1995), http://jcmc.indiana.edu/vol1/issue2/contents.html; zweitens von amerikanischen Hochschullehrern, die das Theater im Internet für Lehre und Kunst neu erfinden wollten: vgl. Juli Burk: ›ATHEMO and the Future Present‹, in: Theatre in cyberspace. Issues of teaching, acting and directing, New York 1999, S.109-134; Mark Reaney: Art in Real-Time: Theatre and Virtual Reality. Abstract zu einem Seminar an der Université Paris 8 am 24. März 2000; Antoinette LaFarge: ›A World Exhilarating and Wrong: Theatrical Improvisation on the Internet‹, erschienen in: Leonardo 5/28 (1995); im deutschsprachigen Umfeld taucht das Internettheater erstmals 1997 in der Diplomarbeit der Wiener Studentin Monika Wunderer auf (Die virtuellen Bretter der Welt. Theater in Public Space, http://sammelpunkt.philo.at:8080/44/1/index.html), wird dann in der Magisterarbeit von Andreas Horbelt 2001 wieder aufgenommen: Theater und Theatralität im Internet. Unveröffentlichte Magisterarbeit an der Ludwig-Maximilian-Universität München, München 2001, sowie ders.: ›'All the world's a unix term. And all the men and women merely irc addicts' Das virtuelle Theater der Hamnet Players und ihrer Nachfolger‹, erschienen in: Theorie, Theater, Praxis, hg. v. H. Kurzenberger/M. Matzke, Hildesheim

war die Welt-Uraufführung von Hamnet am 14. November 1993 geplant, hätte nicht ein Stromausfall in Kalifonien diesem historischen Ereignis die energetische Grundlage entzogen«.[15] Wie jedes zukunftsweisende Medientheaterprojekt beginnt auch Hamnet erstens mit einem technischen Ausfall und zweitens mit einer Anekdote: Am 12. Dezember 1993 setzte sich der englische Elektroingenieur und Schauspieler Stuart Harris an seinen Schreibtisch im Einzugsbereich des kalifornischen Silicon Valley, schaltete seinen Computer an und loggte sich in den *Internet Relay Chat* – kurz IRC – ein. Dort eröffnete er einen neuen *Channel* namens *#hamnet*, versammelte ein paar weltweit – d.h. über die USA, Europa und Australien – verstreute Kollaborateure und besetzte die letzten noch vakanten Rollen. Nach dem Ausräumen einiger nicht unerheblicher technischer Schwierigkeiten begann die Aufführung mit einem Vorhang aus Schriftzeichen, der sich mehr symbolisch als tatsächlich hob. – Um zu verstehen, was dann geschah, muss man wissen, was der IRC ist: Der IRC ist eine Technik aus den Zeiten, bevor dem Internet seine graphische Benutzeroberfläche verliehen wurde, und entspricht im Grunde einer verschriftlichten Telefonkonferenz. Mehrere Nutzer tauschen Textnachrichten aus, die auf den verbundenen Rechnern zeilenförmig in der Reihenfolge ihres Abschickens erscheinen; nur dass hier, aufgrund der Mehrzahl der Benutzer den einzelnen Textnachrichten die Benutzernamen vorangestellt sind: A: Hallo? / B: Hallo A.

Diese Technologie – kurz *Chat* genannt – wurde Anfang der 90er Jahre für die computerisierte Mittelstands-Avantgarde zugänglich und entwickelte sich infolge zu einer Plattform elektronischer Subkulturen – und dann zum beliebten Gegenstand ambitionierter Sozialforschung.[16] In ihren Anfängen rankten sich *Chats* meist um Computerthemen oder die der Szene affinen Fantasy- und Science-Fiction-Settings, vor allem aber bestanden sie aus einem alltäglichen Geplänkel, das sich weniger um den Gehalt der Mitteilung als um die Beteiligung an der Kommunikation drehte: dass einer gerade Pizza aß, der Computer des – und manchmal auch der – anderen immer wieder abstürzte, wie dieses *Level* jenes Spiels zu meistern sei; oder dass man nun, da Cola und Chips aufgebraucht seien, doch noch zu Bett gehe. Nachrichten, die ihre Existenz meist weniger einem erhofften Anschlusshandeln als dem Bedürfnis, in Kontakt zu bleiben, verdankten.– In einem solchen *Chatroom* führte Stuart Harris, der es in seiner Londoner Zeit in den 80er Jahren bis auf die Bühne des Royal Court geschafft hatte

---

2004, S.303-308; und wird mit Julias Glesners Doktorarbeit 2005 zum Gegenstand einer Monographie.

15 Ebd., S.68.

16 Vgl. Elizabeth Reid: Electropolis: Communication and community on Internet Relay Chat. B.A. Thesis, Melbourne 1991; dies.: ›Virtual World: Culture and Imagination‹, in: Cybersociety: Computer Mediated Communication and Community, Thousand Oaks 1995; Sherry Turkle: Life on the Screen. Identity in the Age of the Internet, New York 1995; Michael Beißwenger: Kommunikation in virtuellen Welten. Sprache, Text und Wirklichkeit, Stuttgart 2000, S.214. Eine ausführliche Bibliographie zur Chat-Kommunikation findet sich unter http://www.chat-bibliography.de/.

und dann in den 90ern ins Silicon Valley übergesiedelt war, sein »Internet Theatre« auf.[17] Angeblich auch, um ein wenig Kultur in dieses sonst so profane Forum zu bringen.[18] Siebzehn global verstreute und spontan rekrutierte *Chatter*, die so unterschiedliche Rollen wie *Hamlet*, *Exit* und *Drums* verkörpern sollten, bekamen jeweils ihre Zeilen zugeschickt, die sie dann zum entsprechenden Zeitpunkt abzutippen bzw. mittels *Copy & Paste* ins Geschehen hineinzukopieren hatten.[19] Das 80 Zeilen umfassende Skript stand ganz in der Tradition der Shakespeare-Parodien und -Travestien[20] und gewann seine Raffinesse vor allem aus der Übertragung der rudimentär heruntergebrochenen Handlung in die Sprach- und Umgangsformen des *Chat*, in einen digitalen Slang, der sich durch die graphische Verkürzung von Sachverhalten, den Reichtum technischer Anspielungen und eine aus der Anonymität erwachsenden Direktheit der Sprache auszeichnet.

‹‹ Action ›› : SCENE 2: AFTER HAMLET'S CHEM LAB [16]
‹Hamlet› 2b or not 2b... [17]
‹Hamlet› Hmmmmmm... [18]
‹Hamlet› :-(Bummer... [19]
‹Hamlet› Ooops, here comes Ophelia [20]
‹‹ Action ›› : _Enter Ophelia [21]
‹Ophelia› Here's yr stuff back [22]
‹Hamlet› Not mine, love. Hehehehehe ;-D [23]
‹Ophelia› O heavenly powers: restore him! [24]
‹‹ Action ›› Ophelia thinks Hamlet's nuts [25]
‹Hamlet› Make that "sanity-deprived", pls.... [26]
‹Hamlet› Oph: suggest u /JOIN #nunnery [27]

---

17 Vgl. Stuart Harris: ›Virtual Reality Drama‹, in: Cyberlife!, Indianapolis 1995, S.497-520.

18 Horbelt beruft sich auf einen Chat mit Harris im Januar 2001. Vgl. Horbelt: ›Theater und Theatralität im Internet‹, S.60.

19 Die zu Beginn ausgegebenen Anweisungen lauten folgendermaßen:
»> OK, Here's how it works.... /
> Each actor is about to receive his/her lines ONLY in /QUERY mode. /
> Each line is numbered at the end like this.... [14] / [...]
> Every line you have must be entered in the overall numeric sequence... /
> and the entire script will appear. / [...]«
Vgl. http://pluto.mscc.huji.ac.il/~msdanet/cyberpl@y/hamnet-index.html.

20 Vgl. Stanley W. Wells: Nineteenth-century Shakespeare burlesques, Wilmington (Del.) 1978; Lawrence W Levine: Highbrow, Lowbrow. The Emergence of Cultural Hierarchy in America, Cambridge (Mass.) [u.a.] 1988. Neben Hamlet sind es (in geringerem Maße) Parzival und Odysseus, die sich verstärkter medialer Zuneigung erfreuen.

‹Ophelia› :-([28]
*** Signoff: Ophelia (drowning) [29][21]

Die durchnummerierten Zeilen des Skripts waren dafür gedacht, während der Aufführung von unterschiedlichen Akteuren hineinkopiert zu werden, so dass sich in der Folge das Stück zeitlich als Abfolge der einzelnen Dialoge entfalten würde. Die so angelegte Automatisierung des Darstellungsprozesses, der im Grunde darauf reduziert war, beim Erscheinen einer bestimmten Nummer eine Textzeile zu kopieren, sollte allerdings nicht das Geschehen umfassend reglementieren, sondern vielmehr die notwendige Orientierung für eine durchaus erwünschte Improvisation zur Verfügung stellen.[22] Denn neben den 17 Spielern waren zum Aufführungszeitpunkt weitere Nutzer eingeloggt, so dass wie bei jedem guten Theater die Aufführung erwartungsgemäß ganz anders kam als die Textvorlage.

* SCENE 2: AFTER HAMLET'S CHEM LAB [16]
(Prompter/#hamnet) hello? This is going to hell here...
‹Hamlet› 2b or not 2b...... [17]
*** Signoff: lmcdermot (Leaving)
* Hamlet Ponders..... "Hmmmmmm........" [18]
‹Hamlet› ‹:-((Bummer..... [19]
* audience is shocked by the languaged used by the actos
‹Hamlet› Ooops, here comes Ophelia. [20]
* _ENTER OPHELIA (21)
*** Brazil is now known as _exuent
* _exuent The Pope and his entourage.
‹_exuent› wtf?
‹ophelia› heres your stuff back [22]
‹Hamlet› Not mine, love. Hehehehehe ;-D [23]
* Prompter bangs his head on the wall
* _exuent The Pope and his entourage.
‹GHOST› Better clean up this ghost of an act.
CUE OPHELIA
‹ophelia› Oh heavenly powers restore him [24]
* ophelia thinks hamlets nuts
* audience wonder what's going on
‹Hamlet› Make that "sanity-deprived," pls.... [26]
‹_exuent› what about his nuts? :)
*** alice (U51121@uicvm.uic.edu) has joined channel #hamnet
‹Hamlet› Oph: suggest u /JOIN #nunnery [27]

21 http://web.mit.edu/jcb/humor/irc-hamlet

22 Vgl. Harris: ›Virtual Reality Drama‹.

* ophelia :-([28]
*** audience has left channel #hamnet [...]
‹G_Stern› oh shit we've lost the audience[23]

Die Aufführung, die als schriftlicher Mitschnitt überliefert ist, entspricht daher eher einem *Making-of* als einer Inszenierung. Als würde man auf einem Marktplatz spontan versuchen ein Theaterstück mit Passanten aufzuführen, berichtet der 2641 Zeilen lange Mitschnitt vor allem vom Rekrutieren, Rollenverteilen, vom Warten auf die Lösung dieses oder jenes technischen Problems oder auf die Rückkehr des einen oder anderen Darstellers von der Toilette – und von den schlechten Witzen, Späßen und Sprüchen, die auf Probebühnen und in Kantinen in eben diesen Wartezeiten meist kultiviert werden; mehr oder minder intelligente und ironische Variationen über den Stoff, den Produktionsprozess oder das Theater überhaupt. Hamnet ist so vor allen Dingen Anlass für eine Art Selbstversuch, der eben in dem *Versuch* besteht, im Chat Theater zu *spielen*.

Wenn daher Harris' Hamnet-Experiment den Beginn einer Geschichte des Internettheaters darstellt, die – noch bevor sie überhaupt geschrieben wurde – in den Verdacht gerät, einem Gerücht aufzusitzen, dann stellt sich die Frage, wie und weshalb diese Geschichte überhaupt erzählt wird. Mit anderen Worten: Was kann nach *Hamnet* noch kommen, was ist das für ein Theater, das keiner gesehen hat, und was könnte daran interessant sein? – Bei eingehender Betrachtung fällt auf, dass die Geschichte des Internettheaters meist mit etwas Anderem beginnt: Mit der Verbindung der beiden Teilwörter und ihrer Rechtfertigung. Der Beweis für die Relevanz eines anscheinend so peripheren und irrelevanten Phänomens scheint erbracht und die Zugehörigkeit zum Gegenstandsbereich Theater nachgewiesen werden zu müssen, bevor sich die Chronologen dem Gegenstand zuwenden können. Erst wenn der Wert des Artefakts belegt und die Zuständigkeit der Disziplin geklärt ist, scheint eine wissenschaftliche Auseiandersetzung mit dem Gegenstand möglich zu werden.

So eröffnet beispielsweise Julia Glesner ihre Monographie ›Theater und Internet‹ unter anderem mit der Bemerkung, die scheinbare Marginalität des Gegenstandes sei kein Indiz für eine faktische Irrelevanz, eher für eine fehlende Berücksichtigung durch die Forschung, der es an Medienkompetenz fehle.[24] Darüberhinaus sei sowohl die frühe Entwicklungsphase der Technologie als auch der Netzkunst bei der Beurteilung des künstlerischen Wertes zu berücksichtigen, den Glesner einerseits an ästhetischer Innovation, andererseits an gesellschaftlicher Relevanz bemisst. Die Produktionen seien »ideologiekritisch auf ihre gesellschaftlich-politischen Implikationen, zu diskutieren«, andererseits gehe es darum, Kriterien vorzuschlagen, »die sich zur Beurteilung der

23 http://pluto.mscc.huji.ac.il/~msdanet/cyberpl@y/hamnet-index.html

24 Glesner: ›Theater und Internet‹. Vgl. auch dies.: ›Theater in der Ambivalenz zum Technische – Anthropologische Dimensionen von Internet Performances‹, in: Medien und Theater. Grundlagen – Analysen – Perspektiven, hg. v. H. Schoenmakers et al., Bielefeld 2008, S.479-492.

Qualität dieser Produktionen anbieten könnten.«[25] Während also Ersteres offensichtlich scheint, da Internet-Performances eine »genuin neue Kommunikationsform« seien, so lässt sich das Zweite nur auf einem Umweg behaupten:

»Innovativ ist an Internet Performances gerade ihre Verbindung ursprünglich getrennter Medien zu einer neuen Form von Medialität. Internet-Performances werden hier also als genuin neue Kommunikationsform verstanden, in der die einzelnen Elemente ein Ganzes bilden, eine neue Form theatraler Medialität ausbilden, die nicht alleine über die Summe der Einzelelemente zu begeifen ist.«[26]

Es seien die Bedingungen und Probleme einer neuen Abständigkeit des Menschen zu sich selbst – einer neuen conditio humana des Zugangs –, Elemente neuer Öffentlichkeiten und Körpererfahrungen, die hier thematisiert würden:[27] »Indem sich Internet Performances mit der Ambivalenz des Technischen [...] auseinandersetzen, besitzen sie trotz ihres geringen Bekanntheitsgrades soziale Relevanz«[28] – vereinfacht: Weil sie technisch Neues ausprobieren, sind sie relevant. Aus der technischen Innovation lässt sich so durch Nachweis des tendenziell Unkonventionellen auch auf soziale Relevanz schließen. – Wieso aber Theaterwissenschaft? Glesner umschifft den Begriff der *Theatralität* und lässt sich auf definitorische Bemühungen nicht ein, die das zu untersuchende *Internettheater* unter einen erweiterten Theaterbegriff stellen könnten: »Was jedoch nicht im Fokus dieser Untersuchungen stehen soll, ist die Frage, auf Basis welcher Definition Internet-Performances als Theater akzeptiert werden könnten.«[29] Denn solange Theater als Aufführung verstanden werde und Aufführungen aus leiblicher Anwesenheit hervorgingen, führe dieser Weg unvermeidlich in eine Sackgasse. Den Ausweg sucht Glesner daher in einer Umkehrung der Fragestellung. Aus der Frage: Ist das Theater? wird: Wenn das Theater ist, was ist dann Theater?

»Und so soll im Folgenden die Frage im Vordergrund stehen, was eine Aufführung im Kontext des Internets konstituiert; also nicht die ontologisch argumentierende Frage: Was ist Theater?, sondern: Woran erkennt man Theater (im Kontext des Internets)?«[30]

Das alte Theater solle im Folgenden »als ›das traditionelle Verständnis von Theater‹, als ›Theater unter den Bedingungen physischer Kopräsenz‹ verstanden werden.«[31] Das neue Theater jedoch gehorche anderen Bedingungen: »Solche Aufführungen lösen bei

25 Glesner: ›Theater und Internet‹, S.26.

26 Ebd., S.139.

27 Ebd., S.305.

28 Ebd., S.342.

29 Ebd., S.27.

30 Ebd., S.28.

31 Ebd.

simultaner Produktion und Rezeption die uns von anderen Theaterformen vertraute physische Kopräsenz von Darstellern und Zuschauern auf. Damit brechen Internet-Performances, wie sie im Folgenden genannt werden sollen, mit dem Parameter der Theatergeschichte schlechthin.«[32]

Die sich zwangsläufig anschließende Frage, was denn an diesem neuen Theater, wenn es mit dem ›Parameter der Theatergeschichte schlechthin‹ breche, noch Theater sein soll, begründet Glesner mit den einschneidenden medialen Veränderungen der Kommunikation einerseits und der Behauptung, dass der Bruch mit Konventionen dem Theater grundsätzlich zu eigen sei. Andererseits sei die Frage, ob etwas Theater wäre, inzwischen quasi als Gütesiegel der Avantgarde zu verstehen.[33] – Und damit schließt sich die Argumentation zu Teil eins der Rechtfertigung kurz: Es ist das ganz Neue, das mit dem Gewesenen bricht, die Innovation einer neuen Form, die nicht nur den Wert des Artefakts rechtfertigt und so zugleich die Zuständigkeit der Disziplin bestätigt: Theater wäre eben das Innovative schlechthin, dem die Wissenschaft nur noch zu folgen habe: »Wenn Künstler in ihrer Sensibilität und ihrem Mut den Theoretikern vorauseilen und das Theater neue Ausdrucksmöglichkeiten sucht, dann ist es Aufgabe der Theaterwissenschaft, ihm zu folgen, wie Christopher Balme formuliert hat.«[34]

Ob man dieser Argumentation nun folgen mag oder nicht, ihre Schlüsse und die Voraussetzungen akzeptiert, es fällt auf, dass sie eine Leerstelle lässt, die es in Folge zu füllen gilt und um die herum der Diskurs über das Internettheater wuchert: Nämlich zu benennen, was nun hier im Internet noch Theater *als* Theater ausmachen soll, wenn es doch so offensichtlich anders ist, als wir es sonst aus der *echten* Welt kennen. Wie soll ein solches Theater ohne körperliche Anwesenheit funktionieren, oder besser noch: Was bleibt, das ein solches Theater zum Theater macht?

Ein Blick in die Projekte und Programme der vornehmlich anglo-amerikanischen Internettheater-Pioniere[35] zeigt, dass hier der Weg zu einem Internettheater über die Vorstellung vom *Netz als Bühne* führt. Schaut man sich die Internettheater-Diskurse ge-

32 Ebd., S.11. Vgl. auch ebd., S.138.

33 Ebd., S.29.

34 Ebd., S.14. Vgl. Balme: ›Theater zwischen den Medien‹, S.31.

35 Steven Schrum etabliert 1994 an der Penn State University mit collab-l die erste Mailingliste mit Theaterschwerpunkt und 1996 als Assistant-Professor für Kommunikation und Drama an der University of Charleston in West Virginia das Projekt *Netseduction*. Juli Burk entwirft 1995 an der Universität von Hawai in Manoa das *athemoo*, eine textbasierte virtuelle Umgebung, und Antoinette LaFarge gründet 1994 die Plaintext-Players. Lisa Brenneis und Adrienne Jenik, Professorin für Computer und Medienkunst an der University of Califronia, San Diego, gründen 1997 die Desktop Players. (Vgl. Steven Schrum (Hg.): Theatre in Cyberspace. Issues of teaching, acting and directing, New York 1999, Adrienne Jenik: ›Desktop Theatre. Keyboard Catharsis and the Masking of Roundheads‹, erschienen in: The Drama Review 3/45 (2001), S. 95-112).

nauer an, dann fällt auf, dass meist zuerst eine Bühne metaphorisch in den wackeligen Boden der Datenbanken eingelassen und dort verankert wird. Als Shakespeare die Welt zur Bühne erklärt habe, hätte er unmöglich alle Bühnen kennen können, die am Ende des 20. Jahrhunderts von Menschen *bewohnt* würden, heißt es in einem Text der Internettheater-Pionierin Juli Burk. Denn mit den neuen Medien seien auch neue Bühnen entstanden, die nicht mehr auf physikalische Plattformen begrenzt seien: *Cyberstages*[36] eben. Und Antoinette LaFarge, die Gründerin einer Gruppe names Plaintext-Players, schreibt in einem Essay über Improvisation im Internet, das Drama habe sich in den Computer begeben, und dieser einfache Wechsel des ›Geländes‹ bringe große Konsequenzen mit sich.[37] Die erste Konsequenz einer solchen Annahme eines Raumes jenseits der Bildschirmoberfläche ist die Vorstellung eines Körpers, der diesen Raum betreten – in ihm *telepräsent* sein – und folglich auch in ihm auftreten kann. Die graphische Veranschaulichung von Andreas Horbelt zeigt deutlich das substanzialistische und personalistische Denkmodell, das hinter dieser Vorstellung steht.[38]

---

36 Juli Burk: ›ATHEMO and the Future Present‹, in: Theatre in Cyberspace, hg. v. Stephen A. Schrum, New York 1999, S. 109-134, hier: S.128f: »When Shakespeate wrote ›All the world's a stage / And all the men and women merely players‹ [...] he could hardly have known the stages human beings might inhabit at the end ot the 20th century. Close to four hundred years after Shakespeare wrote those lines, the stages on which men and women play are no longer limited to physical platforms in large rooms or open air spaces. The advent of radio, film, and television brought stages for mass one-way transmissions of human players in action, und the development of gaming MUDs and professional MOOs added cyberstages as arenas on which women and men might play and work in multi-user settungs.« Vgl. auch das Webmagazine Cyberstage http://www.cyberstage.org.

37 LaFarge: ›A World Exhiliarating and Wrong‹: »At some point, the drama moved inside the computer, and that simple change of territory has had large consequences.« »[MMOs] flesh out the cyberspace metaphor by allowing users to build an entire self-contained world for these conversations – a world of rooms, buildings, jungles, subways, deserts and oceans.«. Vgl. auch Allucquère Rosanne Stone: The war of desire and technology at the close of the mechanical age, Cambridge (Mass.) 1995, S.16: »Computers are arenas for social experience and dramatic interaction, a type of media more like public theater, and their output is used für qualitative interaction, dialogue and conversations. Inside the little box are other people.«

38 Vgl. Manovich: The Language of New Media, S.167: »[T]he essence of telepresence is that it is anti-presence. I do not have to be physically present in a location to affect reality at this location. A better term would be teleaction. Acting over distance. In real time.« In der Magisterarbeit von Andreas Horbelt ist der Begriff der Telepräsenz zentral, um das Theater im Internet zu implementieren: Denn um bei den zu untersuchenden Theaterprojekten festzustellen, »ob es sich dabei um Theater handelt« (S.6), müsse erst geklärt werden, »was Theater eigentlich ist« (ebd.). Dazu sei ein Theater, bzw. Theatralitätsbegriff zu entwickeln, der nicht die Differenz von leiblicher Anwesenheit und medialer Vermittlung überwindet:

Abbildung 7: Cyberspace als Kasten

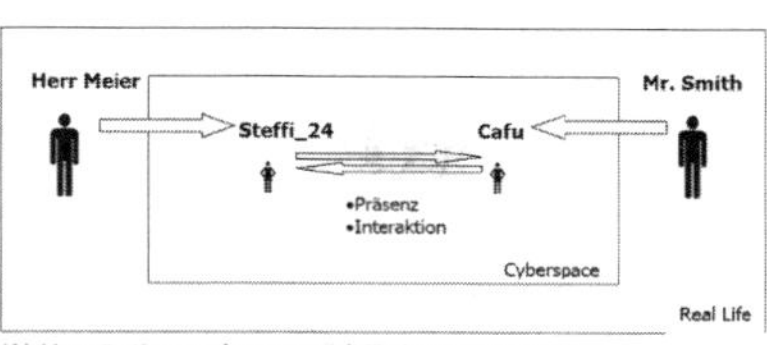

Abbildung 7 - Kommunikationsmodell für die synchrone CMC

Herr Meier und Mr. Smith verdoppeln sich als Avatare in einen zweiten Raum im Raum hinein, so dass dort nun zwischen den personalen Doubles Präsenz und Interaktion vorstellbar werden. Und damit ergibt sich als zweite Konsequenz, dass der Auftritt im Internet – weil eben das Double oder der Avatar einen mannigfaltigen Gestaltungsspielraum zulassen – als ein Rollenspiel gedacht wird: »In this world, you can be anything you choose to be – male or female, human or animal, queen or beggar.«[39] Als Theater wird dieser Raum also vor allem deshalb begriffen, weil hier in einem abgegrenzten Raum Rollen im aktuellen Vollzug sprachlich verkörpert werden. »If I think of it as a form of theater, it is, because the real power of this world lies in the ways people inhabit personalities (roles) through words«, schreibt Antoinette LaFarge.[40] Wie aber hat man sich solch eine Verkörperung von Rollen im Netz vorzustellen, wenn man doch eigentlich nur vor dem Computer sitzt?

Auch wenn hier nur Text getippt werde, so sei dies eine so »unmittelbare und detaillierte Erfahrung« einer anderen Welt, dass die Spieler sich in dieser Welt anwesend fühlten, argumentiert Antoinette LaFarge.[41] Nina LeNoir versichert, dass auch textbasiertes Rollenspiel auf den gleichen ›authentifizierenden Techniken‹ Stanislavskys ba-

---

»Diese Abgrenzung wackelt: Die Telepräsenz erobert die Leere zwischen Anwesenheit und Abwesenheit« (S.4f). »Die Präsenz erweitert sich zur Telepräsenz, und mit ihr erweitert sich auch der Begriff der Theatralität. Diese Begriffsausweitung bleibt aber überschaubar: Radio, Kino und Fernsehen bleiben nach wie vor vom Theatralitätsbegriff ausgeschlossen« (S.103). Die neuen Räume der computergestützen Kommunikation ließen ein virtuelles Theater denkbar werden: »Die neuen Technologien des Internets erweitern die Präsenz zur Telepräsenz« (ebd.). Vgl. auch Christopher Rodatz: ›Theaterraum als Computer-Bildschirm. Vom Zuschauer zum aktiven Nutzer‹, in: Crossing media. Theater, Film, Fotografie, neue Medien, München 2004, S.189-204, hier: S.190.

39 LaFarge: ›A World Exhilarating and Wrong‹

40 Ebd.: »As with other forms of theater, the point is the enactment of the text, not the text in and of itself.«

41 LaFarge: ›A World Exhilarating and Wrong‹: »All of this is enacted through typed text, but so immediate and detailed ist he experience of this alternative world that the players (as user are called) feel profoundly that they are both in it and of it.«

siere.[42] Und Andreas Horbelt betont in Anlehung an Sherry Turkle, dass solche Textproduktionen im Normalfall nachweislich als »Bestandteil der eigenen Identität« aufgefasst würden.[43] So sind es vor allen Dingen subjektive Erlebenstechniken: *unmittelbare Erfahrung*, *Einfühlung*, *Identität*, die das Internettheater als Freiraum für subjektive Rollen-Spiele möglich machen sollen und sich unmittelbar aus einem sozialwissenschaftlichen Diskurs speisen, der im Anschluss an die soziologische Rollentheorie das Internet als Probebühne und Spielraum für Identitätskonstruktionen jenseits der reglementierten Lebenswelt verklärt. »On the Internet nobody knows you're a dog«[44] heißt es unter jenem viel-zitierten Cartoon aus der New York Times.

Abbildung 8: Cartoon-Klassiker

Das Internet als Bühne geht so als eine Variation aus der Vorstellung vom Internet als Container hervor – aus dem Bemühen, eine hochkomplexe Struktur der Datenverarbeitung in der Vorstellung von einem euklidischen Raum auf ein naives Modell herunterzubrechen und damit begrifflich beherrschbar zu machen. Die begriffliche Suche nach einem Theater im Internet, das auf die Anwesenheit der Körper vor Ort verzichten kann, führt so über die Vorstellung des Netzes als Wohnzimmer (Container) – und eines dort möglichen Kaffeekränzchens (Interaktion) – zu der Vorstellung von Theater als Selbsterfahrung (Identifikation) mit Rollen-Spielen (Charakteren) abseits einer als

42 Nina LeNoir: ›Acting in Cyberspace. The Player in the World of Digital Technology‹, in: Theatre in Cyberspace. Issues of Teaching, Acting and Directing, New York 1999, S.175-200, hier: S.188: »Character creation in MUDs is similar to character creation in theatre. [...] the players rely on recognized acting techniques based on Stanislavsky's methods of creating a character: stressing observation in real-life, developing character backgrounds that provide inner justification for actions, and belief in the given circumstances.«

43 Horbelt: Theater und Theatralität im Internet, S.47.

44 Ders.: ebd.; zum Topos der Identität im Internet vgl. neben Sherry Turkle auch Amy Bruckman: ›Finding One's Own Space in Cyberspace.‹, in: Technology Review 1/99 (1996), S. 48-54; Lori Kendall: ›Meaning and Identity in 'Cyberspace': The Performance of Gender, Class, and Race Online‹, erschienen in: Symbolic Interaction 2/21 (1998), S. 129-153.

restriktiv empfundenen Öffentlichkeit.[45] Es ist der bürgerliche Theaterbegriff, wie er sich im 18. und 19. Jahrhundert im Zuge von Aufklärung und Romantik herausgebildet hat, der hier wieder Geltung beansprucht. Ein aus der Wirklichkeit herausgehobener Schaukasten soll als Freiraum für Rollenspiele dienen, in denen sich ein in der Selbstfindung begriffenes Publikum spiegeln kann. Dem Netz wird so ein veraltetes Modell vom Theater übergestülpt, das fortan die Kommunikation im Netz in den Kategorien des Guckkastens beschreibbar macht. – Wenn also von Theatralität als »zentraler Qualität« der Kommunikation im Netz die Rede ist oder vom theatralen Verhalten, das diese Kommunikationskanäle »forderten und förderten«,[46] dann ist hier immer ein sehr bestimmtes und historisch kontingentes Modell von Theatralität gemeint: ein Theater im Sinne des (sozialen) Rollenspiels und der Selbstdarstellung, das die Unterscheidung zwischen Akteuren und Publikum, die ein Auftritt macht, zugunsten des Szenischen ausblendet.

3.2 VIRTUELLER KARNEVAL
DIE ABSCHAFFUNG DES PUBLIKUMS

Betrachtet man die Strukturen des *Chatrooms* hingegen in Hinblick auf die kommunikative Situation, die sie konstituieren, dann fällt auf, dass die technischen Gegegebenheiten hier eines grundsätzlich nicht zulassen: *Anwesenheit ohne Entäußerung*. Wo das individuelle Vorkommen im sozialen Kontakt auf die getippte Selbstaussage angewiesen ist, erlangt diese gesteigerte Bedeutung: »Denn wer das Spiel mit der Präsentation nicht beherrscht, der ist langweilig, und mit langweiligen Chattern unterhält sich niemand. Das Sprechen und das Angesprochen-Werden sind aber die einzigen Zeichen des eigenen Vorhandenseins in einem Chatroom. Theatrales Verhalten wird somit zur Bedingung der virtuellen Existenz«, stellt Gisela Müller fest.[47] Die Kehrseite dieser vervielfachten Möglichkeiten der Selbstdarstellung durch die Absenz der Körper und ihrer Einbindung in soziale Strukturen – jener »Befreiung«, die Chatrooms zuallererst zu

45 Wunderer: Die virtuellen Bretter der Welt, S.2: »Eigentlich ist das Internet ein idealer Aufführungsort, denn alle für ein Theater nötigen Kriterien sind erfüllt: Es gibt einen Raum zum Schauen, der Spieler, Rolle und Zuschauer zu einer allen gemeinsamen Zeit vereint. Das Vorgeführte ist einmalig, jede Aufführung ist anders als die vor und nach ihr, und die Aktion kann nur dann stattfinden, wenn alle genannten Komponenten zusammentreffen. Das ist mit Hilfe der Internetleitungen sogar über große Distanzen in Echtzeit möglich, und so können sich die Zuschauer und Darsteller an voneinander weit entfernten Orten befinden.«

46 Horbelt: Theatralität und Internet, S.307. Vgl. auch ders.: ebd..

47 Gisela Müller: ›Das ganze Web eine Bühne‹, S.3.

»einer Art riesigen Theaters«[48] mache – ist jedoch die gesteigerte Unverbindlichkeit und damit auch Unwahrscheinlichkeit der Kommunikation im Chat: Die Teilnahme an einer Kommunikation, die sich in der reinen Willkür erschöpft, scheint begrenzt attraktiv.

Diese entscheidende Differenz zwischen Chat-Kommunikation und sozialer Interaktion vor Ort ist zum Ausgangspunkt einer ausgiebigen Untersuchung der Kompensationsstrategien im Chat geworden. Um die Annahmewahrscheinlichkeit durch eine glaubwürdige Selbstdarstellung in solchen Interaktionen jenseits der körperlichen Anwesenheit zu erhöhen, bedürfe es der Simulation eines primären Rahmens der Kommunikation und des Körpers als eines »Zeichenträger[s] für soziale Identität«, stellt beispielsweise Christiane Funken fest.[49] Das »beständige Aufrufen textbegleitender Körperbilder« versichere so die Identifikation, Konsistenz und Einheit der Kommunikation und kompensiere die physische Abwesenheit der Körper.[50] Glaubwürdigkeit und Aufmerksamkeit träten an die Stelle von Status, Prestige und Authentizität als Maßstab für gelingende Selbstdarstellung, andererseits aber eigne sich der transformierbare Körper nur noch begrenzt als »stabiles Ausdrucksmittel für Identität. [...] Stattdessen benötigt der Körper nun seinerseits eine authentizitätssichernde Referenz – den Raum.«[51] Die Räumlichkeit der neuen Medien entstehe so, anders als es der Internet-Mythos von den unendlichen Weiten nahe lege, als »strukturierender Behälter« im Sinne der Vorstellung von einem nach außen begrenzten und innen gefüllten Containers.[52]

Während aber das Auftreten im Chat auf Seiten der Akteure die fehlende Örtlichkeit und Geschichtlichkeit der Körper durch die Erzeugung von Aufmerksamkeit und Glaubwürdigkeit kompensieren kann, bleibt fraglich, ob auch das Publikum auf solche Weise ersetzt werden kann. Denn wenn das ganze Internet eine Bühne sein soll, stellt sich schließlich die Frage, wo denn dann noch Platz für die Zuschauer sein kann. – Zwar überlegt Stuart Harris, dass die Möglichkeit, nicht teilzunehmen, auch einen Zuschauer denkbar werden lasse: »[S]ince all participants in an irc conversation may choose whatever nickname they wish to be known by [...] and since an irc channel may contain many people who contribute nothing, but merely watch, the elements of theatre

48 Horbelt: ›All the world's a Unix term‹, S.307.

49 Vgl. u.a. Christiane Funken: ›Über die Wiederkehr des Körpers in der elektronischen Kommunikation‹, in: Performativität und Medialität, hg. v. S. Krämer, München 2004, S.307-322.

50 Ebd., S.315. »Faceless-Beziehungen in abstrakten Systemen unterscheiden sich in ihrer theatralen Dimension zwar erheblich von den realweltlichen Performationen, aber auch sie können Vertrauenswürdigkeiten offensichtlich nur dann erreichen [...], wenn der Körper als Zeichenträger für soziale Identität symbolisch transformiert wird.« (Ebd. S.312). Funken bezieht sich hier stark auf Anthony Giddens: Konsequenzen der Moderne, Frankfurt am Main 1995.

51 Funken: ›Über die Wiederkehr des Körpers‹, S.318.

52 Ebd., S.317.

are there.«[53] Wenn aber nicht auszumachen ist – wie Kenneth Schweller feststellt –, wo die Bühne ihr Ende hat, und stattdessen jeder Raum eine Bühne und jeder Zuschauer ein Mitspieler ist, dann wird im Internet das Publikum zum Problem.[54] Denn die Anwesenheit im *Datenraum* kann sich auf keine Körper verlassen und hängt von der Eingabe und ihrem Erscheinen auf den Bildschirmen ab.[55] Die schriftliche Veröffentlichung im eigenen Namen ist hier wie im Literatur- und Wissenschaftsbetrieb nicht nur ein Chance, sondern auch Zwang: *Publish or Perish.* Die Herausforderung des Internettheaters besteht so – wie Monika Wunderer schreibt – in der Herstellung eines Publikums, das reagiert, ohne dadurch gleich zum Akteur zu werden.[56] Jedes mögliche Publikum droht im Datenraum entweder durch ausbleibende Eingaben und virtuelle Abwesenheit zu entschwinden oder durch stattfindende Einwürfe das Geschehen zu stören oder zu unterbrechen. Die Differenzierung zwischen Akteuren und Publikum löst sich auf, weil das Nicht-Agieren der Abwesenheit gleichkommt und jedes Reagieren immer schon auf der Bühne stattfindet. Die binäre Struktur lässt das theatrale Modell eines Daseins und Doch-nicht-Dabeiseins, eines Mittuns im Nichtstuns, diese passive Aktivität des teilnehmenden Betrachtens schwer vorstellbar werden, weil die *Ränder* der Aufmerksamkeit in den medialen Strukturen fehlen.[57] Ein Schweigen ist so nicht mehr möglich, weil es in diesem Rahmen keine Existenz ohne Artikulation gibt.

Aus dieser Situation resultiert das Paradox, dass das Theater im Internet nur noch durch die Störung und in seinem Scheitern zum Ereignis wird. Läuft alles glatt, dann spult sich in Stuart Harris' Hamnet automatisch Zeile für Zeile der Text am Bildschirm

53 Harris: ›Virtual Reality Drama‹, S.500.

54 Vgl. Kenneth Schweller: ›Staging a Play in the MOO Theater‹, in: Theatre in Cyberspace, hg. v. S. Schrum, S.147-157, hier: S.147: »The MOO itself is a vast stage and the audience members themselves are the cast of the greater play.« Aus dieser Überlegung heraus wird für Schweller die ›Architektur‹ wichtig als Möglichkeit, den Datenfluss zu regeln und zu kontrollieren: Im Zuschauerraum sind nur noch Buhs und Bravos erlaubt, alle anderen Eingaben werden unterdrückt. Hinter der Raum-Metapher verbergen sich hier Filter und Kanäle, die Regeln, wer was sagen darf und wer was zu hören bekommt. Theater entsteht hier aus der Zensur und Hervorhebung.

55 Ebd., S.147: »A MOO player who is inactive, who neither speaks nor emotes, simply disappears. To stay alive in an interactive text-based virtual world, talking and acting is the equivalent of breathing.«

56 Monika Wunderer: ›Presence in Front of the Fourth Wall of Cyberspace‹, in: Theatre in Cyberspace, hg. v. S. Schrum, S.203-220, hier: S.218: »In the present state of the development of Internet theatre, what we really need from the audience is their presence. We want to make sure that the event we constitute really reaches its intended recipients. But then the audience has to have the possibility to affect the performance as it unfolds.«

57 Vgl. Elizabeth Reid: Cultural Formations in Text-Based Realities, Melbourne 1994 »All actions on MUDs must be overt, ervery nuance of experience must be manifestly represented for it to become part of the play.«

ab. Abgesehen vom Rhythmus der Wiedergabe unterscheidet sich die Rezeption nicht vom Lesen eines Textes, und die Spieler können problemlos von einer Maschine ersetzt werden. Erst wenn der Fluss des Textes stockt und unterbrochen wird, wenn die Zeilen verfälscht abgeliefert, von unqualifizierten Einwürfen irritiert und variiert werden, wenn sich im Laufe des vorgeschriebenen Verlaufs ein ganz anderes Geschehens ergibt, erst dann wird so etwas wie ein Ereignis erlebbar – und zwar in der Möglichkeit, Einfluss zu nehmen auf eben dieses Geschehen. Ohne diesen Einfluss hingegen gäbe es kein Kriterium, um sich des spontanen Verlaufs des Ereignisses zu versichern. »If IRC-actors ever got so skilled, and the irc audience so tame, that the entire script came out exactly as written, the performance would be a failure by definition«, stellt Stuart Harris dementsprechend fest.[58]

Diese Angewiesenheit auf das widerspenstige Mittun entfernt Hamnet jedoch von den Vorstellungen des wohlgesitteten Theaters und rückt es in die Nähe kollektiver Festivitäten. Die Jerusalemer Anthropologin Brenda Danet attestiert den Hamnet-Players und der Chat-Kommunikation daher eine Neigung zum Karnevalesken im Sinne Bachtins.[59] Karneval und Chat zeichneten sich durch den spielerischen Umgang mit Mehrdeutigkeiten und Bedeutungsverschiebungen, dem Hang zu Parodie, Travestie, Karikatur und der Nähe zu Slang und Umgangssprache aus; es seien das Überbordende und Hemmungslose eines gemeinschaftlichen Festes, die Lust am Obszönen, an derber Sprachlichkeit und einer antiklassischen Ästhetik, die wie im Karneval so auch im *Chat* anzutreffen seien: die Verbindung von Leben und Tod, das Spiel mit Identitäten – sozialen Rollen –, die Dominanz expliziter Leiblichkeit und eine Verkehrung der bestehenden Machtverhältnisse, die die Chat-Kommunikation prägten. [60]

---

58 Stuart Harris: ›Improvisation in Hamnet Performances‹.

59 Brenda Danet: ›Curtain Time 20:00 GMT: Experiments in Virtual Theatre on Internet Relay Chat‹, in Journal of Computer-Mediated Communication 2/1 (1995), http://jcmc.indiana.edu/vol1/issue2/contents.html; dies. ›Hmmm. Where's that smoke coming from?...‹, in: Network & Netplay, hg. v. F. Sudweeks/M. McLaughin, Cambridge (Mass.) 1995; dies.: ›Text as mask: Gender, play, and Performance on the Internet‹, in: Cybersociety 2.0, Thousand Oaks 1998, S.129-158; dies.: Cyberpl@y. Communicating Online, Oxford/New York 2001. Die Perspektive der Jerusalemer Anthropologin weicht von derjenigen der deutschen Theaterwissenschaftler grundsätzlich ab, da sie Hamnet – trotz der eingestandenen Begeisterung für die sprachlichen Finessen der Produktion – nicht als künstlerisches Artefakt bewertet, sondern als Niederschlag eines kulturellen Wandels begreift. – Zum Topos des Karnevals in den Philologien vgl. Michail M. Bachtin: Literatur und Karneval. Zur Romantheorie und Lachkultur, Frankfurt a.M. 1985; ders.: Rabelais und seine Welt. Volkskultur als Gegenkultur, Frankfurt a.M. 1987.

60 »A ›ham‹ is an ›ineffective or overempathic actor, one who rants and overacts‹ (Oxford English Dictionary). Thus, besides being an obvious pun on Hamlet, the expression invites association to ›hamming it up on the internet‹ – behaving in an exaggerated, theatrical fashion while logged onto the internet. Another meaning of ›ham‹ is also pertinent, that in ›ham

Der Vergleich verdeutlicht die Diskrepanz zwischen den spätbürgerlichen Bemühungen um ein Theater im Internet und der profanen und paganen Wirklichkeit der Kommunikation im Chatroom – und scheint dennoch weit hergeholt. Denn dieser digitale Karneval ist zugleich einer, dem es an Organen mangelt und der deshalb im Kopf stattfinden muss: Die Sinne sind auf Zeichenketten konzentriert, der Leib hat sich zugunsten der Lebenswelt auf den Rahmen eingestellt, und der Schweiß, die Blicke und das Begehren der Anderen können dem Feiernden nicht zu nahe kommen. Der Phallus ruckelt, die Leidenschaften sind in *Emoticons* (:-0) gebannt, und bei mehr als 50 *Usern* bricht das System und damit auch das Fest in sich zusammen. Leben und Tod gibt es hier so wenig wie die Gewissheit, nicht allein zu sein. Diese Ungewissheit über die Existenz der Anderen ist die Kehrseite der Unmöglichkeit zu schweigen. Vorkommen kann nur noch, wer mitmacht, aber wer mitmacht, weiß nicht, ob er/sie vielleicht der/die Einzige ist. Es sind Phantome, die sich hinter den Acronymen verbergen und die schemenhaft bleiben, wenn man nicht ihre Herkunft verfolgt und die sozialen Situationen befragt, die vor den Bildschirmen liegen und die dem gespensterhaften Auftreten im *Chatroom* erst ihren Sinn zu geben vermögen.

Abbildung 9: Stuart Harris

Im Fall von Hamnet findet sich diese soziale Situation auf der dritten Seite von Brenda Danets Aufsatz. Dort begegnen wir dem Veranstalter dieses digitalen Karnevals, dem es in seinem kalifornischen Idyll offensichtlich recht gut zu gehen scheint, der uns einen guten Rotwein einschenkt und dabei direkt in die Augen schaut, während ein leichtes Lächeln um seine Lippen spielt. Stuart Harris sitzt nicht vor einem Computer und steht nicht auf einer Probebühne. Er ist kein verpickelter *Nerd* vor dem Rechner – und auch kein Künstler mit Seidenschal auf der Probebühne. Eine diebische Freude möchte man ihm unterstellen, über all diese Diskurswolken, die die kleine ästhetische Spielerei eines Programmierers mit Theatervergangenheit hervorzubringen imstande war: jener digitale Karneval, in dessen verkehrter Welt das Theater für ein paar Momente Internet sein durfte und das Internet Theater. Dieses Bild erzählt eine andere Geschichte vom virtuellen Theater, die wenig mit ästhetischer Subversion oder interaktiven Potentialen zu tun hat, aber viel mit dem Selbstverständnis einer neuen *creative*

radio‹, uninstitutionalized mediated radio communication, run by amateurs, outside the formal broadcasting framework.« (Brenda Danet: ›Curtain Time 20:00 GMT‹)

class[61], das sich auf ihren *Zugang*[62] – im doppelten Wortsinne –zur Technik gründet. Im Internettheater entpuppt sich der akademische Traum vom freien Spiel mit dem Selbst als ironisches Spiel mit der Technik. Nicht mit Identitäten wird hier experimentiert, sondern mit Technologien. So wie sich das bürgerliche Subjekt im theatralen Spiel mit der Rolle gebildet hat, so scheint das postindustrielle Kreativsubjekt aus dem digitalen Spiel mit dem Computer hervorzugehen. Und Hamnet ist weniger ein Indiz für das Fortleben des Theaters in den neuen Medien als vielmehr für eine grundlegende Veränderung in der Praxis des sozialen Spiels.

3.3 THEATERSIMULATIONEN SPIELE DER INFORMATIONSGESELLSCHAFT

Was also ist das für ein merkwürdiges neues Theater, das das Schweigen verlernt hat und die Zuschauer zum Mitmachen zwingt, das nur für Freunde gemacht wird, nur für Eingeweihte verständlich ist und einzig von Wissenschaftlern zur Kenntnis genommen wird?[63] Was wird hier gespielt – oder in den Begriffen dieser Arbeit gesagt: Was sind das für *Auftritte*, was für Praktiken liegen ihnen zugrunde, was für Figuren gehen aus ihnen hervor, und was für Bedeutungen vermitteln sie? – Drei Dinge stechen hervor: Ihre Bedeutung erlangen diese Auftritte im Rahmen einer lose verknüpften Gemeinschaft aus Hobbyisten und Spezialisten, die von Kompetenzen und Interessen zusammengehalten wird und in der der Unterschied zwischen Praktikern und Theoretikern verschwimmt. Die Macher sind häufig auch die Kritiker. Zweitens sind die Gestalten, die aus diesen Auftritten hervorgehen, rein zeichenhaft und reduzieren sich auf das ironische Spiel mit Verweisen auf die Diskrepanz zwischen dem Stoff des Theaters und der Sprache des Netzes. Sie entstehen erst in der Abweichung vom Ablauf und gewinnen Konturen in den Pointen, die sie setzen, und bleiben aufgrund ihrer Ort- und Geschichtslosigkeit für die Uneingeweihten unzugänglich und unverbindlich. Wer auf der

61 Vgl. Richard L. Florida: The Rise of the Creative Class. And how it's transforming work, leisure, community and everyday life, N.Y. 2002.

62 Vgl. Jeremy Rifkin: The Age of Access. The New Culture of Hypercapitalism, where all of Life is a Paid-for Experience, N.Y. 2000.

63 Dass sich diese Beschreibung auch ohne Weiteres auf das Theater beziehen ließe, ist nicht unbedingt ein Zufall. Theater scheint auch außerhalb des Internets zunehmend etwas zu sein, das man macht und nicht sieht. Das zeigt sich nicht nur an der Hochkonjunktur partizipativer Theaterprojekte, sondern ist auch in den Aufnahmeprüfungen an den Hochschulen zu spüren. Befragt man die Bewerber nach den Motivationen und Interessen für ein Studium des Theaters, wird viel von Jugendclubs, Theaterprojekten und sozialen Begegnungen gesprochen. Dass Theater auch etwas ist, was man ›nur‹ sehen kann, findet dabei häufig nicht nur unverhältnismäßig wenig Interesse, sondern wird mitunter sogar ganz vergessen.

Klaviatur der Maschine nicht zu improvisieren vermag, der tritt im Chatroom nicht in Erscheinung und geht im Ablauf dieser *Hamletmaschine* unter: »[It's] more important to type fast than to project [...] voices.«[64] Die ästhetische Praxis, die hier zum Einsatz kommt, ist Extemporieren, die Variation über den Stoff, die Kunst der Pointe und der obszönen Anspielung, des Wortwitzes, eines virtuellen Stegreifs, der sich mangels obszöner Gebärden in unentwegten Anspielungen auf die Körperlichkeit des abwesenden Publikums ergeht.

1003:‹jeffrey68› I think the audience is hgetting restless... /
1016:‹jeffrey68›: theater owner should have passed out free drinks...
1025:‹fan› more popcorn please. and could someone tell that lady in the
third row
1026: +to take her hat off...[65]

Wenn einer der Hamnet-Darsteller also zu Beginn anmerkt: »I wish my mum saw me«, wenn eine Figur unter dem Name »Enter« auftritt, nach Popcorn verlangt wird, die Trommel »BOOM BOOM BOOM« sagt oder die Dame in der dritten Reihe gebeten wird, ihren Hut abzunehmen, dann wird hier Theater *gespielt* – es wird *gespielt*, dass Theater gespielt wird, so getan als ob – und zwar nicht, als ob einer Hamlet wäre, sondern als ob hier Theater gespielt würde. Und diese Spielerei mit Textbausteinen, mit den Konventionen und Konnotationen des Theaters zitiert ironisch, was fehlt: körperliche Nähe, Raum, Luft und Schall. Was hier veranstaltet wird, ist eine Theater*simulation*, die ohne das Schweigen des Publikums auskommen muss und jene paradoxe Verbindung aus Präsenz und Absenz, die aus einem Auftritt hervorgeht, nur durch die ereignishafte Störung des Informationsflusses zu kompensieren vermag. Hamnet ist genau so wenig Theater, wie die Sims eine Kleinfamilie sind. Denn – das ist der dritte Punkt – die Unterscheidung zwischen Akteuren und Publikum ist hier im Netz eine Fiktion. Wer dabei sein will, muss mitmachen. Das Publikum wird genauso gespielt wie auch Hamlet, Ophelia und die Trommeln.

Diese drei Merkmale sind es, die den simulierten Auftritt im Chatroom auszeichnen: die fehlende Unterscheidung zwischen Darstellern und Publikum; rein zeichenhafte Figuren, die nur in der Abweichung und Störung Gestalt annehmen; und eine Bedeutung, die im Kreis einer kleinen Gemeinschaft entsteht. Aus dem Versuch, im Internet Theater zu spielen, wird so ein merkwürdig körperferner Karneval, ein Fest der Zeichen, dessen Reiz gerade in der Diskrepanz betsteht. Kein neues Theater wird hier erfunden, sondern ein altes verabschiedet. Hamnet führt die unüberwindliche Diskrepanz zwischen alter Kunstform und neuen Medien auf und vor. Theater bildet sich wieder zurück, die Trennung von Zuschauern und Akteuren wird zugunsten einer Entdifferenzierung von Akteuren und Publikum zurückgenommen und in ein digitales Fest

64 Brenda Danet: ›Curtain Time 20:00 GMT‹, S.1.

65 http://pluto.mscc.huji.ac.il/~msdanet/cyberpl@y/hamnet-index.html

überführt. Denn ähnlich wie Craig Bazan zu Anfang des ersten Kapitels *macht* Stuart Harris kein Theater, sondern *spielt* es nur, aber er spielt es nicht *vor*, sondern *noch*. Er imitiert es nicht, sondern *simuliert* es vielmehr. Während sich Bazan Anfang des 21. Jahrhunderts die tradierten Praktiken körperlich aneignet, überträgt Harris sie in den 90er Jahren als ironisches und akademisches Experiment in den Chatroom. Harris veranschaulicht die Konventionen der Bühne, Bazan führt Schauspiel als antrainierte Praxis vor. Harris ironiert die Bedeutung als Klischee und Bazan führt sie als Leerstelle in die Darstellung ein. Statt die kommunikativen Prozesse des Theaters in die Sprache der virtuellen Räume zu übersetzen, vollzieht Bazan sie als eine korporale Praxis an einem sozial konkreten Ort nach. Beide sind von einem *aktivierten Zuschauer* abhängig und binden Teilhabe an Entäußerung, doch in gänzlich unterschiedlicher Weise. In Hamnet tritt das Publikum nur noch als eine zu spielende Rolle auf, und die Unterscheidung zwischen Akteuren und Publikum wird in den Spieler zurückgenommen. Hamlet on the Street hingegen konstituiert sich als ein distribuierter Auftritt durch ein verteiltes und vernetztes Publikum, das erst über Ausmaß und Bedeutung des Auftritts entscheidet. Und während Ersterer als intellektuelles Fest des technophilen Mittelstands zu verstehen ist, der sich im ironisch-ästhetizistischen Experiment seiner Traditionen versichert, so ist Letzterer zwar sicher kein großer Werk politischer Kunst, aber die sozialen und politischen Fissuren der Gesellschaft sind ihm deutlich eingeschrieben.

Die Frage aber ist, was diese neuen Medien, die den Auftritt und die Unterscheidung, die er macht, nur noch simulieren können, für eine Gesellschaft bedeuten, deren Kommunikation sie zunehmend konstituieren. Was bedeutet dieses *Spiel* von Theater, das nicht im Sinne Schillers, sondern im Sinne von John von Neumanns[66] abläuft und einen mathematischen Lösungsraum statt einen ästhetischen Freiraum konstituiert, für das Theatralitätsgefüge?

66 Von John von Neumann stammt die heute gängige Computerarchitektur. Vgl. John von Neumann: ›First Draft of a Report on the EDVAC‹, erschienen in: IEEE Annals of the History of Computing 4/15 (1993), S. 27-75.

4. Avatare

Theatrale Konfigurationen des Computerspiels

Der Auftritt von Hamlet im IRC mag kein Meilenstein in der Theatergeschichte sein, aber er lässt sich als Indiz dafür deuten, mit welchen Herausforderungen das Theater durch die neuen Medien konfrontiert ist. Einerseits stößt das Theater hier an die Grenzen seiner begrifflichen Wirklichkeit, da im Chatroom erstmals auch Interaktion ohne die körperliche Anwesenheit der Beteiligten möglich erscheint. Andererseits scheitert das praktische Auftreten in der virtuellen Welt an einer technischen Struktur, die die teilnahmslose Anteilnahme des Publikums unterbindet. Die Implementierung des Theaters auf der digitalen Maschine zeigt sich so – wie alles andere auch – ausschließlich als praktische und diskursive Simulation denk- und machbar; und zwar als Simulation eines Theaters, das trotz seiner avantgardistischen Ansprüche den Vorstellungen vergangener Jahrhunderte verpflichtet bleibt. Und damit ist die Argumentation in ontologischer und ästhetischer Hinsicht am Ende angekommen: Es gibt kein Theater im Internet, und das, was es gibt, ist eine restaurative Spielerei, lautet die Quintessenz. Denn das, was im Auftritt Hamlets im Internet an Gestalt gewinnt, sind weniger neue Formen einer alten Kunst, als vielmehr alte Formen neuer Künstlichkeit. Es sind keine ästhetischen, sondern technologische Möglichkeiten, die das Experiment mit dem Theater im Internet demonstriert. Technologie tritt *als* Theater auf, der Auftritt *im* Internet entpuppt sich als Auftritt *des* Internets.

Eine Theatergeschichte der neuen Medien als Erfolgs- und Werkgeschichte künstlerischer Projekte *im* Netz zu schreiben, wäre daher ein müßiges Unterfangen, das Gefahr liefe, gerade jene Auftritte zu übersehen, in denen theatrale Praktiken und Diskurse für die neuen Medien konstitutiv werden. – Lässt man hingegen jene Perspektive fallen, in der das Theater auf die Kunst fixiert wird, so erscheint Harris' Hamnet-Experiment nicht nur als eine kuriose Anekdote der Theatergeschichte, sondern auch als Prototyp eines ganz anderen massenhaften Auftretens, das in den letzten Jahrzehnten zum unentbehrlichen Bestandteil unseres Alltags geworden ist. Hamlets Auftritt als Nickname im Chatroom präfiguriert jene unzähligen Auftritte von alphabetischen, numerischen und graphischen Stellvertretern in digitalen Spielen, sozialen Netzwerken und virtuellen Welten, die zunehmend nicht nur den Auftritten vor Ort, sondern auch ihren Sendungen Konkurrenz zu machen scheinen. Die Simulation des Theaters im Netzwerk hat aus Hamlet einen Avatar gemacht – jene vielbeschworene Figur, die zur Furcht und Faszination der digitalen Kultur geworden ist.

Abbildung 10: Lucasfilm's Habitat

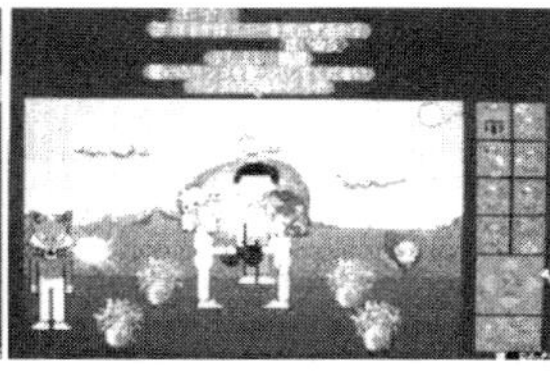

Ein Avatar, heißt es auf Wikipedia, sei »eine künstliche Person oder ein graphischer Stellvertreter einer echten Person«.[1] Der Begriff gehe zurück auf das Wort ›avatara‹ im Sanskrit, das wörtlich Abstieg bedeute und im Hinduismus die Inkarnation eines Gottes als Mensch oder Tier meine.[2] Populär wurde der Begriff im Jahr 1992 im Kontext der neuen Medien durch Neal Stephensons Roman *Snow Crash*. Die Avatare bewegen sich hier durchs Metaversum, das als eine Mischung aus Internet und Online-Rollenspiel beschrieben wird und als Inspiration für die graphische Erlebniswelt *Second Life* gilt, mit der im Jahr 2008 der Avatar als Chiffre für digitale Spielfiguren einer breiteren Öffentlichkeit geläufig wurde.[3] Erstmals jedoch wurde der Begriff in diesem Sinne im Jahr 1984 in Bezug auf *Habitat* benutzt, der ersten graphische Online-Welt von Lucasfilm für den C64 von Commodore.[4]

»You were reaching out into this game quite literally through a silver strand. The avatar was the incarnation of a deity, the player, in the online world. We liked the idea of the puppet master controlling his puppet, but instead of using strings, he was using a telephone line.«[5]

Zuletzt hat James Camerons gleichnamiger Blockbuster (USA 2009) diese Puppenmetapher aufgenommen und ähnlich wie der zehn Jahr zuvor herausgekommene Film

1 Wikipedia, Eintrag ›Avatar‹, http://de.wikipedia.org/wiki/Avatar_(Internet).

2 Vgl. Christopher H. Partridge: Introduction to World Religions, Minneapolis 2005, S.148.

3 Vgl. zu Second Life u.a. David Gunkel/Ann Hetzel Gunkel: ›Terra Nova 2.0 - The New World of MMORPGs‹, erschienen in: Critical Studies in Media Communication 2/26 (2009), S. 104-127, und die vielfältige Second-Life Erlebnis-Belletristik, z.B. Wagner James Au: The Making of Second Life: Notes from the New World, New York 2008; Mark Stephen Meadows: I, Avatar. The Culture and Consequences of Having a Second Life, London 2008.

4 Vgl. William J Mitchell: E-topia. 'Urban life, Jim – but not as we know it', Cambridge (Mass.) 2000.

5 Chip Morningstar/Randall Farmer: ›The Lessons of Lucasfilm's Habitat‹, in: Cyberspace. First Steps, Cambridge (Mass.) 1991.

Matrix (USA 1999) von Andy und Larry Wachowski ins Dystopische gewendet. Der Avatar verweist dort auf den imaginären Körper eines Helden, der hüftabwärts bewegungsunfähig ist. Eine Maschine lässt den Geist des Helden, der so zum Spieler wird, in einen künstlichen Körper fahren, dessen Spielfeld die naturverbundene Schein- und Feenwelt eines fernen Planeten ist, der ganz aus Vektorgrafiken besteht. – Anders aber als zehn Jahre zuvor in der Matrix besteht das Geheimnis des Avatars auf dem Planeten Pandora nicht mehr darin, nur das falsche Selbst einer von den Maschinen zur Energiegewinnung gemästeten biologischen Batterie zu sein. Die tragische Verstrickung besteht auf Pandora darin, dass sich der Weltfluchtimpuls, der dem Spieler die ästhetische Erfahrung der neuen Welt erlaubt, sich aufs Beste mit den Interessen jenes imperialistischen Komplexes verträgt, der diese Technologien überhaupt erst hervorgebracht hat. Es ist der Held und Spieler, der selbst die Schlüsselrolle bei der Zerstörung jenes naturverbundenen Volkes aus Computergrafiken betreibt, in das er sich gerade verliebt hat. Denn die Simulation, in der der Avatar zu Hause ist, stellt sich 2009 nicht mehr als jenes Potemkinsche Dorf oder Baudrilliardsche Simulacron dar, als das die Matrix noch 1999 erschien. Auf Pandora ist die Simulation jene Apparat gewordene Abstraktion, die mit dem Computer denk- und machbar wurde und dazu dient, einer bedrohlichen Wirklichkeit spielerisch Herr zu werden, ohne mit ihr in Berührung zu kommen.

Ein Avatar ist daher kein schattenhaftes Abbild, das den Blick auf die Wirklichkeit verdeckt, sondern ein Stellvertreter in einem zweifachen Sinne. Einerseits ist der Avatar ein *operativer* Stellvertreter, der seine Wirksamkeit als funktionales Element innerhalb eines Modells erhält. Seine Gestalt gewinnt er im Vollzug einer figurativen Praxis, die sich analog zu der schauspielerischen Praxis der Verkörperung einer Rolle beschreiben lässt – auch dann, wenn der Avatar weniger aus der Unterscheidung zwischen Akteur und Publikum als vielmehr derjenigen zwischen Mensch und Maschine entsteht. Andererseits aber ist der Avatar auch ein *symbolischer* Stellvertreter, der eben stellvertretend für diese figurative Praxis, aus der er hervorgeht, auf- und in Erscheinung tritt. Seine Bedeutung erhält er nicht allein durch die Benennung einer realexistierenden Praxis, sondern als Gestalt gewordenes Bündel all jener Ängste und Begierden, die sich an diese Praxis immer schon knüpfen. In Camerons Film tritt diese doppelte Stellvertreter-Funktion des Avatars deutlich zutage. Einerseits zeigt der Film trotz seines fantastischen Settings nichts anderes als den Alltag des Spielers und wird dabei selbst zum Spiel. Andererseits aber ist er das opulente Gemälde einer fantastischen Zukunft, eine Stilisierung und Beschwörung jener Ängste und Begierden, die jene alltägliche Praxis hervorgerufen hat, mit der der Film zugleich so viel und so wenig zu tun hat.

Diese Doppelnatur als operativer und symbolischer Stellvertreter teilt der Avatar mit seinem ältesten Ahnen, der Maske.[6] Auch die Maske ist immer mehr als Metapher

6 Zur Maske vgl. Richard Weihe: Die Paradoxie der Maske. Geschichte einer Form, München 2004; und Alfred Schäfer/Michael Wimmer (Hrsg.): Masken und Maskierungen, Opladen 2000.

oder Wirklichkeit. Das Ding und seine Form lassen sich weder von seinem Gebrauch noch von seiner Bedeutung trennen. Und das hat methodologische Konsequenzen, denn ohne Gebrauch und Bedeutung zu berücksichtigen, machen die Gestalten aus *Second Life* und *World of Warcraft* ähnlich viel Sinn wie die ihres Tanzes beraubte Ritualmaske im ethnologischen Museum. Was bleibt, ist meist eine groteske Gestalt, die einen voyeuristischen Blick provoziert, Schauer erzeugt und Evidenz vortäuscht. Die großen Brüste, Muskeln oder Nasen der weiblichen, männlichen respektive niedlichen Avatare der virtuellen Welten treten noch deutlicher hervor, als sie es ohnehin schon tun, und bieten einfache Erklärungen auf schwierige Fragen an. – Der Avatar sollte daher analog zur Maske als Niederschlag einer figurativen Praxis verstanden werden, als eine Form, die nur aus dem Gebrauch heraus verstanden werden kann und immer schon einen Bedeutungsüberschuss mit sich trägt – auch wenn er primär nicht aus der sozialen Interaktion, sondern aus der Kopplung von Mensch und Maschine hervorgeht.

Ausgehend von Hamlets Auftritt als ASCII-String im Chatroom der 90er Jahre, wendet sich dieses Kapitel daher der digitalen Persona und den Praktiken des Computerspiels zu. Es beschreibt jene alphabetischen und graphischen Figuren, die als operative und zugleich symbolische Stellvertreter die Grundlage von digitalen Spielen, Erlebniswelten und Kommunikationsräumen bilden. Denn als Figur, die in der Simulation eines Auftritts Gestalt gewinnt, entsteht der Avatar aus einer fiktiven Unterscheidung zwischen Darstellern und Publikum, die von einer Maschine vorgenommen wird. Als eine Kon*figuration* lässt sich so ein konkreter und hybrider Komplex aus medial geprägten Praktiken und kulturell überformten Diskursen beschreiben, der einen Avatar als Figur hervorbringt. Und eine *prototypische* Konfiguration wäre dementsprechend ein Beispiel und ein Bauplan für eine solche Konfiguration, aus der Avatare entstehen. – Sieben solcher prototypischen Konfigurationen des Avatars sollen im Folgenden skizziert und analysiert werden.

Der erste Abschnitt ›Cybertrauerspiele‹ beschreibt den Prototypen des Computerspiels entgegen den üblichen Annahmen als eine Schauanordnung, aus der der Avatar als Verkörperung der Mächtigkeit der Maschine hervorgeht, und zeigt, wie im Zuge der metaphorischen Verwandlung des Computers in ein Theater, der Avatar mit den Mitteln des bürgerlichen Theater domestiziert wurde. So verbindet der Avatar die Kultivierung des Computers mit der Computerisierung der Kultur. Er steht stellvertretend für die figurative Praxis der neuen Medien und verkörpert zugleich die Ängste und Hoffnungen der Informationsgesellschaft. Im Avatar tritt die Gestalt in der Maschine auf, und die Maschine erlangt im Avatar Gestalt. Darstellung wird als Informationsvermittlung ausgerichtet und der Rechenapparat wird zum Darstellungsmittel. Sein Auftritt aber geht aus einer apparativen Anordnung hervor, die den Menschen mit der Maschine koppelt und sich weder aus der von-Neumannschen Rechnerarchitektur noch aus der aristotelischen Tragödientheorie ableiten lässt, sondern als eine hybride Konfiguration aus ästhetischen Praktiken, technischen Strukturen und historischen Diskursen beschrieben werden muss und von einem historischen Begehren geprägt und vorangetrieben wird.

Das Ideal aber, oder besser gesagt, die Ideologie, die sich im Auftritt des Avatars artikuliert, heißt Interaktivität. Ihre Sehnsucht ist die Rückkehr zu einer entdifferenzierten Kommunikation, ihr Begehren ist die Überwindung der ästhetischen Distanz und ihre Heimat die Gesellschaft des Spektakels. Was so scheinbar entgegengesetzte Pioniere wie Guy Debord und Marshall McLuhan, Richard Schechener und J.C.R. Lider verbindet, ist die Arbeit an dem Projekt einer restlosen Aktivierung des Zuschauers und der Reritualisierung der Kommunikation. Das Begehren, das diese Verwandlung antreibt, führt der zweite Abschnitt ›Gesamtdatenwerke‹ auf die Sehnsüchte einer Gesellschaft des Spektakels zurück, die von der medial ermöglichten Rückkehr zur entdifferenzierten Interaktion träumt, und untersucht die Realisierung dieser Sehnsüchte in den apparativen Anordnungen der interaktiven Kunst und den künstlichen Welten der virtuellen Rollenspiele.

Und so stellt sich auch die Frage nach den Rollen, die sich in diesen virtuellen Spielwelten noch verkörpern lassen – und ob nicht das, was sich dort abspielt, statt als ästhetisches Spiels und individuelle Selbstdarstellung vielmehr als ein postmoderner Hahnenkampf zu beschreiben ist, der die kollektive Ordnung zugleich exemplifiziert und trainiert. Denn der Verdacht drängt sich auf, dass der Avatar alles andere als eine Puppe ist, die sich von ihrem Spieler lenken lässt, und dass es ganz im Gegenteil die Maschine ist, die hier die Fäden zieht und wie eine Gottheit im Maskentanz vom Spieler Besitz ergreift. Daher fragt der dritte Abschnitt: ›Discover your inner elf‹ anschließend nach den Rollen, die in den Welten des Computers noch gespielt werden können, und beschreibt das Verhältnis von Avatar und Spieler in Analogie zum balinesischen Hahnenkampf als eine soziale Konfiguration. Das führt im vierten Abschnitt ›Being Lara Croft‹ zu der Frage, wie der Avatar sich über das Spiel hinaus in der Welt des Sozialen verwirklicht und von den Körpern der Spieler Besitz ergreift. Und so rückt aus dieser Perspektive das in den Vordergrund, was der Diskurs des Digitalen meist unterschlägt: der Körper des Spielers und mit ihm das Geschlecht des Avatars. Denn nicht nur anhand der unzähligen Doubles von *Lara Croft* und den graphischen Körperwelten von *Second Life* lässt sich zeigen, wie die Gewalt über den weiblichen Körper immer wieder den Gründungsakt der virtuellen Gemeinschaften und der experimentellen Identitäten bildet.

Der fünfte Abschnitt ›Turings Theater‹ schließlich verfolgt die Bedeutung der Geschlechtlichkeit des Avatars von der rituellen Gemeinschaftsgründung in Chatrooms und graphischen Erlebniswelten zu den Gedankenexperimenten der theoretischen Informatik zurück. Schon der hypothetische Turing Test, der am Beginn der künstlichen Intelligenz steht und über eine mögliche Menschlichkeit der Maschine entscheiden soll, stellt sich bei genauerer Lektüre als eine theatrale Anordnung heraus, bei der es um die mögliche Abschaffung der Frau zugunsten ihrer digitalen Simulation geht. Hinter der Sehnsucht nach der Überwindung der Leiblichkeit scheint sich – wie hinter den Hoffnungen auf die virtuellen Räume – weniger die Flucht von dem überfüllten Planeten zu verbergen als vielmehr der Versuch, die Macht über die Körper auf dem Wege ihrer Darstellung zu erlangen. – Der fröhlich Tribalismus, von dem Medienproheten und Computergurus seit den 60er Jahren geschwärmt haben, entpuppt sich so als eine gänzlich unromantische Vormoderne, in der es nicht zuletzt um die ökonomische und sexuelle Verfügbarmachung der Körper geht. Und hier lässt sich an William Gibsons dystopische Vision vom Cyberspace als eines Ortes anknüpfen, von dem sich das Stadtlicht zurückgezogen hat. Denn in der Tat scheint der Auftritt des Avatars, der sich im Rahmen von Konfigurationen abspielt, keine Öffentlichkeit mehr zu konstituieren, sondern sich als interobjektive Praxis des Selbst in privatisierten Arenen abzuspielen.

4.1 CYBERTRAUERSPIELE
DIE DRAMATISIERUNG DES COMPUTERSPIELS

Plötzlich sind sie da, aus der Schwärze des Monitors geboren, ein schimmerndes kleines Dreieck und ein ebensolcher Strich mit einem Punkt am Ende – *wegde* und *needle*: pixelige Raumschiffe mit Raketenantrieb und Torpedos, die gravitätisch in eine flackernde Sonne im Mittelpunkt des kreisrunden Bildschirms stürzen, wenn niemand etwas dagegen tut. Und etwas tun, das heißt in diesem Fall, den einen oder anderen Knopf auf einem kleinen schwarzen Kasten zu drücken, der das Raumschiff um die eigene Achse rotieren lässt oder die Triebwerke zündet und ihm damit Vortrieb gibt. – *Spacewar!* heißt dieses Spiel, entstanden ist es 1961 am Massachusetts Institute of Technology in Kalifornien, und in der Geschichte des Computerspiels steht es meist ganz am Anfang.[7] Nur das drei Jahre zuvor auf Long Island für einen Tag der offenen Tür entworfene *Tennis for Two* oder das zwar elf Jahre später entstandene, aber als erstes erfolgreich vermarktete *Pong* machen ihm diese Position bisweilen streitig.[8] Denn *Tennis for Two* kam eben früher, war aber festverdrahtet, *Pong* wiederum kam später, hatte aber neben dem kommerziellen Vertrieb auch die Erfindung des Spiels gegen den

7 Vgl. J. Martin Graetz : ›The Origin of Spacewar‹, in: Creative Computing 8 (1981),

8 Vgl. Marshall Rosenthal: ›Dr. Higinbotham's Experiment. The First Video Game or: Fun with an Oscilliscope‹, in: Discovery Channel Online: Dead Inventors' Corner, 17.03.2003, www.discovery.com/doc/1012/world/inventors100596/inventors.html; Frederic D. Schwartz: ›The Patriarch of PONG‹, in: Invention and Technology, 10.1990, S.64; David H. Ahl/Steve North: Basic Computer Games, New York 1978; sowie zu aktuelleren Ansätzen, eine Geschichte des Computerspiels zu schreiben: Steven Poole: Trigger Happy. The Inner Life of Videogames, London 2000; Steven Kent: The Ultimate History of Videogames, London 2001; Winnie Foster: Spielkonsolen und Heimcomputer 1972-2009, Uttin 2009. Und Mathias Mertens: Wir waren Space Invaders. Geschichten vom Computerspielen, Frankfurt a.M. 2002, insbes. S.23-31.

Computer auf seiner Seite. Technisch gesehen ist die Suche nach dem Anfang daher eine Frage der Setzung. In kulturgeschichtlicher Hinsicht jedoch spricht einiges für ›Spacewar!‹, denn ›Spacewar!‹ hat allen anderen ersten Spielen voraus, dass es nicht nur einen Artikel im Rolling Stone gibt, der ›Spacewar!‹ schon 1971 als Beginn von etwas Großem ausruft, sondern dass es auch jenes Bild gibt, das wie kein anderes die Urszene des Computerspiels festgehalten zu haben scheint.[9]

Abbildung 11: ›Spacewar!‹ Am 27.3.1983 im Computer-Museum in Boston

In der Bildmitte, gerahmt von allerlei anderen technischen Apparaturen, sieht man die PDP-1 von DEC, den ersten Computer, der keinen eigenen Raum brauchte und sich in die Archtitektur eines Büros einpasste. Rechts daneben im Profil stehen die Erschaffer des Spiels, jetzt mit diesem kurzgeschlossen: die Gesichter dem Betrachter ab- und der Maschine zugewandt, den Blick auf den Bildschirm gebannt und die kleinen Kisten in den Händen fest umklammert. Ihnen ist es zu verdanken, dass die Bilder auf der Oberfläche der Maschine ihren Reiz bekommen, dass die Schiffe nicht nur im gleichförmigen Rhythmus der Maschine in die Sonne stürzen, sondern ein agonales Spektakel seinen Lauf nimmt.

»Die jung gebliebenen Hacker der 1960er beim Spacewar-Spiel an einem DEC PDP-1 (1983)«[10], lautet die Bildunterschrift in Claus Pias Studie über die epistemischen Urgründe des Computerspiels. Und das suggeriert, was man von Computerspielen ohnehin annimmt: Dass es die Jugend ist, der Überschwang und der Spielereifer, der zum Computerspielen treibt, und dass die Spiele von den Hackern erfunden wurden, jener computerisierten Counterculture, die aus dem Werkzeug der Rechenmaschine ein individuelles Spielzeug zum freien Zeitvertreib gemacht hat.[11] In der Bildlegende verbindet sich das Foto mit jenem Artikel im *Rolling Stone*, in dem Stewart Brand 1972, also zehn Jahre nach der Erfindung des Spiels 1962, von den alternativen Hackern in Stanford berichtet, die allnächtlich ihre Körper verlassen, um in wilden Weltraumduellen vergnüglich die Rechenzeit ihrer Arbeitgeber zu vergeuden. Und es scheint, als würden

9 Stewart Brand: ›Spacewar. Fanatic Life and Symbolic Death Among the Computer Bums‹, in: Rolling Stone vom 07.12.1972, S.50-58.

10 Claus Pias: Computer-Spiel-Welten, München 2002, S.85.

11 Zum Topos des Hackers vgl. Douglas Thomas: Hacker Culture, Minneapolis 2002; Steven Levy: Hackers, Sebastopol (USA) 2010; Eric Steven Raymond: ›A Brief History of Hackerdom‹, http://www.ramoni.com.br/wiki/images/9/99/A_Brief_History_of_Hackerdom.pdf.

wir jenes selbstvergessenen Kontaktes von Mensch und Maschine im Computerspiel hier noch einmal ansichtig. – Aber der Schein trügt, denn was das Bild nicht zeigt, ist jene Menschenmenge, die sich um die Szene der Computerspieler herum gebildet hat und sie überhaupt erst zu einer richtigen *Szene* werden lässt. Es ist ein anderes, seltener veröffentlichtes Bild, das dieses Publikum zeigt, das sich 1983 im Computer-Museum in Boston in einem Halbkreis um die Spieler versammelt hat und die PDP-1 zur *Skene* werden lässt.

Abbildung 12: ›Spacewar!‹ Anno 1983 aus anderer Perspektive

Die Hacker von damals spielen nicht nur ihr Spiel, sie führen es auch vor – 22 Jahre nach seiner Erfindung in einem Computer-Museum. Diese Urszene des Computerspiels ist also nicht nur eine inszenierte Erinnerung, sondern auch eine Schauanordnung und wiederholt damit das, was *Spacewar!* imgrunde immer schon war: Eine »Demonstration von Hardwarefähigkeiten«, die sich – wie auch der Vorgänger Tennis for Two – nicht nur als ›Test des Gerätes selbst‹, sondern auch als Szene der Evidenz beschreiben lässt. »[A]n exciting game for two players, many kibitzers, and a PDP-1«[12], mit diesen Worten hatte Graetz das Spiel 1962 MIT-intern angekündigt und es als einen neuen Sport angepriesen. Und Stephen Russel preist das Programm für seine Fähigkeit, die Simulation eines komplexen Systems in Echtzeit zu veranschaulichen. Rückblickend berichtet Graetz, dass die Entwicklung des Spiels in der Endphase sowohl auf einen akademischen Vortrag – ›SPACEWAR! Real-Time Capability of the PDP-1‹ – als auch auf einen Tag der offenen Tür im Mai 1962 ausgerichtet war.

»A scoring facility was added so that finite matches could be played, making it easier to limit the time any one person spent at the controls. To provide for the crowds that we (accurately) anticipated, a large screen laboratory CRT was attached to the computer to function as a slave display. Perched on top of a high cabinet, it allowed a roomful of people to watch in relative comfort.«[13]

Das Publikum war also immer schon mitgedacht, *Spacewar!* wurde nicht als ein Privatvergnügen erfunden, um sich des Nachts mit wilden Duellen die Zeit zu vertreiben, sondern als öffentliche Demonstration maschineller Mächtigkeit. Und eben dieser De-

12 Dan J. Edwards/Graetz, J. Martin: ›PDP-1 plays at Spacewar‹, in: MITDecuscope Nr.1/1 vom April 1962, S.2-4.

13 Graetz: ›The Origins of Spacewar‹.

monstrationsfähigkeit hat es auch seine Verbreitung zu verdanken, da DEC, der Hersteller der PDP-1, das Programm dem Gerät zu diesem Zweck beilegte. Mit den kleinen Raumschiffen traten nicht nur Register, Recheneinheiten und Speicherverwaltung greifbar auf und zutage. Ein aus Transitor-Schaltkreisen aufgebauter und in Röhrentechnologie implementierter Rechner mit 200 KHz Taktung und einem Speicher aus 4096 Worten à 18 Bit gewann eine Gestalt, die auch von Laien zu verstehen war. Darüber hinaus wurden auch seine Möglichkeiten demonstriert: seine ›realtime-capabilibites‹ – die Fähigkeit, auf Eingaben in Echtzeit zu reagieren, jenes *zeitkritische* Verhalten also, das Claus Pias als maßgeblich für Actionspiele beschrieben hat und das seine erste Anwendung in der Luftabwehr hatte.[14] »The computer follows the targets and participants have an opportunity to develop tactics which would be employed in any future warfare in space«, schrieben Graetz und Edwards.[15] Es ist die Macht der Maschine, die sich wie der König in den von ihm veranstalteten Turnieren offenbart und dabei zugleich ästhetisiert wird.

Das Spiel verdankt seine Entwicklung also neben den Science-Fiction-Romanen aus den 20er Jahren des 20. Jahrhunderts, die Graetz rückblickend als Inspiration des Spiels nennt, auch der Zeit und dem Ort seiner Entstehung.[16] Nicht zufällig fällt der Auftritt der kleinen Raumschiffe, die sich im dunklen Weltraum um eine kleine flackernde Kugel herum bekriegen, ins Jahr, als Gargarin die Erde umkreiste, und fand im Artificial Intelligence Lab des Massachusetts Institute of Technology statt – also jenem Ort, wo auch der Traum von den intelligenten Maschinen entstand.[17]

Das Erscheinen der kleinen Raumschiffe im Schwarz des Bildschirms ist so von Anfang an in eine theatrale Anordnung eingebunden, mittels der Evidenz erzeugt werden sollte, indem etwas an sich Unsichtbares sichtbar gemacht wird. Auch wenn es Jahrzehnte später der private Nebeneffekt dieser technischen Demonstration ist, der eine neue milliardenschwere Unterhaltungsindustrie entstehen lässt, so ist das Spiel mit dem Computer am Anfang doch auch dieser archaische Kult des Apparates, ein technoides Ritual, in dem der Geist der Maschine in seine Hohepriester fährt, um mit ihnen ein agonales Szenario auszuagieren, das einerseits direkt von Faustkampf und Pistolenduell abzustammen scheint und andererseits wie das häusliche Puppenspiel mit den Fingerspitzen ausgetragen werden muss. Der Avatar aber tritt in diesem Szenario als merkwürdiger Hybrid auf, von dem man auf den ersten Blick nicht sagen kann, ob er die Puppe ist oder die Fäden zieht. – Als Inkarnation verstanden ist der Avatar also jene

14 Vgl. Pias: Computer-Spiel-Welten, S.11: »Zeitkritisch ist die Interaktion im Gegenwärtigen von Actionspielen: Sie fordern Aufmerksamkeit bei der Herstellung zeitlich optimierter Selektionsketten aus einem Repertoire normierter Handlungen.«

15 Edwards/Graetz: ›PDP-1 plays at Spacewar‹.

16 Vgl. Graetz: ›The Origins of Spacewar‹.

17 Vgl. Bruce G. Buchanan: ›A (very) brief history of artificial intelligence‹, in: AI Magazine 4/26 (2005), S. 53; Daniel Crevier: AI. The Tumultuous History of the Search for Artificial Intelligence, New York 1992.

Gestalt, die dem Spieler mit seiner Gottähnlichkeit schmeichelt und ihn in den Glauben versetzt, er würde die Maschine kontrollieren, während zugleich fraglich ist, ob es nicht eigentlich die Maschine ist, die vom Spieler Besitz ergreift.

4.1.1 Dionysos im Cyberspace

»Why was ›Spacewar!‹ the natural thing to build with this new technology?«, fragt die theateraffine Softwaredesignerin Brenda Laurel Anfang der 90er Jahre in ihrer einflussreichen Monographie *Computers as Theatre*.[18] Und so wird *Spacewar!* für Laurel im Rückblick zur natürlichsten Sache der Welt, weil es sich zwangsläufig aus den Potentialen der Maschine ergibt. Es ist für Laurel die Grundlage der neuen Technologie, aus der sich ihr Gebrauch ableiten lässt, und diese Grundlage heißt bei Laurel Handlung: »Its designers identified action as the key ingredient.«[19] Entscheidend für den Computer sei nicht die Rechenleistung, sondern die Darstellung von Handlungen, an denen Menschen teilnehmen könnten – »Its interesting potential lay not in its ability to perform calculations but in its capacity to represent action in which humans could participate.«[20] Und eben diese Wesensbestimmung der Maschine verleitet Laurel dazu, nicht nur nach neuen dramatischen Möglichkeiten Ausschau zu halten, sondern gleich das ganze Gerät zum Theater zu erklären: Eine dramatische Theorie der Interaktion zwischen Mensch und Maschine schwebt ihr vor: »a *poetics* of human-computer activity«.[21] Denn auch das Theater ist in Laurels neo-aristotelischer Auffassung nichts anderes als die in Echtzeit vollzogene Nachahmung einer in sich geschlossenen Handlung, die besonders intensiv erlebt wird: »the imitation of an action with a beginning, middle, and end, which is meant to be enacted in real time, as if the events were actually unfolding«.[22] Die Benutzeroberfläche wird folglich zu einem Theater, in dem sich Mensch und Computer mit verteilten Rollen begegnen: »interface design should concern itself with representing whole actions with multiple agents [...] precisely the definition of theatre«[23] – mit dem kleinen Unterschied, dass die Nutzer des Computers anders als im Theater Zuschauer *und* Darsteller zugleich seien.[24]

---

18 Brenda Laurel: Computers as Theatre, Reading (Mass.) 1991, S.1. Eine kritische und detaillierte Auseinandersetzung mit Laurels neo-arisotelischem Theaterbegriff findet sich in Klaus Bartels: ›Computer und Theater‹, erschienen in: Juni. Magazin für Literatur und Politik 22 (1995), S. 101-115.

19 Ebd.

20 Ebd.

21 Ebd., S. XIX.

22 Ebd., S. 94.

23 Ebd., S. 7.

24 Vgl. ebd., S. 17.

Aus der uneinsichtigen Blackbox der Rechenmaschine, in die mit Hilfe von Kabeln, Schaltern und Lochkarten numerische Daten zur Berechnung eingespeist werden konnten, wird so ein abgedunkelter und ausgeleuchteter Bühnenraum, der betreten werden kann und in dem sich handeln lässt. Das Agieren *in* der Repräsentation – »to act within a representation« – werde zur wesentlichen Möglichkeit der Maschine, die sich in Folge am Maßstab ästhetischer Erfahrung zu messen habe. Es sei kognitive und emotionale Anteilnahme – »engagement« –, ein *Erfahrungsdesign* – »a designed experience«[25] –, die sowohl im Theater als auch im Computer für den Erfolg verantwortlich sei: »You either feel yourself to be participating in the ongoing action of the representation or you don't.«[26] Und das ist im Rahmen von Laurels Modell nur konsequent. Ein Computer, der sich wie ein Guckkastentheater betreten lässt, um vor jenem vereinzelten Zuschauer im Parkett vor dem Monitor repräsentative Handlungen vorzuführen, legt eine Ästhetik der Einfühlung nahe. Die Identifikation mit der Handlung ist es daher Brenda Laurel zufolge auch, die die digitale Repräsentation der Handlung sowie die Erfahrung dieses Handelns möglich werden lässt. Und diese intensive Erfahrung lässt auf den Auftritt eines *deus in machina* hoffen, der die Liminalität in der virtuellen Welt wieder in ihr Recht setzt.

»I think we can someday have Dionysian experiences in virtual reality, and that they will be experiences of the most intimate and powerful kind [...] But for virtual reality to fulfill its highest potential, we must reinvent the sacred spaces where we collaborate with reality in order to transform it and ourselves.«[27]

Die metaphorische Verwandlung des Computers in ein Theater gipfelt im Auftritt von Dionysos in der virtuellen Wirklichkeit und basiert auf der Erfindung eines heiligen Ortes im Inneren der Maschine. Gespeist wird sie aus jenem Glauben an neue Formen von *Gemeinschaftsbildung* und *Selbsterfindung*, wie ihn die Durchsetzung der neuen Technologien in den 90er Jahren begleitet hat. Howard Rheingolds *The Virtual Community: Homesteading on the Electronic Frontier*, und Sherry Turkles *Life on the Screen: Identity in the Age of the Internet* sind die einschlägigen Publikationen der 90er Jahre, die diese Hoffnungen schon im Titel führen.[28]

Sowohl Rheingold als auch Turkle fassen ihre Vorstellung von neuer Sozialität und Identität im Zeichen des Internets wiederum in Metaphern des Theaters. So beschreibt

25 Ebd., S. 112 & XVIII.

26 Ebd., S. 21.

27 Ebd., S.196f.

28 Vgl. Howard Rheingold: The Virtual Community. Homesteading on the Electronic Frontier, Reading (Mass.) 1993, und Sherry Turkle: Life on the Screen: Identity in the Age of the Internet, New York 1995, auf Deutsch erschienen als: Virtuelle Gemeinschaft. Soziale Beziehungen im Zeitalter des Computers, Bonn 1994, und: Leben im Netz. Identität in Zeiten des Internets, Reinbek b. Hamburg 1999.

Rheingold die Herausbildung der Gemeinschaft seines Bulletin Board Systems als einen Prozess der kollektiven Improvisation mit Schauspieltruppe und Besetzungsliste, bei dem die Teilnehmer Publikum, Darsteller und Autor in einem seien.

»[It] was like discovering a cozy little world that had been flourishing without me, hidden within the walls of my house; an entire cast of characters welcomed me to the troupe with great merriment as soon as I found the secret door. Like others [...] I soon discovered that I was audience, performer, and scriptwriter, along with my companions, in an ongoing improvisation.«[29]

Turkle wiederum fasst die Kultur der Chatrooms und MUDs als »kollektive immaterielle Arena« für psychosoziale Experimente mit »Ich-Konstruktionen«.[30] Denn da in den neuen textbasierten Kommunikationsräumen jede(r) der/diejenige sei, für den/die er/sie sich ausgebe, sei die Kommunikation dort mit dem Theater vergleichbar. Schon im antiken Griechenland habe das Drama als »Vermittler der kollektiven psychischen Katharsis« gedient, und in vielen Kulturen würden die Zuschauer als Teilnehmer in das mit einbezogen, »was da als ›alternative Realität‹ inszeniert wird.«[31] Ähnlich wie Performance-Kunst, Straßentheater und Commedia dell'Arte dienten auch die Rollenspiele im Internet als Experimentierfeld für soziale Identitäten. Denn hinter den Computerbildschirmen liege »eine neue Arena für unsere erotischen und intellektuellen Phantasien«, in der »wir« uns in »unsere eigenen Dramen« projizierten, in denen wir »Produzent, Regisseur und Star in einem« seien.[32]

Die Bühne aber, auf der diese Rollenspiele im Zeichen digitaler Dionysien stattfinden sollen, ist der Cyberspace. In der vermeintlichen Tradition von Kunst und Theater stehend, soll der Cyberspace, wie bspw. Michael Benedikt ausführt, den reinen Zugang zum »Ausagieren mythischer Wirklichkeiten« bieten.[33] Einerseits erscheint der Cyberspace so als »neue Verpackung des alten Gedankens vom Himmel« oder als »technische Form Gottes«, wie es Margaret Wertheim und Hartmut Böhme – Letzterer ungleich skeptischer – feststellten.[34] Andererseits ist der Cyberspace aber nicht nur als transzendenter Zufluchtsort christlicher Provenienz zu verstehen, sondern auch als eine neue Verpackung des bürgerlichen Theaters. Im Guckkasten hinter dem Proscenium

29 Rheingold: The Virtual Community, S. XVf.

30 Turkle: Life on the Screen, S. 13.

31 Ebd., S.259f.

32 Turkle: Leben im Netz, S.38.

33 Michael Benedikt: ›Introduction‹, in: Cyberspace. First Steps, Cambridge (Mass.) 1993.

34 Vgl. Margaret Wertheim: Die Himmelstür zum Cyberspace. Eine Geschichte des Raumes von Dante zum Internet, Frankfurt a.M. 2000, S.13; sowie Hartmut Böhme: ›Zur Theologie der Telepräsenz‹, in: KörperDenken. Aufgaben der historischen Anthropologie, hg. v. Fritjof H. Hager, Berlin 1996, S.237-249, hier: S.5; oder auch Peter Matussek: ›www.heavensgate.com – Virtuelles Lebens zwischen Eskapismus und Ekstase‹, in: Paragrana 1/6 (1997).

des Monitors stehen die Avatare im Inneren des narrativen Raumes als empfindsame Subjekte noch einmal wieder auf.[35] Durch das magische Fenster eines transparenten Bildschirms lässt sich nach dem Modell ›Alice through the looking Glass‹ in einem metaphorischen Raum navigieren und flanieren, der entsprechend bunt und dinglich ist wie im Mathematiker-Märchen von Lewis Carroll aus der zweiten Hälfte des 19. Jahrhunderts.[36]

Mit jener düsteren Vision des Cyberspace als Konsenshalluzination einer spätkapitalistischen Endzeit in William Gibsons Roman Neuromancer hat diese Vorstellung der digitalen Dionysien als spätbürgerliches Kammerspiel nicht mehr viel zu tun.[37] Während bei Gibson ein beängstigender Zufluchtsort in den Metaphern des Lichts, des Rausches und der Großstadt beschworen wird, der mit einem Eingriff in den Leib und der Zerrüttung der Psyche verbunden ist, ist in den Computertheater-Visionen aus dem grenzenlosen Nicht-Ort ein in sich geschlossener Bühnenraum geworden, der sich mittels einfühlender Identifikation gefahrlos betreten lässt: das *Holodeck* – eine Erfindung des Fernsehens aus dem Jahr 1987, die es möglich macht, selbst ein Teil des Fernsehens zu werden, eine Art erweitertes Kino mit spür- und greifbaren Bildern, das dem Kammerspiel mit seinen geschlossenen Räumen, unantastbaren Körpern und objektiven Blickwinkeln treu bleibt und eine Scheinwelt zum Zwecke der Weiterbildung und Unterhaltung erzeugt.[38] Während das Raumschiff *Enterprise* auf der Suche nach neuem Leben in unendliche Weiten vordringt, die noch kein Mensch je gesehen hat, kann die Besatzung – hinter verschlossenen Türen und von Sicherheitsprotokollen geschützt – Cowboy und Indianer spielen.[39] – Das Holodeck ist kein geistiger Nicht-Ort,

35 Vgl. auch Manovich: The Language of New Media, S.82: »In the interactive virtual worlds of the 21st century [...] cinema involves a user represented as an avatar existing literally ›inside‹ the narrative space«.

36 Vgl. David Z. Saltz: ›The Art of Interaction: Interactivity, performativity, and computers‹, erschienen in: The Journal of Aesthetics and Art Criticism 2/55 (1997), S. 117-127, hier: S.123; sowie Florian Rötzer: ›Flanieren in Datennetzen‹, Telepolis 1995, http://www.heise.de/tp/r4/artikel/2/2029/2.html.

37 Vgl. William Gibson: Neuromancer, New York 1984, S.67: »A consensual hallucination experienced daily by billions of legitimate operators, in every nation, by children being taught mathematical concepts... A graphic representation of data abstracted from every computer in the human system. Unthinkable complexity. Lines of light ranged in the nonspace of the mind, clusters and constellations of data. Like city lights, receding...«. – Zur Cyberpunk-Kultur vgl. Scott McQuire: ›Space for Rent in the Last Suburb‹, in: Prefiguring Cyberculture. An Intellectual History, Sydney 2002, S.166-178; sowie Sabine Heuser: Virtual Geographies. Cyberpunk at the Intersection of the Postmodern and Science Fiction, Amsterdam/New York 2003.

38 Vgl. die Pilotfolge von Star Trek: The Next Generation, ›Encounter at Far Point‹, US-Erstausstrahlung am 28.9.1987.

39 Vgl. Staffel 6, Folge 8 – »A Fistful of Datas«, US-Erstausstrahlung am 7.11.1992.

aus dem sich wie in Gibsons Neuromancer das Stadtlicht zurückzieht, sein graphisches Gitternetz hält ganz im Gegenteil den euklidischen Raum im Inneren einer die Lichtgeschwindigkeit überwindenden und damit die Raumzeit krümmenden Technologie am Leben. Es steht nicht nur für die Hoffnung, »dass die Kunst nicht mehr vom Leben und die Virtualität nicht mehr von der Realität zu unterscheiden sei«, wie Gundolf Freyermuth meint, sondern verwirklicht den Wunsch, in einer aus den Fugen geratenen Welt die dramaturgischen Konventionen vergangener Fiktionen am Leben zu halten.[40]

4.1.2 Virtuelle Puppenstuben

Lange bevor den Avataren auch nur annähernd eine menschliche Gestalt verliehen wurde, war – über die Vorstellung vom Computer als Theater – aus den pixeligen Raumschiffen und den Nicknames in ASCII-Code eine emphatische Vorstellung von Figuration als Vorgang des Selbsterfindung und der Gemeinschaftsbildung geworden. Das Modell des Computers als Theater war dabei selten deskriptiv gedacht, sondern hatte meist deutlich normative Ambitionen und sollte an einer Verbesserung der Nutzbarkeit der Rechenmaschinen mitwirken. Die damals noch von Konsolen bedienten Computer drangen in den 80er Jahren zunehmend in die privaten Haushalte ein und stellten die Industrie damit auch vor die Frage nach verbesserter Bedienbarkeit. *Human Computer Interaction* und *Interface Design* hießen die neuen Wissensgebiete, die um die Anpassung von Mensch und Maschine bemüht waren und die auch Laurel vertrat. Schon 1982 hatte ein anderer Entwickler vorgeschlagen, sich bei der Software-Entwicklung an dramatischen Kunstformen wie Film oder Theater zu orientieren.[41] Das Theater sollte mit anderen Worten die Akzeptanz der neuen Technologie verbessern – eine Strategie, auf die bezeichnenderweise auch schon Film und Fernsehen erfolgreich gesetzt hatten – und die als *Theatralisierung des Computers* das Pendant zu der von Lev Manovich beschriebenen *Computerisierung der Kultur* darstelle.[42]

40 Gundolf S. Freyermuth: ›Von A nach D. Zwischen Hype und Utopie – Am Horizont der Digitalisierung von Kunst und Unterhaltung lockt das Holodeck‹, in: Cyberhypes. Möglichkeiten und Grenzen des Internet, Frankfurt a.M. 2001, S.213-232, hier: S.231.

41 Vgl. Paul Heckel: The Elements of Friendly Software Design, New York 1984. Vgl. auch Berit Holmquist: ›Face to Interface‹, in: The Computer as Medium, Cambridge 1994, S.222-235, hier: S.225: »[W]e have to develop and adapt the theories and methods of older media to the sphere of the computer.« Eine akutelle Bestandsaufnahme der Wissensgebiete findet sich bspw. bei Hans-Dieter Heilige: Mensch-Computer-Interface. Zur Geschichte und Zukunft der Computerbedienung, Bielefeld 2008; Markus Dahm: Grundlagen der Mensch-Computer-Interaktion, New York 2006; Alan Dix: Human-Computer Interaction, New York 2004.

42 Vgl. Manovich: The Language of New Media, S.48: »In new media lingo, to >transcode‹ something is to translate it into another format. The computerization of culture gradually

Während einerseits die digitalen Kategorien auf die älteren Kulturtechniken übertragen werden, kommt es zeitgleich zur Aneignung der neuen Technologie in den Kategorien einer älteren Kultur – das Theater soll auf einmal nicht mehr live sein, sondern findet plötzlich in Echtzeit statt, und andererseits soll der Computer auf einmal ein Theater sein. Die sprachliche Gleichstellung des Computers als Theater wertet die Maschine als Austragungsort hoher Kultur auf, legt aber andererseits neue Maßstäbe an die Technologie an. Mit der beabsichtigten Wandlung vom Werkzeug zum Spielzeug wird die Maschine nicht nur ästhetisch akzeptabel, sondern auch ästhetisch normierbar. Die Kultivierung des Computers nach dem Modell des Reformtheaters ist insofern ein zweischneidiger Prozess wechselseitiger Legitimation und Normierung, mit dem die Technologie angeeignet wird. So gewinnt die spröde Technik einen humanistischen Anstrich und hat sich fortan mit den Ansprüchen dieses Anstrichs auseinanderzusetzen. Statt einfach gut zu rechnen und die Programme möglichst fehlerfrei abzuarbeiten, kommen nun ästhetische Maßstäbe ins Spiel, die auch einen humanistisch orientierten Diskurs auf den Plan rufen, der auf eine neue Literatur im Zeichen des Hypertexts hofft und ein zukunftweisendes Cyberdrama für möglich und nötig erachtet.

Am Center for Educational Computing Initiatives des MIT hält die amerikanische Literaturwissenschaftlerin Janet Murray daher Ende der 90er Jahre auch nach Hamlet auf dem Holodeck Ausschau.[43] Die Suche nach dem *Cyberdrama* setzt einerseits Laurels Projekt mit normativem Vorzeichen fort und nährt sich andererseits aus der Hoffnung auf eine neue Literatur und Literalität im Zeichen des Hypertextes, wie sie in den 90er Jahren durch die literaturwissenschaftlichen Institute geisterte. Murray hofft auf einen *neuen Barden*, der die Vorurteile gegenüber den neuen Medien auszuräumen

accomplishes similar transcoding in relation to all cultural categories and concepts. That is, cultural categories and concepts are substituted, on the level of meaning and/or language, by new ones that derive from the computer's ontology, epistemology, and pragmatics. New media thus acts as a forerunner of this more gneral process of cultural reconceptualization.«

43 Janet Murray: Hamlet on the Holodeck. The Future of Narrative in Cyberspace, Cambridge (Mass.) 1997. – Zur Diskussion um neue Erzählformen im Netz vgl. auch Marie-Laure Ryan: Narrative as Virtual Reality. Immersion and Interactivity in Literature and Electronic Media, Baltimore 2001; N. Katherine Hayles: Writing machines, Cambridge, Mass. 2002; Sarah Sloane: Digital fictions. Storytelling in a Material World, Stamford, Conn. 2000. – Zur Auseinandersetzung mit der neuen Literalität im Netz vgl. J. David, Bolter: Writing space. The Computer, Hypertext, and the History of Writing, Hillsdale 1991; George P Landow: Hypertext. The Convergence of Contemporary Critical Theory and Technology, Baltimore 1992; Richard A Lanham: The Electronic Word. Democracy, Technology, and the Arts, Chicago 1993; Espen Aarseth: Cybertext. Perspectives on Ergodic Literature, Baltimore 1997; Christiane Heibach: Literatur im Internet. Theorie und Praxis einer kooperativen Ästhetik, Berlin 2000. Eine kritische Auseinandersetzung findet sich u.a. in Stephan Porombka: Hypertext. Zur Kritik eines digitalen Mythos, München 2001; und Roberto Simanowski: Digitale Literatur, München 2001.

weiß, seine besondere *interaktiven* Erzählmöglichkeiten entdeckt und so in der Tradition von Homer, Aischylos und Jane Austen neue Möglichkeiten des Erzählens für das alte Projekt des Wahren und Schönen erschließt.[44]

»In trying to imagine Hamlet on the Holodeck, then, I am not asking if it is possible to translate a particular Shakespeare play into another format. I am asking if we can hope to capture in cyberdrama something as true to the human condition, and as beautifully expressed, as the life that Shakespeare captured on the Elizabethan stage.«[45]

Das Cyberdrama lässt sich daher als Forsetzung von Literatur und Film mit anderen Mitteln denken. »Just as the primary representational property of the movie camera and projector is the photographic rendering of action over time, the primary representational property of the computer is the codified rendering of responsive behaviors.«[46] Daher werde die Geschichte im Cyberdrama nicht mehr *nur* erzählt, sondern könne hier auch erlebt werden. Der *Nutzer* erfahre sich als intentional Handelnder in einer fremden Umgebung, die expressiv und kohärent auf ihn reagiere. Der Rezipient werde nicht nur in einer künstlichen Welt gefangen genommen, es würden ihm auch Handlungs- und Verwandlungsmöglichkeiten eingeräumt. Im Grunde aber sei das Cyberdrama nur als die nächste mediale Spielart des seit Menschengedenken gleichen Geschichtenerzählens zu verstehen, das universalen ästhetischen Kriterien unterworfen sei. Ähnlich wie die Theaterreformer im 18. Jahrhundert legt auch Murray nahe, dass es einer Reform des *Mediums* bedürfe, um seine spezifischen Potentiale zu entfalten. – Die Schwierigkeiten, das *interaktive Drama* zu verwirklichen, und das Ungenügen der real existierenden Spiele – überlegt Michael Mateas im Anschluss an Laurel und Murray – seien in dem fehlenden theoretischen Überbau begründet, den es zuerst auszuarbeiten gelte.[47] Ästhetische Ideale und profane Wirklichkeit der Spiele scheinen wie zu Schillers Zeiten auseinanderzuklaffen.

Nachdem sich der Staub, den die Hypertext-Novellen aufgewirbelt hatten, wieder gelegt hatte, findet Janet Murray Anfang des neuen Jahrtausend das *Cyberdrama* dann in einer neuen Generation von Computerspielen verwirklicht, die für sie dementsprechend nichts anderes als das »Ausagieren einer Geschichte in einem fiktionalen Raum« sind und an der Qualität der Geschichten, die sie erzählen, bemessen werden müssen.[48] Der neue Barde ist Will Wright, das Cyberdrama heißt ›Die Sims‹:[49]

44 Murray: Hamlet on the Holodeck, S.273.

45 Ebd., S.274.

46 Ebd., S.74.

47 Michael Mateas: ›A Preliminary Poetics for Interactive Drama and Games‹, in: First Person. New Media as Story, Performance, and Game, hg. v. P. Harrigan/ N. Wardrip-Fruin, Cambridge (Mass.) 2004, S.19-33, hier: S.19.

48 Vom »teilnahmslose[n] Herumklicken« in den Hyperfiktionen hat Michel Chaouli 2003 berichtet und Niels Werber hat die Hypertextliteratur 2008 zu einem »tote[n] Seitenstrang

»In The Sims, Wright has created a multivariant world of rich events and complex character interactions [...] It engages players in building up households in a fictional world that has its own momentum and generated it's own plot events. Duplicitous neighbors and morbid clowns come to visit and destroy the happiness of the household. The time clock pushes relentlessly forward, with every day a workday, with carpools to meet and chores to do for those a home. The world of The Sims has it's own moral physics: education leads to job success; a bigger house means more friends; too many possessions lead to exhausting labor; neglect of a pet can lead to the death of a child. [...] Looking back one hundred years from now, The Sims may be seen as the breakthrough text of cyberdrama, just as Don Quixote (1605) was for the novel or The Great Train Robbery (1905) was for the movies.«[50]

Die Sims haben nach Janet Murray alles, was eine gute Geschichte braucht: Figuren mit Charakter, zwischenmenschliche Beziehungen, dramatische Ereignisse, ein familiäres Eigenheim, das der Drehpunkt all dessen ist, und schließlich heuchlerische Nachbarn und düstere Clowns, die das Eigenheim bedrohen. Das Cyberdrama entlarvt sich so als Cybertrauerspiel, und die Annahme, dass auch die neuen Medien nur wieder die alten Geschichten erzählen, findet sich wie in einer selbsterfüllenden Prophezeiung bestätigt.[51] – Als ›Holodeck-Mythos‹ hat Marie-Laure Ryan diese Vorstellung bezeichnet, dass das Spiel mit dem Computer nichts anderes als eine interaktive Erzählung sei.[52] »Hamlet was pretty good, but soon we can have something even better: Hamlet the Game«, hat Aspen Aarseth die Idee pointiert auf den Punkt gebracht.[53]

---

der medialen Evolution« erklärt. (Michel Chaouli: ›Kommunikation und Fiktion‹, erschienen in: Weimarer Beiträge 1/49 (2003), S. 5-16, hier: S.11-13; Niels Werber: ›Sehnsüchtige Semantik. Neue Medien, neue Literatur im World Wide Web‹, in: Weltweite Welten. Internet-Figurationen aus wissenssoziologischer Perspektive, hg. v. Herbert Willems, Wiesbaden 2008, S.341-362, hier: S.341).

49 Maxis: The Sims. Electronic Arts 2000.

50 Janet Murray: ›From Game-Story to Cyberdrama‹, in: First person. New media as story, performance, and game, Cambridge (Mass.) 2004, S.2-11, hier: S.4f.

51 Vgl. Ken Perlin: ›Can There Be a Form between a Game and a Story?‹, in: First person. New media as story, performance, and game, Cambridge (Mass.) 2004, S.12-18, hier: S.13: »Whether it is in the form of oral storytelling, written text, dramatic staging, or cinema, the basic premis is the same. A trusted storyteller says to us, ›Let me tell you a story. There was a guy (or gal), and one day the following conflict happened, and then this other thing happend, and then...‹ and by some transference proecess we become that guy or gal for the duration of the story.«

52 Marie-Laure Ryan: ›Beyond Myth and Metaphor – The Case of Narrative in Digital Media‹, erschienen in: Game Studies 1/1 (2001), http://gamestudies.org/0101/ryan/.

53 Espen Aarseth: ›Genre Trouble: Narrativism and the Art of Simulation‹, in: First person. New media as story, performance, and game, Cambridge, Mass. 2004, S.45-55, hier: S.49. – Und in der Tat scheiterte Edward Castronova einige Jahre später daran, die Werke Shake-

Die Polemik der *Ludologen*, wie sich jene Fraktion der Game Studies in Abgrenzung von den sogenannten *Narratologen* nennt, richtet sich gegen den Versuch, die Spiele und ihre Spieler dem philologischen Diskurs, seinen hermeneutischen Methoden und ästhetischen Idealen ein- und unterzuordnen. Stattdessen ist es die situative Spezifik des Spiels, des Ludischen, die in Abgrenzung vom Narrativen hervorgehoben wird. Im Unterschied zum story-telling konstituiere sich die ›gaming situation‹ nicht als Nacherzählung von etwas Vergangenem, sondern sei durch das ›game-play‹ bestimmt – das spielerische Erleben der Spielsituation, die aus den Praktiken des Spielens und nicht den Traditionen der Fiktion heraus verstanden werden müsse. »If I throw a ball at you, I don't expect you to drop it and wait until it starts telling a story«, fasst Markku Eskelinen die ludologische Position zugespitzt zusammen.[54] Auf die Sims bezogen heißt das, dass auch wenn sich Geschichten über das Spiel erzählen lassen, nicht unbe-

speares als Computerspiel zu implementieren: »The game, called Arden, the World of Shakespeare, was a project out of Indiana University funded with a $250,000 MacArthur Foundation grant. Its creator, Edward Castronova, an associate professor of telecommunications at the university, wanted to use the world to test economic theories: by manipulating the rules of the game, he hoped to find insights into the way that money works in the real world. Players can enter the game and explore a town called Ilminster, where they encounter characters from Shakespeare, along with many plots and quotations. They can answer trivia questions to improve their characters and play card games with other players. Coming from Castronova, a pioneer in the field, the game was expected by many to show the power of virtual-world-based research. // But Castronova says that there's a problem with the game: "It's no fun." While focusing on including references to the bard, he says, his team ended up sidelining some of the fundamental features of a game. "You need puzzles and monsters", he says, "or people won't want to play ... Since what I really need is a world with lots of players in it for me to run experiments on, I decided I needed a completely different approach."« (Erica Naone, WEDNESDAY vom 5.12.2007, http://www.technologyreview.com/Infotech/19817/?a=f).

54 Markku Eskelinen: ›The Gaming Situation‹, in: Game Studies 1/1 (2001). Vgl. auch ders.: ›Towards Computer Game Studies‹, in: First person. New media as story, performance, and game, Cambridge, Mass. 2004, S.36-44, hier: S.37; Stuart Moulthrop: ›From Work to Play: Molecular Culture in the Time of Deadly Games‹, in: First person, S.56-69; Greg Costikyan (2000): ›Where stories end and games begin‹, erschienen in: Game Developer 9/7 (2000), S. 44-53. – Hinter dem Konflikt zwischen Narratologen und Ludologen verbergen sich daher nicht zuletzt die Emanzipations-Bemühungen der sich neu formierenden Disziplin der Game-Studies, die in der Tat durchaus Parallelen mit der hundert Jahre zurückliegenden Gründung der Theaterwissenschaft aufweisen. Denn die Gründung beider Disziplinen vollzieht sich in vehementer Abgrenzung von den ästhetischen Idealen eines literarischen Diskurses durch das Insistieren auf die spezifische kommunikative Situation des jeweiligen ›Mediums‹. Vgl. auch Gonzalo Frasca: ›Ludology meets narratology‹, in: Similitude and differences between (video) games and narrative, Parnasso 3 (1999).

dingt auch das Spiel selbst eine Geschichte erzählt. Deutlich wird dies, wenn man sich die Geschichten, die in den Sims erzählt werden, genauer anschaut.

Denn die Sims erleben nicht einfach irgendwelche Geschichten, sondern genau eine Geschichte: Die Geschichte der Vorstadt – essen, trinken, zur Arbeit fahren, Geld verdienen, Konsumgüter kaufen, Kontakte zu den Nachbarn pflegen und sich von all dem ausruhen. Die Sims haben daher keine Eigenarten, sondern Punkte; Punkte, die über ihre sechs möglichen Charaktereigenschaften bestimmen: ordentlich, extrovertiert, aktiv, verspielt, nett; und andere Punkte, die über ihre acht Bedürfnisse Auskunft geben: Hunger, Komfort, Hygiene, Harndrang, Energie, Spass, soziales Leben, Wohnung. Steigt der Harndrang, schickt man sie aufs Klo, sinkt der Komfort, muss ein neues Sofa her, und so weiter und so fort. Es geht um Bedürfnisbefriedigung oder besser Bedürfnismanagement. Ob man darin nun Ideologie oder Ironie erkennt, fest steht, die Sims kennen nichts außer ihrem Haus, in das ab und zu Nachbarn zu Besuch kommen und vor dem sie täglich von Fahrgemeinschaften zur Arbeit abgeholt werden. Jedes Spiel fängt mit einem kleinen Haus und wenigen Freunden an – und endet mit einem großen und vielen Freunden, wenn es erfolgreich ist. Nur wenn etwas schief läuft, es keine Toilette gibt und sie in den Garten müssen, dann brennt meist auch noch der Herd ab; und dann werden sie deprimiert, wenden sich fluchend und drohend zum Spieler hoch und wissen nicht mehr, was zu tun ist. In der Welt der Sims gibt es dementsprechend keine Konflikte, sondern nur Unfälle, so wenig wie es Vergangenheit und Zukunft in dieser simulierten Vorstadt gibt. Das Spiel ist nichts anderes als eine ökonomische Simulation: Entscheidend für den Spielverlauf ist, wie das Geld investiert wird. Bedürfnisse müssen befriedigt werden, damit mehr Geld verdient werden kann, um größere Häuser zu bauen, um mehr Geld zu verdienen, und dadurch steht weniger Zeit zur Verfügung. Dann muss ein neuer und besserer Armsessel her, um die inzwischen gestiegenen Bedürfnisse erfüllen zu können, für die der alte nicht mehr ausreicht.[55]

Einen »social simulator« nennt der Entwickler Will Wright die Sims, »a toyful representation of life«, oder auch: »A medium to express ourselves to dream and build consequently the life conditions we desire.«[56] Und bei diesem Traum von einem besseren Leben verspricht der Hersteller gleiche Bedingungen für alle. Ob heterosexuell oder homosexuell, Pärchen oder alleinstehend, Double-Income-No-Kids oder Großfamilie: In der simulierten Vorstadt kann jeder glücklich werden. Miguel Sicart hat dieses Versprechen überprüft und konnte mit einem schwulen Paar großen Erfolg verbuchen, und auch eine ledige Frau stieg schnell zu ansehnlicher Stellung auf. Lediglich die alleinstehende Frau mit Kind hatte es ein wenig schwerer und brauchte mehr Spielzeit, bis sie sich zum Mafiaboss hochgearbeitet hatte – denn wie im echten Leben gab es in

55 Vgl. Cliff Thomson: ›Suburban Rhapsody – In The Sims, America's favorite computer game, winning means having stuff – the most friends, the biggest house. Sound familiar?‹, in: Psychology Today 6/36 (2003), S. 32-41.

56 Zit. n. Manuel Sicart: ›Family Values: Ideology, Computer Games & The Sims‹, in: Level Up. Digital Games Research Conference, Utrecht 2004, hier: S.1.

dieser Konstellation weniger Verdiener und mehr Münder zu füllen. Grundsätzlich aber konnte verzeichnet werden, dass das Spiel sein liberales Glücksversprechen einlöste:

»As long as you follow the pre-established ways of being happy in the game, and you have the patience and the gaming skills to succeed, all sims are treated in the same way. Same salaries, same job opportunities, same concept of success.«[57]

Was aber passiert jenen, die lieber zu Hause Gitarre spielen als arbeiten zu gehen, weil eine unausgeglichene Persönlichkeit der geregelten Lebensweise im Weg steht? Die Probe aufs Exempel machte Miguel Sicart mit einem Double des Leadsängers der Grunge-Band Nirvana, Kurt Cobain, und musste erstaunt feststellen, dass der ungesunde Lebenswandel an der Spielmechanik scheiterte.

»Shortly after my beginning as SimCobain, I discovered myseld struggling with the Sim. He refused to play guitar or watch TV: he wanted to have friends, a job, to be nice with his wife, he wanted the life that Kurt Cobain parodied in his songs! The game took control, and I was a mere observant of how Kurt remade his life.«[58]

Die simulierte Vorstadt der Sims verpflichtet zum Glück. Außenseiter kann es hier nicht geben, nur die stereotypen Gewinner spätkapitalistischer Gesellschaften sind überhaupt zugelassen. Im Fall von Abweichung wird eingelenkt. Die Ideologie steckt in der Mechanik des Spiels, weil sie den Rahmen für die denkbaren Lebensformen vorgibt. – Ähnliches musste Mark Boal, ein Journalist mit Faible für Egoshooter, erleben, der dem Spiel angesichts seines häuslichen Settings mit einer ausgeprägten Skepsis gegenübertrat. Nach eigenem Bericht beginnt sein Spielversuch mit einer Kommune, in der sechs Frauen arbeiten gehen, die siebte sauber macht und der einzige Mann es sich auf dem Sofa bequem macht, – und endet nach wenigen Spielversuchen im selbstgewählten Kleinfamilienidyll.

»Bathing Mary in a bathtub. Can hear her lather up. One thing the definition of surveillance doesn't tell you about keeping watch: The voyeur doesn't just gaze; he connects. Think of guards who watch prisoners. They sometimes date convicts. Even get married to them. Surveillance as a form of love.«[59]

57 Ebd., S.7.

58 Ebd., S.8.

59 Mark Boal: ›Me and my Sims. Three Days in the Most Surreal Game on Earth‹, in: Village Voice vom 28.03.2000, http://www.villagevoice.com/2000-03-28/news/me-and-my-sims/. Vgl. auch Christian Riedel: ›My Private Little Revolution? Computerspiel als Widerstand in The Sims und The Sims Online‹, in: Das Spiel mit dem Medium. Partizipation, Immersion, Interaktion, hg. v. B. Neitzel/R. Nohr, Marburg 2006, S.276-295.

Die Beschreibungen erinnern an die *Scrapbook-Houses* und Puppenstuben des 19. Jahrhunderts: Spiele, die dazu dienten, den jungen Mädchen ihre künftigen sozialen und affektiven Aufgaben als Mütter, Ehegattinnen und Hausfrau beizubringen.[60] Im Gegensatz zu Erzählungen fehlt es diesen Simulationen an einem festgelegten Ablauf der Ereignisse, es geht wie in den Sims und anderen Puppenstuben um das Training der immer ähnlichen Abläufe. Statt zur distanzierten Schau fordert die Simulation zur unmittelbaren Reaktion heraus und setzt diese Reaktion in eine Veränderung des Systems um. Durch diese Rückkopplung bringen Puppenhaus und die Sims dem Spieler nicht nur die Abläufe bürgerlicher Häuslichkeit bzw. eines liberalen *Pursuit of Happiness* bei, sie trainieren auch die entsprechenden Wahrnehmungsweisen, Affektstrukturen und Kognitionsmuster.[61]

4.1.3 Berechenbare Trauerspiele

Der Unterschied zwischen Puppenstube und ›social simulator‹ hingegen besteht in der numerischen Natur des Letzteren. Es sind regelgeleitete Systeme, die sich auf einen Satz von Zuständen, Eingangsgrößen und Regeln reduzieren lassen und einzig und allein quantitative Zustandsveränderungen erlauben. Das Haus kann größer werden oder kleiner, die Freunde mehr oder weniger, anderes ist grundsätzlich nicht möglich. Und

---

60 Vgl. M Flanagan: ›SIMple and Personal: Domestic Space and The Sims‹, in: Melbourne DAC 2003, http://media.rmit.edu.au/projects/dac/papers/Flanagan.pdf. – Die Puppenstube, die als ein Spielzeug erst im Rahmen der Zuwendung zum Kind im 19. Jahrhundert entstand, diente immer auch pädagogischen Zwecken. Spielerisch sollten die kleinen Mädchen die hausfrauliche Rolle und die entsprechenden Pflichten spielerisch einüben. Vgl. Renate Müller-Krumbach: Kleine heile Welt. Eine Kulturgeschichte der Puppenstube, Leipzig 1992; sowie Lenoie von Wilckens: Das Puppenhaus. Vom Spiegelbild des bürgerlichen Hausstandes zum Spielzeug für Kinder, München 1978.

61 »Simulation is the hermeneutic other of narratives; the alternative mode of discourse, bottom up and emergent, where stories are top-down and preplanned. In simulations, knowledge and experience is created by the player‘s actions and strategies, rather than recreated by a writer or moviemaker«, schreibt Espen Aarseth in ›Genre Trouble: Narrativism and the Art of Simulation‹ (S.52). Und Simon Penny überlegt, wieso die Armee nicht Schauspiel unterrichtet, wieso werden Schauspieler, die Serienkiller spielen, nicht zu Serienkillern und Piloten, die in Simulatoren sitzen, zu Kampffliegern, und kommt zu dem Schluss, dass im Unterschied zum Theater die Illusion in der Simulation nicht für das Publikum, sondern für den Akteur bestehe. Vgl. Simon Penny: ›Representation, Enaction, and the Ethics of Simulation‹, in: First person, S.73-84, hier: S.81. Von einer Abbildung (Mapping) spricht Jesper Juuls, die den Tastendruck ohne Verzögerung in eine systemrelevante Veränderung verwandle. Vgl. Jesper Juul: ›Introduction to Game Time‹, in: First person, S.131-142, hier: S.131: »games map the player into the game world«.

genau darin scheint das eigentliche Lernziel des Spiels zu liegen. So wie die Puppenstube vor allen Dingen die Botschaft vermittelt, dass das Leben sich im Haushalt abspielt und erschöpft, lehren die Sims, dass die Welt sich in numerischen Parametern beschreiben lässt. Die liberale Ideologie auf der Oberfläche des Designs ist Dekor, über das man sich nach Belieben aufregen oder von dem man sich problemlos ironisch distanzieren kann. Wovon man sich hingegen nicht distanzieren kann, ist die *Mechanik* des Spiels, die die Welt aufs Management numerischer Zustandsparameter festlegt und die Freude an der Verwaltung des Vorstadtlebens kultiviert. Die Simulation ist ein idealer Trainingsgrund für ein systemisches Denken und die passende Kunst zur allgemeinen Systemtheorie und einer Welt, die sich zunehmend als System organisiert. In dieser Hinsicht aber – weniger ein Abbild der Wirklichkeit als vielmehr eine Bildung des Menschen bewirken zu wollen – ähneln die Sims vielleicht tatsächlich dem bürgerlichen Theater; nur dass die Sims eben Selbstverwaltung statt Empfindsamkeit trainieren.[62]

Die ungewollte Empfindsamkeit Boals gegenüber seinen Sims passt insofern ausgezeichnet in Murrays Forderung nach der *schönen Erzählung* im Computerspiel. Denn mit der Ästhetisierung des Computerspiels dienen auch die simulierten Auftritte der Avatare nicht nur der behavioristischen Konditionierung des Spielers nach einem einfachen Reiz-Reaktionsmuster, sondern arbeiten zunehmend an dem kulturell geprägten Projekt einer Subjektbildung mit. So folgt auf die Tennisschläger und Raumschiffe, die die erste Generation der Spiele von *Pong* bis *Space Invaders* prägen, mit *Pac-Man* 1980 die erst Spielfigur, die sich vermenschlichen lässt. Denn auch wenn *Pac-Man* ursprünglich ein gefüllter Kreis mit einem kleiner und größer werdenden Winkelausschnitt war, trug er den Mann schon in seinem Namen und wurde als Werbeträger und auf Magazin-Covern zum Gesicht mit eben jenen Augen, die er im Spiel vermissen liess. Als Verkörperung eines unschuldigen Kindes, das noch lernen muss, was Gut und was Böse ist, hat ihn sein Erfinder rückblickend beschrieben: »Sie müssen sich ihn als Kind vorstellen, das an jedem Tag mit jeder seiner Handlungen dazu lernt.« *Pac-Man* ist damit die erste Figur, die einen nennenswerten Auftritt in der medialen Öffentlichkeit jenseits der Rechnerarchitekturen hatte. Der Trend, der dann mit den comichaften Sprites von *Donkey Kong*, *Pitfall* oder *H.E.R.O.* anfängt, setzte sich in den menschlichen Akteuren der Sport- und Filmspiele wie *Summer Games* und *Ghost Busters* fort, bis er schließlich in dem digitalen Realismus immer hochauflösenderer und fotorealistischerer Vektorgrafiken kulminiert. Die visuelle Vermenschlichung der Avatare vollzieht sich insofern parallel zu Laurels diskursiver Theatralisierung des Computers und Murrays Dramatisierung des Spiels.[63]

62 »The more we see life in terms of systems, the more we need a system-modeling medium to represent it – and the less we can dismiss such organized rule systems as mere games«, wird ein unbenannter Kritiker von Stuart Moulthrop zitiert: vgl. ›From Work to Play‹, S.64.

63 Zur Geschichte des Computerspiels vgl. u.a.: Steven Kent: The Ultimate History of Videogames, London 2001; Winnie Foster: Spielkonsolen und Heimcomputer 1972-2009,

Der eigentliche Prototyp der Sims und des Avatars aber ist 1985 in einem Spiel namens *Little Computer People* auf der Bildschirmoberfläche erschienen.[64] Im Inneren der Maschine würden kleinen Menschen hausen, die man normalerweise nicht zu Gesicht bekomme, erzählt die Vorgeschichte des Spiels. Das kleine Einfamilienhaus jedoch, das mit dem Spiel auf den Bildschirm gezaubert wird, locke sie hervor und mache sie sichtbar. Ein kleiner Mann mit Schnurrbart zieht so zu Anfang des Spiels in das Haus ein, spielt Karten oder Klavier, füttert seinen Hund und führt endlose Telefonate mit wem auch immer. Wenn das kleine Männchen nicht ernährt wird, wird es langsam grün, legt sich ins Bett und stirbt irgendwann.

Abbildung 13: Little Computer People

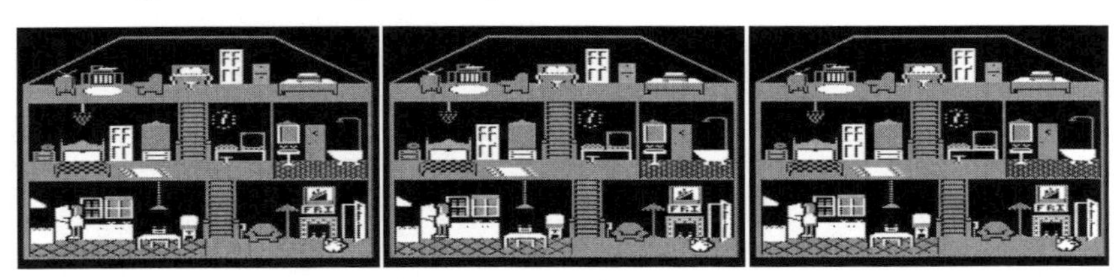

Auch *Little Computer People* erzählt keine Geschichte, verwandelt aber den Computer erstmals in eine Puppenstube, gibt der im Inneren der Maschine hausenden Macht ein menschliches Antlitz und verlangt dem Menschen damit erfolgreich die Identifikation mit der Maschine ab. »Die Little Computer People waren wir alle«, schreibt Mathias Mertens in seiner Retrospektive des Computerspiels: »Wir waren gleich. Auf der anderen Seite des Monitors passierte nichts anderes als bei uns.«[65] So geht durch die Identifikation mit dem vermenschlichten Avatar die von Claus Pias am Beispiel von *Pong* beschriebene *Akkommodation* an die Maschine zur *Assimilation* an das Gerät über. Was beim Spiel von *Little Computer People* verschwunden sei, sei der Computer gewesen, schreibt Mertens. »Spielfiguren und wir verschmolzen zu einem einzigen Alltag, dessen Grundlage der Computer war, in dem er aber nicht mehr wahrgenommen wurde, weil er so vertraut war.«[66] Statt dass der Spieler also zum *Device*, zur *Peripherie* der Maschine wird, wie es Pias für die Akkomadation beschrieben hat, werden mit der As-

Uttin 2009; Konrad Lischka: Spielplatz Computer. Kultur, Geschichte und Ästhetik des Computerspiels, Hannover 2002; Van Burnham/Ralph H. Baer: Supercade. A Visual History of the Videogame Age. 1971-1984, Cambridge (Mass.) 2003; Lucien King: Game on. The History and Culture of Videogames, London 2002.

64 Activision: Little Computer People, Activision 1985.

65 Mertens: Wir waren Space Invaders, S.143.

66 Mertens, Wir waren Space Invaders, S.143.

similation der Computer und seine Struktur als Bestandteil der eigenen Subjektivität verinnerlicht.[67]

Das Melodrama der *Sims* handelt von eben dieser wechselseitigen Anpassung des Menschen an die Maschine. Die Avatare erhalten menschliche Gestalt und die von ihnen bewohnte Puppenstube fordert den menschlichen Spieler im gleichen Atemzug dazu auf, sich darauf abzubilden. Als Theater wird der Computer zum Schauplatz von Figuren, mit denen sich zum Zwecke der Einverleibung eines systemischen Denkens spielen lässt. Des Nachts mit den Sims beschäftigt, probt das bürgerliche Restsubjekt keine alternativen Identitäten, sondern eine neue Form von Subjektivität. Die *Sims* helfen in einer Welt glücklich zu werden, die wie die ihre funktioniert und wenig Platz für die subjektiven Narzissmen des bürgerlichen Subjekts hat.

Dass Murray die *Sims* in die Tradition von Don Quijote stellt, ist daher in einem anderen Sinne zutreffend. Denn Don Quixote *spielt* den Ritter nur. Er wird zur traurigen Gestalt, weil die neue Welt nicht den alten Idealen entspricht. Der Kampf gegen Windmühlen ist ein Scheingefecht, das die eigene Heldenhaftigkeit zu dem Preis erleben lässt, zum Gespött der Anderen zu werden. So wie Don Quixote aber den Ritter *spielen* die Sims den Menschen nur und werden zu traurigen Gestalten, weil diese schöne bürgerliche Welt, die sich selbst so gerne verdammt, den Spielern der Sims schon so fern liegt wie Don Quixote das heroische Rittertum. Bei den Sims verhält es sich dementsprechend umgekehrt wie im bürgerlichen Theater. Während Letzteres unter dem Schleier, nur ein Abbild der Wirklichkeit zu liefern, es darauf abgesehen hatte, dieses Abbild überhaupt erst einmal zu verwirklichen, liefern die *Sims* unter dem Vorwand, *nur* ein Spiel zu sein, ein genaueres Abbild zeitgenössischer Wirklichkeit, als man es sich vorzustellen traut. Denn jenes Funktionieren in einem mathematisierbaren und geschichtslosen System, in dem sich Bedürfnisbefriedigung als Erhöhung von Punkten realisiert, ist schon jetzt weitaus näher an der Wirklichkeit der westlichen Gesellschaften als das tiefenpsychologische Bemühen um die Ergründung seelischer Konflikte. Vielleicht sind wir den *Sims* in ihren numerischen Charaktereigenschaften und ihrem algorithmischen Agieren schon viel näher gekommen, als wir uns wünschen. Hinter dem Bemühen, den kleinen pixeligen Männchen im Computer eine dramatische Subjektivität zuzuschreiben, und hinter der Vorstellung, die *Sims* hätten etwas mit den Galottis gemein, steckt vielleicht derselbe *horror vacui*, den auch jener Diskurs, der den Avataren ihren humanistischen Anstrich verleiht, nur kläglich verdeckt. Denn hinter der behaupteten anthropologischen Konstanz und den substanzialistischen Vorstellungen von einer Identität im Zeitalter des Internets, die so rund, gelb und gegenständlich ist wie Pac-Man und seine Artgenossen, verbirgt sich im Gegenteil ein radikaler Wandel der Vorstellung, was ein Mensch ist.

---

67 Vgl. Claus Pias: ›Die Pflichten des Spielers. Der User als Gestalt der Anschlüsse‹, in: Hyperkult II, hg. v. W. Coy/M. Warnke, Bielefeld 2005, S.313-341, hier: S.322 .

Wenn daher aus dem Auftritt eines Raumschiffs im Rahmen eines archaischen Szenarios, das als Duell unter Ingenieuren die Macht der Maschine feierte, eine virtuelle Puppenstube geworden ist, die den Avataren einen menschlichen Anstrich in einem digitalen Kammerspiel verleiht, dann verbirgt sich dahinter mehr als die Erzeugung von Akzeptanz für eine neue Technologie. Mit dem Auftritt des Avatars wandelt sich nicht nur die Vorstellung von dem, was ein Mensch ist, sondern auch dieser Mensch selbst. Angetrieben aber wird diese Wandlung von einem Begehren, das ›Interaktivität‹ heißt und von Gesellschaft, Computerspiel und Performance-Kunst seit den 60er Jahren geteilt wird. – Im Computerspiel könne man ›Als-ob-Erfahrungen‹ sammeln, behauptet der Kommunikationswissenschaftler Peter Vorderer, denn es habe die alte Qual der Wahl beseitigt: »Selbst etwas zu unternehmen oder lieber nur zuzuschauen? Eine Mutprobe bestehen oder bloß Abenteurer auf der Kante des eigenen Fernsehsessels bleiben?«[68] – Hinter dem häufig wiederholten Allgemeinplatz, der das Offensichtlichste über den Computer und seine Spiele auszusagen scheint, steht aber weit mehr als nur ein missverständlicher Handlungsbegriff. Es ist die große mediale Erzählung vom Überwinden des passiven Konsums und von der Rückkehr zu einem elektronischen Tribalismus, aus der sich Computer und Theater speisen.

4.2 GESAMTDATENWERKE
DIE KUNST DER INTERAKTIVITÄT

Der Auftritt der prototypischen Avatare *wedge* und *needle* im Rahmen einer Szene der maschinellen Evidenzerzeugung und ihre nachfolgende Stilisierung zu kulturellen Handlungsträgern im erdachten Computertheater hat deutlich gemacht, wie die Gestalt des Avatars von theatralen Praktiken und Diskursen geprägt ist. Beides überrascht nicht. Es ist naheliegend, dass die neuen Technologien für ihre kulturelle Durchsetzung einerseits des Auftritts und der (Trans-)figuration bedurften und dass andererseits das ganz und gar Neue in die Begriffe des Althergebrachten übersetzt werden musste. Die Vorstellung vom Computer als Theater oder dem Spiel als Drama ließe sich daher leicht als Kuriosum aus der Frühgeschichte des Computers abtun: als ein Abweg, dessen das neue Medium zwecks Akzeptanzerzeugung zur Durchsetzung bedurfte. Und die Versuchung liegt nahe, Laurels und Murrays naive und universalistische Kategorienfehler als kulturelles Dekor technischer Realien abzutun – wenn es nicht jene große Erzählung von der medieninduzierten Rückkehr ins globale Dorf gäbe, die der allzu gut gemeinten Verwandlung des Computers in ein Theater in den Kontext eines mächtigeren Begehrens stellt.

Denn die Fiktion der Interaktivität, die sich hinter der Vorstellung von der interaktiven Fiktion verbirgt, gehört spätestens seit McLuhan zu den großen Erzählungen nach

68 Götz Hamann: ›Im Bann der Pixelwesen‹, Die Zeit vom 29.3.2007.

dem Ende der großen Erzählungen.[69] Sie ist es, die nicht nur dem Auftritt der Avatare ihren theatralen Glanz verleiht sondern auch die avantgardistischen Spielarten des Theaters in die Nähe des Computers rückt. Denn so wie der Auftritt in der Performance-Kunst lebt auch der Auftritt im Rahmen des Rechners von dem Versprechen einer Überwindung des passiven Bildkonsum und der Aktivierung des Zuschauers. Anschließend an die Kultivierung des Avatars im Computertheater soll daher jene Sehnsucht zurückverfolgt werden, die die Verwandlung des Computers in ein Theater allererst begehrenswert werden ließ und den Auftritt der Avatare im Nachhinein als eine so natürliche Sache erscheinen lässt. Was treibt diesen Mythos der ›Interaktiviät‹, der einer solch gewaltigen metaphorischen Verwandlung ihre Plausibilität zu verleihen vermochte?

4.2.1 Interaktivität als Ideal

»In those days of batch processing and passive consumerism [...] ›Spacewar!‹ was heresy, uninvited and unwelcome«[70], schreibt Stewart Brand im Rolling Stone über die ›Spacewar!‹ spielenden *Computer-Bums* in Stanford und ruft damit auch den Mythos der Interaktivität auf. Das Spiel ›Spacewar!‹ wird der vorherrschenden instrumentellen Gebrauchsweise der Computertechnik entgegengesetzt. An die Stelle der sequentiellen Abarbeitung von Rechenaufgaben von einem Stapel und dem damit einhergehenden passiven Abliefern und Abholen der Daten beim Rechenzentrum tritt für Brands mit ›Spacewar!‹ der Protoyp einer aktiven Gebrauchsweise des Computers; eine Gebrauchsweise, die mit einer neuen Generation von Betriebssystemen und Technologien wie *Time-Sharing* und *Multi-Tasking* möglich geworden war, weil sie den direkten Zugriff und die flexible Manipulation des Speicherinhaltes durch den Programmierer über die Konsole erlaubten. Brands Artikel aber weist dieser technischen Neuerung eine weit darüber hinausgehende kulturelle Bedeutung zu. Denn *passive consumerism* heißt im Kontext des Rolling Stone Anfang der 70er Jahre nicht nur, dass ein paar Wissenschaftler ihre Daten umstandshalber beim Rechenzentrum abliefern mussten, sondern zitiert auch jene Anklage von Kulturindustrie und Spektakelgesellschaft herbei, aus der sich die Alternativkultur der 70er Jahre maßgeblich speiste.

Die unterschiedlichen Gebrauchsweisen des Computers und die korrespondierenden Betriebssystem-Architekturen kommen daher in Stewart Brands Artikel stellvertretend für konkurrierende Gesellschaftsmodelle zu stehen. Während *batch-processing* und *passive consumerism* auf Arbeits- und Restzeit des Angestelltendasein abgebildet werden können, steht *Spacewar!* ganz im Zeichen einer spielerischen Alternative zur Lebensform der organisierten Moderne. Der spielerische Umgang mit den neuen Medientechnologien wird der alltäglichen Stapelverarbeitung des Bürobetriebs und einem kor-

69 Vgl. hierzu u.a. Rainer Leschke: Einführung in die Medientheorie, München 2003.

70 Stewart Brand: ›Spacewar‹, S. 50.

respondierenden allabendlichen Medienkonsum entgegengestellt. Seine idealtypische Figuration aber erhält dieses Ideal im *Hacker*, der wie der Hippie in Jeans und T-Shirt daherkommt und in seiner kreativen und spielerischen Umgangsweise mit der Technik im Gegensatz zur instrumentellen Vernunft des Anzugträgers steht. »The hackers made Spacewar, not the planners«, heißt es entsprechend bei Brands.[71] Mit den Hackern ist in Brands Artikel aber nicht nur jene kleine Gruppe von Mathematikern und Ingenieuren gemeint, die er 1981 bei seiner Recherche des Nachts beim Spacewar!-Spielen angetroffen hatte. Es ist das universelle Ideal einer neuen Form von Subjektivität, das der Artikel mit dem Hacker entwirft und das sich nicht auf eine Gruppe oder Schicht beschränkt. So wie einst die bürgerlichen Ideale im Zeichen der Menschlichkeit auch dem Plebs und den Aristokraten aufgebürdet wurden, so wird die Seinsweise des Hackers als künftiges Ideal für jedermann postuliert.

»When computers become available to everybody, the hackers take over. We are all Computer Bums, all more empowered as individuals and as co-operators. That might enhance things [...] like the richness and rigor of spontaneous creation and of human interaction [...] of sentient interaction.«[72]

Statt des allgemeinen Zugangs zur Bildung, der eine Gesellschaft gleicher Bürger garantieren und legitimieren soll, ist es in Brands Zukunftsvision der allgemeine Zugang zur Maschine, der eine Gesellschaft der gleichberechtigen Computer-Bums hervorbringen soll. Ihr Ideal ist ein technologisch ermächtigtes Subjekt mit verbesserter Kreativität und Interaktivität, dessen Horizont eine empfindsame und menschliche Begegnung lockt. Ähnlich wie das bürgerliche Theater so wird auch die universelle Rechenmaschine – im Zeichen des freien Spiels – der Bildung des Menschen verpflichtet. Ganz im Gegensatz zu den bürgerlichen Rezeptionsidealen ästhetischer Distanz und interesselosen Wohlgefallens verspricht der digitale Bildungsapparat jedoch interaktive Rezeption statt passivem Konsum. Während das bürgerliche Subjekt aus dem Mitgefühl mit den Töchtern der bürgerlichen Väter im abgetrennten Bühnenraum hervorgehen sollte, entsteht das Hacker-Subjekt des Informationszeitalters durch das aktive Spiel mit den Raumschiffen im Datenraum.

Paradoxerweise aber ist es eben dieser Glaube an neue Möglichkeiten der Interaktion durch den technischen Fortschritt, der nicht nur zum Wesensmerkmal des Computers erhoben wird, sondern auch immer wieder seine Verwandtschaft mit dem Theater begründen soll:[73] »These new technologies all have one thing in common: They can

---

71 Ebd.

72 Ebd.

73 So selbstverständlich ist der Gedanke schon 2001 geworden, dass Lev Manovich behaupten kann, Computer als interaktiv zu bezeichnen sei im Grunde bedeutunglos: »[I]t simply means stating the most basic fact about computers.« Manovich: The Language of New Media, S.55. Vgl. zu einer kritischen Diskussion des Konzeptes: Eggo Müller: ›Interaktivität:

aid our interaction with others, with knowledge, information and experience«, fasst Donald Norman dies zusammen: »When we look toward what is known about the nature of interaction, why not turn to those who manage it best – to those from the world of drama, of the stage, of the theatre?«[74] Der Computer muss mit anderen Worten das, was ihn wesentlich ausmacht, erst vom Theater lernen. Erst über den theaterpädagogischen Umweg, der aus dem sturen Werkzeug ein flexibles Spielzeug macht, findet er zur Interaktivität und damit zu sich selbst. Das Theater aber erscheint im Kontext der Interaktivität als etwas, das weniger von der ästhetischen Distanz zwischen Bühne und Publikum als vielmehr durch die soziale Begegnung im Bühnenraum geprägt zu sein scheint. So tritt das Theater im Zeitalter des *angewachsenen Fernsehers*[75] als natürlicher Verbündeter einer Rechenmaschine auf, die die Rundfunk-verschuldete Passivität des *Couchpotatoes* durch seine medieninduzierte (Re-)Aktivierung überwinden soll.

Abbildung 14: Newsweek, Titelblatt Mai 1993

Denn qua Interaktivität profilieren sich die neuen Medien gegenüber den alten und grenzen sich unter Berufung auf die eigene Spezifik und mediale Differenz von den anderen ab. Aus dieser Bestimmung der Spezifik aber leitet sich ein emanzipatives Potential ab, das die nötige Aufmerksamkeit akquiriert, um die neue Technologie zu eta-

Polemische Ontologie und gesellschaftliche Form‹, in: Das Spiel mit dem Medium, Marburg 2006, S.66-79; sowie Jens F. Jensen: ›'Interactivity.' Tracking a New Concept in Media and Communication Studies‹, in: Computer Media and Communication, New York 1999, S.185-204.

74 Donald A. Norman/Stephen W. Draper (1986): User Centered System Design. New Perspectives on Human-Computer Interaction, Hillsdale (N.J.), S.XI, zit. n. Dixon (2007), S.170.

75 Vgl. Monika Eisner/Thomas Müller: ›Der angewachsene Fernseher‹, in: Materialität der Kommunikation, hg.v. Hans Ulrich Gumbrecht und K. Ludwig Pfeiffer, Frankfurt a.M. 1988, S.392-412.

blieren.[76] Im Unterschied zur Durchsetzung der audiovisuellen (Massen-)Medien im Übergang vom 19. zum 20. Jahrhundert, die sich in erster Linie gegen den intellektuellen Diskurs und als Kunst behaupten mussten, um gesellschaftliche Akzeptanz zu erlangen, gewinnen die neuen Medien ihre Legitimität nicht mehr in Hinblick auf die Kunst, sondern in der Auseinandersetzung mit den Massenmedien. Und dementsprechend sind es soziale Konsequenzen statt ästhetische Qualitäten, mit denen die neuen Medien ihre Relevanz behaupten müssen. Statt der Ausgrenzung durch den Kunstdiskurs müssen sie sich gegen die Einverleibung von Seiten des etablierten Mediensystems zur Wehr setzen, um ihre Eigenständigkeit zu bewahren. Während der Film sich gegenüber dem Theater als Kunst beweisen musste und ihm dies in der Besinnnung auf seine ästhetischen Eigenarten – Cadre & Montage – gelang, so behaupten sich die neuen Medien gegen die großen Sender und Verlage mit dem Verweis auf die dem Medium spezifischen Arten des Zugangs. Was sich in und mit diesen neuen Technologien abspielt, scheint im Gegensatz zu den Potentialen, die der allgemeine Zugang zu den Technologien verspricht, vernachlässigbar zu sein. Nicht eine neue Kunst, sondern eine neue Kommunikation der Gesellschaft ist das Versprechen.[77]

---

76 Vgl. Leschke: Einführung in die Medientheorie, S.61-63: Die »Verkopplung mit positiven normativen Mustern« wiederhole sich, in der Mediengeschichte und ließe sich als »Strategie der Akzeptanzerzeugung« deuten, hinter der sich die Auseinandersetzungen um die Definitionsmacht über die neuen Technologie im Übergang zum Massenmedium verbergen. (Ebd., S.62 und 61). Ähnlich argumentiert S. Münker in Bezug auf die Mythifizierung des Cyberspace als Terra inkognita: »Erst seine utopische Erzählung von der möglichen Eroberung des Cyberspace als bevorstehender Kolonialisierung eines neuen, fernen Kontinents ungeahnter Möglichkeiten setzte die notwendigen Energien frei, um die enormen technologischen und ökonomischen Anstrengungen in die Wege zu leiten, die zur Etablierung des Internets als eines global funktionierenden und massenhaft genutzten Mediums unverzichtbar waren« (Stefan Münker/Alexander Roesler (2002): ›Vom Myhtos zur Praxis. Auch eine Geschichte des Internet‹, in: Praxis Internet. Kulturtechniken der vernetzten Welt, hg. v. Stefan Münker, Frankfurt a.M., S.11-22, hier: S.12).

77 Dies spiegelt sich auch in dem Ideal der »Aufhebung von Asymmetrie von Autor und Rezipient« in der Literatur- und ihrer Wissenschaft. Denn mit der ›Hypertextliteratur‹ verbindet sich vor allem die Hoffnung auf die Überwindung von Linearität und Selektivität zugunsten eines ›Writing Space‹, der die simultane Präsenz aller Verzweigungsmöglichkeiten erlaubt. »Erstmals«, hat Norbert Bolz in Bezug auf den Hypertext vermutet, seien »die technischen Behelfe bereitgestellt, um die alte Utopie zu implementieren: Die Differenz zwischen Autor und Leser einzuziehen« (Am Ende der Gutenberggalaxis. Die neuen Kommunikationsverhältnisse, München 1993, S.223). Der Glaube an die »Potentiale des Netzes« verbinde sich, schreibt Niels Werber rückblickend in Bezug auf die Arbeiten von Christiane Heilbach, mit der Überzeugung, mit Hilfe der Literatur »im Netz«, die »Defizite der rückkopplungsarmen, auf individuelle Produktion ausgerichteten Buchkultur zu überwinden« (Niels Werber:

Aber diese neue Kommunikation der Gesellschaft, mit der die Repräsentationskrise der Moderne überwunden werden soll, ist im Grunde nichts Neues sondern etwas ganz Altes. Das Versprechen der Interaktivität ist die Rückkehr von der Kommunikation zur Interaktion und die technisch eingelöste Überwindung der medialen Entfremdung in der sekundären Oralität eines globalen Dorfes.[78] Nach Jahrhunderten der medialen Entfremdung durch Schriftkultur, Buchdruck und Audiovisionen soll die Gesellschaft dank elektronischer Technologie zu Taktilität und Tribalismus zurückkehren. Und dort, wo die Medien zur Oralität zurückfinden und die Welt von *Technopagans*[79] bevölkert wird, tritt auch das Theater wieder auf den Plan, und *Skene* und *Orchestra* erstrecken sich auf einmal über den ganzen Globus.[80] Der Auftritt von Dionysos im Cyberspace wird dann dort möglich, wo die neuen Medien dank ihrer spezifischen ›Interaktivät‹ zur gemeinschaftlichen Interaktion vor Ort und hinter die Differenzierung und Entfremdung der Moderne zurückkehren.[81] Das Projekt der ästhetischen Avantgarden, die Asymmetrie und Distanz der Kommunikation aufzuheben, wird so in den Medienteleologien verwirklicht. Denn das partizipatorische Ideal der Interaktivität verspricht nichts anderes, als dass wieder alle zu Akteuren werden.

»[...] the audience becomes actor, and the spectators become participants. On spaceship Earth or in the global theater the audience and the crew become actors, producers rather than consumers.«[82]

Das Ideal dieser digitalen Archaik aber ist eine Kommunikation, die sich (1.) in ununterbrochener Rückkopplung vollzieht, (2.) alle Sinne anspricht, (3.) auf spontanem Ausdruck basiert, (4.) nicht zwischen Empfängern und Sendern unterscheidet und (5.)

›Sehnsüchtige Semantik. Neue Medien, neue Literatur im World Wide Web‹, in: Weltweite Welten. Internet-Figurationen, hg. v. Herbert Willems, Wiesbaden 2008, S.347).

78 Vgl. Pierre Levy: Cyberkultur. In: Telepolis, http://www.heise.de/tp/r4/artikel/2/2044/2.html, (23. 07. 1996).

79 Vgl. Erik Davis: ›Technopagans‹, in: Wired, Nr. 3, Juli 95, S.126-181, sowie: Erik Davis: Techgnosis. Myth, Magic, Mysticism in the Age of Information, New York 1998.

80 Vgl. Dixon: Digital Performance, S.620: »[I]t is as if the skene and the orchestra of the ancient Greek theatre suddenly stretches around the world.«

81 Vgl. Schramm: Karneval des Denkens, S.27: Es sei die »grundsätzliche Überschreitung von Schriftkultur-Traditionen«, die das starke Interesse am Theatermodell und seine Signifikanz aus der »sprachliche[n] Kommunikation unter dem pragmatischen Aspekt der Performance« begründet.

82 Marhsall McLuhan: ›At the moment of Sputnik the planet became a global theater in which there are no spectators but only actors‹, in: Journal of Communcation, Vol. 24, H.1, Winter 1974, S.48-58, hier: S. 57.

die Gleichberechtigung aller Teilnehmer voraussetzt.[83] Und dieses *Konversationsideal*, das, wie Michael Schudson gezeigt hat, als implizite Norm einem großen Teil des kommunikations- und medienwissenschaftlichen Diskurses zugrunde liegt, ist eben nur ein Ideal. Denn auch jene vermeintlich *natürliche* face-to-face Interaktion in der unvermittelten zwischenmenschlichen Begegnung vor Ort, die das Gegenmodell zur mediatisierten Kommunikaiton darstellt, kommt in der sozialen Wirklichkeit nur selten vor. Meist wird auch in der Interaktion vor Ort Rückkopplung unterbunden, Sinnlichkeit reduziert, spontaner Ausdruck reglementiert, zwischen Sprechern und Hörern unterschieden und eine Hierarchie vorausgesetzt.[84]

Und nicht zuletzt im Theater lässt sich diese Diskrepanz zwischen Konversationsideal und sozialer Wirklichkeit wiederfinden. Der Aufführungsbegriff betont (1.) die Wechselwirkungen zwischen Bühne und Zuschauerraum, hebt (2.) die vielschichtigen Zeichensysteme hervor, propagiert (3.) die Ereignishaftigkeit des Geschehens, wertet (4.) den Zuschauer zum gleichberechtigten Teilnehmer auf und feiert (5.) das Theater als Ort der Versammlung. Dem steht eine ungleich profanere Aufführungswirklichkeit gegenüber, die von Unterbindung von Interaktion, sinnlicher Reduktion, Kontingenzreduktion, Funktionsdifferenzierung und Distinktionsgewinnen geprägt ist. – Trotz unterstellter ontologischer Unvereinbarkeiten scheinen sich Theater und Medien daher zumindest in den Idealen sehr nahe zu sein. Und diese Ideale sind, wie es der Begsriff des Konversationsideals schon andeutet, trotzt ihrer archaischen Erscheinung eher in Salon und Wohnzimmer beheimatet als auf Agora oder Thingplatz. Die Sehnsüchte, die sich in Stewart Brands Artikel an die kleinen pixeligen Raumschiffe in Stanford knüpfen, ähneln insofern jenen, die Richard Schechner zur gleichen Zeit an ein *environmental theatre* knüpfte.[85] Sowohl Interaktivität als auch Performativität sehnen sich nach einem aktivierten Zuschauer, den man aus seiner Passivität befreien bzw. den man in seiner distanzierten Zurückhaltung nicht mehr in Ruhe lassen will. Denn eben jene Gesellschaft, die Guy Debord 1968 angeklagt hat, ist es auch, die im Theater der 60er Jahre den Zuschauer auf die Bühne zerrt und jene kleinen Raumschiffe in Stanford dazu auserwählt, die Botschafter einer neuen Subjektivität zu sein. Das gemeinsame Ziel ist die Revitalisierung der Feedbackschleifen durch Verbesserung der kybernetischen Apparate.

83 Vgl. Michael Schudson: ›The Ideal of Conversation in the Study of Mass Media‹, erschienen in: Communication Research 3/5. Jg, S. 320-329 (1978), hier: S.323. Vgl. dazu auch Sybille Krämer: ›Vom Mythos 'Künstliche Intelligenz' zum Mythos 'Künstliche Kommunikation' oder: Ist eine nicht-anthropomorphe Beschreibung von Internet-Interaktionen möglich?‹, in: Mythos Internet, Frankfurt a.M. 1997, S.83-108, hier: S.87. Der Mythos von der ›künstlichen Kommunikation‹ projiziere, dass das, »was ›Interaktivität‹ bedeutet, zu gewinnen sei am Vorbild einer wechselseitigen Bezugnahme von Personen«.

84 Vgl. hierzu Müller: Interaktivität, S.78-79.

85 Richard Schechner: Environmental Theater, New York 1973.

4.2.2 Apparate als Heilsbringer

Die Apparate wie das Fernsehen oder der Film dienten in ihrer aktuellen Gestalt »nicht der Kommunikation, sondern ihrer Verhinderung«, hat Hans Magnus Enzensberger 1970 in seinem Baukasten zu einer Theorie der Medien festgestellt, denn sie ließen keine Wechselwirkung zwischen Sender und Empfänger zu: »Technisch gesprochen, reduzieren sie den feedback auf das systemtheoretisch mögliche Minimum.«[86] Das Vorbild ist Brechts Radiotheorie aus den 20er Jahren des 20. Jahrhunderts, die den Distributionsapparat in einen »Kommunikationsapparat des öffentlichen Lebens« verwandeln will. Als »ein ungeheures Kanalsystem« könne der Rundfunk dienen, wenn er es nur verstünde, »nicht nur auszusenden, sondern auch zu empfangen«, den Zuhörer »nicht nur hören, sondern auch sprechen zu machen«.[87] Durch die technischen Möglichkeiten soll die Differenz von Produzenten und Rezipienten überwunden, die Symmetrie der Kommunikation wieder hergestellt und der Hörer aus seiner Isolation befreit und »in Beziehung« gesetzt werden. Denn, wie Benjamin ähnlich 1931 schreibt, werde die »grundsätzliche Trennung zwischen Ausführenden und Publikum [...] durch ihre technischen Grundlagen Lügen gestraft«.[88] Jedes Kind erkenne, »dass es im Sinne des Radios liegt, beliebige Leute [..] zu beliebiger Gelegenheit vors Mikrophon zu führen«.[89] Es seien daher nur die »naturgemäßen Folgerungen aus den Apparaten« zu ziehen oder, wie es Hans Magnus Enzensberger 50 Jahre später formuliert, das Potential der Medien zu entfesseln, um jene »Interaktion freier Produzenten« zu verwirklichen, die den Ausgang aus jenem falschen Leben in der platonischen Höhle des Spektakels verspricht.[90]

Das Konversationsideal und die Forderung nach einer Revitalisierung der Feedback-Schleifen durch die Realisierung der Potentiale der medialen Apparate entstehen mit der Kritik an der Gesellschaft des Spektakels Anfang des 20. Jahrhunderts. Die Rundfunktheorien von Brecht und Benjamin verbindet mit der interaktiven Fiktion der neuen Medien und der performativen Ästhetik des Theaters weniger die auf Lessing zurückgehende Besinnung um die materielle Spezifizität künstlerischer Ausdrucksformen als vielmehr die Utopie der Aufhebung einer Unterscheidung von Akteuren und Publikum. Der Auftritt ist in der Gesellschaft des Spektakels an sich verdächtig ge-

86 Hans Magnus Enzensberger: Baukasten zu einer Theorie der Medien, hg. v. Peter Glotz, München 1997, S.115, zuerst erschienen in Kursbuch 20/1970.

87 Bertolt Brecht: ›Der Rundfunk als Kommunikationsapparat‹, in: Kursbuch Medienkultur. Die maßgeblichen Theorien von Brecht bis Baudrillard, hg. v. Claus Pias, Joseph Vogl und Lorenz Engell, Stuttgart 2000, S.259-262, hier: S.260, zuerst 1930 erschienen.

88 Walter Benjamin: ›Reflexionen zum Rundfunk‹, in: Gesammelte Schriften, Bd.II, Frankfurt a.M. 1977, S.1507-1507, hier: S.1507 zit. n. Werber: ›Sehnsüchtige Semantik‹, S.354.

89 Benjamin: ›Reflexionen zum Rundfunk‹, S.1507.

90 Enzensberger: ›Baukasten zu einer Theorie der Medien‹, S.107.

worden, weil die Unterscheidung zwischen Akteuren und Publikum allgegenwärtig und unhintergehbar geworden zu sein scheint, und soll deshalb durch die Aktivierung des Zuschauers überwunden werden. Diese Utopie von der Überwindung des Spektakels und der Rückkehr zur Interaktion ist aber nicht nur dezidiert *anti-theatral*, sondern auch *anti-modern* – die Entfremdungen der Moderne sollen durch Abschaffung ihrer Differenzierungen überwunden werden.[91] Das »technische Telos der Medien« verspricht ähnlich wie die Prophezeiungen der *New Economy* die »Aufhebung der Kunst in einer *anderen* Gesellschaft«, in der mit der Rollenasymmetrie von Autor (Akteur) und Leser (Publikum) die ›funktionsdifferenzierte‹ Kommunikation überwunden wird.[92] Die Konsequenz, führt Niels Werber aus, sei die Entgrenzung der Kunst hin zu einer Lebenskunst und eine Ästhetisierung der Lebenswelt. Mit der Aufgabe des präzisen Kunstbegriffs werde so auch »der lange, ungewisse (Um)weg einer ästhetischen Erziehung überflüssig gemacht.«[93] Ein neuer Apparat sorgt für die Emanzipation von der Entfremdung, die ein alter Apparat verschuldet hat. Es genügt, das Versprechen der Technologie einzulösen und dem Feedback zu seinem Recht zu verhelfen – durch Einführung eines Rückkanals, die Verteilung von Camcordern oder die leibliche Anwesenheit vor Ort.

Das gemeinsame Ziel ist die Aktivierung des Zuschauers. Divergenzen bestehen hingegen hinsichtlich der Vorstellung, was diese Aktivierung hervorbringt: einen revolutionären Arbeiter, alternativen Kulturträger, unmittelbaren Leib oder einen neuen Weltgeist. Denn im eklatanten Gegensatz zu Literatur und Theater, die sich gerade emphatisch Subjekte aus der Revitalisierung des Feedbacks erhoffen, zeichnet die Medienprophetien im Gefolge McLuhans die Hoffnung auf Überwindung des Subjektes in elektronisch erneuerter Geistigkeit aus.

»If a data feedback is possible through the computer, why not a feed-forward of thought whereby a world consciousness links into a world computer? [...] The computer thus holds out the promise of a technologically engendered state of universal understanding and unity, a state of absorption in the logos that could knit mankind into one family and create a perpetuity of collective harmony and peace.«[94]

Ein Jahr vor der Veröffentlichung von Enzensbergers Baukasten im Kursbuch schwärmt McLuhan im Playboy von einem technologisch erzeugten Zustand umfassenden Einvernehmens. Wie Enzensberger erhofft sich auch McLuhan von den neuen Technologien die Überwindung sozialer Entfremdung – nur mit dem Unterschied, dass

91 Vgl. Werber: ›Sehnsüchtige Semantik‹, S.354.

92 Ebd., S.355.

93 Ebd., S.354.

94 Marshall McLuhan: ›The Playboy Interview: Marshall McLuhan‹, in: Playboy Magazine vom März 1969, S.233-269, hier: S.72. Vgl. auch Matthew Wilson Smith: The Total Work of Art. From Bayreuth to Cyberspace, New York 2007, S.158.

sich McLuhan diesen elektronischen Tribalismus als eine digitale Vergeistigung durch die Verbindung des Denkens mit dem (Welt-)Computer vorstellt.

Diese Metaphysik des Computers, die den Weltgeist im Weltcomputer aufgehen sieht, hat jedoch einen viel nüchterneren Ursprung, der am Anfang der ›Interaktiviät‹ der neuen Medien steht und als Spiegelbild von *Spacewar!* verstanden werden kann. Es ist ein zum Klassiker avancierter Aufsatz von J.C.R. Licklider, der 1968 unter dem Titel *Der Rechner als Kommunikationsapparat* die künftigen Nutzungszusammenhänge der Computertechnologie entwirft und das neue Medium Computer auf seine Fähigkeit zur Interaktion festlegt.[95] Im Unterschied zu Brechts Kommunikationsapparat des Rundfunks soll der Kommunikationsapparat des Rechners, von dem Licklider spricht, weniger eine utopische Interaktion mit Gesellschaft vermitteln, sondern die praktische Interaktion mit der Information ermöglichen.

»[W]e believe that we are entering a technological age in which we will be able to interact with the richness of living information – not merely in the passive way that we have become accustomed to using books and libraries, but as active participants in an ongoing process, bringing something to it through out interaction with it, and not simply receiving something from it by our connection to it.«[96]

Während Printmedien als statische Speicher nur den passiven Abruf der eingelagerten Daten erlaubten, ermögliche die Computertechnologie den aktiven Umgang mit den dynamischen Speichern der neuen Medien. Der Computer wird infolge nicht nur als eine Maschine denkbar, die rechnet und Regeln folgt, sondern als ein Apparat entworfen, der als ein Kommunikationspartner zum Spiel herausfordert. – Eine Verbesserung der Interaktion zwischen Mensch und Maschine schwebte Licklider vor, um den Computer als Denk- und Entscheidungshilfe in schwierige Entscheidungs-situationen einbinden zu können. Hinter der Entwicklung von *Timesharing* und *Realtime* steht der Wunsch, das Hirn an die Maschine anschließen zu können.[97] Ziel ist nicht nur die Verbesserung der Maschine, vielmehr geht es um eine Verbesserung des Denkens durch die »humanly extended machine«, die Symbiose von Mensch und Maschine, wie es im Titel eines Aufsatzes von Licklider heißt:[98]

»The hope is that, in not too many years, human brains and computing machines will be coupled together very tightly, and that the resulting partnership will think as no human brain has ever

95 Joseph Carl Robnett Licklider/Taylor, R W: ›The computer as a communication device‹, erschienen in: Science and Technology 2/76 (1968).

96 Ebd., S.21.

97 Vgl. Howard Rheingold: Tools for Thought, New York 1985, Kapitel 7; Katie Hafner: Where Wizards stay up late. The Origins of the Internet, New York 1996, S.24-39.

98 Vgl. Joseph Carl Robnett Licklider: ›Man-Computer Symbiosis‹, in: Transactions on Human Factors in Electronics 1 (1960), S. 4-11.

thought and process data in a way not approached by the information-handling machines we know today.«

Das Bild, mit dem Licklider seine Pläne veranschaulicht, ist bezeichnenderweise ein Spiel – und lässt sich mit der Geschichte jener zeitkritischen Computerspiele in Verbindung setzen, die Claus Pias als »Modellfall der Interaktivität selbst« bezeichnet hat, weil sie die Echtzeit der Maschine ausstellen.[99] Denn in Lickliders Vorstellung wird die Maschine ähnlich wie in Pong zum Gegenspieler des Menschen beim Tischtennis.[100] Seine Verwirklichung findet dieses Bild von 1968 aber vor allen Dingen in einem anderen Auftritt, der als Komplement zur Szene des Computerspiels verstanden werden kann und als Prototyp aller Auftritte des Computers – als »Mother of all demos« – in die Geschichte eingegangen ist: der Präsentation des NLS Onlinesystem, dem Prototyp des Computerarbeitsplatzes von Doug Engelbart.

Abbildung 15: Mensch-Maschine-Interaktion

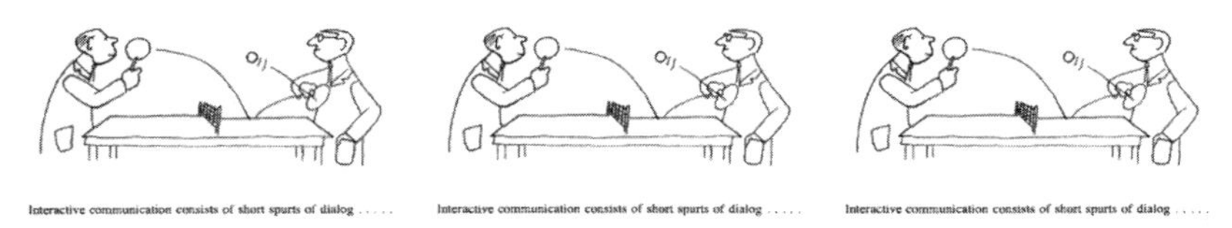

1968, während andernorts das Musical Hair Premiere hat und die Inszenierung *Paradise Now* des *Living Theatre* für Furore sorgt, sitzt Doug Engelbart mit einem Headset hinter einem Computerterminal. Der Computer steht rechts neben einer großen Leinwand auf der Bühne eines 2000 Plätze füllenden Saales des Messezentrums in San Francisco.[101] Engelbart entschuldigt sich für das ungewöhnliche Setup, dass er nicht aufsteht zur Begrüßung und hauptsächlich durch »dieses Medium« vor ihm zu dem versammelten Publikum sprechen wird: »for the rest of the show«. Was ein intellektueller Arbeiter – »intellectual worker« mit einem Computer-Display, das den ganzen Tag eingeschaltet ist – »alive all day« und »instantly responsible«, Engelbart korrigiert sich: »responsive«, ein leises Lächeln folgt dem Versprecher; was also mit einem solchen Terminal an Wert zu gewinnen sei – »how much value could you derive from that« –, das ist die Frage, die hinter dem Forschungsprojekt stand, dessen Ergebnisse das Publikum jetzt zu sehen bekommt. Die Antwort, das hebt Engelbart hervor, ist etwas, das weniger erzählt als gezeigt werden kann und soll: »show you rather then tell

99 Pias: Computer-Spiel-Welten, S.96.

100 Ders.: ›Wenn Computer spielen. Ping/Pong als Urszene des Computerspiels‹, in: Homo faber ludens. Geschichten zu Wechselbeziehungen von Technik und Spiel, Frankfurt a.M. 2003, S.255-280.

101 Mitschnitt unter http://sloan.stanford.edu/MouseSite/1968Demo.html#complete verfügbar.

you«, und zwar mit Hilfe einer sechs Leute umfassenden Crew, sie werden auch »performer« genannt, die auf der Hinterbühne »behind the scenes« die Kameras, Schalter, Mischer, Special-Effects kontrollieren.

Als visuelle Grenzerfahrung, die von einer beruhigenden Stimme aus dem Kontrollzentrum begleitet wird, hat Pierre Levy dieses Ereignis beschrieben: »[A] calming voice from Mission Control as the truly final frontier whizzed before their eyes [...] It was the mother of all demos. Engelbart's support staff was as elaborate as one would find at a modern Grateful Dead concert.«[102] Das, was hier in der Nacherzählung in den psychedelischen Farben eines Konzerts von *The Grateful Dead* erscheint, hat jedoch nichts anderes als den postindustriellen Arbeitsalltag vorgeführt: der Mensch hinter der Maschine, mit Maus und Monitor, Texte schreibend, Dateien verwaltend, Verzeichnisse pflegend. Noch vor den Schreibtischmetaphern und graphischen Oberflächen beginnt Engelbart seine Vorstellung mit einem leeren Blatt Papier, einem »blank piece of paper«, das in einem Dateisystem unterkommt. Engelbart spielt Büroalltag nach, statt ein Produkt anzupreisen. So wie jetzt auf der Bühne sitze er sonst auch in seinem Büro, berichtet der Regisseur, der sich hier als verbessertes Angestelltensubjekt in Szene setzt. NLS, kurz für Online System, nennt sich das Ganze: »an instrument/vehicle for helping humans to operate within the domain of complex information structures«, entwickelt am *Augmented Human Intellect Resource Center* in Stanford. Es geht um mehr als Benutzerfreundlichkeit, es geht in Fortsetzung von Lickliders Vision darum, das Denken maschinell zu verbessern, indem man es mit der Maschine kurzschließt.

Abbildung 16: Medientheater

Der Anschluss an die Maschine schafft so die Voraussetzung für die Interaktivität des Computers, die als Interaktion mit Information verstanden, die Manipulation dynamischer Datensätze im Gegensatz zur passiven Medienrezeption meint. Dies aber lässt durch die Vernetzung der Rechner auch die Verbindung der Nutzer im *Inneren* der Maschine denkbar werden – und stellt damit auch eine Bühne für die Auftritte der Avatare der Maschine zur Verfügung. Dahinter steckt der »Glaube an das emanzipato-

102 Steven Levy: Insanely Great. The Life and Times of Macintosh, the Computer That Changed Everything, London 1994, S.42. Es ist die laut der Online Enzyklopädie Wikipedia erste Verwendung dieser Metapher, die Saddam Husseins Diktum von »The Mother of All Battles« im ersten Golfkrieg 1991 variiert.

rische Potential der neuen Informationstechnologien«, die Überzeugung, »dass die Konvergenz der Medien, Computer und Telekommunikation zwangsläufig die elektronische Agora entstehen ließe«,[103] – jene *kalifornische Ideologie*, die »klammheimlich den frei schwebenden Geist der Hippies mit dem unternehmerischen Antrieb der Yuppies« verbinde und als höchst widersprüchliche Mischung aus technologischem Determinismus und liberalem Individualismus zur »hybriden Orthodoxie des Informationszeitalters« werde, wie es Richard Barbrook und Andy Cameron formulierten. [104] Inspiriert von den Forschungsergebnissen im Bereich der Künstlichen Intelligenz phantasiere man über die Aufgabe der menschlichen Wetware, um zu lebendigen Maschinen zu werden. Dieser Wunsch, in die geschützte suburbane Zone des Hyperrealen zu entfliehen, verberge indes nur eine tiefe Obsession am Selbst.

Der Avatar ist mit anderen Worten die Inkarnation eines Selbst, das im Gegensatz zur Realpräsenz der Leiber, die das Theater seit den 60er Jahren beschwört, als reiner Geist gedacht wird. Engelbarts Medientheater inszeniert dieses verbesserte Subjekt, den postindustriellen Angestellten, als Cyborg: ein kleiner Mann hinter einer Maschine, die ihn dem direkten Blick entzieht und sein Gesicht übergroß in der Überblendung mit den Bildschirmausgaben auf eine Leinwand projiziert. Über ein Headset wird die Stimme abgenommen, das Bild von der Kamera eingefangen, der Blick ist auf den Monitor fixiert und die Hand an die Maus gefesselt. Auch wenn Engelbart dort unmittelbar vor uns sitzt, im gleichen Raum leiblich anwesend wie sein Publikum, das ihn abschließend mit *Standing Ovations* bejubelt, ist alles, was von Engelbart im Saal wahrgenommen werden kann, durch einen Apparat vermittelt. Wie die graphischen und zeichenhaften Inkarnationen des Avatars tritt auch seine audiovisuelle Variation als operativer Stellvertreter des Spielers auf. Die Projektion von Engelbarts Gesicht auf der Leinwand ist zur Puppe im Rahmen einer apparativen Anordnung geworden. Vorgeführt wird nicht eine neue Technik, sondern ein neues Subjekt mit verbessertem Intellekt, das in der Interaktion mit der Information Gestalt gewinnt.

Wie in *Spacewar!* offenbaren sich auch im NLS die Bewegungsfreiheiten des Avatars als Kehrseite leiblichen Stillstands. Der aktivierte Zuschauer, dem mit der Emanzipation vom passiven Konsum des Spektakels ein neuer Raum der Selbsterfindung und die Rückkehr zur geistigen Gemeinschaft eines elektronischen Tribalismus im Datenjenseits versprochen wird, erkauft die Utopie zum Preis seiner technischen Verbesserung. Der Dialog mit und in den Maschinen soll eine als verloren geglaubte und empfundene Kommunikation auf der virtuellen Agora im Datenjenseits wiederherstellen und so den Phantomschmerz der Gesellschaft des Spektakels lindern – realisiert sich aber als Nutzbarmachung humaner Ressourcen. Nie wieder außen vor, nie wieder in der ersten Reihe, immer individuell verfügbar und angepasst, selbst *Content-Provider*

103 Richard Barbrook/Cameron, Andy: ›The Californian Ideology‹, in: Mute Nr.3/1, vom Oktober 1995, hier zitiert nach der deutschen Übersetzung von Florian Rötzer in Telepolis 5.2.1997, http://www.heise.de/tp/r4/artikel/1/1007/1.html.

104 Ebd.

und Performer. Was vom Publikum geblieben ist, der vereinsamte *Couchpotatoe* vor der Glotze, wird nun proportional zur Transparenz des Interfaces als brachliegendes Potential begriffen. Selbst für das Knie der Sekretärin entwickelt Engelbart unter dem Schreibtisch ein Eingabegerät. Mit dem Avatar tritt so die Verneinung des Auftritts auf, es ist eine Schau der Schaulosigkeit, die die Unfähigkeit des Schweigens, die aus den Maschinen und ihrer Vernetzung entsteht, zum Ideal erhebt, das sich nicht nur in den Präsentationen der neuesten Technologien manifestiert, sondern sich auch in einer vermeintlich progressiven und subversiven Kunst wiederfindet, die die Interaktivität zum Ideal und zur Norm erhoben hat. Wenn aber der Ort, an dem der Auftritt von Avataren wahrscheinlich wird, die Gesellschaft des Spektakels ist, dann deshalb, weil diese Gesellschaft nicht nur ein kollektives Begehren nach der eigenen medialen Aktivierung ausbildet, sondern auch ein ökonomisches Interesse an diesem Kurzschluss des Menschen mit den Maschinen hat. Jene merkwürdig hybride ästhetisch-technische Praxis des simulierten Auftretens, die die Avatare hervorbringt, ist insofern von dem Widerstreit durchaus widersprüchlicher Kräfte geprägt. – In Camerons *Avatar* ist es zuerst der altbekannte Verbund aus militärischen, ökonomischen und wissenschaftlichen Interessen, der die Entwicklung des Avatars zwecks Landnahme fremden Territoriums vorantreibt. Dann aber bestimmt auch das ästhetische Erlebnis des querschnittsgelähmten Helden in der fremden Welt den Gebrauch der Appatur. Und nicht zuletzt ist es der Blick der Anderen, die durch die Scheiben ihrer Fahrzeuge das Agieren in der fremden Welt mit Argwohn betrachten, der den Avatar prägt. Die instrumentelle Nutzung, das individuelle Erleben und die kollektive Vorführung sind im Avatar trotz ihrer Widersprüchlichkeit aufs Engste miteinander verwoben. Auch *Spacewar!* steht nicht deshalb am Anfang der Geschichte des Computerspiels, weil hier etwas Technisches zum ersten Mal gemacht wurde, sondern weil das Spiel erstmals auf unwiderstehliche Art und Weise die Demonstration der Macht der Maschine mit der Lust ihrer Nutzer und dem Nutzen ihrer Hersteller verbunden hat.

Im Zentrum dieses Begehrens nach der Aktivierung des Zuschauers aber steht eine apparative Anordnung, die den Avatar durch die Rückkopplung des Menschen mit der Maschine hervorbringt. Am Ende des 20. Jahrhunderts dringen ähnliche apparative Anordnungen, die wie *Spacewar!* oder Engelbarts Demonstration Avatare erzeugen, von den Laboratorien und Büros der Wissenschaftler und Militärs in alle kulturellen Bereiche ein. Parallel zu Medienprophetie und Hypertexteuphorie erklärt Anfang der 90er Jahre so auch ein medienaffiner Kunstdiskurs die unterstellte Interaktivität der neuen Medien zur »ästhetischen Norm und Utopie«.[105] Ausgehend von den Closed-Circuit-Installationen[106] der 60er Jahre und inspiriert von Ivan Sutherlands Ulti-

105 Peter Gendolla et al.: Formen interaktiver Medienkunst. Geschichte, Tendenzen, Utopien, Frankfurt a.M. 2001, S.9.

106 Vgl. Slavko Kacunko: Closed Circuit Videoinstallationen. Ein Leitfaden zur Geschichte und Theorie der Medienkunst mit Bausteinen eines Künstlerlexikons, Berlin 2004.

mate Display[107] sowie der CAVE und dem Head-Mounted Display, steht die digitale Kunst der 90er Jahre ganz im Zeichen des *Holodecks*. Interaktivität in Kunst übersetzt heißt also anfangs meist, den Betrachter zum Teilnehmer werden zu lassen, in dem er allumfassend von Bildern umgeben wird.[108]

4.2.3 Prototypen interaktiver Kunst

Von »ganz neuartigen Spektakeln«, die aus der »totalen Programmierung der Sinne und der Umwelt in einer virtuellen Realität« hervorgingen und gänzlich ohne »Versatzsstücke der Realität« auskämen, schwärmt Florian Rötzer stellvertretend für viele.[109] Mit den neuen Wunschmaschinen könne man endlich selbst »in das höhlenartige Reich der Fiktionen« eintauchen, sich frei darin bewegen und »mit anderen Menschen oder künstlichen Lebewesen interagieren«.[110] Die Kunst aber müsse in diesem »digitale[n] Disneyland« erst noch ihren Ort und ihre Aufgabe finden, indem sie die »spezifischen Potentiale« des neuen Mediums auslote.[111] Diese Potentiale aber lägen nicht, wie vielfach angenommen, in der Konstruktion von »virtuellen Welten«, sondern in der »Möglichkeit, in sie einzutreten«.[112] Indem der Betrachter in der interaktiven Kunst »in die Szene als Mitakteur integriert« werden kann, verspricht auch dies, die Unterscheidung zwischen Akteuren und Publikum und damit den Auftritt abzuschaffen.[113]

Der Prototyp dieser ›interaktiven‹ Kunst ist Myron Kruegers *Videoplace*. Schon seit Mitte der 70er Jahre hat Krueger, der ursprünglich *Computer Science* studierte und lange Zeit im Bereich der Computergraphik lehrte und forschte, an *Videoplace* gearbeitet, zuerst mit analogen Technologien, später dann mit parallelen Rechnerarchitekturen. Im Kontext der Kunst wurde die Arbeit erst sehr spät wahrgenommen und war dennoch eine der ersten, die Anfang der 90er Jahren auf der Ars Electronica mit der goldenen Nica in der neu ausgelobten Kategorie der *Interactive Art* ausgezeichnet wurde. Daher markiert Kruegers *Videoplace* in den Geschichtsschreibungen der interaktiven Kunst meist den Anfang des Genres.[114] Was Kruegers *Videoplace* dabei zu ei-

107 Ivan Edward Sutherland: ›A Head-Mounted Three Dimensional Display‹, in: Proceedings of the Fall Joint Computer Conference 33 (1968), S. 757-764, hier: S.757.

108 Vgl. Oliver Grau: Virtuelle Kunst in Geschichte und Gegenwart. Visuelle Strategien, Berlin 2001.

109 Florian Rötzer: ›Einleitung‹, in: Cyberspace. Zum medialen Gesamtkunstwerk, München 1993, S.9-14, hier: S.9.

110 Ebd., S.13f.

111 Ebd., S.10 & 11.

112 Ebd., S.9.

113 Ebd.

114 Die Preisträger in der Kategorie der Interactive Art auf der Ars Electronica von 1990 bis 2009 sind in chronologischer Reihenfolge: Myron Krueger, Paul Sermon, Monika Fleisch-

nem veritablen Protoypen werden lässt, ist vor allem sein ambivalenter Status zwischen Kunst und Technik, der von fast allen Pionieren der interaktiven Kunst geteilt wird.[115] Denn *Videoplace* wird nicht nur als Anfang der ›interaktiven‹ Kunst, sondern auch als Vorläufer von Virtual-Reality-Technologien gehandelt.[116] Und das sicherlich zu Recht, denn die Entstehung der Installation verdankt sich weniger den Diskursen der Kunst als jenen der Informatik.

Anfang der 70er Jahre entsteht *Videoplace* im diskursiven Fahrwasser der Bemühungen um eine ›harte‹ Künstliche Intelligenz, die von einem Computer träumten, der wie ein Mensch denken kann und den Menschen im gleichen Atemzug zur Denkmaschine werden lässt. Die Technik soll dementsprechend in Kruegers Arbeiten zum »sozialen Partner« werden. Sie solle »Modelle darstellen für einen zukünftigen Umgang mit dem Computer«, schreibt Söke Dinkla und macht damit auch die Nähe zu anderen Demonstrationen des technisch Möglichen wie *Spacewar!* oder dem NLS deutlich. [117] Denn im Grunde ist auch *Videoplace* kein Werk, das sich einer Semantik verweigern könnte, sondern nur ein Apparat, der mit verschiedenen Programmen betrieben werden kann und muss, um überhaupt mehr als nur eine Möglichkeit zu sein.

Die Grundanordnung von *Videoplace* besteht aus einem oder mehreren abgedunkelten Räumen, die von einzelnen Besuchern betreten werden können – »a single person walks into a darkened room where he finds himself confronted by an 8'x10' rear-view projection screen«.[118] Eine Kamera filmt den Besucher, ein Computer errechnet aus diesem Bild eine Silhoutte und analysiert Bewegungen und Haltungen in

mann/Wolfgang Strauss, Knowbotic Research, Christa Sommerer/Laurent Mignonneau, Tim Berners-Lee, Masaki Fujihata, Toshio Iwai/Ryuichi Sakamoto, Maurice Benayoun, Jean-Baptiste Barrière, Lynn Hershman/Construct Internet Design, Rafael Lozano-Hemmer/Will Bauer, Carsten Nicolai/Marko Peljhan, David Rokeby, Blast Theory/Mixed Reality Lab, Mark Hansen/Ben Rubin, Esther Polak, Ieva Auzina/RIXC, Paul DeMarinis, Ashok Sukumaran, Julius von Bismarck, Lawrence Malstaf. Vgl. auch Kunstforum International, Bd. 98, hg. v. Florian Rötzer, Köln 1988; Bd. 103, hg. v. Gerhard J. Lischka Peter Weibel, Köln 1989; und Bd. 110, hg. von Florian Rötzer, Köln 1990. Vgl. auch Dieter Daniels: ›Strategien der Interaktivität‹, in: Medien Kunst Interaktion / Media Art Interaction . Die 80er und 90er in Deutschland / The 1980s and 1990s in Germany, Wien/New York 2000, S.142-169; und ders. : Kunst als Sendung. Von der Telegrafie zum Internet, München 2002.

115 Vgl. Söke Dinkla: Pioniere interaktiver Kunst, Ostfildern 1997.

116 Vgl. Howard Rheingold: Virtual reality, New York 1992; und R. S. Kalawsky: The science of virtual reality and virtual environments. A technical, scientific and engineering reference on virtual environments, Reading (Mass.) 1993.

117 Dinkla: Pioniere interaktvier Kunst, S.64.

118 Myron Krueger: ›Responsive Environments‹, in: Multimedia. From Wagner to Virtual Reality, New York 2001, S.104-120, hier: S.113, zuerst erschienen als: ›Responsive Environments‹, in: American Federation of Information Processing Systems 46 (1977), S. 423-33.

Bezug auf einen zweidimensionalen graphischen Raum, der über eine Rückprojektion an die Stirnseite des Raumes projiziert wird. Abhängig von der Konfiguration der Installation können sich so die Silhouetten der verschiedenen Nutzer im Videoraum begegnen, einzelne Besucher können mit ihren Körperbewegungen graphische Spuren auf der Projektion hinterlassen oder aber mit kleinen Objekten und Gestalten interagieren, die es nur im Bildraum des Computers gibt. – *Critter* heißt das avancierteste Programm dieser Art, das einen kleinen graphischen Käfer zuerst in die äußerste Ecke der Projektion flüchten lässt, sich einem ruhig verharrenden Besucher dann wieder langsam annähert und ihm schließlich auf die ausgestreckte Hand springt und von dort auf den Kopf klettert.

Die Konstruktion dieses virtuellen Datenraums, den die Projektion visualisiert und die der Besucher als mathematisch analysierte und numerisch abgebildete Silhouette durch körperliche Bewegungen beeinflussen kann, lässt *Videoplace* zum Prototypen der ›interaktiven‹ Kunst werden. Wer sich z.B. gegen ein Objekt in der graphischen Welt stemmt, wird je nach Algorithmus zurückgestoßen oder verschiebt das Objekt. »Videoplace is a conceptual environment with no physical existence. It unites people in seperate locations in a common visual experience, allowing them to interact in unexpected ways though the video medium«, fasst Krueger das Konzept der Installation zusammen.[119] Der Ort, den Videoplace konstituiere, werde mittels der kommunikativen Aktion der Nutzer geschaffen und setze sich so aus all den Informationen zusammen, die die Teilnehmer in einem gegebenen Moment teilten – »the act of communication creates a place that consists of all the information that the participants share at that moment«.[120]

Abbildung 17: Videoplace

Anlass der Arbeit sei die zufällige Erfahrung gewesen, dass die Berührung in einem Bildraum zu körperlichen Reaktionen führen könne, berichtet Krüger.[121] Bei der Arbeit an einer Installation hätten er und ein Kollege zwei Monitore und Kameras rückgekoppelt, so dass die entstandene Überlagerung der Bilder die Hände beider zeigte. Die zufällige Berührung der beiden Hände im Bildraum habe den Kollegen die Hand so un-

119 Ebd., S.113.

120 Ebd.

121 Vgl. Myron Krueger: Artificial Reality II, Reading (Mass.) 1991, S.34f.

mittelbar zurückziehen lassen, als hätte eine physische Berührung stattgefunden. Aus dieser Erfahrung sei die Frage erwachsen, wie die ›Identifikation‹ mit den Abläufen auf der Projektionsfläche zustande komme, bzw. wie dieser Eindruck von Anwesenheit in der Wechselwirkung von Mensch und Maschine erzeugt werden könne.[122] Die Antwort auf diese Frage aber, die in Videospace formuliert ist, lautet, dass sich die ›Identifikation‹ mit einem Stellvertreter im Datenraum keiner visuellen Ähnlichkeit verdankt, sondern, wie es Söke Dinkla formuliert, über die »Kongruenz von Handlungen der Anwender und Reaktionen des Systems, also über einen kybernetischen Zirkel« zustande kommt.[123] Der Avatar, der hier als abstrahierte Silhoutte, als operativer Stellvertreter im Datenraum auftritt, entsteht durch den Regelkreis, den die Analyse der Bewegungen und ihre Visualisierung bilden. Die Identifikation zwischen Spieler und Avatar wird als Extension und nicht als Projektion erfahren, weil die Beziehung nicht durch die optische Ähnlichkeit von Abbild und Abgebildetem zustande kommt, sondern durch die Möglichkeit der Kontrolle. So ist es auch in *Psychic Space*, einer anderen Installation Kruegers. Dort ist es eine einfache Raute, auf die sich der Nutzer im Datenraum abgebildet findet und mit der er sich durch ein zweidimensionales Labyrinth hindurch bewegen muss.

Diese Unterscheidung zwischen Avatar und audiovisueller Figuration, zwischen kybernetischer und visueller Identifikation wird im Vergleich der digitalen Apparaturen der 90er Jahre mit ihren analogen Vorläufern in den Closed-Circuit-Installationen der 60er Jahre deutlich. Nam June Paiks *Participation TV* (1963-66) beispielsweise visualisiert über ein an einen Fernseher angeschlossenes Mikrofon die Stimme des Besuchers im Stil der ausschlagenden Wellenkämme eines Oszilloscops. *Participation TV II* (1969) zeigt auf einem Fernseher das aus drei Perspektiven aufgenommene und in drei Farben überlagerte Bild des Besuchers. Beide Installationen konfrontieren den Besucher auf diese Weise mit dem elektronisch übersetzten und verfremdeten Abbild seiner Selbst. Die Visualisierung der Stimme in *Participation TV*, so abstrakt sie auch sein mag, bleibt dabei dennoch ein Zerrspiegel des Originals. Das digitale System einer interaktiven Installation wie *Videoplace* hingegen bildet Gesten und Stimmen nicht mehr ab, sondern nutzt sie einzig als Grundlage von Berechnungen. Im Avatar ist der Nutzer nur noch als Spur eines operativen Effekts anwesend. Die Silhouette in *Videoplace* ist kein Spiegelbild, sondern ein Stellvertreter, der aus einer Analyse des Verhaltens hervorgeht und durch eine Raute mit dem gleichen funktionalen Umfang problemlos ersetzt werden kann. Aus dem visuellen *Abbild* ist eine mathematische *Abbildung* geworden.

Dieser Wechsel vom audiovisuellen Abbild zur mathematischen Abbildung aber scheint weitreichende Konsequenzen für den Status der Kunst zu haben. Paiks Installationen liefern in der Kombination des gegenständlichen Fernsehers und seiner Benen-

122 Krueger spricht vom ›sense of being there‹, vgl. Krueger: ›Responsive Environments‹, S.113.

123 Vgl. Dinkla: Pioniere interaktiver Kunst, S.83.

nung im Titel des Werkes einen ambivalenten Kommentar zur sozialen Realität des Mediums. Sie beschwören Fernsehwirklichkeit[124], Radiotheorie und Spektakelgesellschaft herauf und können ebenso als ironischer Kommentar derselben gelesen werden. Partizipation wird hier in der individuellen und selbstreflexiven Manipulation eines zum Gegenstand gewordenen Massenmediums praktiziert. Jene Interaktivität, die Kruegers *Videoplace* hingegen realisiert, findet in einem leeren abgedunkelten Raum und im Angesicht einer transparenten und umfassenden Projektion statt. Und der Immaterialität dieser Anordnung scheint ihre Bedeutungslosigkeit zu entsprechen. Denn das Einzige, was in diesem maschinellen Regelkreislauf von Körper und symbolischem Stellvertreter im Datenraum noch zählen soll, ist die Wechselwirkung von Mensch und Maschine. »The only aesthetic concern is the quality of the interaction«, stellt Krueger wie viele andere Pioniere der interaktiven Kunst fest.[125]

Abbildung 18: Participation TV

Das frühe Manifest des interaktiven Medienkunst-Propheten Roy Ascott ist es, das 1966 unter dem Titel ›Behaviorist Art and the Cybernetc Vision‹ dieses Ideal einer von der Kybernetik inspirierten Kunst entwirft. Das Anliegen des Künstlers in der Gegenwart sei es, schreibt Ascott, zu bestätigen, dass ein Dialog möglich sei – »to affirm that dialogue is possible – that is the content and the message of art now.«[126] Die Überlegenheit des Künstlers durch seinen Wissensvorsprung solle aufgeben werden, damit die Kunst zu einem freien Spiel auf gleicher Augenhöhe werden könne, in dem der Betrachter am künstlerischen Schaffensprozess beteiligt sei. Das Mittel dazu aber ist für Ascott die Feedback-Schleife: »A feedback loop is established so that the evolution of the artwork/experience is governed by the intimate involvement of the spectator.«[127] Erst die Rückkopplung mit der Maschine verspricht die intime Einbeziehung des Betrachters in das Kunstwerk. Dieser Forderung aber nach einer Verabschiedung der Botschaft zugunsten reiner Interaktion und der einhergehende Verlust der Materialität, wie

124 Vgl. Monika Elsner et al.: ›Zur Kulturgeschichte der Medien‹, erschienen in: Die Wirklichkeit der Medien, Opladen 1994, S. 163-187.

125 Krueger: ›Responsive Environments‹, S.113; hier in Bezug auf die Arbeit Glowflow.

126 Roy Ascott: ›Behaviorist Art and the Cybernetic Vision‹, in: Multimedia: from Wagner to virtual reality, New York 2001, S.95-103, hier: S.99.

127 Ebd., S.98.

sie Ascott Mitte der 60er Jahre manifestös formuliert hat und Krueger sie seit Mitte der 70er Jahre technisch zu verwirklichen sucht, ist das zentrale Ideologem jener interaktiven Kunst, wie sie sich seit Anfang der 90er Jahre in zahlreichen Manifesten und Installationen herausgebildet hat und des sie begleitenden kunstwissenschaftlichen Diskurses.[128]

Der Zuschauer, der keiner mehr sein darf, soll sich nicht mehr auf Distanznahme und unbeteiligte Wahrnehmung zurückziehen können. Er soll mit der »neuen Situation [...] nicht mehr vor das Geschehen treten können, sondern immer schon in ihm sein«, fordert Söke Dinkla.[129] Durch die Verbindung von körperlicher Erfahrung und intellektueller Erkenntnis könnten so Handlungsalternativen physisch erlebt und erprobt werden.[130] Der Betrachter werde ermächtigt, »einzugreifen und die Komplexität nach eigenen Kriterien zu ordnen«[131] – und werde in eben dieser Fähigkeit auf die Probe gestellt – »denn der User befindet sich in einer Situation permanenter Unsicherheit, da seine Versuche, auf herkömmliche Weise [d.h. aus unbeteiligter, distanzierter Beobachtung] Repräsentationen zu bilden, immer wieder scheitern«.[132] So werde die »sinnlich-physische Interpretation einer abstrakten Ordnung ermöglicht«[133] und »neue Modelle des Handelns in verteilten und vernetzten Realitäten«[134] könnten entwickelt werden. Mit mobilen und dynamischen Formen und Praktiken könne auf jenen »Zustand eines Konnektivs« reagiert werden, der einzig und allein noch relevant sei.[135] »[Denn] in unserer heutigen Gesellschaft ist jede/r ein User/Aufführender. Jede/r bezieht Position und wird sich dessen auch bewusst, denn keine Handlung bleibt folgenlos. Das ist die emanzipatorische Kraft der digitalen Technik.«[136]

Für die Kunst bleibt daher nicht viel mehr, als die emanzipativen Potentiale der neuen Technik einzulösen. In den digitalen Regelkreisen scheint sich so in individualisierter Variation auch das partizipative Versprechen der Theateravantgarden einzulösen, das – wie Martina Leeker mutmaßt – an der zwanghaften Familiarisierung eines unbekannten Publikums gescheitert war.[137] Die von den Theoretikern der interaktiven

128 Vgl. Gendolla: Formen interaktiver Medienkunst, S.9.

129 Söke Dinkla: ›Auf dem Weg zu einer performativen Interaktion‹, in: Maschinen, Medien, Performances. Theater an der Schnittstelle zu digitalen Welten, Berlin 2001, hier: S.134

130 Dies.: ›Das flottierende Werk. Zum Entstehen einer neuen künstlerischen Organisationsform‹, in: Formen interaktiver Medienkunst. Geschichte, Tendenzen, Utopien, Frankfurt a.M. 2001, S.64-91, hier: S.75-76.

131 Ebd., S.82.

132 Ebd.

133 Ebd.

134 Ebd.

135 Ebd., S.91.

136 Dinkla: ›Auf dem Weg zu einer performativen Interaktion‹, S.134.

137 Vgl. Martina Leeker: ›Theater/Performance mit und in elektronischen Medien‹, in: Netkids und Theater. Studien zum Verhältnis von Jugend, Theater und neuen Medien, hg. v. Jörg

Kunst gehegte Hoffnung auf eine wiederhergestellte »Teilhabe an der Welt« und »eine[r] am ganzen Körper vollziehbare[n] Erfahrung der Konnektivität«[138] läuft daher im Grunde auf die Abschaffung des Theaters und seiner vermeintlich fixierten und distanzierten Repräsentationen hinaus.[139]

»Diese ästhetischen Formen mit interaktiven Bühnen [...] gleichen dem Versuch, die tradierten Funktionen des Theaters als Mittel der Abgrenzung des Menschen von seiner Umwelt und damit der Unterbindung interaktiven Aushandelns von Sozialität – wie zu Zeiten der Schrift – durch die Betonung des Performativen und Interaktiven, d.h. von Handlungen, Prozessen und der Unwiederholbarkeit eines Vorgangs zu unterlaufen«.[140]

Hinter dieser theaterfeindlichen Konzeption der interaktiven Kunst steht das medienteleologisch fundierte Konversationsideal und das korrespondierende antispektakuläre Vorurteil. Inspiriert von der Medienteleologie Derrick de Kerckhoves,[141] nimmt Martina Leeker einen »irreparable[n] Bruch« an, der mit der Einführung der Schrift in der Antike durch einen »perfide[n] Mechanismus der Entfremdung« zur »Herauslösung des Individuums aus der Umwelt« geführt habe.[142] Nachfolgende Medientechnologien hätten diese ursprüngliche Entfremdung durch die »treibende Kraft« der Mimesis nur noch einmal in Variationen wiederholt, bis schließlich am Horizont der Medienge-

Richard, Frankfurt a.M. 2002, S.171-194, hier: S.189; dies.: ›Medien, Mimesis und Identität. Bemerkungen über einen geglückten Umgang mit Neuen Technologien‹, erschienen in: Paragrana 2/4 (1995), S. 90-102; sowie Saltz, S.126: »Participatory interactive computer art, rather than marking the beginning of a new era, marks a renewed attempt to realize the 1960s goal of participatory environmental theater.« Deutlich zeigt sich dies auch an der Einordnung von Happenings und Performances in die Vorgeschichte der ›interaktiven Kunst‹. Vgl. Söke Dinkla: ›From Participation to Interaction: Toward the Origins of Interactive Art‹, in: Clicking In, 1996, S.279-289, Oliver Grau: Virtuelle Kunst in Geschichte und Gegenwart, Berlin 2001. Eine kritische Abgrenzung von Interaktion und Partizipation findet sich bei: Inke Arns: ›Interaction, participation, networking: Art and telecommunication‹, erschienen in: Media Art Net 1, 2004.

138 Leeker: ›Theater/Performance mit und in elektronischen Medien‹, S.182f.

139 Die einzige Wahl, die das Theater mit seinen repräsentativen und narrativen Strukturen dem Zuschauer lasse, sei wohin er seinen Blick richte, schreibt Martina Leeker: »Die Interaktivität, die im Theater stattfindet, ist kein wirkliches Tun, sondern ein Reflektieren, ein Aushandeln, ein Verhandeln, ein Behandeln von Kommunikation, von interaktiven Strukturen, aber nie das Ausüben dieser.« (Ebd., S.162), Vgl. Susanne Vill: ›Spielräume zwischen Medienkunst und virtueller Realität‹, in: Medien und Theater, Bielefeld 2008, S.457-477.

140 Ebd.

141 Vgl. Kerckhove, 1982; Ders. 1995: Schriftgeburten. Vom Alphabet zum Computer, München 1995, Ebd.

142 Leeker: Medien, Mimesis und Identität‹, S.92-93.

schichte die ›interaktiven‹ Technologien aufgetaucht seien, um jenen ursprünglichen kulturellen Unschuldsverlust wieder aufzuheben. So werde der »Wirkungsmechanismus der Entfremdung« durchbrochen, der durch die Anpassung an die Medien vom Alphabet bis zur Elektronik geherrscht habe.[143]

Mit den digitalen Medien erkenne sich der Mensch in seiner »vielschichtigen Selbstbestimmung«,[144] die Wirklichkeit werde als Konstruktion entlarvt, »das Fremde [...] geschont«, die »Trennung von Denken und Handeln [...] aufgehoben« und eine »[i]nnere Bewegtheit sowie dialogische Annäherung an das Fremde werden zu einer interaktiven Lebenshaltung.«[145] Mit dem Dialog von Mensch und Maschine scheint sich so die mediale Heilsgeschichte zu vollenden, weil die verloren gegangene Interaktion durch die Mensch gewordene Maschine kompensiert wird.

»Die Ausblendung des Menschen [...] wird beendet, sobald die Maschinen dem Menschen antworten und ihm zeigen und ihn spüren lassen, dass sie Teil von ihm sind. Der Computer beginnt, dem Menschen zu antworten. Durch seine Möglichkeiten der Synthese von mentalen und sinnlichen Daten reintegriert er den Körper des Menschen in den elektifizierten, dynamischen Raum.«[146]

Die interaktive Kunst soll jener Ort sein, an dem die Maschinen dem Menschen Antwort geben. »Response is the medium«, heißt es bei Myron Krueger, und das Modell dieser Kommunikation ist der Dialog. Nach dem uneingelösten Versprechen der Avantgarden kehrt das Konversationsideal in digitaler Variation zurück. An die Stelle der Kommunion vor Ort soll nun die technische Kommunion im Kontakt mit der Maschine treten. Die Grundlage dieses Dialogs, das Einzige, was die Interaktion zwischen Mensch und Maschine als nicht trivial erscheinen lässt, ist der Glaube an eine künstliche Intelligenz, die der Maschine zumindest potentiell innewohnt. Dort, wo die interaktive Kunst von der Dialogizität in den 90er Jahren schwärmt, bleibt es jener technogenen Metaphysik verpflichtet, die Minsky, Moravec und andere in den 60er Jahren am MIT und anderen amerikanischen Universitäten entwickelten. – Nur ist die Antwort der Maschinen weitestgehend ausgeblieben. Aus den *harten* Glaubenssätzen der künstlichen Intelligenz sind *schwache* Anwendungen geworden, und auch in der Kunstkritik mehren sich die Stimmen, die am emanzipativen Potential des interaktiven Bedeutungsverzichts zweifeln.[147]

Die »experimentelle Problemlösung und [die] Aneignung von Regeln«, die Söke Dinkla als charakteristisch für die Rezeption von ›interaktiver‹ Kunst bestimmt, verliert

143 Ebd., S.99.

144 Ebd..

145 Ebd., S.f.

146 Ebd., S.99.

147 Vgl. Roberto Simanowski: Digitale Medien in der Erlebnisgesellschaft. Kultur – Kunst – Utopien, Reinbek bei Hamburg 2008.

seinen Reiz schnell, sobald die Regeln erlernt, durchschaut und ausgetestet sind.[148] Und so erweist sich das emphatisch postulierte »Handeln auf Probe«[149] der ›interaktiven‹ Kunst in vielen Fällen allein als das Erlernen eines Programms. Gerade dort, wo sich die ›interaktive‹ Kunst auf Interaktion reduziert, drängt sich der Verdacht auf, dass sich viele interaktive Werke »auf den Nachweis [...] beschränken, dass Interaktion in Feedback-Schleifen möglich ist.«[150] Noch kritischer hat Claus Pias vermutet, dass die interaktive Kunst letztlich nur einen Alltag wiederhole, »der die Kunst schon überholt hat«[151] und vor allen Dingen die Logik und Effizienz der technischen Apparaturen in der Akkommodation des Menschen an die Maschine reproduziere.[152] – Und in der Tat ähneln sich die Bemühungen der ›interaktiven‹ Kunst, »den ganzen Körper in die Vernetzung« zu stellen, sowohl in ihren Idealen als auch in den figurativen Apparaten jener pragmatischen Symbiose von Mensch und Maschine in ›Spacewar!‹ und im NLS.[153] Mit der Emanzipation des Rezipienten durch den barrierefreien Zugang zu einer Kunst, die sich spielerisch und ohne Studium der Kunstgeschichte erschließen lässt, geht seine Anpassung an die Machine durch Reduktion auf Reiz-Reaktions-Schemata einher und entspricht den Idealen jener Arbeitswissenschaft, die Claus Pias als epistemische Voraussetzung des Computerspiels beschrieben hat.

Andererseits aber lässt sich auch die interaktive Kunst – ähnlich wie *Spacewar!* und Engelbarts *NLS* – nicht auf die Relation zwischen Nutzer und Maschine reduzieren. Denn die individuellen Erlebnisangebote der interaktiven Kunstwerke sind fast immer in potentielle Schauanordnungen eingebunden, in denen der Mensch in der Maschine und die von ihm erzeugten Bilder von einem dritten Standort aus beobachtet werden können. Es entsteht fast immer »eine Situation der Vorführung«[154], in der die interessierten Besucher zum Zuschauer des Benutzers werden. Die interaktive Installation ist mit anderen Worten nicht nur ein Apparat, der ein individuelles Erleben ermöglicht, sondern auch einer, der die Körper in Bewegung setzt, ein Apparat, der die Puppen tanzen lässt. Wie die Silhouetten in Kruegers *Videospace* sind die Avatare die Puppen

148 Vgl. Dinkla: ›Pioniere interaktiver Kunst‹, S.95.

149 Vgl. ebd., S.95.

150 Simanowski: ›Digitale Medien in der Erlebnisgesellschaft‹, S.39.

151 Pias: ›Die Pflichten des Spielers‹, S.335.

152 Ebd., S.328.

153 Leeker: ›Theater/Performance mit und in elektronischen Medien‹, S.183.

154 Barbara Büscher: ›(Interaktive) Interfaces und Performance‹, in: Maschinen, Medien, Performances. Theater an der Schnittstelle zu digitalen Welten, hg. v. M. Leeker/D. Schneider, Berlin 2001, S.7. Vgl. auch dies.: ›Kybernetische Modell, minimalistische Strategien: Performance und mediale Anordnungen in den sechziger Jahren‹, in: Theorie, Theater, Praxis, hg. v. H. Kurzenberger/A. Matzke, Berlin 2004, S.250-260; dies.: ›Interfaces: Theater – performative Medienkunst‹, in: Transformationen. Theater der neunziger Jahre, hg. v. Fischer-Lichte et al., Berlin 1999.

des Nutzers und zugleich die Fäden, mit denen die Maschine den Menschen konditioniert und in Bewegung setzt.

David Rokebys *Very Nervous System*[155] ist eine einfache Installation, die Bewegungen des Körpers im Raum mittels Videokameras und Workstation in Töne und Musik übersetzt. Sie lässt sich als ein Apparat zur körperlichen Erzeugung von Tönen beschreiben, kann aber auch als Maschine verstanden werden, die merkwürdig gehemmte Tänze produziert. Paul Sermons *Telematic Dreaming*[156] verbindet den Körper eines Besuchers vor Ort mit der Projektion eines entfernten zweiten auf einem Doppelbett. Die Installation lässt sich als Versuch beschreiben, den »Tastsinn der Benutzer zu erweitern«, kann aber auch als Maschine verstanden werden, die intime Szenen menschlicher Nähe erzeugt.[157]

Abbildung 19: David Rokeby: Very Nervous System,(1991)

Virtual-Reality-Installationen wie beispielsweise Monika Fleischmanns und Wolfgang Strauss' *Home of the Brain* (1992)[158] oder Charlotte Davis' *Osmose* (1995) lassen sich nicht nur als immersive Erfahrungen virtueller Umgebungen begreifen, sondern sind auch Vorführungen der Körper und Fantasien des in Symbiose mit der Maschine zum Cyborg gewordenen Menschen. Hinter einer transparenten Gaze und mit Rücklicht ausgeleuchtet, zeigt *Osmose* den Nutzer als schwarze Silhoutte eines verkabelten Körpers mit Datenhelm und Datenhandschuh. Schräg gegenüber erscheint die Projektion der virtuellen Umgebung, eine abstrakte Landschaft mit fraktalen Bäumen, die in dem Kontext die Träume des Cyborgs zu visualisieren scheint. Nicht die Erfahrung des Nutzers scheint die Rezeption der Arbeit zu bestimmen, sondern die Vorstellung, die

155 1986-1990. Vgl. http://homepage.mac.com/davidrokeby/vns.html.

156 1992. Projiziert wird das Videobild eines auf einem Doppelbett liegenden Besuchers auf ein zweites Bett mit einem zweiten Besucher in einer zweiten Galerie. Das Bild dieses zweiten Bettes wird dann in die erste Galerie rückübertragen und dort auf umstehenden Bildschirmen gezeigt. Vgl. http://www.hgb-leipzig.de/~sermon/dream/.

157 http://www.medienkunstnetz.de/werke/telematic-dreaming/.

158 Vgl. Monika Fleischmann/Wolfgang Strauss: ›Images of the Body in the House of Illusion‹, in: Art@Science, hg. v. C. Sommerer/L. Mignonneau, New York/Wien 1998, S.133-147, hier: S.133.

sich der distanzierte Zuschauer von dem Erlebnis des ausgewählten Akteurs im Datenanzug macht.[159]

Abbildung 20: Charlotte Davis: Osmose (1995)

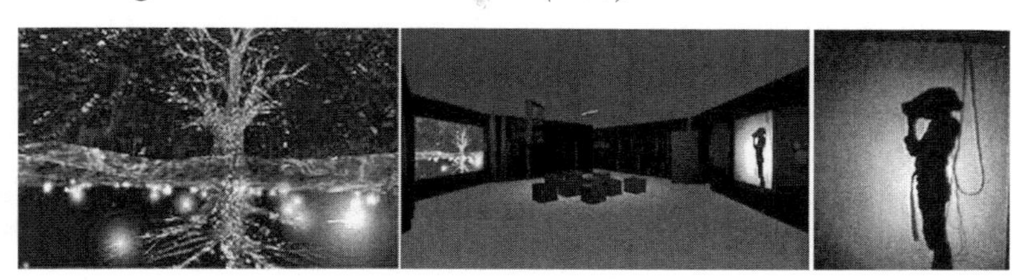

Die interaktive Kunst stellt sich so als eine figurative Apparatur dar, als eine Maschine, die Auftritte produziert. Der Schauwert und die ostentative Dimension sind ihr weder nebensächlich, noch sind sie zweitrangig. Denn trotz aller antitheatralen Rhetorik entstehen die Installationen der interaktiven Kunst wie auch schon *Spacewar!* und das *NLS* als öffentliche Vorführung – einer Vorführung jedoch, die den eigenen Demonstrationscharakter zwanghaft negiert und nicht müde wird zu betonen, dass sich ihre Botschaft in einer Erfahrung erschöpft, die nicht vorgeführt werden kann und die es dementsprechend zu machen gilt. Statt das Theater durch die Verwandlung von Zuschauer in Teilnehmer zu überwinden, wird so das Publikum in Darsteller verwandelt, die nun pars pro toto in einer Theater gewordenen Kunst auftreten.[160] Das Ergebnis ist eine Art *Outsourcing* der künstlerischen Arbeit, bei der wie beim *Telephone-Banking* ein Großteil der Arbeit, die vorher vom Personal erledigt wurde, nun kostenlos vom Kunden und nach den Anweisungen einer Maschine zu leisten ist. Der *automatisierte Darsteller* wird von der Maschine kontrolliert und vorgeführt und von ihr für seine theatralen Ta-

159 Vgl. Simanowski: ›Digitale Medien in der Erlebnisgesellschaft‹, S.42f. Deep Walls (2003) von Scottt Snibbe setzt die Arbeit mit den Silhouetten fort. Die Installation aus einer in 16 Rahmen geteilten Projektion nimmt die Silhouette des Betrachters auf und spielt sie als Endlosschleife in einem der 16 Rahmen ab. Die Neueren ersetzen die Älteren. Die Installation ermuntere, »sich als Schauspieler zu erproben und Situationen vorzutäuschen«, beschreibt Simanowski und nennt als Beispiele die Rede ans Publikum, wilde Gestikulation, Faustkampf oder plötzliche Ohnmachtsanfälle. Die Installation verlange nicht nur Aktion, sondern inspriere auch durch die vorgefundenen Verhaltensweisen und mache somit »den Auftritt vor den Augen der anderen einfacher.« »Deep Walls stellt dem Publikum die Mutfrage. Man muss entscheiden, ob man sich ins Zentrum der Aufmerksamkeit wagt und welche Aktion man dann unter den Augen der anderen ausführt. Man weiß, dass ›nur‹ schauen bedeuten würde sich der Forderung des Moments zu verweigern, und man weiß, dass im Grunde auch vorsichtige, unverfängliche Bewegungen nicht genug sind.«

160 Vgl. in diesem Zusammenhang auch die frühe Installation/Aktion Hole in Space (1980) von Kit Galloway und Sherrie Rabinotwitz.

ten mit der ästhetischen Erfahrung der Landschaft belohnt und zugleich vor den Blicken der Zuschauer geschützt. Denn im Unterschied zum Darsteller auf der Bühne oder vor der Kamera hat der automatisierte Darsteller das Publikum aus den Augen verloren. Sein Spiel kennt keinen Adressaten, sondern nur die beständige Überwachung der Bewegungen des Avatars, in dem sich die Regeln der Maschine sinnlich fassbar für ihn verkörpern. Wie Kleists Marionette[161] lässt er sich so aus dem Schwerpunkt heraus bewegen und ziert sich nicht, weil er in diesem Tanz der Maschine ein Objekt geworden ist, das nicht zurückschaut und keinen Kontakt mit denen aufnimmt, die ihm zusehen. Er spielt sein Spiel nicht mit dem Publikum, sondern mit der Maschine. Es ist ihr Auftritt, der hier zelebriert wird, sie lässt die Puppen tanzen, sie nimmt von den Körpern Besitz und führt sie vor. Der sich schwerelos im Datenraum bewegende Avatar ist das Phantasma des an die Maschinen angeschlossenen Cyborgs.

4.2.4 Von Wagner zu World of Warcraft

Die interaktive Kunst und die Schauspiele, die sie in den Galerien aufführt, treten hier – mal implizit, mal explizit – die Erbschaft des Gesamtkunstwerks an. Auch in Bayreuth wurde eine Maschine gebaut, um die moderne Entfremdung auf medialem Wege zu überwinden; auch in Bayreuth entsteht die Figur als Funktion einer Apparatur und wird zugleich aus der Landschaft geboren; und auch in Bayreuth soll das ästhetische Erleben einer synästhetischen Halluzination den Blick auf eine wahrere Wirklichkeit freigeben.[162] Das »mediale Gesamkunstwerk« verschmelze die einzelnen Künste »in eine integrale Kunstform« und arbeite »auf allen zugänglichen sensorischen Ebenen«, glaubt Florian Rötzer.[163] Hans Ulrich Reck verspricht sich vom »immersiven« Gesamtkunstwerk die endgültige Abschaffung der Grenzlinie zwischen Bühne und Publikum, mit der die Künste davor nur gespielt hätten.[164] Randall Packer spricht vom *Gesamtelewerk*[165], und Roy Ascott fordert 1999 die Synthese der »Schwesterndaten« Bild,

161 Vgl. Heinrich von Kleist: ›Über das Marionettentheater‹, div. Ausgaben.

162 Vgl. Smith: ›The Total Work of Art‹; Udo Bermbach: Der Wahn des Gesamtkunstwerks. Richard Wagners politisch-ästhetische Utopie, Stuttgart 2004; Roger Fornoff: Die Sehnsucht nach dem Gesamtkunstwerk. Studien zu einer ästhetischen Konzeption der Moderne, Hildesheim 2004.

163 Rötzer: ›Zum medialen Gesamtkunstwerk‹, S.11. Vgl. ders.: ›Konturen der ludischen Gesellschaft im Computerzeitalter. Vom Homo ludens zum ludo globi‹, in: Schöne Neue Welten? Auf dem Weg zu einer neuen Spielkultur, hg. v. F. Rötzer, München 1995, S.171-216.

164 Hans Ulrich Reck: ›Immersive Environments: The Gesamtkunstwerk of the 21st Century?‹, in: The Myth of Media Art. The Aesthetics of the Techno/Imaginary and an Art Theory of Virtual Reality, Weimar 2007, S.99-108.

165 Vgl. Randall Packer: ›Utopianism, Technology, and the Avant-Garde: The Artist Shaping the Social Condition‹, in: Link: A Critical Journal on the Arts 2001.

Ton und Text in einem »Gesamtdatenwerk«, das den ganzen Planeten elektronisch umfassen und vereinen soll:[166] ein Werk von unbegrenzter Länge und beständig im Fluss, das aus unendlich vielen Interaktionen einer ebensolchen Anzahl von Teilnehmern bestehe und die Unterscheidung von Künstlern und Betrachtern nicht kenne.

»Since reciprocity and interaction are of its essence, such a work cannot differentiate between ›artist‹ and ›viewer‹, producer and consumer. To particitpate in such network is to be involved always in the creation of meaning and experience. The roles cannot be separated out. One can no longer be at the window, looking in on a scene composed by another; one is instead invited to enter the doorway into a world where interaction is all.«[167]

Die Interaktion ist alles und soll den Planeten qua »holistische[r] Welt-Kunst« in einer »Superkonnektivität aller Kulturen« vereinen.[168] Ziel ist der Zugang zum Immateriellen, der mit dem Transparent-Werden der Apparate erreicht werden soll.[169] Der Niedergang der modernen Welt durch ihre unerbittliche materialistische Fixierung soll durch einen erneuerten maschinellen Zugang zum Spirituellen überwunden werden.[170] Ein ›Sipapuni‹ des 21. Jahrhunderts, ein Äquivalent zum heiligen Ort der Hopi, will Ascott daher im Ars Electronica Center in Linz errichten.[171] Aber dieser digitale Ritualplatz erinnert in seiner sehr modernen Sehnsucht nach der Vormoderne und nach ihrer imaginierten organischen Ganzheit doch eher an Bayreuth als an die indigenen Religionen Amerikas.[172] Wie Wagner und viele Medienkunst-Pioniere erhofft sich Ascott durch die Vereinung der Künste und die Überwindung der Trennung von Publikum und Darstellern auch eine Versöhnung mit der Natur. Der Ort für diese Versöhnung liegt wie der Cyberspace und Bayreuth abseits der Metropolen und ist der Endpunkt einer Pilgerreise, die den Alltag der urbanen Kultur hinter sich lässt, um den Geist von Volk und Fest von einem medialen Apparat wiederbeleben zu lassen.

Der mythisch märchenhafte Auftritt übermenschlicher Helden in einer romantischen Landschaftsmalerei verdankt sich auch in Bayreuth einer Maschine. Die verbesserten Sichtlinien, das doppelte Proszenium, der Orchestergraben, der abgedunkelte Zuschauerraum, die ausgefeilte Bühnenmaschinerie – all das verwandelt Bayreuth in einen großen Projektionsapparat, der das Publikum im selben Atemzug ausblendet und

166 Roy Ascott: ›Gesamtdatenwerk: Connectivity, Transformation and Transcendence‹, in: Ars Electronica: Facing the Future, hg. v. T. Druckey, Cambridge 1999, Mass., S.86-89.

167 Ebd., S.89.

168 Ebd., S.87.

169 Vgl. ebd., S.86 und 88f: »If the project of our time is to render the invisible visible, [...] then we must recognize the necessity of making the currently very visible computer invisible.«

170 Roy Ascott: ›Technoetic Structures‹, erschienen in: Architectural Design 11/12/68 (1998), S. 30-33, hier: S.31 zit.n. Smith: ›The Total Work of Art‹ ,S.166.

171 Ebd., S.30.

172 Smith: ›The Total Work of Art‹, S.166.

in das Bühnengeschehen hineinversetzt, und macht zugleich exzessiv von etwas Gebrauch, das es im selbem Maße zu verstecken bemüht ist: Technik. Die Wunder, die Bayreuth wirkt, die mythische Traumwelt, die aus dem mythischen Abgrund heraufsteigt, wird von einer Maschine geschaffen, die zugleich allgegenwärtig und unsichtbar ist. Anders als die Barockspektakel nährt sich das Gesamtkunstwerk aus dem Wunsch nach der Wiederherstellung einer ursprünglich angenommenen Einheit – des Subjektes, der Gesellschaft, von Kunst und Leben – durch die organische Synthese der Künste – und zwar paradoxerweise mittels eben jener Technologien, die die Entzweiung und Entfremdung zuallererst verursacht haben. Mit den technischen Errungenschaften der Moderne lässt sich ästhetisch in die Vormoderne zurückkehren, in eine künstliche Natürlichkeit aus gotischen Schlössern, alten Eichen und heroischen Drachentötern.

Das Gesamtkunstwerk steht von daher in einem zwiespältigen Verhältnis zur industriellen und kommerziellen Moderne, gegen die es rebelliert. Denn nicht nur der gotische Kitsch, der Wagners Bühnen ziert, war ebenso in der von Wagner verachteten Popularkultur des 19. Jahrhunderts zu Hause. Auch die leitmotivische Führung der Rezeption, die abgedunkelte Vereinnahmung des Zuschauers, das Verbergen der Produktionsmittel spiegeln sich in der sich herausbildenden Kulturindustrie wieder. Der Traum vom Gesamtkunstwerk findet sich für Adorno und Horkheimer in der ›Dialektik der Aufklärung‹ daher als Verbindung von Film und Hörfunk durch das Fernsehen erfüllt.[173] Und Friedrich Kittler begreift – anders und doch ähnlich – das Gesamtkunstwerk als Vorläufer der elektronischen Medien, als eine Maschine, die statt lesbarer Texte bedeutungsfreie Sinnesdaten herstellt, die sich nicht durch Lektüre erschließen, sondern unmittelbar auf die Nerven einwirken. Als prototypisches Medium ist das Gesamtkunstwerk daher ›Nervenkunst‹, die mit der Kunst und den Kategorien der idealistischen Ästhetik nicht mehr viel zu tun hat.

Abbildung 21: Baum und Raum in Bayreuth

In Wagners Bühnenweihfestspiel Parzival findet Matthew Wilson Smith dieses mediale Gesamtkunstwerk zugleich dargestellt und verwirklicht: Der ›reine Narr‹ Parzival sei auch der ideale Zuschauer des Gesamtkunstwerks, der die Enthüllung des Grals am Ende der Oper als eucharistisches Schauspiel erlebt. Im Inneren des Grals aber leuch-

173 Vgl. Theodor W. Adorno/Max Horkheimer: Dialektik der Aufklärung. Philosophische Fragmente, Frankfurt a.M. 1981.

tete bei der Uraufführung in Bayreuth 25.6.1882 eine der ersten Osram-Birnen, die das Gefäß in seinen geheimnisvollen Glanz taucht.[174] »Die Wunde schließt, der Speer nur, der sie schlug«, heißt es in Wagners Libretto. Der Speer aber ist in dieser Lesart nichts anderes als das Sinnbild der Technik, die die Entfremdung der Moderne zuerst verursachte und nun in ihrer ästhetischen Versenkung aufheben soll.[175] Wagners Gesamtkunstwerk begründet so nach Wilson Smith trotz seiner paganen und christlichen Anklänge eine eigenständige Religion, die durch die künstliche Natürlichkeit des von Glühbirnen betriebenen Grals die Einheit von Natur und Kultur, Kunst und Wirklichkeit, Akteuren und Publikum wiederherzustellen trachtet.[176]

Der Glaube an das Gesamtkunstwerk entsteht so in der Gesellschaft des Spektakels als Verneinung derselben. Bayreuth ist das antipodische Pendant zum Krystallpalast, ein Ort, der sich in Entgegensetzung zur metropolitanen Medienkultur und der Moderne entwirft und doch ein Teil von ihr ist, weil er mit medialen Mitteln die Moderne überwinden will. Der Krystallpalast rechtfertigt die industrielle Moderne mit technischen Mirabili, exotischen Körpern und einheitlichen Konsumgütern als ästhetisches Phänomen, feiert den Sieg der Technik über die Kunst und verbindet schließlich den Auftritt der Waren mit der Ware des Aufritts.[177] Das Bayreuther Festspielhaus als der dialektische Ort zu diesem spektakulären Schaukasten hingegen versteckt die Technik, anstatt sie auszustellen. Den exotischen Wundern der industriellen Produktion wird eine gotische Gegenwelt entgegengesetzt. Statt Zerstreuung setzt Wagner auf Hypnose, statt die fragmentiert moderne Wahrnehmung zu spiegeln, fokussiert Wagner den Blick auf ein Zentrum; statt der Anonymität der Vielen setzt er auf die Einheit einer Gemeinschaft.

Und dennoch weisen die Auftritte in Bayreuth und bei der Londoner Weltausstellung zugleich markante Ähnlichkeiten auf: Die strikte und totale Unterscheidung, die der Bayreuther Orchestergraben zwischen Publikum und Bühne einführt, scheint nur das Spiegelbild jener Distanz zu sein, die zwischen den ausgestellten Attraktionen der Weltausstellung und der Lebenswelt ihrer Besucher entsteht. Die fantastische Welt der Wagnerschen Landschaften entspricht den Phantasmen der Waren. Beide Welten wirken auf die Nerven ein und geben Anlass für das Abdriften der Imagination und lösen die Versammlung des Publikums zugunsten der individuellen Versenkung auf. Sowohl der Krystallpalast als auch das Festspielhaus unterwerfen den Auftritt einem bildgenerierenden Apparat.

Die Bühnenmaschinerie und der Orchestergraben lassen die gotische Landschaften Wagners als synästhetische Gesamtkomposition entstehen, in der die Figuren nicht mehr selbst auftreten, sondern vom Apparat hinter der Bühne und der Landschaft auf

174 Vgl. Smith: ›The Total Work of Art‹, S.39-46.

175 Ebd., S.173.

176 Ebd., S.188. Vgl. ebd., S.163: »Within the digital landscape of virtual reality, the old sister arts become new clones: parentless, replicable, universally exchangeable, free-floating.«

177 Nelle: ›Künstliche Paradiese‹, S.184.

der Bühne hervorgebracht werden. Die Rheintöchter, das sagt schon ihr Name, sind mit der Natur eng verbunden, sie wachen über deren Schätze und werden auf der Bühne meist durch das natürliche Element gleitend angetroffen. Ihre wogende Schwerelosigkeit aber entsteht durch die Befestigung der Sängerkörper am oberen Ende von langen Stangen, die auf kleine Wagen montiert sind, die von mehreren Bühnenarbeitern durch die Unterbühne manövriert werden. Ähnlich wie der Avatar sind auch die Rheintöchter Figuren, die aus einer Landschaft hervorgehen und von der Maschine erzeugt werden, um einen Sinneseindruck zu hinterlassen. Ihre Schwerelosgikeit verdanken sie den Bühnenarbeitern auf der Unterbühne, der Glühbirne im Gral und dem *Head-Mounted-Display*, kurz: Jener Transparenz der Technologie, wie sie von Ascott und den *Virtual-Reality*-Pionieren gefordert wird. Die Sehnsucht nach einem ortlosen Schauplatz, der selbst substanz- und bedeutungslos ist und als solches einen unbefleckten Raum bietet, um eine fremde Welt in Erscheinung treten zu lassen, verbindet Wagners Gesamtkunstwerk mit Kruegers *Videoplace* und Roddenberrys *Holodeck*. Die Kehrseite dieses ortlosen Schausplatzes aber ist die künstliche Natürlichkeit einer romantisierten Territorialität der Kunstwelten. Je virtueller die Welten werden, desto gotischer werden sie auch.

Abbildung 22: Rheintöchter mit Unterbau

»Zum Raum wird hier die Zeit«, schreibt Lev Manovich in Hinblick auf den Hypertext und knüpft daran die Vermutung an, dass eine künftige Rhetorik oder Ästhetitk der neuen Medien eher mit räumlicher Orientierung als mit zeitlicher Ordnung zu tun haben werde.[178] Henry Jenkins hat in Bezug auf *Action Adventures* von »narrative architectures« und »environmental storytelling« gesprochen. Die zentrale Aufgabe der Spiele sei es, einen umkämpften Raum zu erforschen, zu kartografieren und zu beherrschen – »to explore, map and master contested spaces« –, einen Raum, dessen virtuelles Wachstum Jenkins mit dem realweltlichen Schwinden der Hinterhöfe in Verbindung bringt.[179] Als Trotz gegenüber einer Welt, die sich nicht mehr bewohnen lassen wolle,

---

178 Manovich: ›The Language of new media‹, S.78.

179 Vgl. Henry Jenkins: ›Game Design as Narrative Architecture‹, in: First person. New Media as Story, Performance, and Game, hg. v. P. Harrigan/N. Wardrip-Fruin, Cambridge (Mass.) 2004, S.118-130: Innerhalb »narrativer Architekturen«, die aus Orten mit Atmosphären zusammengesetzt seien, gehe es um heldenhafte Raumentdeckung, Weltentwürfe und räumliches Geschichtenerzählen – »environmental storytelling«. Die narrativen Architekturen

hat Matthias Mertens den *Egoshooter* interpretiert. »Der Raum der Vernunft [...] gebiert nicht nur Ungeheuer, er ist selbst ein Ungeheuer geworden [...] Der ganz und gar menschliche Raum wird dem Menschen, der nun nicht mehr in ihm benötigt wird, zum Wolf.«[180] Aber dieser Rückschluss von der Kunst auf die Wirklichkeit, von den virtuellen Räumen auf die reale Raumnot scheint nur wieder das romantische Unbehagen an der Moderne fortzusetzen. Es scheint vielmehr die gesellschaftliche Ortlosigkeit der Schauplätze zu sein, die von den virtuellen Räumen kompensiert wird. Der Raum erlangt im Spiel seine Wichtigkeit nicht deshalb, weil der Spieler in seiner Welt keinen Platz mehr hat, sondern weil er nicht weiß, wo dieser Ort liegt, den er im Rechner betreten kann. Es ist der synästhetische Genuss der Landschaft, der die Belohnung des umkämpften Territoriums im Computerspiel darstellt und ähnlich wie in der interaktiven Kunst, im Gesamtkunstwerk oder auch im Panorama die Immersion in eine künstliche Welt verspricht, die keinen Platz in der wirklichen hat.

Seit kurzem sind es vor allem die sogenannten *Open-World-Games*, die diese Möglichkeit des interesselosen Wohlgefallens in den digitalen Spielwelten kultivieren. »Dieser Augenblick, erlebt in der endlichen Welt eines in einer künstlichen Stadt angesiedelten Computerspiels, er könnte ewig andauern«, beschreibt Rosenfelder *Grand Theft Auto 3*.[181] Das Erlebnis des schwerelosen Moments in der reinen Kunstwelt ist das immersive Versprechen eines Schauplatzes, der keinen Ort mehr in der wirklichen Welt hat. Was das Festspielhaus als Projektionsapparat installierte, wird in den Computerspielwelten auf kybernetischem Wege fortgesetzt. Statt projektiv wird der Spieler auf kybernetischem Wege in eine Landschaft hineinversetzt, die seine Anpassung an die Regeln des Spiels mit einem virtuellen Tourismus belohnt. Die projektive Versenkung im Gesamtkunstwerk und die wandernde Zerstreuung im Krystallpalast scheinen so in dem synästhetischen Erlebnis und den neogotischen Mythen des Online-Rollenspiels kulturindustriell versöhnt und vereint zu sein.

---

stellten mit eingebetteten Informationen Bühnen für Ereignisse her, Ressourcen für Geschichten. »Read in this light, a story is less a temporal structure than a body of information« (S.126). Als historisches Beispiel für ein solches affektives Potential von Artifakten und Räumen nennt er das Melodrama, den Detektivroman und die Reise-Abenteuer im Stile von Tolkien, Jules Vernes oder Jack Londons.

180 Mathias Mertens: ›'A Mind Forever Voyaging'. Durch Computerspielräume von den 70ern bis heute‹, in: Escape! Computerspiele als Kulturtechnik, hg. v. C. Pias/C. Holtorf, Köln 2007, S.45-54, hier: S.49: »Der sich seinen Weg freischießende Spieler des Ego-Shooters könnte nun ausrufen: ›Ich werde dieser Welt trotzen, die sich nicht mehr von mir bewohnen lassen will.‹« Während das Haus des 18. und 19. Jahrhunderts nach Bachelard den Menschen ausrufen lasse: ›Ich werde ein Bewohner der Welt sein, der Welt zum Trotz‹, sei jetzt »kein Platz mehr (nicht einmal potentiell) für irgendeine andere Art von Raum«.

181 Andreas Rosenfelder: Digitale Paradiese. Von der schrecklichen Schönheit der Computerspiele, Köln 2008, S.35.

Auch *Azeroth*, die Spielwelt von *World of Warcraft*[182], ist am schönsten von oben betrachtet, im Flug auf einem Greifen, wenn einem die Luft um die Ohren pfeift und man von den repetitiven Aufgaben des arbeitssamen Spielerlebens dort unten, dem Hin- und Herhetzen von einer Aufgabe zur nächsten, entlastet ist. Azeroth existiert in unzähligen Kopien auf unterschiedlichen Servern gleichzeitig für jeweils andere Spieler und setzt sich aus mehreren aneinander angrenzenden Regionen zusammen: die *Östlichen Königreiche*, *Kalimdor*, *Nordend* und die *Südlichen Meere*. Wie Wagners neogotische Welten oder Tolkiens Fantasyromane kehren auch Rollenspiele wie *World of Warcraft* ästhetisch in die mittelalterliche Vormoderne zurück. Der Vorgeschichte zufolge geht es um die Verteidigung von Heimat und ›Rasse‹, das ist für Menschen, Elfen usw. ähnlich: »You must defend the kingdom against those who encroach upon it, and hunt down the subversive traitors, who seek to destroy it from within«, fordert der filmische Vorspann. Und auch im Spiel ist immer wieder von Reinigung, vom Abschlachten von Schädlingen, die die Landschaft befallen hätten, die Rede.[183] Im eklatanten Gegensatz zu den Träumen der *Cyberspace*-Propheten von den deterritorialisierten Freiräumen der neuen Medien scheinen die real-existierenden virtuellen Welten von territorialen, rassistischen, totalitären und exkludierenden Ideologien durchtränkt zu sein. Die Wahl der Rasse entscheidet zwar nicht alles, aber vieles.

Gleichzeitig aber spielt all das im Spiel kaum eine Rolle. Es geht wie in den *Sims* vor allen Dingen darum, Punkte zu sammeln und in der vorgegebenen Stufenleiter aufzusteigen. Denn die Landschaft in *Azeroth* ist – wie Espen Aarseth es formuliert hat – hohl und dumpf, eine Umgebung, die man nicht berühren, geschweige denn verändern kann. Sie wirkt merkwürdig zeit- und distanzlos. Reisen gibt es in *Azeroth* genauso wenig wie Ereignisse, die man verpassen kann, denn wie in einem Freizeitpark sind die Attraktionen so arrangiert, dass sie den Besucher bei der Stange halten.[184] *Azeroth* sei wie *Disneyland* keine fiktionale, sondern eine funktionale Welt – schreibt Aarseth – die

---

182 Mit 11 Millionen Abonnenten und einem Jahresumsatz von über einer Milliarde Dollar ist World of Warcraft der erfolgreichste und aufgrund seines Suchtpotentials auch der berüchtigste Vertreter der MMORPGs – Massively Multiplayer Online Roleplaying Games. Zur Forschung in und zu World of Warcraft vgl. John Bohannon: ›Slaying Monsters for Science‹, Science, 20.6.2008, S.1592; sowie William Sims Bainbridge: ›The Scientific Research Potential of Virtual Worlds‹, Science, 27.7.2007, S.472-476.

183 Vgl. Smith: ›The Total Work of Art‹, S.179: »Warcraft is, in effect, a game largely based arround the defense of homelands against racial others.« Zur Verwandtschaft von Themenparks und Spielwelten vgl. auch: Celia Pearce: The Interactive Book. A Guide to the Interactive Revolution, Indianapolis 1997, Angela, Ndalianis: Neo-Baroque aesthetics and contemporary entertainment, Cambridge (Mass.) 2004.

184 Vgl. hierzu und dem Folgenden: Espen Aarseth: ›A Hollow World: World of Warcraft as Spatial Practice‹, in: Digital Culture, Play and Identity. A World of Warcraft Reader, hg. v. H. Corneliussen et al., Cambridge (Mass.) 2008, S.111-122.

auf Spielbarkeit, Erlebnisse und Besucherströme ausgerichtet sei.[185] Die klimatischen Zonen grenzten wie in einem Themenpark direkt aneinander und seien von zentralen Pfaden und Bahnen verbunden. Die Wildnis, die *Azeroth* darstellen soll, sei von Stadtplanern entworfen worden: mit Plätzen, auf denen man sich trifft, und den entsprechenden Nahverkehrsverbindungen. Als eine Art Freizeitpark lasse sich *Azeroth* weder verteidigen noch bewohnen, sondern nur erleben.[186]

Wie in der Vergangenheit der englische Landschaftsgarten gestaltet *World of Warcraft* den Besuch in der künstlichen Welt als Entdeckungsreise. Es sei das »forschende und handelnde Individuum«, das im Mittelpunkt der Gartenanlage stehe, nicht mehr die Präsenz des Herrschers wie noch in den Gärten des Barock, beschreibt Florian Nelle in Bezug auf den Landschaftsgarten.[187] Entlang der gewundenen Wege begebe sich der Besucher von Aussichtspunkt zu Aussichtspunkt. Szene nach Szene offenbare sich dem Blick des Spazierenden, der so zu einem Entdecker der inszenierten Natur werde. »Der englische Garten wollte vom Betrachter erforscht werden. Die hier inszenierte Natur erschloss sich nicht von einem Punkt aus, sie zerfiel vielmehr in ›Auftritte‹, die nach dem Vorbild von Landschaftsmalerei und Theaterbühne eingerichtet und vom Besucher scheinbar selbstständig entdeckt werden sollten.«[188]

Abbildung 23: Landschaftsgarten, Azeroth, Mittelerde

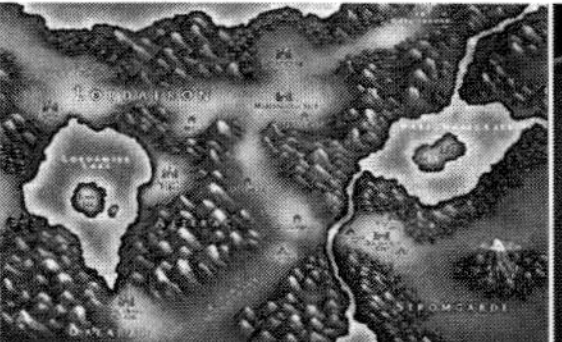

Aber die Entdeckungsreise bleibt im englischen Landschaftsgarten ähnlich wie in *Azeroth* an den Oberflächen haften, das Betreten des Unterholzes ist nicht vorgesehen, und man bleibt auf den vorgezeichneten Wegen. Die Freiheit von Blick und Bewegung in der Landschaft geht mit dem Ausschluss einer ungezähmten und wilden Natur einher. Beschaulich, nicht bedrohlich erscheint die inszenierte Natürlichkeit, die wie das Gesamtkunstwerk die Spuren seiner Gestaltung zu verbergen bemüht ist, um über die Grenzen von Kunst und Natur hinwegzutäuschen und zugleich alle Orte und alle Zeiten in sich einzuschließen.[189] Römische Säulen, mittelalterliche Klosterruinen und barocke Brunnen werden im englischen Landschaftsgarten vereint, um allegorische Bedeutungen zu versinnlichen und Gefühle in Tableaus zu fassen. Und in *World of Warcraft* sind

185 Vgl. ebd., S.118.

186 Vgl. ebd., S.121.

187 Vgl. Nelle: ›Künstliche Paradiese‹, S.124.

188 Ebd., S.123

189 Vgl. ebd.

es ganz ähnlich antike Tempelruinen, die von mittelalterlichen Paladinen bewacht werden und auf die Vermeidung von Langeweile und Ziellosigkeit angelegt sind – auch wenn ihnen die Empfindsamkeit abgeht.

Die Auftritte sind wie in Azeroth und in Bayreuth eine Funktion der Landschaft. Wie die Rheintöchter aus dem Rhein entspringen, tritt der Einsiedler im Landschaftsgarten aus der Klause auf, und das Gewürm in den Wäldern von *Azeroth* bringen diese selbst hervor. Die *NPCs – Non-Player-Characters –*, deren Sein auf ihre Beendigung durch den Spieler wartet, tauchen kurze Zeit nach ihrem Ableben an der gleichen Stelle wieder auf, um noch einmal und bis in alle Ewigkeiten von den immer nächsten Spielergenerationen ›ausgetilgt‹ zu werden. Wie in einem Freizeitpark oder im Pauschaltourismus befindet sich der Spieler in *World of Warcraft* auch im tiefsten Wald immer auf einer Aussichtsplattform. Wo er ist, ist der Zuschauerraum, weil es kein Außerhalb der Inszenierung gibt. Die vierte Wand umgibt den Spieler wie den Spaziergänger im Landschaftsgarten von allen Seiten, und wo er hinschaut, erblickt er eine Szene. Anders aber als der Landschaftsgarten, der empfunden und entschlüsselt werden will, verlangt Azeroth nach endloser Arbeit und nie enden wollendem Aufstieg. Der virtuelle Tourismus in *World of Warcraft* ist wie in den Animationsanlagen der Clubhotels der sich endlos wiederholenden Erlebnisarbeit verbunden. Es reicht nicht mehr, Bilder von den schönen Ansichten zu sammeln, unaufhörlich müssen neue Abenteuer bestanden, Punkte gesammelt, Levels erreicht und Erlebnisse gemacht werden. Davon kündet nicht zuletzt die journalistisch beliebte Erzählung von den chinesischen *Sweatshops*, in denen Spieler im Akkord virtuelle Güter herstellen, die dann in westlichen Gefilden verkauft werden. Man erkauft sich mit den virtuellen Gegenständen nicht nur einen Aufstieg in der Hierarchie der Spielwelt, sondern auch eine Entlastung von den Zwängen der Freizeit. Man lässt für sich spielen. Denn so wie auch der englische Landschaftsgarten eine subtile Form des Zwangs und der Diszipinierung kultiviert hat, verbirgt sich in der romantisierten Natur von *Azeroth* ein effektives Disziplinarsystem.

World of Warcraft ist daher alles andere als eine realitätsfremde Scheinwelt. Denn so wie sich in der Gestaltung des englischen Landschaftsgarten die Ideale des liberalen Staates und des freien Welthandels wiederfinden lassen, so spiegelt sich auch in den Auftritten in der Landschaft von *Azeroth* jene globale Ökonomie, in der sie ihren Profit erwirtschaftet.[190] Der aus seiner Passivität befreite Zuschauer findet sich hier in einer konfigurierbaren Hohlwelt wieder, die ein perfektes und perfides Belohnungssystem entwickelt hat, um Millionen Menschen die immer gleichen Arbeitsabläufe begehren und bezahlen zu lassen. Was Arbeitswissenschaften und Experimentalpsychologie vorschwebte, die technisch präzise Abrichtung des menschlichen Materials, kehrt hier auf

190 Vgl. ebd., S.120: »Die Herstellung universeller Harmonie durch die freie Auswahl geeigneter Elemente im Garten entsprach der Vorstellung von der Entstehung eines liberalen Staats durch den unregulierten Welthandel.« »Nicht nur Fragen der Empfindsamkeit wurden hier greifbar in Szene gesetzt, sondern auch solche des Eigentums und der Verpflichtung, die mit ihm einhergehen sollten.«

höherem Niveau und ästhetisiert wieder. Was hier trainiert wird, ist nicht einfach die Bedienung von Computern, die Pflege von Datenbanken oder der Umgang mit Anwendungsprogrammen, sondern eine interaktive Disziplin, die keine distanzierte Betrachtung mehr erlaubt. Gefordert wird ein unentwegtes Beteiligtsein an einer nie abreißenden Zirkulation von Informationen. Als digitaler Landschaftsgarten und kybernetisches Gesamtkunstwerk löst *World of Warcraft* das Versprechen der ›interaktiven‹ Kunst ein, indem es den Menschen an die Maschine anschließt. Der Avatar entspringt einer fantastischen Landschaft, die von einer Maschine erzeugt wird. Es ist ein simulierter Auftritt, der nicht auf der Unterscheidung von Akteuren und Publikum, sondern derjenigen zwischen Mensch und Maschine basiert. Für den Spieler vorm Computer zählt nicht wie für den Spieler auf der Bühne die Reaktion des Publikums, sondern die des Computers, und die Belohnung für das den Erwartungen entsprechende Verhalten ist nicht der Applaus der Menge, sondern der *Highscore* oder der Blick in die Landschaft. – Was also kann es heißen, in diesen Landschaften aufzutreten, was für Rollen lassen sich dort spielen, und wie lässt sich ein Avatar verkörpern?

4.3 DISCOVER YOUR INNER ELF
ROLLENSPIEL ALS HAHNENKAMPF

Ein Rollenspiel soll *World of Warcraft* sein, ein *Massively Multiplayer Online Roleplaying Game*, kurz *MMORPG*, und dieser Sprachgebrauch rückt das Schlachten von *Mobs*[191] und Erfüllen von *Quests*[192] nicht nur in die Nähe von *Dungeons & Dragons*[193], es schlägt auch Brücken zu Morenos Psychodrama[194], Goffmans Rollentheorie[195] oder Stanislavksys Schauspiellehre[196]. Sobald das *Spiel* mit *Rollen* in Verbindung gebracht wird, lässt die Analogie mit dem Theater nicht lange auf sich warten. Von Aristoteles

191 »Mobile Object Block (MOB). Etwa beweglicher Objekt-Abschnitt; bezeichnet die computergesteuerten Figuren in der Spielwelt. Der Term wird fälschlich oft als Kurzwort für Monster benutzt« (http://de.wikipedia.org/wiki/MMORPG-Jargon).

192 »Als Quest [...] wird ein Auftrag für den Spieler bezeichnet. Ein Quest wird von NPCs vergeben, für dessen Erledigung meistens eine Belohnung in Form von Gegenständen, Erfahrungspunkten oder Geld angeboten wird« (http://de.wikipedia.org/wiki/MMORPG-Jargon).

193 Dungeons & Dragons von Gary Gygax und Dave Arneson ist das erste kommerziell erfolgreiche Pen-&-Paper-Rollenspiel.

194 Vgl. Jakob Levy Moreno: Gruppenpsychotherapie und Psychodrama. Einleitung in die Theorie und Praxis., Stuttgart 1973.

195 Vgl. Erving Goffman: The Presentation of Self in Everyday-Life, New York 1959.

196 Vgl. Konstantin Stanislavsky: Die Arbeit des Schauspielers an der Rolle. Fragmente eines Buches, Berlin (Ost) 1955; ders.: Die Arbeit des Schauspielers an sich selbst. Tagebuch eines Schülers, Berlin (Ost) 1961.

und Coleridge bis zu Brecht, Boal und Kirby reichen die Schauspieltheorien, die von den *Game Studies* bemüht werden. Andererseits aber scheint das Spiel, das sich in *World of Warcraft* spielen lässt, wenig mit sozialen Situationen zu tun zu haben. Regelsystem und Spieldesign bedienen anderes: das Aufsteigen in Leveln, den Machtgewinn, das Sammeln von Punkten durch Lösen von Aufgaben duch das Töten von Ungeheuern. Wie in Rollenspielen üblich, heißt es in dem Wikipedia-Eintrag zu *MMORPGs*, würden »durch das Lösen von Aufgaben oder Missionen (quests) oder das Töten von *Mobs* (zumeist Monster und andere Kreaturen) Punkte gesammelt, mit denen man neue Fähigkeiten des Avatars freischalten oder vorhandene verbessern« könne.[197] Für das Ausagieren von Habitus und Charaktereigenschaften, für umständliche soziale Interaktionen bleibt nicht viel Zeit, es ist sogar hinderlich: Die Kommunikation im Kampf in der Gruppe erfolgt nach militärischen Kriterien in Kürzeln und muss wie beim Militär und an der Börse auf Effektivität getrimmt sein, um zum Erfolg zu führen. Es gilt, die Feuerkraft der Gruppe zu steigern, nicht Charaktereigenschaften zur Schau zu stellen. Kommunikation und Kleidung müssen dem Kampfgeschehen angepasst werden, denn vielsagende, aber schlecht sitzende Ausrüstung verkürzt das Spielgeschehen.

Was also sind das für Rollen, die in den hohlen Landschaften von *Azeroth* Gestalt gewinnen, und was für ein Spiel wird hier gespielt? Wie lassen sich diese Charaktere deuten, die sich aus einer Auswahl aus 12 Rassen, 10 Klassen und 7 Gesichtsausdrücken zusammensetzen? Sind es dramatische Figuren, alternative Identitäten, dumpfe Stereotypen oder bedeutungslose Stellvertreter? Und welche Spielräume lässt die apparative Figuration ihren Nutzern?

4.3.1 Selbstdarstellung als Selbstbefriedigung

Diese Frage nach der ›Natur‹ der Avatare provoziert meist eine von zwei entgegengesetzten Antworten, die sich aus einer grundsätzlich anderen Auffassung von der Natur des Spiels mit dem Computer ableiten. Entweder wird dieses Spiel als Arbeit an der Rolle oder dem Selbst oder aber als Anpassung des Menschen an die Maschine verstanden. Der Spieler erscheint entsprechend entweder als autonomes Subjekt oder als strukturelles Objekt der Figuration. Beide Positionen vereint, dass sie den Avatar als Puppe, das Spiel mit dem Computer in Analogie zum Puppenspiel beschreiben – nur wird die Puppe einmal als Mittel für Selbstentwurf und Rollenexperiment entworfen und das andere Mal als ein Lockmittel verstanden, das dazu dient, Verhaltensmuster anzutrainieren. Einmal hält der Mensch, das andere Mal die Maschine die Fäden in der Hand. Die erste, *subjektivistische* Position beschreibt die Identifikation zwischen Spieler und Avatar in psychologischen Kategorien als *Verwandlung in* und als Identifikation

---

197 Wikipedia, ›MMPORG‹, http://de.wikipedia.org/wiki/MMORPG.

mit einem Charakter.[198] Die zweite, *objektivistische* Position entwirft die Identifikation von Spieler und Avatar in kybernetischen Kategorien als Anpassung an die Maschine.[199]

Meist gehen subjektivistische Ansätze von vernetzten Spielräumen wie *MUDs*, *MMORPGs* oder *Second Life* aus und bedienen sich tendenziell sozialwissenschaftlicher oder geisteswissenschaftlicher Argumentationsmuster. Das Spiel mit dem Computer wird daher entweder als verderblich, weil die falschen Rollen darstellend bewertet, oder aber in Fortsetzung von Literatur und Theater als jüngster Vertreter des ästhetischen Spiels der Künste verstanden. Die objektivistische Position, die meist von Action-, Strategie- und Adventurespielen ausgeht, stellt statt der subjektiven Motivation des Spiels die phänomenologische oder technologische Explikation der Spielsituation in den Vordergrund. Hier wird der Bruch zu den humanistischen Traditionen des ästhetischen Spiels betont und das Spiel mit dem Computer stattdessen in die Tradition von älteren Kriegsspielen und epistemischen Diskursen wie Experimentalpsychologie, Arbeitswissenschaft und Kybernetik eingeordnet.

Die Geister scheiden sich insofern an der Frage, ob das Spiel mit dem Computer als *Fortsetzung* oder als *Bruch* jener ästhetischen Tradition zu verstehen ist, in der die Rollen als spielerischer Ausdruck des Selbst erscheinen. Hinter diesem Begriff vom Rollenspiel aber steht die Vorstellung, dass es im Computer oder im Netz einen ortlosen Raum gibt, in dem es sich als ein Anderer – *in character* wie es im Englischen

198 Vgl. Michael Mateas (2004), S.20: »In [...] interactive drama, the player assumes the role of a first-person character in a dramatic story.« Ähnlich Berit Holmquist (1994), S.226: »That means that we turn the user into an actor.« »Immersion involves a loss of self by the play, who then ›becomes‹ their character.« Vgl. Katie Salen/Eric Zimmerman (2003): Rules of Play. Game Design Fundamentals, Cambridge (Mass.);Geoff King/Tanya Krzywinska (2006): Tomb Raiders and Space Invaders. Videogame Forms and Contexts, London [u.a.];Barry Atkins (2003): More than a game the computer game as fictional form, Manchester/New York. »Engagement and identification with the protagonist are necessary in order for an audience to experience catharsis« (Mateas (2004), S.22). Vgl. u.a. Perlin (2004), S.12: »If I'm seeing a movie and the protagonist gets hurt, I feel bad because I've grown to identify with that character. The filmmakers have (with my consent) manipulated my emotions so as to make me view the world from that characters's point of view for 100 minutes or so. I implicitly consent to this transference process; I ›willingly suspend my disbelief.‹ As I watch the movie I'm continually testing the protagonist's apparent inner moral choices against my won inner moral measuring stick, looking for affirmation of higher goals and ideals, or for betrayal of those ideals.«

199 Claus Pias, der pointierteste Vertreter dieser Position, spricht vom Test der Kompatibilität des Menschen an die Maschine. Es »verhält sich nicht der Spieler zur Maschine, sondern der Spieler ist der fleischgewordene Sonderfall von Gerätekommunikation« (Pias: ›Die Pflichten des Spielers‹, S.327).

heißt – handeln und sprechen lässt.[200] Die Kategorien des sozialen Raums und der Interaktion vor Ort werden auf die technischen Strukturen übertragen und von ihnen abgehoben. Der virtuelle Spielraum erscheint so als freiere Version des realen Sozialraums; in dem einen muss man, in dem anderen darf man Rollen spielen. Die »digitalen Masken«, von denen Sherry Turkle berichtet, die vielfälftigen spielerischen Rollenentwürfe, die als gleichberechtigte spielerische Konstrukte neben den realen Rollenzuweisungen die multiplen Identitäten der Postmoderne konstituieren sollen, entstehen dank der vielen Fenster auf dem Bildschirm.[201]

Von »Versuchslaboratorien«, und »Experimentierfelder[n]«, die den Nützlichkeitserwägungen und Zweckdienlichkeiten der realen Welt entzogen seien, schwärmt auch Natasha Adamovsky.[202] Mit den virtuellen Welten enständen »mediale Festbühnen«, auf denen »man übt, sich selbst zurechtzufinden.«[203] Denn worum es im Netz gehe, sei nicht, »wer man ist oder vorgibt zu sein, sondern *wie* man sich erfinden kann.«[204] Im Prinzip aber ständen diese virtuellen Spielräume »jeder Kultur seit Anbeginn« zur Verfügung,[205] weil sie aus einem »uralte[n] Verlangen«[206] hervorgingen. Die Rollen, in denen man auf der »Spielbühne« erscheine, sagten zweifellos »mehr über das eigene Leben aus als die täglich abgespulten Lebensroutinen, die einem von den Notwendigkeiten auferlegt« würden.[207] Die anthropologische Universalität, die dem ästhetischen Spiel unterstellt wird, scheint sich so einerseits aus einem menschlichen Bedürfnis, andererseits aus der höheren Wahrheit abzuleiten, die es zum Ausdruck zu bringen vermag.

Die Idee und das Ideal dieser der Wirklichkeit entrückten und zugleich wirklicheren Wirklichkeit der Selbsterfindung und -vergewisserung führen jedoch nicht an den Anfang aller Kultur zurück, sondern in die Romantik. Ihren markantesten Niederschlag haben sie vielleicht in Schillers Briefen zur Ästhetischen Erziehung gefunden. Abseits

200 Vgl. Dmitri Williams et al. (2010): ›Behind the avatar: The Patterns, Practices, and Functions of Role Playing in MMOs‹, erschienen in: Games and Culture; Esther MacCallum-Stewart/Justin Parsler (2008): ›Role-Play vs. Gamplay: The Difficulties of Playing a Role in World of Warcraft‹, in: Digital Culture, Play and Identity. A World of Warcraft Reader, Cambridge (Mass.), S.225-246, hier: S.226; J Dormans (2006): ›On the Role of the Die: A brief ludologic study of pen-and-paper roleplaying games and their rules‹, erschienen in: Game Studies 1/6, [http://www.gamestudies.org/0601/articles/dormans].

201 Vgl. Turkle: ›Life on the Screen‹; Sheldan Renan: ›The Net and the Future of being Fictive‹, in: Clicking In. Hot Links To a Digital Culture, Seattle 1996, S.61-72.

202 Natascha Adamowsky: Spielfiguren in virtuellen Welten, Frankfurt/New York 2000, S.241. Vgl auch ebd., S.18.

203 Ebd., S.230.

204 Ebd..

205 Ebd., S.18.

206 Ebd., S.28.

207 Ebd., S.41.

von Vernunftgesetzen und natürlichen Bedürfnissen entwirft Schiller die Kunst als ein *drittes Königreich* des freien schöpferischen Handelns. Der Mensch wird in der mechanischen Moderne erst durch die »Selbstverwirklichung [...] in der ›lebendigen Gestalt‹ der Schönheit« ganz Mensch.[208] Das Ideal des ästhetischen Spiels, das im Gegensatz zu Arbeit, Zweck und Alltag steht, vermag erst die menschliche Natur und Natürlichkeit in der Darstellung des Selbst zu verwirklichen.[209] Diese idealistische Grundannahme verbindet die maßgeblichen Spieltheorien von Schiller bis zu Johan Huinzigas Homo Ludens:[210] Das Spiel entstehe aus einer »bestimmten Qualität des Handelns [...], die sich vom ›gewöhnlichen‹ Leben unterscheidet«[211] und damit »eine zweite erdichtete Welt neben der Welt der Natur«[212] erschaffe, stellt Huizinga 1938 im Einklang mit Schiller fest. »Dieses Etwas, das nicht das ›gewöhnliche Leben‹ ist, steht außerhalb des Prozesses der unmittelbaren Befriedigung von Notwendigkeiten und Begierden, ja es unterbricht diesen Prozess.«[213] Wer sich in den Zauberkreis des Spiels begebe, trete zugleich »aus dem Laufe des Naturprozesses«[214] heraus, denn in der Sphäre des Spiels hätten die Gesetze und Gebräuche des gewöhnlichen Lebens keine Geltung. »Wir ›sind‹ und wir ›machen‹ es ›anders‹.«[215] Das echte Spiel sei daher zwangsläufig mit dem Bewusstsein verbunden, »dass man ›bloß so tut‹.«[216] Ein freies Handeln ohne Konsequenzen, das den Zwängen der Arbeitswelt gegenüber steht und, wie Gebauer und Wulf zusammenfassen, einen »positive[n] Beitrag zur Bestimmung des Menschen« liefere, indem es »einen geschützten, sicheren Raum für diejenigen menschlichen Fä-

208 Zit. n. Gunter Gebauer: ›Spiel‹, in: Vom Menschen. Handbuch historische Anthropologie, hg. v. C. Wulf, Weinheim 1997, S.1038-1048, hier: S.1039.

209 Vgl. Schiller: ›Über die ästhetische Erziehung des Menschen‹, S.62: »Freylich dürfen wir uns hier nicht an die Spiele erinnern, die in dem wirklichen Leben im Gange sind, und die sich gewöhnlich nur auf sehr materielle Gegenstände richten; aber in dem wirklichen Leben würden wir auch die Schönheit vergebens suchen, von der hier die Rede ist. Die wirklich vorhandene Schönheit ist des wirklich vorhandenen Spieltriebes werth; aber durch das Ideal der Schönheit, welches die Vernunft aufstellt, ist auch ein Ideal des Spieltriebes aufgegeben, das der Mensch in allen seinen Spielen vor Augen haben soll.«

210 Vgl. Gunter Gebauer/Christoph Wulf: Spiel, Ritual, Geste. Mimetisches Handeln in der sozialen Welt, Franfurt a.M. 1998; Angelika Corbineau-Hoffmann: ›Spiel‹, in: Historisches Wörterbuch der Philosophie, Bd.9, Basel 1980, S.1383--1390

211 Johan Huizinga (1987): Homo Ludens. Vom Ursprung der Kultur im Spiel, Reinbek bei Hamburg 1987, S.12.

212 Ebd., S.13.

213 Ebd., S.17.

214 Ebd., S.16.

215 Ebd., S.21.

216 Ebd., S.31.

higkeiten und Bestimmungsmerkmale [bietet], die besonders bedroht und daher besonders schutzbedürftig sind«.[217]

Während aber diese Vorstellung von der Verwirklichung und Vergewisserung des Selbst im konsequenzgeminderten Als-ob des Spiels von Schiller bis zu den Theorien virtuellen Probehandelns gleich bleibt, ändert sich im historischen Verlauf die Vorstellung davon, was dieses Selbst genau ist und wie es sich am besten verwirklichen lässt. Der im 18. Jahrhundert vorherrschende Glaube an eine universale menschliche Natur, die es durch Selbst*bildung* und Selbst*erziehung* zu verwirklichen gelte, wird im Verlauf des 19. Jahrhunderts zunehmend von der Vorstellung einer gewollten und ungewollten *Offenbarung* des Selbst als einer individuellen Persönlichkeit überlagert und abgelöst.[218] Und diese zugleich gefeierte und gefürchtete Offenbarung des Selbst scheint Ende des 20. Jahrhunderts zugunsten eines emphatischen Projektes des Erlebens und der Befriedigung des Selbst gewichen zu sein. Wird bei Sherry Turkle Anfang der 90er Jahre die multiple Identität noch mit einem Gestus der Emanzipation versehen, so scheint sich die spielerische Erfahrung der grenzenlos *gesampelten* und collagierten Selbstbilder, die Natasha Adamovsky 2000 feiert, in sich selbst zu erschöpfen. Man werde selbst »zum Ereignis, zur Oberfläche kopierter Rollenvorlagen und Imagemuster, die damit gesammelt, *gesampelt* und hundertfach überschrieben« würden.[219] Aus dem »narzisstische[n] Verkörpern[n]« und seinen veralteten Authentizitätsansprüchen werde ein »ludisches Darstellen« im »Sinne der Show.« Als eine »prinzipiell [...] interne Angelegenheit« trete dieses Spiel mit dem Selbst nur noch »auf den Schauplätzen des Erlebens theatralisch in Erscheinung.«[220]

Mit postmoderner Euphorie verabschieden sich Turkle und Adamovksy von der spießigen Selbstidentität des bürgerlichen Subjekts und halten doch an Schillers Ideal des ästhetischen Spiels fest. Und so wie die Erlebnisgesellschaft mit den interaktiven Installationen die »passende Kunst« bekommen zu haben scheint, so scheint mit den

217 Gebauer: ›Spiel‹, S.1038. Vgl. Huizingas Zusammenfassung seines Spielbegriffs: »Der Form nach betrachtet, kann man das Spiel also zusammenfassend eine freie Handlung nennen, die als ›nicht so gemeint‹ und außerhalb des gewöhnlichen Lebens stehend empfunden wird und trotzdem den Spieler völlig in Beschlag nehmen kann, an die kein materielles Interesse geknüpft ist und mit der kein Nutzen erworben wird, die sich innerhalb einer eigens besitmmten Zeit und eines eigens bestimmten Raums vollzieht, die nach bestimmten Regeln ordnungsgemäß verläuft und Gemeinschaftsverbände ins Leben ruft, die ihrerseits sich gern mit einem Geheimnis umgeben oder durch Verkleidung als anders von der gewöhnlichen Welt abheben« (Huizinga: ›Homo ludens‹, S.22).

218 Vgl. Sennett: Verfall und Ende des öffentlichen Lebens.

219 Adamowsky: ›Spielfiguren in virtuellen Welten‹, S.243. Vgl. auch dies.: ›Spielen im Netz. Barocke Formen – ludische Performance im Netz‹, in: Praxis Internet. Kulturtechniken der vernetzten Welt, hg. v. Stefan Münker und Alexander Roesler, Frankfurt a.M. 2002, S.140-157.

220 Ebd., S.48.

Theorien der virtuellen Spielräume das ästhetische Spiel dort angekommen zu sein.[221] Aus der ästhetischen Erziehung ist ein erlebnisorientiertes »Projekt des schönen Lebens« geworden, wie es Gerhard Schulze als Paradigma der Erlebnigesellschaft beschrieben hat.[222] Die Inszenierung des Selbst diene fortan primär dem »Erleben des Lebens«[223], »eine[r] [...] bestimmten Form der Selbstbeobachtung«,[224] die die »äußeren Umstände für das Innenleben« funktionalisiere.[225] Doch eben das, was Schulze als Zeitdiagnose fürchtet, scheint Adamovsky als neurophysiologische Universalie zu feiern.[226] Denn beim Spiel-Erleben handele es sich »immer um eine interne Angelegenheit des Spielenden [...], die als Situationsmanagement auf den Schauplätzen des Erlebens sichtbar« werde.[227] »Nicht was sich *vor* den Augen des Betrachters abspielt, ist von Belang, sondern allein das, was sich *in* den Augen des Spielenden ereignet.«[228] Das einzige Interesse, das in der Erlebnisgesellschaft an der Maske geblieben ist, scheint das Erlebnis zu sein, das sie ihrem Träger bescheren kann. Die von der interaktiven Kunst und den Medienontologien geteilte Sehnsucht nach einer Überwindung der Unterscheidung von Darstellern und Publikum spiegelt sich so in der radikalen Subjektivierung des Spielbegriffs. Im Spiel mit der Maschine sei der Mensch Darsteller und Zuschauer zugleich, heißt es in endloser Wiederholung. Mit anderen Worten, der Mensch soll hier zum Zuschauer seiner selbst und seines Selbst werden und ist selbst alles, was vom Publikum geblieben ist.[229] Ein Publikum, das noch der Adressat der Darstellung sein könnte, gibt es dort, wo nur noch das subjektive Erlebnis der Selbstwahrnehmung geblieben ist, so wenig wie einen Mitspieler. Für die Anderen bleibt fortan die Rolle der Statisten in dem großen Auftritt des Selbst vor dem Erlebnisprospekt der Spielwelt.

221 Simanowski: ›Digitale Medien in der Erlebnisgesellschaft‹, S.31.

222 Vgl. Gerhard Schulze: Die Erlebnisgesellschaft. Kultursoziologie der Gegenwart, Frankfurt a.M. 1992.

223 Ebd., S.33.

224 Ebd., S.46.

225 Ebd., S.35.

226 Mit Sutton-Smith versucht Adamovsky das Spiel »als eine psychophysische Struktur« zu verstehen, die im »Erleben des Spielenden« liege und auf »basale neurobiologische Prozesse« zurückzuführen sei (ebd., S.48). Vgl. Brian Sutton-Smith: The Ambiguity of Play, Cambridge (Mass.) 1997.

227 Ebd., S.60.

228 Ebd., S.55.

229 Ebd., S.55.Vgl. auch Florian Rötzer: ›Das Leben als Spiel. Konturen einer ludischen Gesellschaft‹, in: Escape! Computerspiele als Kulturtechnik, hg. v. C. Pias/C. Holtorf, Köln 2007, S.171-189, hier: S.173: »Wenn wir spielen können, wissen wir uns frei, denn dann haben wir stets Optionen – und sei es nur die, diesen oder jenen Zug nicht zu machen oder uns dem Spiel zu entziehen, [...] Wer nicht mehr spielt, könnte man sagen, hat bereits sein Leben aufgegeben, weil er kein Risiko mehr eingehen will oder kann.«

4.3.2 Der Spieler als Spielzeug

Eben diese Reduktion der Avatare auf das Erleben des Mensch-Maschine-Zusammenhangs aber verbindet die ansonsten so gegensätzlich auftretenden subjektivistischen und objektivistischen Positionen zum Spiel.[230] Denn im Gegensatz zur Tradition des ästhetischen Spielbegriffs beschreiben bspw. auch die Ludologen das Spielerleben nicht in Bezug zum Selbst, sondern gerade als eine unpersönliche Erfahrung. Die Avatare würden im Spiel während der Ausführung routinierter Tätigkeiten einerseits als depersonalisierte Werkzeuge wahrgenommen und andererseits in Phasen der konzentrierten Eingebundenheit ins Spielgeschehen als Erweiterung des eigenen Tuns und als sinnliche Präsenz einer verinnerlichten Spielmechanik erlebt, schreibt Ragnhild Tronstad.[231] Mit einer fiktionalen Identifikation wie in Film und Theater hätten beide Formen des Spielerlebens jedoch nichts zu tun, weil beiden die ästhetische Distanz fehle, die die Voraussetzung von Bildbetrachtung, Geschichtsinterpretation oder Charakteridentifikation sei.[232] Das Verhältnis zwischen Spieler und Avatar stelle sich so als veräußerlichte oder verinnerlichte Form von Kontrolle dar. Computerspielen sei eine kinästhetische und keine visuelle Erfahrung, die mit der Eingebundenheit in die Spielwelt und nicht mit der Draufsicht darauf enstehe. »[B]eing-in-the-gameworld derives from an interfave-level connection rather than being a product of viewpoint.«[233] Als eine zweckmäßige Verkörperung – »vehicular embodiment« –, die nicht mit der Empathie oder Identifikation der repräsentativen Künste zu vergleichen sei, hat Markku Eskelinen dies beschrieben: »These entities are definetly not acting or behaving like traditional narrators, characters, directors, and actors, their supposed counterparts in literature, film, and the stage.«[234] Und dementsprechend wird das Spiel von vielen Vertretern der *Game Studies* nicht als Manifestation eines Selbst in der Identifikation mit einer gespielten Rolle verstanden, sondern gerade als Zurücktreten des Bewusstseins dieses Selbst zugunsten eines Zustandes des unmittelbaren Agierens in der Umwelt.

---

230 Aarseth: ›Genre Trouble‹, S.51.

231 Ragnild Tronstad: ›Character Identification in World of Warcraft: The Relationship between Capacity and Appearance‹, in: Digital Culture, Play and Identity. A World of Warcraft Reader, hg. v. H. Corneliussen/J. W. Rettberg, Cambridge (Mass.) 2008, S.249-264, hier: S.254.

232 Ebd., S.255.

233 James Newman: ›The myth of the ergodic videogame‹, erschienen in: Game studies 1/2, S. 1-17 (2002), http://www.gamestudies.org/0102/newman/.

234 Eskelinen: ›Towards Computer Game Studies‹, S.37: »Such ›characters‹ are entirely functional and combinatorial (a means to an end); instead of any intrinsic values, they have only use and exchange values to them.«

Dieser spielerische Selbstverlust aber wird häufig als das Resultat der Verbindung des Menschen mit der Maschine aufgefasst. Als Anwendung der Maschine auf den Menschen statt als Spiel des Menschen mit der Maschine hat Charles Bernstein schon die *Arcade Games* beschrieben. Die repititive, absorbierende Tätigkeit der Vorhersage und Kontrolle eines begrenzten Satzes von Variablen würde den Menschen mit dem Computer rückkoppeln, schreibt Bernstein.[235] Es sei das Bewusstsein der Maschine, das sich im Spieler manifestiere, behauptet James Newman.[236] Und Ted Friedmann vermutet, dass das Vergnügen von Simulationsspielen darin bestehe, zu lernen, wie eine Maschine zu denken.[237] Claus Pias schließlich erklärt das »Bewusstloswerden« beim Spielen als »das gelungene Peripherie-Werden« des Spielers:[238] »Der Spieler erscheint [...] als rückgekoppeltes *device* oder zweites Programm, dessen Outputs zeitkritisch abgefragt werden (Action), das schon gebahnte Verknüpfungen in einer Datenbank nachvollziehen muss (Adventure) oder das eine Konfiguration variabler Werte zu optimieren hat (Strategie).«[239] Bewusstlosigkeit und Selbstverlust werden als Folge der Einbindung des Spielers in den kybernetischen Regelkreis der Maschinen beschrieben. Der Spieler wird zum Teil des Systems und lernt sich entsprechend selbstlos zu verhalten. Daher erscheint bei Claus Pias das Computerspiel als Paradigma einer Form von Spiel, das sich »gegen jene hegemonialen Ansprüche eines menschlichen ›play‹ sträubt, die das von Schiller einst eröffnete anthropologische Operationsfeld ›des Spiels‹ beherrschen«.[240]

Und diese These von der Anpassung des Menschen an die Maschine durch das Computerspiel findet erstaunlicherweise gerade dort die stärkste Bestätigung, wo sie am entschiedendsten geleugnet wird, nämlich in der narratologischen Theoriebildung. Im Anschluss an Laurel und Murray entwirft auch Michael Mateas ein neo-aristotelisches Modell vom Computerspiel als Theater, das seine normativen Ideale von Computerspielen mit dem auf den ersten Blick üblichen Theatermodell aus dem 18. Jahrhundert untermauert: Ein Autor entwirft eine Geschichte, die ihren Niederschlag in konsistenten Charakteren findet, die äußerlich in Szene gesetzt werden.[241]

---

235 Charles Bernstein: ›Play it again, Pac-Man‹, erschienen in: The Medium of the Video Game 1/2, hg. v. M. J. P. Wolf 2001, S. 155-168, hier: S.160.

236 Newman: ›The Myth of the Ergodic Videogame‹.

237 Ted Friedman: ›Civilization and its discontents: Simulation, subjectivity, and space‹, in: On a Silver Platter: CD-ROMs and the Promises of a new Technology, hg. v. G. Smith, N.Y. 1999, S.132-150.

238 Pias: ›Die Pflichten des Spielers‹, S.327.

239 Ders.: Computer-Spiel-Welten, S.12.

240 Ebd., S.59.

241 Vgl. Mateas: ›A Preliminary Poetics for Interactive Drama and Games‹, S.23: »The author has constructed a plot that attempts to explicate some theme. The characters required in the play are determined by the plot; the plot is the formal cause of the characters. A character's thought processes are determined by the kind of character they are. The language spoken by

Unterschwellig hat sich hier jedoch schon eine ganz andere Art, das Theater zu denken, durchgesetzt: eine informationstechnische.

»The audience experiences a spectacle, a sensory display. In this display, the audience detects patterns. These patterns are understood as character actions (including language). Based on the character's actions and spoken utterances, the audience infers the character's thought processes. Based on this understanding of the characters's thought processes, the audience develops an understanding of the characters, the characters' traits and propensities. Based on all this informations, the audience understands the plot structure and the theme. In a successful play, the audience is then able to recapitulate the chain of formal causation. When the plot is understood, there should be an ›a-ha‹ experience in which the audience is now able to understand how the characters relate to the plot (and why they must be the characters they are), why those types of characters think the way they do, why they took the actions they did, how their speech and actions created patterns of activity, and how those patterns of activity resulted in the spectacle that the audience saw«.[242]

Das Pulikum dekodiert rückwärts. Rezeption ist Informationsverarbeitung; sie ließe sich in einem algorithmischen Diagramm oder in Pseudocode beschreiben. Aus der ›Schau‹ als sozialem Geschehen oder der ›Schau‹ als distanzierter Betrachtung ist die ›Schau‹ als Mustererkennung geworden. Der Rezipient wird als Maschine gedacht, als kleiner Computer, der in den roten Plüschsesseln des 18. Jahrhunderts sitzt und der das auf der Bühne Vorprogrammierte dekodiert – das erinnert einerseits an den Auftritt des Publikums in Stuart Harris Hamnet-Experiment und andererseits an Derrick de Kerckhoves rückprojizierende Erklärung des antiken Theaters als Informationsverarbeitungsmaschine. Wenn der Zuschauer aber selbst zu einem Computer wird wie in Mateas' Beschreibung der Theatersituation, dann verschwindet auch der Unterschied zwischen rollenspielendem Selbsterlebnis und selbstloser Peripherie-Werdung, weil der Mensch dann schon angefangen hat, sich selbst als Maschine zu denken. Das was die Ästhetiker unter den Computerspielforschern in der Praxis des Spiels gerade bestreiten, hat sich in ihrem Diskurs schon niedergeschlagen: dass das Spiel mit dem Computer vor allen Dingen der Anpassung des Menschen an die Maschine dient. – Der Gedanke ist in seinem anti-humanistischen Pathos beängstigend und verführerisch zugleich und prägt die kulturellen Diskurse von künstlicher Intelligenz bis zur Matrix.

the characters is determined, to a large extent, by the characters' language (more generally, their actions). The spectacle, the sensory display presented to the audience is determined by the patterns enacted by the characters.«

242 Ebd., S.23f.

4.3.3 Die kulturelle Bedingtheit des Spiels

Die Konsequenz dieser kybernetischen Theorie des Spiels aber ist die Irrelevanz der Ästhetik und ihrer kulturellen Konkretion. All die bunten Farben und Formen, in denen uns die unzähligen Avatare entgegenspringen, sind dann nur bloßes Dekor einer mathematisch modellierten und elektrotechnisch realisierten Spielmechanik: reine Anreize, um uns zum Anschluss an die Maschine zu überreden.[243] Der »Splatter indizierter Spiele« sage letztlich »genauso viel oder wenig [...] wie die bonbonfarbene Niedlichkeit pädagogischer Korrektheiten«, schreibt Claus Pias, weil es in den Spielen nicht um »Menschen töten« oder »Goldtaler fangen« gehe, sondern um die Abfrage von Pünktlichkeit, Rhythmus und Kontrolle.[244] Da es beim Computerspielen um ein kinästhetisches und nicht ein visuelles Erleben gehe, spiele das äußere Auftreten der Figuren keine Rolle. Markku Eskelinen erscheint die Größe von Lara Crofts Brüsten dementsprechend unwichtig: »Likewise, the dimensions of Lara Croft's body, already analyzed to death by film theorists, are irrelevant to me as a player.«[245] Ähnlich wie Schachfiguren bestimmten sich Avatare nicht durch ihr Aussehen, sondern durch die Züge oder Aktionen, die sie innerhalb der Spielwelt ausführen könnten, schreibt Jesper Juul.[246] Entscheidend ist nicht die Größe der Brüste, sondern die Weite des Sprungs, also was man mit der Figur erreichen kann. Dementsprechend argumentiert James Newman, ein Avatar habe keinen *Charakter*, sondern setze sich aus einer Anzahl von *Charakteristiken* zusammen, die vom Spieler genutzt und verkörpert würden.[247] Daher sei auch die Zuschreibung eines Personalpronomens zum Avatar im Spiel unangebracht. Im Spiel wäre *Sonic the Hedgehog* nichts anderes als die Fähigkeit zu laufen, zu springen und Ringe aufzusammeln.[248] Nur außerhalb des Spiels wird der Avatar als audio-visuelle Figur zu einem symbolischen Stellvertreter, dessen Gestalt das distanzierte Gegenüber psychologischer Projektionen, erotischer Affektionen oder ästhetischer Kontemplationen darstellt. Im Spiel ist der Avatar folglich ein rein operativer Stellvertreter, der sich aus den möglichen Zügen innerhalb einer Spielmechanik ergibt – und als Extension des Spielers entweder als externialisiertes Werkzeug oder interna-

243 Vgl. Eskelinen: ›The Gaming Situation‹.

244 Pias: ›Die Pflichten des Spielers‹, S.328. Entscheidend seien nicht die Inhalte der Kommunikation, sondern Abrichtung, Pünktlichkeit, Rhythmus, Kontrolle, die anerzogen würden, denn diese würden »ununterbrochen an einer symbolischen Identität des Spielers abgefragt« (ebd.).

245 Aarseth: ›Genre Trouble‹, S.48.

246 Jesper Juul: ›Games telling stories‹, erschienen in: Game Studies 1/1 (2001), S. 45.

247 Vgl. Newman: ›The myth of the ergodic videogame‹.

248 Vgl. ebd..

lisierter *Flow*[249] erlebt werden kann und dessen Äußeres wie in Myron Krueger Experimenten im *Videoplace* keine Rolle spielt. Aber sehen die Avatare wirklich nur deshalb so aus, wie sie aussehen, weil sich das Spiel so besser verkaufen lässt? Und selbst wenn dem so sein sollte, folgt dann daraus zwangsläufig, dass dieses Aussehen im Spiel tatsächlich keine Rolle spielt?

Sicherlich könne man Lara Croft mit einem digitalisierten Rowan Atkinson austauschen, ohne die Feedback-Schleife zwischen Spieler und Programm technisch zu verändern, hat Henry Jenkins gegen Markku Eskelinens Versichung eingewandt, dass er sich als Spieler für die Brüste der Figuren nicht interessiere. Allerdings halte er es für unwahrscheinlich, dass ›Mr. Bean: Tomb Raider‹ sich auch nur annähernd so gut verkauft hätte wie das Orignal. Denn auch wenn das Äußere der Figur nur aus Zahlen bestehe, könne es deshalb nicht darauf beschränkt werden. »While one may look past or through the avatars body during play, the significance of games as cultural forms goes beyond the player's time in the loop.«[250] Dem Auftritt des Avatars als operativem Stellvertreter im Spiel wird so der Auftritt des Avatars als symbolischer Stellvertreter in den Bildmedien gegenübergestellt. Schau und Spiel werden als zwei getrennte Seiten desselben Phänomens beschrieben.

Aber lässt sich diese strikte Trennung zwischen der symbolischen und der operativen Dimension des Avatars auch außerhalb der Theoriebildung durchhalten? Färben die Rollen nicht ab, selbst wenn sie nur Dekor sind und nur den ›Kurzschluss‹ des Spielers mit dem Computer erklären?[251] Schließlich folgt aus der Zurückweisung der ästhetischen Vorstellung eines selbstausdrücklichen Rollenspiels noch lange nicht, dass sich die Relation von Avatar und Spieler aufs Funktionale reduziert. Schließlich stellt sich die Geschichte des Computerspiels spätestens seit *Doom* und *Wolfenstein 3D* auch als eine Geschichte der Subjektivierung der Avatare dar. Aus den abstrakten *Sprites*, die sich als graphische Blöcke durch die zweidimensionalen Bildschirmoberflächen steuern ließen, sind seit *Summer Games* immer realistischere Humanoide geworden, die nicht nur in zunehmend komplexere Erzählungen eingebunden sind, sondern den Spieler auch perspektivisch an die Stelle des Avatars setzen.[252] Sollte diese Entwicklung

249 Vgl. Mihaly Csikszentmihalyi: Beyond Boredom and Anxiety. The Experience of Play in Work and Games, San Francisco 1975.

250 Stuart Moulthtop: Online Answer to Aarseth, in: Harrigan/Wardrip-Fruin: First Person, S.48.

251 Eine Position dazwischen bezieht Henry Jenkins. Vgl. auch Jenkins: ›Game Design as Narrative Architecture‹, S.119.

252 Und das ist eine entscheidende Veränderung gegenüber dem Film, wie der Misserfolg des Experiments mit einer subjektiven Kameraposition in Lady in the Lake deutlich macht. Pascal Bonitzer schreibt in seiner Rezension: »There is therefore a misinterpretation here which fails to understand that it is not at the place of the subject that the camera operates, but at the place of the Other [...]. We cannot identify with someone whose face is always hidden from us. And if we cannot identify ourselves, we cannot share the anxieties of the

wirklich keine Auswirkungen auf die ›Identifikation‹ von Avatar und Spieler haben? Wozu braucht es diese simulierten Auftritte und apparativen Figurationen, wenn es alles doch nur um Zahlen geht?

Die objektivierenden und subjektivierenden Erklärungsmodelle stoßen hier an ähnliche Grenzen, weil sie den Avatar und das Spiel mit dem Computer auf die Beziehung zwischen Mensch und Maschine reduzieren und die Handlungsfähigkeit in dieser Relation einseitig zuordnen. Entweder ist die Maschine das Mittel eines subjektiven Ausdrucks in der psychologischen Identifikation oder aber der Mensch wird zum Mittel der Maschine in kybernetischer Identifikation.[253] Die figurative Praxis aber, aus der ein Avatar erst entsteht, lässt sich weder aus dem menschlichen Wollen noch aus der Struktur der Maschinen ableiten; sie resultiert erst aus einer kulturell kontingent und sozial verankerten Wechselbeziehung zwischen Mensch und Maschine, die den Avatar als Hybrid von operativer und symbolischer Stellvertretung hervorbringt. Statt den Avatar auf die Subjekt-Objekt-Relation zwischen Mensch und Maschine zu reduzieren, muss sein Auftritt daher auf die kollektiven Praktiken und ihren historischen Ort hin untersucht werden. Es gilt zu fragen, wie sich die umgebende Gesellschaft in der Ausnahme-Situation des Spiels wiederfindet und in ihr angeeignet wird.[254]

4.3.4 Virtuelle Hahnenkämpfe

Als »Simulation der sozialen Matrix«[255] und als ein *Beispiel* der Gesellschaft hat Clifford Geertz den balinesischen Hahnenkampf beschrieben: Training und Reflektion zugleich, »Gefühlsschulung« einerseits, andererseits eine »Geschichte, die man über sich selbst erzählt.«[256] »Im Hahnenkampf schafft und entdeckt [...] der Balinese zur gleichen Zeit sein Temperament und das seiner Gesellschaft, genauer gesagt, eine be-

---

character. In a thriller this can become rather annoying.« (Pascal Bonitzer: ›Partial Vision: Film and the Labyrinth, Wide Angle 4, Nr. 4 (1981), S. 58, zit. n. Bob Rehak: ›Playing at Being. Psychoanalysis and the Avatar‹, in: The Video Game Theory Reader, hg. v. M.J.P. Wolf/B. Perron, London/New York 2003, S.103-127)

253 Vgl. Markku Eskelinen/Ragnhild Tronstad: ›Video Games and Configurative Performances‹, in: The Video Game Theory Reader, hg. v. M.J.P. Wolf/B. Perron, N.Y. u. London 2003, S.195-220.

254 Im Unterschied zum Ansatz von Roger Callois, der die Spiele aus einer anthropologischen Perspektive auf ihre organisierenden Prinzipien hin befragt hat (Agon, Alea, Mimikry, Ilinx), plädiert dies entschieden für eine kulturhistorische Perspektive. Vgl. Roger Caillois: Die Spiele und die Menschen. Maske und Rausch, München/Wien 1960, S.75.

255 Clifford Geertz: ›Deep play: Bemerkungen zum balinesischen Hahnenkampf‹, in: Dichte Beschreibung. Beiträge zum Verstehen kultureller Systeme, Frankfurt a.M. 1983, S.202-260, hier: S.235.

256 Ebd., S.254 und S.252.

stimmte Facette von beidem.«[257] Die »komplexen Spannungsfelder« einer im Alltagsleben gekesselten und gedämpften Gesellschaft würden in den gewalttätigen und antagonistischen Grausamkeiten zugleich erlernt und veranschaulicht.[258] In dem komplexen System der Wetten, das den Hahnenkämpfen ihre Form gibt, würden Statusrivalitäten ausgelebt und Aggressionen kanalisiert, in denen Ansehen, Ehre, Würde und Respekt auf dem Spiel ständen. Die ökonomischen Mittel würden durch den kollektiven Wetteinsatz einem Zugewinn an Bedeutung geopfert. Dass es dabei »nur ein Hahnenkampf« sei, um den es sich handele, der daher auch keine reale Veränderung der Statushierarchie veranlassen könne und nur den Anschein von Mobilität vermittele, mache den Hahnenkampf für die Teilnehmer nicht weniger wirklich.[259] Und ähnlich verhält es sich mit *World of Warcraft*, auch hier steht die ausgestellte Grausamkeit einer gekesselten Gesellschaft gegenüber, auch hier ist der Wettkampf von einem komplexen System durchzogen, das grundlegende Strukturen der Gesellschaft spiegelt, und auch hier steht alles und nichts auf dem Spiel.

Die Hähne auf Bali entsprechen bei diesem Vergleich den Avataren in *World of Warcraft*. Nur »dem äußeren Anschein nach kämpfen da Hähne gegeneinander, in Wirklichkeit sind es Männer«, schreibt Geertz.[260] Mit ihnen bringe der Besitzer »sein öffentliches Selbst symbolisch und metaphorisch durch das Medium seines Hahnes in die Arena.«[261] Während aber im Kampf ein brutales Geschehen herrsche, indem es um Leben, Tod und Wetteinsätze geht, pflege der Balinese außerhalb der Kämpfe dabei eine fast erotische Beziehung zu den Hähnen:

»Balinesische Männer, oder jedenfalls eine große Mehrheit von ihnen, verwenden einen gewaltigen Teil ihrer Zeit auf ihre Lieblinge; sie pflegen und füttern sie, diskutieren über sie, probieren sie gegeneinander aus. Oder sie betrachten sie einfach in einer Mischung aus hingerissener Bewunderung und träumerischer Selbstvergessenheit.«[262]

Einerseits sind sie Ausdruck oder Übersteigerung des Selbst der Eigentümer – Bateson und Mead haben von »wandelnde[n] Genitalien mit einem Eigenleben«[263] gesprochen – andererseits verkörperten sie aber auch – so Geertz – eine Animalität, die von den Balinesen als ästhetisches, moralisches und metaphysisches Gegenteil des Mensch-Seins empfunden wird.[264]

257 Ebd., S.258.

258 Ebd., S.235.

259 Ebd., S.247.

260 Ebd., S.209.

261 Ebd., S.232.

262 Ebd., S.211.

263 Ebd., S.209.

264 Ebd., S.212.

»Wenn sich der balinesische Mann mit seinem Hahn identifiziert, dann nicht einfach mit seinem idealen Selbst oder gar mit seinem Penis, sondern gleichzeitig mit dem, was er am meisten fürchtet und hasst und wovon er – wie es nun einmal bei jeder Ambivalenz der Fall ist – am meisten fasziniert ist, mit den ›dunklen Mächten‹.«[265]

Dabei würden die ansonsten in Gesten, Anspielungen und Etiketten sublimierten Gefühle, auf denen die balinesische Hierarchie beruhe, »hier durch die Tiermaske kaum verstellt zum Ausdruck gebracht, wobei die Maske sie eher wirkungsvoller demonstriert als verdeckt.«[266] Wie die Hähne auf Bali so verkörpern vielleich auch die Orks und Magier in *Azeroth* weniger das Selbst des Spielers als die Ängste und das Begehren seiner Gesellschaft. Wer einen Untoten in *World of Warcraft* spielt, der will keiner sein und auch nicht ausdrücken, dass er sich wie einer fühlt – so wie auch der balinesische Mann kein Hahn sein will. Es ist die Landschaft, die Hähne und Avatare hervorbringt, ihren Wert aber erhalten sie dank der Gewalt, die sie in der Arena des Spiels zu entfesseln wissen und die den Spielern ihren Platz in einer parallelweltlichen Hierarchie verleiht.[267] Diese grausam waffenstarrende Erscheinung in der Arena aber geht mit der häuslichen Pflege und Fütterung der Stellvertreter einher. Auch der furchtbarste Ork ist tief in seinem Innersten ein kleiner *Tamagotchi*. Als standardisierte Prothesen, die individuell konfigurierbar und personalisierbar sind, werden sie zugleich zum Objekt autoerotischer Affektionen.

Wie Benutzeroberflächen, Bildschirmhintergründe oder Klingeltöne lassen sich die personalisierten Gestalten aus einer begrenzten Anzahl von Rassen, Klassen, Gesichtsausdrücken, Haarfarben auswählen und zusammenstellen. Personalisierung vollzieht sich also als Vorgang einer individualisierten Konfiguration, als Auswahl aus einem beschränkten Satz von möglichen Oberflächen, um das Erlebnis der eigenen Identität zu gestalten. Mein Klingelton kann der Welt mitteilen, wer ich bin, und lässt sich gleichermaßen von mir genießen. In der Personalisierung meiner Geräte erlebe ich mich zugleich als produktiven Gestalter und gebe den Geräten über ihre Funktionalität hinaus einen ästhetischen und persönlichen Mehrwert. – Personalisierte Figuren treten entsprechend auf: Sie lassen sich aus vorgegebenen Möglichkeiten zusammenstellen, die einerseits Selbstsdarstellung sein können, andererseits dem Spiel-Erleben dienen; sie vermitteln das Gefühl von Gestaltung und geben der Maschine einen ästhetischen und menschlichen Mantel. Von den vorgegebenen Pfaden lässt sich im Spiel kaum abweichen. Zwar gibt es Rollenspiel-Server, die extra dafür eingerichtet sind, die Rollen

265 Ebd., S.213 Dadurch »dass er Stolz mit dem eigenen Selbst, das eigene Selbst mit den Hähnen und die Hähne mit Vernichtung in Zusammenhang bringt«, setze der Hahnenkampf »so eine Dimension balinesischer Erfahrung bildlich [um], die normalerweise dem Blick entzogen ist« (ebd., S.247).

266 Ebd., S.251.

267 Wie in der ständischen Gesellschaft gibt das Aussehen der Avatare keinen Beleg für deren Persönlichkeit ab, sondern verweist allein auf die Position innerhalb des Systems.

zu *leben* – »intended to let you live World of Warcraft«, heißt es auf der Homepage des Spiels. Aber wie dieses Leben in der Welt im Rollenspiel funktionieren soll, bleibt den Spielern überlassen und ihrer Verantwortung übergeben.[268] Mit Rollenspielen im Sinne sozialen Interagierens oder der narrativen Konstruktion von Figuren hat das Spiel von *MMPORGs* daher wenig zu tun. Der Mensch wird hier nicht ganz zum Menschen, sondern eben zum Gnom, Ork oder Elf, zum Paladin, Magier oder Druiden. Der innere Elf aber scheint nichts anderers als das Pendant zum bürgerlichen Selbst zu sein und entspricht dem verbesserten Intellekt von Licklider und Engelbart und dem Kreativsubjekt der interaktiven Kunst.

Und so wird in *World of Warcraft* ähnlich wie im balinesischen Hahnenkampf eine Perspektive auf die Gesellschaft exemplifiziert und zugleich trainiert. Das endlose Abarbeiten von Aufgaben, der emsige Punkterwerb zum Aufstieg in der Level-Hierarchie und die uneingeschränkte Verfügbarkeit für die Gilde wiederholen den Arbeitsalltag in postindustriellen Gesellschaften. Hier werden keine neuen Gemeinschaften geschaffen, der gesellschaftliche Rohzustand wird nach Abzug aller sozialen Errungenschaften nachgespielt.

Mit Blick auf die *Arcade Games* hat Charles Bernstein bereits 1989 festgestellt, dass der spielerische Gebrauch des Computers durchaus signifikante Ähnlichkeiten mit seinem instrumentellen aufweise.[269] Das Computerspiel konterkariere die Gesellschaft, in der es entstanden ist, und reflektiere sie zugleich.[270] Einerseits würden die Ideale der Gesellschaft abgebildet: einfaches, rationales, überschaubares Handeln, faire Bedingungen und Erreichbarkeit der Ziele mit ausreichender Anstrengung und Wiederholung. Und andererseits würden sie als unnütze Zeitverschwendung stigmatisiert. Und eben diese Widersprüchlichkeit verbinde sie mit jenen anderen und älteren Spielen, deren soziale Funktion es ebenfalls sei, Vergeudung, Hemmungslosigkeit, Maßlosigkeit und Selbstvergessenheit zu feiern.[271] Die utopische Verlockung des Mediums sei der zeitlose und unmittelbare Zugriff, der ohne Widerstand und Schwerkraft die Kontingenz reduziere.[272]

»In der Zeitlosigkeit des Bildschirms, der keine Zukunft und keine Geschichte kennt, sondern nur eine Anzahl von Ereignissen, die in jeder beliebigen Reihenfolge Sinn machen, agieren wir ein

---

268 Es gibt einzig einen Kodex, der bestimmte Sprachregelungen vorschlägt und theoretisch verbietet, dass im Chatkanal von dem neuen Auto der Schwester gesprochen werden soll. Vgl. http://www.wow-europe.com/de/policy/roleplaying.html.

269 Vgl. Bernstein: ›Play it again, Pac-Man‹, S.161.

270 Vgl. ebd., S.157.

271 Vgl. ebd., S.158.

272 Vgl. ebd., S.160.

unermüdliches existentielles Drama der Jetztzeit aus. Die Risiken sind simuliert, die Meisterung ist imaginär, nur die Zwanghaftigkeit ist real.«[273]

Der Computer ermögliche die Flucht aus der Geschichte – »an escape from history, waiting, embodied space«.[274] Und der Preis für diese Flucht aus der Geschichte sei die Paranoia: neben sich stehen, abgespalten sein. Im Inneren des Computerspiels tobe dagegen auch immer ein Kampf gegen die Maschine, die dort als Drache, Gespenst oder Roboter Gestalt annehme: »slay the dragon, the ghost in the machine, the beserk robots.« Es sind, mit Bernstein gesprochen, insofern keine Probe-, sondern Ersatzhandlungen- und Übersprungshandlungen, die hier stattfinden.[275] Die Figuren, die hier auftreten, sind insofern nicht sinnfrei, aber auch nicht unabhängig von der Technik; sie sind Gestalten der Technik, in denen sich solche Dinge wie Machtbegehren, Agressionen und Ängste gegenüber der Technik ausdrücken, die wenig mit Selbst und Rollen und viel mit Gesellschaft zu tun haben. Trainiert und exemplifiziert wird also nicht einfach die numerische Natur des Computers, sondern eine algorithmische Praxis, die dem kulturell konkreten Gebrauch geschuldet ist.

Das Schauspiel, das mit *Spacewar!* und dem Auftritt eines kleinen flimmernden Dreiecks begann, der den Computer als Theater denkbar werden ließ, wiederholt sich in *World of Warcraft* im großen Maßstab. Auch hier haben die Spieler dem Publikum den Rücken zugewandt, haben die Kontrolle über die Figuren in den Händen und treten in der Arena eines digitalen Hahnenkampfes gegeneinander an. Dabei bleibt das Auftreten der Avatare auch dort, wo es kollaborativ stattfindet, ein privates Unterfangen, das sich vor und nicht hinter dem Monitor abspielt. Nur hier kann der Atem stocken oder sich die Wut entladen. Aber weder das Anhalten der Luft noch das spontane Fluchen können in der virtuellen Welt gehört werden. Der Akteur bleibt allein mit sich selbst, auch dort, wo hundert andere auf dem *Server* eingeloggt sind. Sein Auftritt findet vor einem Spiegel statt. Er übt und beeindruckt sich selbst. Dem Genuss von Selbstverlust und Selbstmächtigkeit steht die Personalisierung des Avatars gegenüber. So wie ein Schauspieler nach sechs bis acht Wochen Proben seine Rolle und damit die Dramaturgie des

273 Ebd., S.162, eigene Übersetzung. Vgl. dazu Schillers Aussage über das Spiel, das es vermag, die »Zeit in der Zeit aufzuheben«, das »Werden mit absolutem Seyn, Veränderung mit Identität zu vereinbaren« (Schiller: ›Über die ästhetische Erziehung des Menschen‹, S.57).

274 Bernstein: ›Play it again, Pac-Man‹, S.160.

275 Vgl. ebd., S.162: »Here is an arena where a person can have some real control, an illusion of power, a ›thing‹ that respond to the snap of our fingers, the flick of our wrists. In a world where it is not just infantile or adolescent but all too human to feel powerless in the face of bombarding events, where the same action never seems to produce the same results because the contexts are always shifting, the uniformity of stimulus and response in video games can be exhilarating.« »Narrowing down the field of possible choices to a manageable few is one of the great attractions of the games, in just the way that a film's ability to narrow down the field of possible vision to a view ist one of the main attractions of the cinema.«

Stückes so weit verinnerlicht hat, dass er mit etwas Glück und Können von seinem ersten Auftritt bis zum letzten Abgang durch das Stück getragen wird, so betritt der Spieler mit der Gruppe den bekannten Dungeon und schießt sich den Weg bis zum Endgegner frei. Beide folgen einer vorgeschriebenen Struktur, die sich bei perfekter Beherrschung als Rausch eines selbstlosen und unreflektieren Handelns im perfekten Einklang mit der Umgebung erleben lässt – und für Selbstbeobachtung wenig Zeit lässt. Auch für den Schauspieler ist schließlich nicht das Aussehen des Kostüms, sondern sein Sitz das Entscheidende. Der Unterschied ist nur, dass die Vorstellung des Spielers kein Publikum hat. Besser gesagt, sein Publikum ist der Computer. Das strukturelle Defizit des Spielers ist das Publikum. Seine Mächtigkeit entfaltet sich weitestgehend unbezeugt. Deshalb braucht es Foren, *Conventions* und Vereine. Denn ihre Bedeutung erlangen die Avatare erst durch den Auftritt in einer massenmedialen Öffentlichkeit, die jenseits des Spielerlebnisses liegt. Auch *Spacewar!* war angewiesen auf die Demonstration am Tag der offenen Tür, den Vortrag auf der Konferenz, auf die Geschichte in der Zeitschrift und das Bild vom Auftritt im Museum. Auch die virtuelle Welt muss sich den Ort ihres Auftritts in der realen erst erschaffen.

4.4 Being Lara Croft
Cosplay und Verkörperung

Anders als jene theatralen und medialen Figuren, die in direkten Kontakt mit dem Publikum treten oder ihm etwas vorspielen, fordern Avatare zur Kontrolle auf und verkörpern so die Selbstwirksamkeit des Spielers. Wie eine Maske ist der Avatar zugleich ein Werkzeug der Verwandlung und ein Ding der Verehrung. Er ist ein operativer Stellvertreter, der durch die Fähigkeiten der Figur im Virtuellen festgelegt ist, und tritt andererseits für eben diese Fähigkeiten als ein symbolischer Stellvertreter auf. Als Inkarnation eines Gottes verkörpert er die Macht, die er seinem Spieler zu verleihen vermag. Ohne einen eingeweihten Träger und das Ritual aber bleibt die Maske ein lebloser Gegenstand, der auf seinen Auftritt wartet, und so bleibt auch der Avatar ohne geübten Spieler und außerhalb des Spiels weitgehend bedeutungslos. Das Anlegen der Maske aber ordnet den Träger ihren Regeln und denen des Rituals unter und verleiht ihm im Gegenzug Macht.[276] Gleiches gilt für Avatare: Im Sinne des Maskentänzers ist auch der Spieler ein Werkzeug des Avatars und wird mit einer zeitweiligen Erhabenheit belohnt. Wenn daher das Verhältnis von Spieler und Avatar aus einem rituellen Kontext wie dem des Hahnenkampfes zu verstehen ist, dann kann vielleicht auch die konkrete Praxis des Spiels als ein Vorgang der Besessenheit aufgefasst werden. Statt dem Auftritt des Avatars als operativem Stellvertreter im Spiel seinen Auftritt als symbolischer

---

276 Vgl. Joachim Fiebach: Die Toten als die Macht der Lebenden. Zur Theorie und Geschichte von Theater in Afrika, Wilhelmshaven 1986.

Stellvertreter in den Bildmedien gegenüberzustellen, gilt es, gerade nach der Verquickung dieser beiden Formen von Stellvertretung zu fragen. Statt Schau und Spiel als zwei getrennte Seiten desselben Phänomens zu beschrieben, gilt es den Veränderungen in ihrem Verhältnis zueinander als Praxis nachzuspüren. Dies lässt sich deutlich an dem Auftritt von Lara Croft in Spiel und Wirklichkeit zeigen.

4.4.1 Die Interpretationen des Avatars

Lara Crofts erster Auftritt fand 1996 in einem Computerspiel namens *Tomb Raider* statt und war ein Auftritt, der Gerüchten zufolge aus einer Umbesetzung hervorgegangen ist. Denn die Ähnlichkeit der Figur mit *Indiana Jones* ließ den ursprünglich vorgesehenen Mann aus Urheberrechtsgründen ausscheiden.[277] Der Auftritt war daher schon deshalb ungewöhnlich, weil er überhaupt einer der ersten Auftritte einer Frau in einem Computerspiel war, die es nicht nur zu befreien galt, und zugleich auch einer der ersten war, der sich auch explizit an Frauen wandte. Mit der *Playstation*, der Lara Croft ihren ersten Auftritt verdankte, etablierte sich auch ein Marketing von Computerspielen, das auf eine Geschlechter-übergreifende Jugendkultur ausgerichtet war.[278] Der erste Auftritt fand von daher im kinematischen Realismus der dreidimensionalen Grafik der Playstation statt. Bald darauf folgten aber andere auf Titelblättern von Zeitschriften, auf Postern, als Figurine, dann in Filmen und Büchern: der sicher bedeutendste auf der Titelseite von *The Face* 1997. In allen Umfragen nach den wichtigsten Computerspielfiguren taucht Lara Croft bis heute regelmäßig neben Super Mario und *Sonic the Hedgehog*, meist noch vor *Pac-Man*, auf den ersten Plätzen auf. – Wieso aber wurde diese Figur so erfolgreich?

»Mit dem Avatar Lara Croft gelingt die Fiktion eines menschlichen Akteurs derart glaubhaft, dass es nicht überrascht, wenn dem ›Auftritt‹ im Videospiel bald Portraits auf den Titelblättern der einschlägigen Szene- und Lifestyle-Magazine folgen und Lara schnell zum Idol einer wachsenden Fangemeinde bzw. zur ›international heroine of the virtual‹ überhaupt wird«[279], vermutet der Mediensoziologe Sebastian Pranz. Steht hier also gar die Menschlichkeit auf dem Spiel, oder sind es doch nur die Brüste, die hinter dem Erfolg des Spiels stehen, wie die Spielzeitschrift *Lethal and Loaded* vermutet hat: »Lara's phenomenal success wasn't just about a cracking adventure, other games had that too. Lara had something that hooked the games like nothing before. At the center

277 Unlock the Past: A Retrospective Tomb Raider Documentary. [Tomb Raider Anniversary Bonus DVD]. Eidos Interactive / GameTap 2007.

278 Vgl. Jessie Cameron Herz: Joystick Nation. How Videogames Gobbled Our Money, Won Our Hearts and Rewired our Minds, London 1997; Poole: Trigger Happy.

279 Sebastian Pranz: ›Die Präsentation des Raumes im Videospiel‹, in: Weltweite Welten. Internet-Figurationen aus wissenssoziologischer Perspektive, hg. v. H. Willems, Wiesbaden 2008, S.319-339, hier: S.332f.

of Tomb Raider was a fantasy female figure. Each of her provocative curves was as much part of the game as the tombs she raided. She had a secret weapon in the world of gaming, well... actually two of them.«[280] Beides greift zu kurz, weil es entweder mehr oder weniger aus der Figur macht, als sie ist: Mensch oder Fleisch, und dabei die eigentliche Ambivalenz der Figur übergeht, die darin besteht, dass sie das männliche Rollenfach des gewalttätigen Abenteurers mit einer kurvenreichen Frau besetzt.[281]

Diese konstitutive Dialektik der Figur hat zwei diametral entgegengesetzte Interpretationen hervorgebracht: Brust oder Keule, männliches Blickopfer oder weibliches Emanzipationsideal. Häufig wird Lara Croft entweder als ›eye and thumb candy‹ für einen männlichen Blick abgetan oder als positives Rollenmodell für junge Mädchen aufgewertet.[282] Beide Interpretationen trennt etwas, das man den *digital divide* des Feminismus nennen könnte. Auf der einen Seite stehen Größen wie Germaine Greer, auf der anderen Seite eine jüngere Generation, die eine andere Mediensozialisation durchlaufen hat.[283] Wenn von Lara Croft die Rede ist, dann beginnt die Diskussion meist mit der Reflektion dieser widersprüchlichen Interpretationen, die natürlich nicht eindeutig zu entscheiden ist, weil beide Rezeptionen denkbar sind.[284] Im Gegenzug ist aber die Interpretation der Figur als *leeres Zeichen*, das den möglichen Lesarten keine Grenzen setzt und Lara je nach Publikum als Dominatrix oder Junggesellenmaschine versteht, unbefriedigend.[285] Dies vernachlässigt die Mechanik des Spiels zugunsten einer ästhetischen Rollenspielidee.[286] Wenn Man(n) hier eine Frau spielt, müsste *Tomb Raider*

280 Lethal and Loaded, 8.7.01, zit. n. Helen W. Kennedy: ›Lara Croft: Feminist Icon or Cyberbimbo? On the Limits of Textual Analysis‹, erschienen in: Game Studies 2/2 (2002).

281 Zu den parallel entstehenden ›girl power‹-Figuren in Buffy, the Vampire Slayer, Annie get your Gun oder Tank Girl vgl. Gerard Jones: Killing Monsters: Why Children Need Fantasy. Super Heroes and Make Believe Violence, New York 2002; Shirley Inness: Tough Girls. Women Warriors and Wonder Women in Popular Culture, Philadelphia 1999.

282 Vgl. Anne Maria Schleiner: ›Does Lara Croft wear Fake Polygons‹, in: Leonardo 3/34 (2000), S. 221-226: »Lara Croft is the monstrous offsping of science, an idealized eternally young female automaton, a malleable, well-trained technopuppet created by and for the male gaze.« Zum ›männlichen Blick‹ vgl. Laura Mulvey: ›Visual Pleasure and Narrative Cinema‹, in: Feminism and Film Theory, hg. v. C. Penley, New York 1988, S.57-68.

283 Vgl. Germaine Greer: The whole Woman, New York 1999.

284 Vgl. Kennedy: ›Lara Croft. Feminist Icon or Cyberbimbo?‹.

285 Vgl. Astrid Deuber-Mankowsky: Lara Croft. Modell, Medium, Cyberheldin; das virtuelle Geschlecht und seine metaphysischen Tücken, Frankfurt a.M. 2001.

286 Vgl. Maja Mikula: ›Gender and Videogames: the political valency of Lara Croft‹, erschienen in: Continuum: Journal of Media & Cultural Studies 1/17 (2003), hier: S.83: »To appeal to an essentially unpredictable global market, Lara had to be conceived as an ›empty sign‹, which would allow diverse, often contradictory inscriptions and interpretations«, und: »Lara‹s appeal as well as that of other virtual characters created for a global market, rests on this multivocality, parodic potential and a capacity for endless contectualization.«

dann nicht *Drag* sein? Zumindest gibt es noch keine Foren, in denen Spieler diskutiert haben, wie es sich anfühlt, eine Frau zu verkörpern.[287] Die Vehemenz hingegen, mit der Bilder bekämpft werden, die solche Ideen andeuten könnten, spricht eine andere Sprache. Gewiss, es gibt sie, die Spielarten der Figur, die mit dem Geschlecht, dem Körper spielen und das Abziehbild mit den Idealmaßen in Frage stellen, aber sie sind in der Minderheit und werden mit aggressiven sexuellen Gewaltphantasien bekämpft. Der Mainstream von Fan-Art und Foren-Beiträgen aber arbeitet daran, die Figur auf ihre sexuelle Objekthaftigkeit zu fixieren. Das Gerücht von einem *Nude Raider Patch*, in dem Lara Croft nackt durch die Höhlen eilt, spiegelt dieselbe Tendenz wieder und zeugt von einer Bedeutung der Figur, die weder eindeutig festgelegt noch willkürlich, sondern hart umkämpft und den Spielern alles andere als egal ist.[288] Dies zeigt sich vor allem dort, wo Lara Croft reale körperliche Gestalt annimmt, wie beispielsweise in dem Auftritt Allison Carrolls auf der *Games Convention* 200? in Leipzig.

4.4.2 Die Verkörperungen des Avatars

Der Auftritt wird von einem sichtlich unentspannten Moderator angekündigt, dem die Witze auszugehen scheinen.[289] Das wäre eine ideale Assistentin für ihn, sagt er und redet irgendetwas von ›Frauenpower‹: »Die neue Lara Croft« wird auf die Bühne gebeten. Laute Musik, ein kurzer Gang durch die Menge, Catwalk mit Schmollmund, dann steht sie da und lächelt ins Publikum. »Hey«, spricht sie der Moderator an und kommentiert die eigene aufgesetzte Verlegenheit angesichts soviel Weiblichkeit. Ob sie nur Englisch spreche, fragt er sie, und ob sie sich darüber bewusst sei, dass es ein anzügliches »Outfit« sei, das sie da anhabe. Sie fragt zurück, ob es ihm gefällt, und er antwortet in ausgestellter Unberührtheit, es sei »ok«, und fordert das Publikum auf, seine Meinung kundzutun. Ein halbherziges »Huhu« schallt aus der Menge eher blasser 14jähriger Jungs zurück. Aber im Spiel gehe es ja nicht nur um Sex, sagt er, und gibt ihr Gelegenheit, den angelernten Slogan des Marketings loszuwerden: Lara sei sexy, selbstbewusst, unabhängig, athletisch: »She's got it all.« – Alles, was Männer haben wollen und alles, was Frauen sein wollen. Für den Moderator stellt das die moderne Frau dar. Wie sie die Fans überzeugen will, das Spiel zu spielen und nicht lieber mit ihr

287 Vgl. Kennedy: ›Lara Croft. Feminist Icon or Cyberbimbo?‹.

288 Vgl. Paul M. Malone: ›Cyber-Kleist: The Virtual Actor as Über-Marionette‹, in: Mediated drama, dramatized media. papers given on the occasion of the eighth annual conference of the German Society for Contemporary Theatre and Drama in English, hg. v. E. Voigts-Virchow, Trier 2000, S.57-65, hier: S.63. »Lara [...] has a detailed life history, but [...] she did not begin her career by pretending to be real; she has become real through the faith of her fans rahter than by corporate fiat.«

289 Videomitschnitt von Alison Carrolls Live-Auftritt bei MTV auf der GameConvention 2008. Der Mitschnitt auf YouTube ist inzwischen nicht mehr verfügbar.

ein Eis essen zu gehen, will er von ihr wissen, und sie preist die neuen *Features* an. Dann darf noch ein Junge auf die Bühne kommen und sich mit ihr fotografieren lassen. Schließlich zeigt sie noch ein paar *Backflips*, die von dem Publikum zur Kenntnis genommen werden. Ein undankbareres Publikum für gymnastische Fähigkeiten ist schwer vorstellbar, ein uncharmanterer Moderator ebenfalls. Die ›neue Lara Croft‹ zu verkörpern, erscheint als eine ähnlich attraktive Tätigkeit wie Marketing im Ganzkörperkostüm in der Einkaufszone. Aber hier geht es um mehr als die Missachtung gymnastischer Fähigkeiten. Es geht um die Bedeutung der Figur, die hier verhandelt wird, durch einen Moderator, der die Figur und ihre Darstellerin in offen uncharmanter Weise und mit Hilfe chauvinistischer Witzchen auf ihren Platz im Objektbereich verweist. Dass die Figur das Spiel verlassen hat und dort im echten Leben auftritt, stellt, das spürt man deutlich, eine Bedrohung dar, die bekämpft werden muss.

Allison Carroll hat dieses Los 2008 gezogen. Sie ist die *neue* Lara Croft, das zehnte Model in Folge, das zum *Release* des neuen Spiels auf *Game Conventions*, in Fernsehinterviews und auf Presseterminen die immer gleichen drei Fragen beantworten darf: Wie ist es, Lara Croft zu sein? Wie wird man Lara Croft? Spielt sie gerne *Tomb Raider*? »Name: Allison Caroll, Mission: To become Lara Croft«, heißt es in einem Werbeclip, der das noch einmal vorführt, was auch der Auftritt schon klar gemacht hat:[290] Dass es nicht genügt, gut auszusehn, um Lara Croft zu sein. Eine frühe Vorgängerin musste sich noch den Busen vergrößern lassen, bei Allison Caroll hingegen stehen für das Marketing nicht mehr nur das Aussehen, sondern die körperlichen Fähigkeiten im Vordergrund.[291] Täglich muss sie ihre *backflips* trainieren, aber auch Kampfsport erlernen, den Umgang mit Schusswaffen üben, ein Überlebenstraining absolvieren und einen Archeologie-Kurs für Anfänger belegen – erzählt sie.[292] Davon ist in den Auftritten allerdings wenig zu bemerken. Stattdessen muss Allison Carroll schnelle Autos Probe fahren, mit Harley-Davidson-Fans im Convoy fahren, Kletterwände hochklettern, Gymnastik-Übungen in Fitness-Studios anleiten und immer wieder in die Kameras lächeln, auf der Bühne rumspringen und mit ihren zwei Plastikpistolen die bekannten Posen und *Moves* machen: vorführen, was Lara Croft zu Lara Croft macht, die programmierten Bewegungsabläufe der Spielmechanik.

---

290 Werbevideo ›Alison Carroll: Becoming Lara Croft‹, http://www.youtube.com/watch?-v=9aOr-azbzMY&feature=related.

291 »In order to help portray the amply-endowed character of Lara Coft, Rhona had her breasts enlarged from a size 34A to a more Lara-sized 34DD. Her silicon upgrade was performed by colleagues of her father, Dr Anthony Mitra. Her vital statistics are 34d-24-35, brown hair, brown eyes, 5'8 in height and born 1976«, http://www.tombraiderchronicles.com/-lara/rhonamitra/info.html.

292 ›Alison Carroll, the new Lara Croft model - BBC Interview‹, http://www.youtube.com/-watch?v=fx5rtySkkkw&feature=related; ›FHM meets Lara Croft‹, http://www.youtube.com /watch?v=Rb_7GS1DMdw.

Lara Croft *ist* man nicht, sondern muss man/Frau erst durch hartes Training *werden*. Das ist die Botschaft der Kampagne. Und Allison Caroll ist dafür ein gutes Anschauungsobjekt, denn Allison Caroll ist im Grund das Gegenteil von Lara Croft: Das nette Mädchen von der Rezeption am Golfplatz. Unsicher, provinziell, nett und bescheiden, kein bisschen aristokratisch. Ausgewählt wurde sie unter Hunderten von Bewerberinnen in einem nationalen Casting-Wettbewerb; die siebte Lara Croft in Folge, wenn man nur die offiziellen Models mitzählt. Aber das sind natürlich nicht die Einzigen, denn neben der Filmverkörperung Angelina Jolie gibt es auch noch die regionalen Versionen: Diana Dorow z.B., im normalen Leben Dozentin für Deutsch, Kommunikation und Psychologie in der Erwachsenenbildung, ist das deutsche Model und bietet unter *www.kleinkunst.de* auch einen ›Walkingact mit Show-Einlage‹ an. Edith J. ist ebenfalls ein deusches Double und bietet ihre Dienste als ›Welcomer‹, ›Photo-Objekt‹, ›Eyecatcher‹, ›Model‹ an.[293] Ein Fernsehsender in Australien veranstaltete in Zusammenarbeit mit einem Männermagazin eine ganze Casting-Sendung, in der sich mehrere junge Frauen im Kämpfen, Klettern, Schießen, Gut-Aussehen, Posieren und aus fünf Meter Ins-Wasser-Springen beweisen mussten.[294] Auf www.cosplay.com finden sich 336 Bildserien, in denen sich junge Mädchen unabhängig von jeder insitutionellen Einbindung als Lara Croft inszenieren.[295]

Abbildung 24: Lara Croft Doubles

293 Vgl. http://www.showprofis.de/index.php?c=doubl.

294 ›FHM Lara Croft Challenge‹, USA (Fox). Ausgestrahlt am 9.7.2006.

295 http://www.cosplay.com/results.php?id=4036382&sort=

Lara Croft hat viele Avatare. Wie jede Figur ist sie mehr als ihr Leihkörper. »The model from Leeds lent her body to Eidos in 1996«, heißt es auf der *Homepage* des Herstellers über eines der ersten Models.[296] Der Körper wurde an die Firma verliehen. Dass es nicht nur das eine Model gibt, ist Firmenpolitik, denn der leibliche Auftritt ist nicht nur wesentlich günstiger als der graphische, sondern verlängert die Wirksamkeit der Figur in die Wirklichkeit hinein. Auch deshalb will man sich ganz bewusst nicht auf eine einzige Darstellerin festlegen.

»[...] no single human has the opportunity to take on any of Laras stardom. An attempt by British model Rhona Mitra to translate her exposure as ›Lara‹ into a recording career end with Eidos firing her and releasing the album under Lara's name – one of Laras few bad career moves. Since then, Eidos has decreed that there is no official Lara model, and has regularly hired new ones or several at a time. Far more than any digital creation, these models act as avatars of the divine Lara (whose fan web sites often call themselves ›temples‹ or ›shrines‹).«[297]

Lara Croft ist wie auch Emilia Galotti eine von Männern erschaffene Kunstfigur, die eines weiblichen Körpers bedarf. Sie ist entsprechend ähnlich real wie die seit Stock Aitken Waterman immer häufiger industriell gefertigten Stars der Musikbranche. Was Lara Croft von Kylie Minogue oder *Milli Vanillie* unterscheidet, ist, dass sie von mehreren Körpern zugleich und nacheinander Besitz ergreifen kann. Mit dem Avatar löst sich das Image von der Illusion einer *Person*. Während der Star noch mit einem ›echten Leben‹ reizt, das es zu erfahren gilt, interessiert am Avatar nur noch, was man mit ihm machen kann.

Im Unterschied zu Emilia Galotti aber ist Lara Croft im Original kein Text, sondern ein Bild, und die Qualität der Verkörperung bemisst sich nicht an der innovativen Interpretation, sondern an der Ähnlichkeit mit dem Vorbild. Wie im *Cosplay*, der kostümierenden Aneignung popkultureller Figuren aus Comics und Spielen, wird die graphische Figur als Kostüm auf den Körper zugeschnitten, die schwerelosen fliegenden Kleider des perfekten Körpers aufs Reale heruntergebrochen und das stereotype Charakterrepertoire der Mainstream-Medien durch die ästhetischen Kompetenzen der Amateure individuellen Bedürfnissen angepasst.[298] Die Aneignung und Einverleibung der Figur erfolgt dabei nicht über den Text, sondern über die Gestalt; handwerkliche Fähigkeiten und das Wissen über den Kosmos der Figur sind ausschlaggebend, nicht rhetorisches Können und psychologische Motivation. Und schließlich tritt der

296 http://www.tombraiderchronicles.com/lara/nellmcandrew/info.html

297 Ebd., S.63.

298 Marjorie Cohee Manifold: ›Life as Theater – Theater as Life: Art Expressions of Information-Age Youth‹, in: Journal of Cultural Research in Art Education 23 (2005), S.1-16, hier: S.8. Zur Jugendkultur des Digitalen vgl. H. Jenkins: Textual Poachers. Television fans and participatory culture, N.Y. 1992; D. Tapscott: Growing up Digital, N.Y. 1998; D. Rushkoff: Playing The Future. What we can learn from Digital Kids, N.Y. 1999.

Cosplayer nicht in einer Szene vor Publikum auf, sondern in einer Pose vor Kameras im Rahmen von *Conventions*, die ihm den öffentlichen Rahmen für seine häusliche Kunst zur Verfügung stellen.[299] Als *Cosplay* aber besitzt die Verkörperung der Spielfigur eben jene Ambivalenz, die auch Phänomene der Besessenheit auszeichnet: es ermächtigt den Spieler, gibt ihm Identität und ermöglicht die Aneignung von Bedeutungen. Andererseits wirkt es auf den Körper zurück, gleicht ihn einem Ideal an und benutzt ihn. Wenn sich der Priester als Gefäß für die Inkarnation des Gottes zur Verfügung stellt, gewinnt er und verliert zugleich, verleiht dem Gott Mächtigkeit und bändigt sie zugleich, heiligt und profaniert in einem Akt.[300]

4.4.3 Die Kontrolle über den Avatar

Die Aneignung der Spielfigur im Cosplay stellt insofern die Kehrseite zur Kontrolle der Figur im Spiel selbst dar. Mike Ward hat einen der ersten ›leibhaften‹ Auftritte Lara Crofts daher als einen Angriff auf den Spieler und sein voyeuristisches Spielvergnügen beschrieben. Denn anders als die Lara Croft im Spiel, die dem Spieler den Rücken zukehre, seine Anwesenheit nicht wahrnehme oder zu ignorieren scheine, blicke das Model auf dem Foto zurück. Die Aggression der Figur, die gezückten Waffe schienen sich plötzlich gegen den Spieler zu richten. Jedenfalls sehe sie ihn an, würde sich des Blickes bewusst, durchbreche damit die vierte Wand[301] und kündige so den narzisstischen Vertrag des begehrenden Blicks auf – the »closed circle of the desiring look and the beautiful powerful exhibition.«[302] Voyeurismus und Kontrolle über die Spielfigur greifen in Wards Beschreibung der Spielerfahrung ineinander. Lara Croft ist »riot grrlll« und Fetisch im gleichen Atemzug. Das Spiel wird so für Ward durch die Aneignung der Potentiale der übermächtigen Figur bestimmt, es gehe darum, zu Lara zu werden und ihre Fähigkeiten zu besitzen:

> »The player must learn how to ›do‹ these things, and if Lara never returns the ever-present look she demonstrates her awareness of the player in other ways: her only spoken word is a terse, slightly impatient ›no‹ if you try to make her perform a move that isn't possible.«[303]

Wards Beschreibung erinnert an das, was Lara mit den Models macht: Es geht nicht um Identifikation, um Figur-Sein oder den Blick von oben, sondern um Kontrolle und Besitz der Figur. Das ungeduldige »No« der Figur, wenn der Spieler in der Kontrolle ver-

---

299 Marjorie Cohee Manifold spricht von einem »Neo-Theatrum Mundi«.

300 Vgl. Giorgio Agamben: Profanierungen, Frankfurt a.M. 2005.

301 Vgl. Mike Ward: ›Being Lara Croft, or, We are All Sci Fi‹, in: Pop Matters vom 14.01.2000, auch unter http://popmatters.com/features/000114-ward.html.

302 Ebd.

303 Ebd.

sagt, stellt sich für Ward als eine Herausforderung an den Spieler dar, der er zu genügen hat: »As it is, she seems to have given you her body on loan, and now *you* are the representation.« Die Distanz zur Figur bleibt bestehen, sie schaut nicht zurück, ist sich keines Blickes bewusst und lädt zu einem voyeuristischen Blick ein. Gleichzeitig aber wird diese Distanz durch die Möglichkeiten der Kontrolle aufgehoben. Man ist nicht selbst in der Manege – aber das Ego steigt herab. Und gleichzeitig ist der Gott eigentlich in der Maschine, man selbst wird zur Repräsentation und darf für einige Stunden Figur sein: bigger than live, mit ungeahnten Bewegungsfähigkeiten und Handlungsfreiheiten. Zu Göttern sind die kleinen Raumschiffe im Zuge ihres Auftretens geworden – zu Göttern, die verehrt werden, indem man sie Besitz ergreifen lässt, indem man selbst zum Avatar wird. Im Gegensatz zu den Körpern, die zu Bildern wurden, ergreifen hier die Bilder von den Körpern Besitz.[304]

Das Verhältnis zwischen Avatar und Spieler scheint sich so weder auf den voyeuristischen Blick noch auf die Identifikation mit der Figur reduzieren zu lassen, sondern konstituiert sich auch in dieser Beschreibung vielmehr als ein Vorgang der körperlichen Aneignung. Deutlich wird dies in Mike Wards Interpretation einer Szene aus einem Werbespot für das Spiel. Der Spot zeigt unter dem Slogan »Where the boys are« verschiedene verlassene Orte männlicher Provenienz: Eine leere Turnhalle, eine leere Kneipe und zuletzt auch ein leeres Strip-Lokal. »The boys aren't interested in the sex industry's gaze exchange anymore«, kommentiert Ward. »They'd much rather hone their puppeteering skills and close the distance between themselves and Lara. [...] Where the boys are is inside Lara, being her. Staying home and being Lara has one up on going out and being oneself.« Am Ende sei die Welt leer, weil alle in Lara seien, eine Figur, die nicht ohne Grund eine Einzelgängerin sei.[305]

Während die ›Jungs‹ also in die Figur flüchten und sich dabei aus der sozialen Welt zurückziehen, scheint der Prozess weiblicher Aneigung im Cosplay durch einen Transfer der Figur in die soziale Welt gekennzeichnet. Im Cosplay werden die weiblichen Spieler zu Lara Croft oder lassen sie von sich Besitz ergreifen. Sie leihen wie Allison Carroll dem Avatar ihren Körper und haben auf diese Weise an ihrer Macht Anteil. Der Erfolg der Figur ist nicht zuletzt dieser zweifachen Aneignungsmöglichkeit geschuldet. Der Konflikt aber entsteht dort, wo beide aufeinandertreffen wie in dem zu Anfang geschilderten Auftritt: der Spieler, der die Kontrolle über die seinem Blick unterworfene Figur behalten will, und die Spielerin, die als subjektive Verkörperung der Figur auftritt. Der symbolische Kampf in der Öffentlichkeit und in Teilöffentlichkeiten über die Bedeutung der Figur realisiert sich im *Cosplay*. Aber auch das *Cosplay* setzt nur den symbolischen Kampf fort, der schon in den virtuellen Räumen und in der Spielmechanik begonnen wurde.

---

304 Vgl. in diesem Zusammenhang auch die Installationen ›Lorna‹ (1983-84) und ›Deep Contact‹ (1984-89) von Lynn Hershman.

305 Vgl. ebd.

Auch wenn diese Spiele mit dem Computer daher keine Geschichten erzählen, sind sie untrennbar verbunden mit jenen Geschichten, die über sie erzählt werden. Und auch die Geschichte, dass die Brüste keine Bedeutung hätten, ist so eine Geschichte, die die Bedeutung der Figur festzulegen versucht, indem sie eine bestimmte Bedeutung verneint: jene Bedeutung, die die Kategorie des Geschlechts für die Genesis des Avatars spielt.

4.5 TURINGS THEATER
DAS GESCHLECHT DER KÜNSTLICHEN INTELLIGENZ

Ein Interview mit Anshe Chung hätte es werden sollen. Greeterdan Godel, Avatar des *CNET*-Reporters Daniel Terdiman hatte Ende 2006 in die *in-world* Residenz des Senders geladen.[306] – Anshe Chung, alias Ailin Graef, ist eine hessische Volkshochschullehrerin chinesischer Abstammung, die 2004 ihr zweites Leben im Internet begonnen hatte und es als Großgrundbesitzerin und Immobilienmaklerin in der virtuellen Welt bis auf das Cover der *BusinessWeek* schaffte.[307] *Second Life* war der Hype und Anshe Chung seine Hauptfigur. Während Mitte 2006 die Suchanfragen stiegen, gründete Anshe Chung eine Firma mit zehn Angestellten im chinesischen Wuhan. Als sich die Zahlen Ende des Jahres noch einmal verdoppelten, Anfang 2007 ihren Höhepunkt erreichten und der Springer Verlag eine eigene Zeitung für den virtuellen Kosmos gründete, rief sich Anshe Chung zur ersten virtuellen Millionärin aus. Ihre Geschichte verkörperte dabei all das, was von *Second Life* in den alten Medien immer wieder erzählt wurde: die Neuerfindung des Selbst mit ungewohntem Aussehen und ungewohntem Vermögen, in einem neuen virtuellen Raum, dessen Wirklichkeit sich in erster Linie der Ökonomie verdankte, die ihn scheinbar antrieb.

Abbildung 25: BusinessWeek, Mai 2006

---

306 Vgl. http://www.somethingawful.com/d/second-life-safari/room-101-vs.php, http://boing boing .net/2006/12/21/second_life_griefers.html.

307 BusinessWeek vom Mai 2006.

4.5.1 Fliegende Phalli

Von Neuland, Besiedlung und Landnahme erzählt der Mythos von *Second Life*:[308] von »Planwagen«, die »nach Westen« ziehen, »wo es im Wortsinne um Utopia gehen könnte«, berichtete der Spiegel.[309] »Es ist, als hätten wir uns die verwüstete alte Welt abgeschminkt, um uns für die neue künstlich aufzudonnern.«[310] In der künstlichen Welt entstehe das zweite Leben, eine artifizielle Verdopplung in narzisstischen Selbstbildern, die an die Stelle der biologischen Nachkommen träten. »Zum ersten Mal simuliert der Mensch die Erschafffung der Welt und die Selbsterschaffung gleich mit«.[311] So würden Doppelgänger, Stellvertreter und auch Masken geschaffen, unter deren Schutz mal Träume und mal Triebe ausgelebt würden: »Karneval ist im Netz, ganzjährig«,[312] stellte der Spiegel fest. Denn anders als bei einem Spiel gehe es in *Second Life* nicht um Gewinnen und Verlieren, sondern ums Verkleiden: »Der Mensch verkleidet sich, um Spaß zu haben, ohne dafür zur Verantwortung gezogen zu werden«. Es gehe um Weltflucht und privatimen Hedonismus: Unter der digitalen Maske des zweiten Lebens verbürgen sich – laut Spiegel – Ersatz- und Selbstbefriedigung. »Die Maskeraden der Avatare sind ebenso komplex wie die Interessen, Defizite, Traumata der Menschen, die sich dahinter verstecken. Die Aussagen, die sie damit treffen, sind unmöglich zu decodieren.« Die Verkleidungen förderten »Egomanie, [...] Eigenbrötlertum, die allgemeine Verwirrung«.[313] Nur zum Schluss des Artikels lässt sich die Redaktion noch einmal hinreißen und reißt das Ruder herum: »Manchmal muss der Mensch die Rolle wechseln, um die Wahrheit über sich und die anderen herauszufinden.« – Lauert in dieser Welt mit ihren Häusern, die vor einem Regen schützen, den es nicht gibt, also doch eine tiefere Wahrheit?[314]

---

308 Vgl. http://www.anshechung.com/include/press/press_release251106.html. Von 2 Millionen ›Einwohnern‹ berichtete CNN, von 250.000 aktiven, von denen um die 20.000 gleichzeitig aktiv waren. Die Bild Zeitung gründete ihre Dependence Avastar im Dezember 2006, im November 2008 war die Dependance wieder dicht, die Reuters Filiale wurde im März 2009 geschlossen. Vgl. Rosenfelder: Digitale Paradiese, S.48: In Second Life werde alles zum Warenfetisch, weil es keine materiellen Bedürfnisse gebe. Was im Frühjahr 2007 der größte Hype gewesen sei, wäre heute (2008) tot.

309 Der Spiegel 8/2007: ›Der digitale Maskenball. Zweites Leben im Internet‹, S.151.

310 Ebd., S.152.

311 Ebd., S.152.

312 Ebd., S.153.

313 Ebd., S.158.

314 Zumindest große Teile der Sozialforschung scheinen dies zu vermuten.Vgl. Balz Spörry: ›Avatar beim Psychologen. Die virtuelle Welt des Internets als Superlabor: Sozialwissenschaftler untersuchen anhand von Online-Rollenspielen die Realtität‹, Die Zeit vom 01.03.2007.

Zumindest Peter Weibel beobachtet auch in *Second Life* wieder nur eine Fortsetzung des Theaters mit anderen Mitteln und eine »neue Stufe der Interaktivität«, die den von Fremdbestimmung befreiten Nutzer seine Welt selbst entwerfen lasse und so – nun endlich – Kunst und Leben in eins setze.[315] Auch Rudolf Maresch glaubt, dass *Second Life* als eine Spielwiese für Probehandlungen das Erbe des Theaters in einer Welt antrete, wo alles zum Theater geworden sei.[316] Als ein Testlabor beschreibt ›Die Welt‹ *Second Life*: »Man probiert Verhaltensweisen aus und lernt, was funktioniert und was nicht – und das ohne die Konsequenzen aus der echten Welt.«[317] Und natürlich entstehen auch *in Second Life* wieder eine ganze Reihe ambitionierter und konservativer Theaterprojekte, die sich – wie sollte es anders sein – als Avantgarde eines kommenden Theaters verstehen und sich zugleich vornehmlich mit graphischen Nachbildungen des *Globe Theatres* beschäftigen.[318] Als hätte es das nicht alles schon einmal genauso und nur wenige Jahre früher gegeben und als wäre die These von der sozialen Spielwiese, der Probebühne alternativer Selbstentwürfe, nicht schon längst von den Nutzern widerlegt worden. Doch hinter all den in unzähligen journalistischen Erlebnisberichten wiederaufbereiteten Utopien von weißen Flecken auf der Landkarte und neuen Identitäten steht noch deutlicher als zuvor die Metapher der ›Existenzgründung‹. Die »vorgegebenen Muster der Landnahme, der Geschäftsgründung und der Maximierung des Gelderwerbs in einem geschichtslosen Raum« entspreche, wie von-Tardoff feststellt, einem »gesellschaftlich propagierten Ideal individualisierter Selbstwirksamkeit« und folge »den gegenwärtig dominierenden Diskursen einer radikal-liberalen Gesellschaft und den Illusionen eines radikalisierten Indvidualismus«.[319]

Der Raum jedenfalls füllte sich. Es waren vielleicht dreißig Leute gekommen. Anshe Chung und Daniel Terdiman nahmen in den bereitgestellten Sesseln auf der

---

315 Vgl. Peter Weibel: ›Das neue Leben vor dem Tod‹, erschienen in: Der Spiegel vom 17.02.2007, S.156-157, hier: S.157: »Das Theater, die Literatur sind auf ihre Art auch virtuelle Welten. Das wird jetzt einfach fortgesetzt und ausgebaut mit anderen, mit digitalen Mitteln«.

316 Vgl. Rudolf Maresch : ›Das Zweite ist das Erste. In 'Online-Wohnwelten' spiegeln sich vor allem die Vorlieben, Neigungen und Geschäftsinteressen der realen Welt‹, erschienen in: Telepolis vom 21.06.2007, http://www.heise.de/tp/r4/artikel/25/25361/1.html: »Online-Spiele wie [...] Second Life reagieren auf diesen Wandel. Sie antworten auf Bedürfnisse und Sehnsüchte der ›Rollenspieler‹ und treten simulativ das Erbe des Theaters an. Sie bieten den Akteuren eine Rechner gestützte Spielwiese, auf der sie probehandeln, probelieben oder probeleben können«.

317 Anette Dowideit, ›Das Land im Computer‹, Welt-Online vom 26.7.2006.

318 Vgl. bspw. die ›Second Life Thespians‹, die ›Drama Educators in Second Life‹ oder http://theaterzweipunktnull.theaterblogs.de/.

319 Ernst von Kardorff: ›Virtuelle Netzweke – neue Formen der Kommunikation und Vergesellschaftung‹, in: Weltweite Welten. Internet-Figurationen aus wissenssoziologischer Perspektive, hg. v. H. Willems, Wiesbaden 2008, S.23-55, hier: S.37.

Bühne Platz. Das Interview konnte beginnen. Stattdessen aber passierte etwas Unerwartetes:

»Unfortunately, as the interview was commencing, the event was attacked by a ›griefer‹, someone intent on disrupting the proceedings. The griefer managed to assault the CNET theater for 15 minutes with – well, there's no way to say this delicately – animated flying penises.«[320]

Die fliegenden Penisse, rustikale comichafte Polygonarrangements, kamen aus der rechtsliegenden Wand des Auditoriums, flogen in Formation über die Bühne hinweg und verschwanden in der gegenüberliegenden Wand. Eigentlich aber waren die Penisse nichts anderes als die optische Erscheinung sich selbst vervielfältigender Skripte, kleiner Programme, die sich wie Viren unbegrenzt ›fortplanzten‹, und damit vor allen Dingen die Rechner langsam in die Knie zwangen. Die Störung war insofern sowohl eine technische als auch eine graphische. Hervorgebracht von digitalen Vandalen, ›Griefern‹ im Fachjargon, die es scheinbar mit ihrer Form virtuellen Protestes auf die Immobilientycoonin Anche Chung abgesehen hatten. Später tauchte noch ein zweites Skript auf: Ein Foto von Ailin Graef mit einem Phallus im Arm. Der Angriff hatte Erfolg. Anshe Chung weigerte sich das Interview fortzuführen, es wurde dann auf ihrem virtuellen Privatbesitz weitergeführt. Aber auch hierhin verfolgten sie die ›Griefer‹ und brachten den Server zum Absturz. Verantwortlich schien eine Gruppe zu sein, die sich in Anspielung auf George Orwells Roman *1984* ›Room 101‹ nannte – jener Folterkammer, in der die Opfer ihren Alpträumen ausgesetzt werden. Veröffentlicht wurden die Bilder in den folgenden Tagen in einem *Second Life* gegenüber kritischen Blog und in den einschlägigen Portalen. Anshe Chung und ihr Mann reichten Klage ein, allerdings allein gegen die Verletzung des Copyright: Das Bild des Avatars Anshe Chung sollte nicht von anderen genutzt werden dürfen; ein Schachzug der juristischen Hilflosigkeit, um dem Geschehen mit den bestehenden Gesetzen Herr zu werden, der eine erhitzte Diskussion über Zensur und Öffentlichkeit in der virtuellen Welt zur Folge hatte. In ihrem Verlauf wurden Ailin Graef und ihrem Ehemann und Geschäftspartner Guntram Graef sehr schnell die Rolle der aggressiven Monopolisten zugeschrieben, die ihnen ohnehin schon anhing: Wenn jeder die Rechte an Bildern, in denen sein Avatar auftauchte, beanspruchen könnte, dann wäre die Idee von Öffentlichkeit im zweiten Leben gestorben.[321]

320 Daniel Terdiman, ›Newsmaker: Virtual magnate shares secrets of success‹, 20.12.2006, http://news.cnet.com/2008-1043_3-6144967.html. Zum Folgenden vgl. das Video und die Artikel von Stephen Hutcheon vom 21.12.2006: 'Second Life miscreants stage members-only attack‹, www.theage.com.au, sowie am 8.1.07 11:43: ›Second Life Copryright kerfuffle‹, http://www.somethingawful.com/d/second-life-safari/room-101-vs.php.

321 Vgl. Markus Verbeet: »Beleidigter Avatar. Können reale Delikte in der künstlichen Welt geahndet werden?«, Spiegel Special 3/2007 vom 26.6.2007, S.122: »Die Rechtslage ist kompliziert. Wird schon dann in das Persönlichkeitsrecht von Ailin Gräf eingegriffen, wenn

Der Anschlag, die symbolische Belästigung, richtete sich gegen die Kommerzialisierung der neuen Medien, gegen den Star der Massenmedien, gegen die oberflächlichen Schönheiten der virtuellen Immobilien; und seine Unterstützer fühlten sich im Sinne einer subversiven Computerkultur im Recht: Die Erscheinung der beiden *Griefer* als grotesk hässliche Wesen zeugt davon, aber auch die Störung einer Diskussion über Geschäftserfolge. Die Wut richtet sich auf die Ikone all dieser oberflächlichen Schönheit, die ihr Geld vornehmlich mit Verkauf großer prächtiger Landschaften und Grundstücke an die großen Konzerne verdient hat und der immer wieder vorgeworfen wurde, die egalitären und frei zugänglichen Weiten des graphischen zweiten Lebens durch Parzellierung, Privatbesitz und Durchgangssperren zu bedrohen. Hier aber zeigt der Angriff sich eher als der Hass des digitalen kleinen Mannes. Die Betonung liegt dabei auf der Männlichkeit. Denn es ist das Geschlecht, nicht nur des Avatars, sondern auch der Puppenspielerin Ailin Graef, das hinter der Maske hervorgezerrt und symbolisch missbraucht wird. Der Phallus markiert die technische Superiorität der *Griefer* und wird als symbolische Waffe gegen eine Frauenfigur gebraucht. Dass Chung im Nachspiel dieses Ereignisses auch noch vorgeworfen wurde, ihr erstes Geld als virtuelle Hure in *Second Life* verdient und dieses verheimlicht zu haben, setzt diese moralisierend-misogyne Rhetorik fort.

4.5.2 Haitianische Trickster

Im Gegensatz zu den akademischen Mythen vom *Gender-Bending* und dem freien Experimentieren mit sexuellen Identitäten in den virtuellen Freiräumen findet sich hier ein Avatar, der auf sein Geschlecht fixiert und reduziert wird, um ihn zum Angriffspunkt einer männlichen symbolischen Gewalt zu machen. Wie in vielen virtuellen Räumen spielt auch in *Second Life* das Geschlecht eine ähnliche Rolle wie in einem Bahnwaggon mit Fußballfans auf dem Weg zum Lokalderby. Nur dass die phallische Superiorität hier auf technischem Wege statt mit körperlicher Potentialität ausgelebt wird. Mit der Macht über die Maschine wird auch die Macht über den Körper und seine graphischen Stellvertreter ausgeübt. Und das hat eine Tradition, die ins Jahr 1993 und jene Räume, in denen auch *Hamnet* spielte, zurückführt. Das *MOO – Mud Object Oriented* – war sozusagen das erste zweite Leben: ein Chatroom mit Datenbank-Anbindung mit mehreren Räumen, durch die sich navigieren ließ: Wer »go Wohnzimmer« eintippte,

ihr Avatar belästigt wird? ›Sicher ist jedenfalls, dass der Avatar selbst keine Persönlichkeitsrechte hat‹, sagt Ulf Müller vom Institut für Informations-, Telekommunikations- und Medienrecht der Universität Münster. ›Aber im Einzelfall ist vorstellbar, dass sich im Avatar die reale Person spiegelt. Dafür ist erforderlich, dass die reale Person identifizierbar ist. Dann könnte auch der Staatsanwalt ins Spiel kommen‹«. Vgl. auch Henry Krasemann: ›Identität in Online-Spielen. Wer spielt wem etwas vor?‹, in: Datenschutz und Datensicherheit 3/2008. S. 194-196.

ging ins Wohnzimmer und erhielt auf seinem Bildschirm eine Beschreibung des Raumes und der derzeitigen Anwesenden. Im ›Wohnzimmer‹ eines der prominentesten *MOOs*, des *Lambda-MOOs*, geschah etwas, was dank eines einflussreichen Artikels von Julian Dibbel in der *Village Voice* als ›Vergewaltigung im Cyberspace‹ bekannt geworden ist.[322]

»The facts begin (as they often do) with a time and a place. The time was a Monday night in March, and the place, as I've said, was the living room – which, due to the inviting warmth of its decor, is so invariably packed with chitchatters as to be roughly synonymous among Lambda-MOOers with a party. So strong, indeed, is the sense of convivial common ground invested in the living room that a cruel mind could hardly imagine a better place in which to stage a violation of LambdaMOO's communal spirit. And there was cruelty enough lurking in the appearance Mr. Bungle presented to the virtual world – he was at the time a fat, oleaginous, Bisquick-faced clown dressed in cum-stained harlequin garb and girdled with a mistletoe-and-hemlock belt whose buckle bore the quaint inscription ›KISS ME UNDER THIS, BITCH!‹ But whether cruelty motivated his choice of crime scene is not among the established facts of the case. It is a fact only that he did choose the living room.«[323]

Dibbels elaborierte Nacherzählung der Ereignisse verleiht dem textuellen Geschehen atmosphärische Größe. Interessant aber ist hier natürlich auch, dass der Herausforderer der häuslichen Gemeinschaft als aggressiver männlicher Harlequin auftritt und sein sexueller Übergriff sich gegen einen Haitianischen *Trickster* mit unbestimmtem Geschlecht richtet.

»The remaining facts tell us a bit more about the inner world of Mr. Bungle, though only perhaps that it couldn't have been a very comfortable place. They tell us that he commenced his assault entirely unprovoked, at or about 10 p.m. Pacific Standard Time. That he began by using his voodoo doll to force one of the room's occupants to sexually service him in a variety of more or less conventional ways. That this victim was legba, a Haitian trickster spirit of indeterminate gender, brown-skinned and wearing an expensive pearl gray suit, top hat, and dark glasses. That legba heaped vicious imprecations on him all the while and that he was soon ejected bodily from the room. That he hid himself away then in his private chambers somewhere on the mansion grounds and continued the attacks without interruption, since the voodoo doll worked just as well at a distance as in proximity. That he turned his attentions now to Starsinger, a rather pointedly nondescript female character, tall, stout, and brown-haired, forcing her into unwanted liaisons with other individuals present in the room, among them legba, Bakunin (the well-known radical), and

322 Julian Dibbel: ›A Rape in Cyberspace. How an Evil Clown, a Haitian Trickster Spirit, Two Wizards, and a Cast of Dozens Turned a Database Into a Society‹, erschienen in: Village Voice 12/1993, www.villagevoice.com/content/printVersion/196279. Vgl. auch Sherry Turkles Wiedergabe der Geschichte: Turkle: Life on the Screen, S.410.

323 Ebd.

Juniper (the squirrel). That his actions grew progressively violent. That he made legba eat his/her own pubic hair. That he caused Starsinger to violate herself with a piece of kitchen cutlery. That his distant laughter echoed evilly in the living room with every successive outrage. That he could not be stopped until at last someone summoned Zippy, a wise and trusted old-timer who brought with him a gun of near wizardly powers, a gun that didn't kill but enveloped its targets in a cage impermeable even to a voodoo doll's powers. That Zippy fired this gun at Mr. Bungle, thwarting the doll at last and silencing the evil, distant laughter.«[324]

Die Fakten seien nicht anzuzweifeln, aber sie seien alles andere als einfach zu bewerten, weil es einen zweiten Satz Fakten gebe, bemerkt Dibbel. Denn im ›echten Leben‹ gebe es keine »hideous clowns or trickster spirits«, keine »voodoo dolls or wizard guns, indeed no rape at all as any RL court of law has yet defined it. The actors in the drama were university students for the most part, and they sat rather undramatically before computer screens the entire time, their only actions a spidery flitting of fingers across standard QWERTY keyboards. No bodies touched.«[325] Die Geschichte, die Dibbel erzählt, nimmt aber von diesen Ereignissen nur ihren Ausgang. Was Dibbel erzählt, ist, wie sich infolge der Diskussion über diesen Übergriff eine Gesellschaft formiert, die ›Mr. Bungle‹ ausschließt: den Benutzernamen löscht. – Eine virtuelle Todesstrafe für ein virtuelles Verbrechen. »How an Evil Clown, a Haitian Trickster Spirit, Two Wizards, and a Cast of Dozens Turned a Database Into a Society«, ist Dibbels Artikel untertitelt.

Diese Gesellschaft, von der Dibbel spricht, gründet sich also in der kommunalen Verurteilung eines Übergriffs, der darin bestanden hatte, den weibliche Körper als Objekt männlicher Gewalt zur Schau zu stellen um genau zu sein: den sexuell ambivalenten Körper eines taihitianischen *Tricksters* durch männliche Gewalt zu einem weiblichen Opfer zu machen. Das Opfer aber entsteht in dieser Geschichte von der Gesellschaftsgründung erst in der (unterstellten) emotionalen Reaktion, die die Identifikation der weiblichen Spielerin mit ihrem Avatar im Gegensatz zur gefühlskalten männlichen Beherrschung der Technik durch den Aggressor stellt. Von »echten Tränen« berichtet Dibbel, und diese Tränen machen aus einem geschmacklosen und offensiven Bild überhaupt erst einen persönlichen Übergriff. Voraussetzung für die sexuelle Gewalt des männlichen Aggressors ist die emotionale und distanzlose Identifikation der Spielerin mit dem Avatar. Nichts ist wichtiger als der Bericht von den »echten Tränen«. Denn nur diese versichern das, was sich auch der Spieler von Lara Croft erhofft: auf technischem Wege über den weiblichen Körper Macht zu erlangen.

Die Gemeinschaft, die sich wie in den meisten Internetmärchen selbstorganisierend um die Bestrafung des Übeltäters herum organisiert, braucht das weibliche Opfer, um die Macht des männlichen Zauberers heraufzubeschwören. Wie Emilia Galotti, die auf der Bühne des bürgerlichen Trauerspiels geopfert wird, um die im Zuschauerraum ver-

324 Ebd.

325 Ebd.

sammelten Honoratioren über Mitleid und moralische Erbauung zur bürgerlichen Gesellschaft zu vereinen, so müssen auch Legba und Anshe Chung zum Opfer männlicher Gewalt in einer männlichen Geschichte von der Bestrafung dieser Gewalt werden. [326] Wie die bürgerliche Gesellschaft so konstituiert sich anscheinend auch die virtuelle Gemeinschaft als väterliches Opfer des Körpers der Töchter.

4.5.3 Testende Mathematiker

Dieser Versuch aber, auf technologischem Wege Kontrolle über den weiblichen Körper zu erlangen, ist kein Missbrauch der neuen Medien, sondern ihr wiederbelebter Gründungsmythos. Seine prototypische Konfiguration hat Alan Turing in den 50er Jahren entworfen. Unter dem Titel *Computing machinery and intelligence* schlug Turing einen Versuchsaufbau vor, der als Turing-Test berühmt geworden ist.[327] Ob eine Maschine intelligent ist, lässt sich daran messen, ob diese Maschine es schafft, einem medial verbundenen Gesprächspartner vorzumachen, sie sei ein Mensch – so wird der Turing-Test meist zusammengefasst und wiedergegeben. So wie Turing diesen Versuchsaufbau beschrieben hat, stand allerdings nicht der Unterschied von Mensch und Maschine am Anfang des Gedankenexperiments, sondern der Unterschied von Mann und Frau. Statt zu fragen, ob Maschinen denken können, schlägt Turing vor, eine andere Frage zu stellen, die mit der ersten nicht zwangsläufig äquivalent ist: Lässt sich eine Maschine vorstellen, die in einem bestimmten Spiel – Turing nennt es »The Imitation Game« – erfolgreich sein könnte?[328]

The Imitation Game ist ein Frage-und-Antwort-Spiel, das von drei Leuten gespielt wird: Einem Mann (A), einer Frau (B) und einem Fragesteller (C) beliebigen Geschlechts. Der Fragesteller bleibt in einem Raum getrennt von den anderen, und die Fragen und Antworten werden medial vermittelt, um alle materiellen Anhaftungen an der Nachricht zu vermeiden: »In order that tones of voice may not help the interrogator the answers should be written, or better still, typewritten. The ideal arrangement is to have a teleprinter communicating between the two rooms.«[329] Die Aufgabe des Fragestellers ist es, herauszufinden, wer Mann und wer Frau ist. Die Aufgabe des Mannes ist es, den Fragesteller hinters Licht zu führen, die Aufgabe der Frau, dem Fragesteller zu helfen: »She can add such things as ›I am the woman, don't listen to him!‹ to her answers, but it will avail nothing as the man can make similar remarks.«[330] – Mit anderen

326 Vgl. Günther Heeg: Das Phantasma der natürlichen Gestalt. Körper, Sprache und Bild im Theater des 18. Jahrhunderts, Frankfurt a.M. 2000.

327 Alan Turing: ›Computing machinery and intelligence‹, erschienen in: Mind 236/59 (1950), S.433-460.

328 Ebd.

329 Ebd., §1.

330 Ebd., §1.

Worten: C ist in einem Raum eingeschlossen und bezieht schriftliche Informationen, aufgrund derer er zwischen einer Frau, die eine Frau spielt, und einem Mann, der eine Frau spielt, unterscheiden muss. Die Anordnung provoziert *Selbst*darstellungen und beurteilt die Fähigkeit, die Darstellung von Geschlecht auf ihre Glaubwürdigkeit hin zu überprüfen.

Der Turing-Test beginnt jedoch mit einer Modifikation dieses Versuchsaufbaus. Was passiert, wenn eine Maschine den Mann ersetzt? Wird der Fragesteller, mit einer Maschine konfrontiert, ähnlich häufig irren, wie wenn ein Mann die Rolle spielt? In Turings zweiter Anordnung übernimmt eine Maschine die Position des Mannes, und der Mann taucht auf einmal auf der Position der Frau auf. Die Frage, die sich stellt, ist, ob der Computer die Rolle von A glaubwürdig spielen kann, wenn die Vergleichsgröße B von einem Mann übernommen wird.[331] Maschine und Mann spielen beide eine Frau, oder: Die Maschine spielt einen Mann, der eine Frau spielt, während der Mann einfach eine Frau spielt. Oder spielen sowohl Mann als auch Maschine einfach einen (geschlechtlosen) Menschen? Wird also mit dem Auftritt der Maschine die Geschlechterdifferenz irrelevant?

Die These Turings aus dem Jahr 1950 jedenfalls besagt, dass im Jahre 2000 ein durchschnittlicher Fragesteller eine Chance von unter 70% haben würde, nach 5 Minuten den Computer zu identifizieren. Mit anderen Worten: Der Mensch werde im Jahre 2000 seine Schwierigkeiten haben, einen Computer zu entlarven, der sich als Mensch gebe, oder aber: Die Fähigkeit, Frauen zu spielen, werde sich bei Männern und Maschinen bis ins Jahr 2000 angeglichen haben. Aber das muss nicht nur daran liegen, dass die Maschinen immer mehr Gefühl für Frauen entwickeln, oder die Männer es immer mehr verlieren, sondern auch daran, dass sich das, was als Frau gilt, verändert haben wird. Gegen Ende seines Jahrhunderts, vermutet Turing, würde ›Denken‹ etwas sein, das den Maschinen mit Selbstverständlichkeit zugeschrieben würde. Nicht ob eine Maschine intelligent ist, wird im Turing-Test geprüft, sondern wann eine Kultur den Unterschied zwischen Mensch und Maschine aufgibt. Und das ist nach Turing eben der Moment, in dem eine Maschine so gut eine Frau spielen kann wie ein Mann. Gelänge es den Maschinen, fünf Minuten lang eine Frau so gut zu spielen wie ein Mann, dann würde unsere Kultur von dieser Maschine vermutlich sagen, sie könne denken.

Die Voraussetzung dieses Experiments ist jedoch die Verbannung des weiblichen Körpers. Erst wenn die weibliche Testperson in einem Raum weggesperrt ist und ihr verräterischer Körper, der nur durch einen immateriellen Nachrichtenkanal mit dem Fragesteller verbunden ist, die Maschine nicht entlarven kann, kann das Experiment gelingen. Wenn man Maschinen das Denken beibringen will, muss man also zuerst dafür sorgen, dass die Körper verschwinden, oder besser noch, in die Maschinen übertragen werden. Anders gesagt, dass Maschinen denken können, ist denkbar nur dann, wenn das Denken keinen Körper braucht. Und dieser Schlussfolgerung seiner Anordnung ist sich Turing sehr wohl bewusst:

---

331 Ebd., §5.

»The new problem has the advantage of drawing a fairly sharp line between the physical and the intellectual capacities of a man. No engineer or chemist claims to be able to produce a material which is indistinguishable from the human skin. It is possible that at some time this might be done, but even supposing this invention available we should feel there was little point in trying to make a ›thinking machine‹ more human by dressing it up in such artificial flesh. The form in which we have set the problem reflects this fact in the condition which prevents the interrogator from seeing or touching the other competitors, or hearing their voices.«[332]

---

332 Ebd., §2. Zur Kritik Turings und des anschließenden Diskurses vgl. N. Katherine Hayles: ›Refiguring the Posthuman‹, erschienen in: Comparative Literature Studies 41 (2004), S. 311-316; sowie dies.: How We Became Posthuman. Virtual Bodies in Cybernetics, Literature, and Informatics, Chicago 1999: »Here, at the inaugrual moment of the computer age, the erasure of embodiment is performed so that ›intelligence‹ becomes a property of the formal manipulation of symbols rather than enaction in the human life-world«. Als Zustand der Virtualität beschreibt Hayles diese Tatsache: »[T]he impression is created that pattern is predominant over presence. Form here it is a small step to perceiving information as more mobile, more important, more essential than material forms« (S.XI). Daran anschließend entwickelt Hayles einen durchaus kritischen und ambivalenten Begriff des ›Posthumanen‹: »First the posthuman view privileges informational pattern over material instantiation, so that embodiment in an biological substrate is seen as an accident of history rather than an inevitability of life. Second, the posthuman view considers consciousness, regarded as the seat of human identity in the Western traditon long before Descartes thought he was a mind thinking, as an epiphenomenon, as an evolutionary upstart trying to claim that it is the whole show when in actuality it is only a minor side show. Third the posthuman view thinks of the body as the original prosthesis we all learn to manipulate, so that extending or replacing the body with other prostheses becomes a continuation of a process that began before we were born. Fourth, and most important, by these and other means, the posthuman view configures human being so that it can be seamlessly articulated with intelligent machines« (S.3). Zum feministischen Technologie-Diskurs vgl. die Texte von Donna Harraway: Simians, Cyborgs, and Women. The Reinvention of Nature, New York 1991; sowie: Zoe Sofia: ›Virtual Coporeality: A Feminist View‹, in: Cybersexualities: A Reader on Feminist Theory, Cyborgs and Cyberspace, hg. v. J. Wolfmark, Edinburgh 1999, S.55-68; und Margaret Morse: ›Virtually Live: Hybride Körper, Bildschirme und 'Replikanten'‹, in: Hybridkultur. Medien, Netze, Künste, hg. v. I. Schneider, Köln 1997, S.193-207, hier: S.194: »In einer computerbestimmten Welt haben sich cartesianische Fantasien zu einem virtuellen Körper entwickelt, der den fleischlichen Körper zurücklässt, indem er ›im Inneren‹ des Computers oder ›online‹ im Cyberspace als reine Information ›lebt‹.« »Während die Massenmedien standardisierte, einheitliche Körperbilder produzierten, die über ein Jahrhundert lang kommerziell ausgebeutet wurden, drohen neue Medientechnologien den physischen Körper bis unter die Haut zu kolonialisieren« (ebd., S.196). Zur theologischen

Anschließend an die Arbeiten von Alan Turing formulieren Allen Newell und Herbert Simon die *Physical Symbol Systems Hypothesis*, nach der Denken nichts anderes als Informationsverarbeitung und folglich ein Rechenvorgang ist, der auf das Gehirn nicht angewiesen ist. »Intelligence is mind implemented by any patternable kind of matter«. Diese *starke* Theorie der künstlichen Intelligenz, dass Denken unabhängig von der Trägersubstanz ist, wie sie von Marvin Minsky oder Hans Moravec populär gemacht wurde, träumt von einem posthumanen Zeitalter, in dem »die blutige Schweinerei organischer Materie«[333] zurückgelassen werden kann und der Geist als Information im Jenseits der Daten Unsterblichkeit erlangt. In der Kunst hat sich diese Metaphysik der digitalen Technologien dann einige Jahrzehnte verspätet in den Arbeiten von Stelarc niedergeschlagen: »It is no longer a matter of perpetuating the human species by REPRODUCTION, but of *enhancing* the individuals by REDESIGNING. What is significant is no longer male-female *intercourse* but human machine *interface*. THE BODY IS OBSOLETE.«[334]

Lange vor Stelarcs *Ping Body* hat Turing diese Abschaffung des Körpers schon in seinem hypothetischen Versuchsaufbau inszeniert: Der Turing-Test und das ›Imitation-Game‹ sind der Prototyp eines virtuellen Theaters, das einem neuen Menschen des Informationszeitalters Evidenz verschafft. Und diese Vorstellung von Menschlichkeit bringt dieses Experiment gerade dadurch hervor, dass es den weiblichen Körper in eine Zelle einsperrt und dann durch eine Maschine ersetzt. Wenn A vor B als C auftritt, findet nach Eric Bentleys populärer Formel Theater statt. Und in Turings Theater treten eben A (Computer) und A' (Mensch) vor B (Fragesteller) als C (Frau) auf - allerdings, wie gesagt, als reine Information von allen materiellen Anhaftungen befreit. Die Theorie des Computers ersetzt die Frage, ob Maschinen denken können, durch ein Spiel, das ohne Körper auskommt und an der algorithmischen Imitation des Geschlechts arbeitet; weibliche Sexualität zu imitieren, das ist der Beweis, den die Maschinen erbringen müssen. Nur wird der Körper in der Versuchsanordung nicht wirklich, wie es die Fan-

Perspektive vgl. Dirk Evers: ›Der Mensch als Turing-Maschine?‹, erschienen in: Neue Zeitschrift fur Systematische Theologie und Religionsphilosophie 1/47 (2005), S. 101-118.

333 Marvin Minsky zit. n. Wertheim: Die Himmelstür zum Cyberspace, S.6. Vgl. auch Marvin Lee Minsky: The Society of Mind, New York 1986; ders.: The Emotion Machine. Commonsense Thinking, Artificial Intelligence, and the Future of the Human Mind, New York 2006.

334 Stelarc: ›Prosthetics, Robotics and Remote Existence: Postevolutionary Strategies‹, in: SISEA Proceedings. Second International Symposium on Electronic Art, Groningen 1990, S.227-236, hier: S.227. Vgl. Barbara Becker: ›Cyborgs, Robots und Transhumanisten. Anmerkungen über die Widerständigkeit eigener und fremder Materialität‹, in: Was vom Körper übrig bleibt. Körperlichkeit-Identität-Medien, hg. v. B. Becker/I. Schneider, Frankfurt/New York 2000, S.41-71; Rolf Aurich et al.: Künstliche Menschen.. Manische Maschinen, kontrollierte Körper, Berlin 2000; Pia Müller-Tamm/Horst Bredekamp: Phantasmen der Moderne. Puppen, Körper, Automaten, Köln 1999.

tasie wünscht, abgeschafft, sondern erstens eingesperrt und zweitens als symbolische Performanz in das System eingeführt. Er ist im Raum versteckt und als Information verfügbar. Wenn aber die Maschinen die Frau darstellen können und auf diese Weise der männliche Ingenieur über den weiblichen Körper technisch verfügen kann, dann ist auch endlich die Fortpflanzung ohne Frau denkbar: *Mind Children* heißt Moravec' Buch, das schon vom Titel her eine Kopfgeburt ist und nicht zuletzt in der Tradition der unbefleckten Empfängnis steht.[335]

Drei Jahre nach seinem wegweisenden Artikel aber liegt Turing tot neben einem angebissenen Apfel. Durch einen Zufall war zwei Jahre zuvor eine Affäre mit einem jungen Mann ans Licht gekommen, die Turing vor die Wahl stellte, ins Gefängnis zu gehen oder sich einer Hormonbehandlung mit Östrogen zu unterziehen. Turing wählte Letzteres. Depression war eine der Folgen. Eine andere Folge soll das Wachstum von Brüsten gewesen sein. Es wird von einem Selbstmord ausgegangen. Der Apfel – wird angenommen – diente dazu, den bitteren Geschmack des Giftes zu übertünchen. Anderen ist diese Erklärung zu profan. Sie vermuten, Gift sei in dem Apfel selbst, Turing schon früh ein Liebhaber des entsprechenden Märchens gewesen. Die Versuchung liegt nahe, diesem Tod in Zusammenhang mit Turings Arbeit an der Entkörperlichung Bedeutung zuzuweisen. Aber das wäre vermessen, denn es würde einem sinnlosen Akt Gewalt Sinn zuschreiben und ihn verharmlosen, indem es ihn mystifiziert. Enthält man sich solcher erzählerischer Stilisierung, dann zeugt diese Szene hingegen nur davon, dass es meist gerade dort um die Macht über die Körper geht, wo von Gemeinschaft und Moral geredet wird.

---

335 Hans Moravec: Mind Children. The Future of Robot and Human Intelligence, Cambridge (Mass.) 1988. Vgl. auch ders.: Computer übernehmen die Macht. Vom Siegeszug der künstlichen Intelligenz, Hamburg 1999, S.136: »Ich sehe diese Maschinen als unsere Nachkommen. [...] Und wir werden unsere neuen Roboterkinder gern haben, denn sie werden angenehmer sein als Menschen. Man muss ja nicht all die negativen menschlichen Eigenschaften, die es seit der Steinzeit gibt, in diese Maschinen einbauen. [...]. Ein Roboter hat das alles nicht. Er ist ein reines Geschöpf unserer Kultur und sein Erfolg hängt davon ab, wie diese Kultur sich weiterentwickelt. Er wird sich also sehr viel besser eingliedern, als viele Menschen das tun. Wir werden sie also mögen und wir werden uns mit ihnen identifizieren. Wir werden sie als Kinder annehmen - als Kinder, die nicht durch unsere Gene geprägt sind, sondern die wir mit unseren Händen und mit unserem Geist gebaut haben.« – Als Steve Jobs den ersten Macintosh präsentiert, kündigt er auf großer Bühne an, nach den Bildern nun Macintosh »in person« vorzuführen. Er zieht den Apparat aus einem Sack, holt eine 3,5 Zoll Diskette aus der Hemdtasche, und nachdem er Malprogramm und Textverarbeitung vorgeführt hat, heißt es: »Now, I'd like macintosh to speak for itself.« Dann quäkt eine Computerstimme, dass er froh sei aus der Kiste zu kommen, man keinem Computer trauen soll, den man nicht heben kann und der noch nicht ans öffentliche Reden gewöhnt sei, daher übergebe er jetzt wieder an Steve Jobs, der wie ein Vater zu ihm gewesen sei.

Der Karneval der Avatare aber, der zunehmend von unserer Lebenswelt Besitz ergreift, ist daher weder jenes Fest der freien Selbsterfindung, von dem Medieneuphoriker und Sozialwissenschaftler lange Zeit träumten, noch ist er jene antihumanistische Feier der Maschinen, wie sie von den Medien-Apokalytikern und Technologie-Theoretikern heraufbeschworen wird. Hinter den virtuellen Maskeraden geht es um den neuen Menschen als ›augmentierter‹ Intellekt und aktivierter Zuschauer: um ein Begehren, an dem sich patriarchale Gewaltphantasien mit der neoliberalen Verfügbarmachung der *Human Ressources* treffen. Spiele wie *World of Warcraft* scheinen nur der harmlose Reflex dieser gewaltigen Reorganisation des Menschen zu sein, die eine algorithmische Vernunft dabei ist zu unternehmen. In den Auftritten der Körper von Lara Croft und Anshe Chung aber wird diese Kontrolle re-inszeniert. Die Reduktion der Figur Lara Croft aufs Objekt der Begierde, der Angriff der Phalli auf Anshe Chung legen von diesen symbolischen Kämpfen um Kontrolle über die Körper Zeugnis ab.

Mit Turings Theater haben sich die Figuren von den öffentlichen Plätzen zurückgezogen, und der einstmals öffentliche Auftritt wird als ein privatisiertes Erleben der personalisierten Avatare zunehmend zu einer Technologie des Selbst.[336] Nichts drückt diese Transformation des Auftritts besser aus als die vielfach wiederholte Behauptung, in den neuen Medien fänden sich Zuschauer und Darsteller in einer Person wieder. Dieses Erleben des eigenen privatisierten Aufretens in personalisierter Gestalt sucht den Ausweg aus der vermeintlichen Passivität einer Gesellschaft des Spektakels in einem digitalen Jenseits, in dem das globale Dorf als neogotischer Freizeitpark mit Orks und Elfen wiederkehrt. Als Tourist kehrt der aus seiner Passivität befreite Zuschauer zurück; er darf, ja er muss erleben und erfährt sich in dem vorprogrammierten Abruf von Verhaltensmustern paradoxerweise als selbstwirksam, während er zu einem Teil der Maschine und ihrer Ökonomie geworden ist. Im maschinellen Regelkreis zur In-

336 Ausgehend von Foucault und den Untersuchungen zu den kulturellen Auswirkungen des Buchdrucks beschreibt Andreas Reckwitz mediale Praktiken im Rahmen seiner Kulturtheorie des Subjekts weniger als Kommunikationstechniken denn als Technologien des Selbst, »in denen das Subjekt über den Weg der Wahrnehmung von ihm präsentierten oder selbst produzierten Zeichensequenzen mit sich selbst beschäftigt ist, sei es zum Zwecke der Bildung, des Kunstgenusses, der Selbstexploration, der Zerstreuung oder des Spiels« (Andreas Reckwitz: Das hybride Subjekt. Eine Theorie der Subjektkulturen von der bürgerlichen Moderne zur Postmoderne, Weilerswist 2006, S.59). Vgl. Michel Foucault: Der Gebrauch der Lüste. Sexualität und Wahrheit 2, Frankfurt am Main 1986; ders.: Technologien des Selbst, Frankfurt a.M. 1993. Elizabeth L Eisenstein: The Printing Press as an Agent of Change. Communications and Cultural Transformations in Early Modern Europe, Cambridge/N.Y. 1979; Roger Chartier: The Cultural Uses of Print in Early Modern France, Princeton 1987; Michael Giesecke: Der Buchdruck in der frühen Neuzeit. Eine historische Fallstudie über die Durchsetzung neuer Informations- und Kommunikationstechnologien, Frankfurt a. M. 1991.

formation verwandelt, findet er Anschluss an die ökonomischen Kreisläufe und wird von den Nöten moderner Entfremdung und bürgerlicher Subjektivitätszwängen befreit.

»Like city lights, receding...«, so hat William Gibson 1984 den *Cyberspace* beschrieben.[337] Und in der Tat scheint sich in der Informationsgesellschadt das Licht der Städte zurückzuziehen, das diesen Auftritten in der Öffentlichkeit einer urbanen Kultur lange Zeit ihren Ort gab. An seine Stelle tritt der flackernde Lichtstrom der Glasfaserkabel und das pulsierende Wabern der *Liquid Chrystal Displays*, das den Plattformen der Informationsgesellschaft ihre Leuchtkraft verleiht. Mit dem Stadtlicht aber verschwindet auch der Unterschied, den der Auftritt gemacht hat, zugunsten jener technogenen Tribalismen, in denen distanzierte Schau nicht mehr möglich ist, weil jeder zum Teilnehmer und zur kreativen Arbeitskraft im großen digitalen Mitmach-Theater geworden ist. Archaisch sind diese digitalen Kulturen daher in einem ganz und gar unidealistischen Sinne, der mit dem globalen Dorf, das immer schöner werden soll, wenig zu tun hat.

Doch diese neogothische Welt der simulierten Auftritte und der apparativen Figuration scheint nur die eine Seite der Theatralität der neuen Medien zu sein, auf der andere Seiten aber stehen die sozialen Netzwerke und die mit ihnen einhergehende Veröffentlichung des Selbst. Denn wenn sich die Auftritte im Rahmen der digitalen Spiele tendenziell ihren öffentlichen Charakter verlieren und privatisiert werden, dann scheinen sich hier umgekehrt einstmalige Techniken des Selbst der Öffentlichkeit zuzuwenden und Auftrittscharakter zu bekommen.

337 Vgl. Scott Bukatman: ›Gibson's Typewriter‹, in: Flame Wars. The Discourse on Cyber Culture, hg. v. M. Dery, Durham/London 1994, S.71-90, hier: S.86.

5. iHamlet

Von der Persona zur Personalisierung

Ein Auftritt ist etwas, das einen Unterschied macht und so eine Gestalt hervorbringt, deren Bedeutung vermittelt werden muss, hieß es am Anfang dieser Arbeit. Und daran schloss sich die Frage an, wie ein solcher Auftritt im Internet möglich wird und wie er sich aus einer theaterwissenschaftlichen Perspektive beschreiben lässt. Ausgehend von der Analyse der theoretischen Sehnsucht nach einem Theater im Internet, rückte dabei vorerst die digitale *Simulation von Auftritten* ins Zentrum der Analyse: Die spielerische Nachbildung einer alten Kommunikationssituation in einem neuen Medium, das keine Möglichkeit zum Schweigen lässt und daher auch kein Publikum mehr kennt. Denn anders als theatrale Figuren gehen die Avatare, die im Zentrum dieser simulierten Auftritten stehe, nicht aus der sozialen Interaktion zwischen Akteuren und Publikum hervor, sondern entstehen im Rahmen apparativer Konfigurationen von Mensch und Maschine. Es sind operative und zugleich symbolische Stellvertreter, die das Spiel mit der Maschine sowohl trainieren als auch exemplifizieren – und deren Bedeutung nicht von ihrem Gebrauch zu trennen ist. Im Avatar manifestiert sich gleichermaßen die Macht der Maschinen und die Sehnsucht der Gesellschaft; er ist jene Gestalt, in der der Mensch als übermächtiges Phantasma wiederaufersteht und sich zugleich der Metaphysik der Maschinen unterwirft.

Und so stellt sich nach diesem Ausflug in die Welt der graphischen Gestalten, die sich aus dem Stadtlicht und der Öffentlichkeit zurückgezogen haben, die Frage nach jenen anderen Auftritten im Internet, die sich gerade aus der Preisgabe und Enthüllung von Selbst und Körper speisen. Denn wenn die neuen Medien die Avatare als graphische Stellvertreter und virtuelle Muskelmänner hervorgebracht haben, dann scheinen sie gleichzeitig auch für eine massive Vemehrung der ›realen‹ Körperbilder und sozialen Selbstdarstellungen verantwortlich zu sein. Der Selbstaufgabe im Spiel mit der Maschine steht die Selbstpreisgabe in den Netzwerken gegenüber, und die *privatisierte (Kon-)Figuration* des Computerspiels scheint als Kehrseite eine *Publikation der Person* im Internet zu haben. Einerseits scheinen die Auftritte im Rahmen der neuen Medien ihre Öffentlichkeit aufzugeben und sich zu intimen Praktiken des Selbst zu wandeln, andererseits aber entstehen öffentliche Auftritte hier im vormals Privaten, und vormalige Praktiken des Selbst erhalten auf einmal Auftritts-Charakter. Während die Kostümierung am Schreibtisch stattfindet, werden die Tagebücher in aller Öffentlichkeit geschrieben. Neben der *Emulation* der Figur als Avatar steht – so könnte man dies auch beschreiben – eine *Implementierung* des Auftritts auf den digitalen Plattformen.

War der Ausgangspunkt des vorherigen Kapitels daher der kuriose Auftritt Hamlets in einer Theatersimulation im *Chatroom*, so beginnt dieses Kapitel mit einem Auftritt Hamlets im Internet, der zehn Jahre später auf der Videoplattform *YouTube* stattfand. So wie Hamlets Auftritt im Chatroom das Exempel für die Figuration des Avatars abgegeben hat, soll auch dieser Auftritt von Hamlet im *sozialen Netzwerk*, der mehr als zehn Jahre später stattgefunden hat, das Exempel für eine besondere Art des Auftretens abgeben: ein Auftreten, das den Körper in den Mittelpunkt stellt, seine Figuration ausstellt und von seinem Publikum überhaupt erst eine Bedeutung verliehen bekommt. Hamlets wiederholte Erscheinung im Kontext dieses Textes stellt sich dabei als alles andere als ein Zufall heraus. Denn wie keine andere Figur steht Hamlet für die moderne Subjektivität ein, und eben diese scheint es zu sein, die nicht nur von der zeitgenössischen Hamlet-Forschung relativiert wird, sondern auch in den Adaptionen im Netz demontiert wird. Und diese Beobachtung wirft die Frage auf, was aus der emphatisch gefeierten Subjektivität des Helden der Moderne geworden ist?

Der erste Abschnitt *›Endmoderne Maskeraden‹* untersucht diesen Auftritt eines merkwürdig unpersönlichen Hamlet, der – um es mit Bruno Latour zu sagen – vielleicht nie modern gewesen ist, dessen Geschichte von seinem Publikum geschrieben wird und der keine Rolle mehr zu spielen scheint. Er hinterfragt die Modernität Hamlets und bringt sie mit dem Auftritt der Persönlichkeit, dem Schweigen in der Öffentlichkeit und der Sehnsucht nach Überwindung der ästhetischen Distanz in Verbindung, wie sie Richard Sennett für den Verfall der Öffentlichkeit verantwortlich gemacht hat – um schließlich die Vorstellung vom Theater als Rollenspiel grundsätzlich zurückzuweisen. Ausgehend von dieser Überlegung, dass die Auftritte im Netzwerk jenseits von Sendungsbewusstsein und Selbstdarstellung verstanden werden müssen, beschreibt der zweite Abschnitt *›Leben auf Sendung‹* die Praktiken der Selbstveröffentlichung – wie sie mit *Reality-TV*, *Homepages* und *Webcams* in den 90er Jahren entstanden – als einen Bruch mit der bürgerlichen Angst vor der öffentlichen Entblößung und als Reaktion auf einen öffentlichen Raum, der sich zunehmend durch die Allgegenwart der Kameras auszeichnet. Der dritte Abschnitt *›15 MB of Fame‹* untersucht schließlich, wie die einstmals kuriosen und avantgardistischen Auftritte im Netz im Mainstream ankommen, und zeigt, wie die ursprünglich dominante Ausstellung grotesker Körperlichkeiten mit zunehmendem Erfolg durch die Dramatisierung des Mediums überlagert wird. Nichts anders als eine Wiederaufnahme des bürgerlichen Trauerspiels und seiner Schauspielkunst ist es, die so exemplarisch für jenes ›Broadcast yourself‹, mit dem die Videoplattformen werben, figuriert.

Abschließend kehrt das Kapitel so zu dem Versprechen des Mediums, von Sendung auf Empfang umzuschalten, zurück und stellt noch einmal die Frage nach den Figuren, die aus diesen Auftritten im Netzwerk hervorgehen. Denn wenn es die Idee der Figur als Person ist, die die Herausbildung des bürgerlichen Theaters begleitet, dann lässt sich der theatrale Wandel, der mit dem Auftritt im Internet einhergeht, am besten als *Personalisierung* der Figuren beschreiben. Die Beobachtung der Innerlichkeit wird durch eine optionale Konfiguration der Oberflächen ersetzt, die das Phantasma der Persönlichkeit zugleich aufrecht erhält und unterwandert. Die Figur, die im Internet an Gestalt gewinnt, will noch ganz Persönlichkeit sein, ist es aber schon nicht mehr, oder eben nie gewesen. – Die Konfigurationen, von denen im vorigen Kapitel die Rede war, beschreiben von daher nicht nur eine apparative Erzeugung der ostentativen Differenz, sondern zugleich die optionalisierte Figuration, die daraus hervorgeht – und die die personalisierten Auftritte im Internet mit jenen der *Avatare* im Computerspiel verbindet. Denn beide vereint, dass sie sich von einer Schau im Sinne einer teilnahmslosen Anteilnahme weitgehend verabschiedet haben.

5.1 ENDMODERNE MASKERADEN
WAS VOM SELBST BLEIBT, WENN ES IM NETZ AUFTRITT

»Hamlet. The mild cigar«[1], wirbt ein Werbespot aus den späten 80er Jahren. Königin Elisabeth verlässt zu den sanften Klängen eines Cembalos mit ihrem Gefolge den Hof. Eine Pfütze am Ende der Stufen aber lässt sie zögern. Ihr Blick trifft einen lächelnden Sir Walter Raleigh, der schließlich versteht und seinen Mantel vor der Königin über der Pfütze ausbreitet. Elisabeth tritt vor und verschwindet samt Mantel mit lautem Platschen in der Pfütze. Raleigh ist verschämt und blickt sich leicht panisch nach einem Ausweg um, aber die Hand der Wache liegt schon auf seiner Schulter. Raleighs Griff gleitet in die Jackentasche, er zieht eine Zigarrenschachtel hervor. Entspannt und genüsslich rauchend durchschreitet er im nächsten Bild den Kerker. »Happiness is a cigar called Hamlet«, verspricht der Slogan im Abspann, »Hamlet. The mild cigar«.

Abbildung 26: Hamlet, the mild Cigar

Von der Tragödie geblieben ist eine *Chiffre*, die im Gegensatz zu der verspannten Figur Lebensart und Gelassenheit verspricht – und den Absatz einer Zigarre zu steigern hilft, weil sie statt der *sozialen Energie*[2] das *kulturelle Kapital*[3] der Figur anzapft. Hamlet

1 http://de.YouTube.com/watch?v=wJ_c2UaccJE, 1.12.2008

2 Vgl. Stephen Greenblatt: Verhandlungen mit Shakespeare, Frankfurt a.M. 1993.

im Internet, das ist der, der den Monolog hält, der mit dem Geist redet; der, der den Totenschädel in der Hand hält. Was die Gesellschaft des Spektakels in den Speichern der neuen Medien von Hamlet eingelagert hat, scheint ein Verschnitt der Oberflächen zu sein, in dem die »leere und vollständige Weihung« mit einer »absolute[n] und restlose[n] Profanierung«[4] zusammenzufallen scheint. »Hamlet was more thoughtful than screaming« ist das Einzige, was einem Einzelnen zu der von Craig Bazan dargestellten Rolle eingefallen ist.

5.1.1 Der Mensch als Rollenspieler

Was also ist aus der ›Tragödie des Denkens‹[5] und der tiefgründigen Innerlichkeit geworden, die Hamlets Ruhm als ›Held der Moderne‹[6] begründete? – Schließlich gründete sich Hamlets Karriere als Exempel moderner Subjektivität auf eben dieser Innerlichkeit, die ihn anders als andere Figuren vor ihm über seine dramatischen Taten und damit auch über das eigene Stück hinauswachsen ließ.[7] Zum Prototypen des autonomen und sich selbst bewussten Selbst wurde er gerade deshalb, weil sein Innenleben im Widerspruch zu seinen äußeren Handlungen stand.[8] Hamlet hatte *Charakter*[9] und war

3 Vgl. Pierre Bourdieu: Die feinen Unterschiede, Frankfurt a.M. 1982.

4 Giorgio Agamben: Profanierungen, Frankfurt a.M. 2005, S.79.

5 Coleridge und Schlegel, zit. n. Margreta De Grazia: Hamlet without Hamlet, Cambridge/N.Y. 2007, S.163.

6 Alexander Welsh: Hamlet in his Modern Guises, Princeton (N.J.) 2001, S.x, zit. n. De Grazia: Hamlet without Hamlet, S.7. Ähnlich auch bei Harold Bloom: Shakespeare. The Invention of the Human, New York 1998; Jonathan Bate: The Genius of Shakespeare, New York 1998. Zum Folgenden und der Tradition der modernen Lesarten Hamlets vgl. De Grazia: Hamlet without Hamlet; sowie Alan L. Jr. Ackerman: ›Hamlet's Ghost: The Spirit of Modern Subjectivity‹, erschienen in: Theatre Journal 1/53 (2001), S. 119-144.

7 Vgl. auch den Klappentext der Hamlet-Ausgabe von Wordsworth Classic: (Ware 1993): »Although it is a play of revenge, its greatness lies in the unique and thoughful nature of the prince, whose temperament is philosophical rather than active. His preoccupation with the nature and consequences of man's actions has led critics to call him ›the first modern man‹.« Die Idee stammt, wie De Grazia zeigt, von Coleridge ab: »What need for a plot ›among such as have a world within themselves‹.« (Samuel Taylor Coleridge: ›1811-12 Lectures on Shakespeare & Milton‹, in: R.A. Foakes (Hg.): Lectures 1808-1819 on Literature, 2 Bde., Bd. 1, London 1987, S. 386 zit. n. De Grazia: Hamlet without Hamlet, S.13).

8 Vgl. beispielhaft die elaborierte Analyse der Mausefalle von Bernhard Greiner: Das pantomimische Nachstellen des angenommenen Verbrechens solle Gewissheit bringen, indem es das Gewissen als ontologische Entität erzeuge. Dies leiste das Spiel im Spiel, um die bis dahin nur scheinbare Schuld dingfest zu machen. Denn wenn das Theater auf dem Theater eben wieder nur Zeichen der Schuld zu produzieren imstande wäre, dann unterlägen diese

keiner mehr, mehr noch, er war *Persönlichkeit*[10], weil er das, was er darstellte, nur noch *spielte,* und nicht mehr *war*; also *mehr* war als das, was er darstellte. Mit der Teilung von Rolle und Selbst, Handeln und Beobachten oder Spieler und Zuschauer sollte sich Hamlet als modernes Subjekt von der übergeordneten symbolischen Ordnung distanzieren und sich damit paradoxerweise als Individuum emanzipieren.[11]

Weil sich die Unterscheidung von Rolle und Selbst in der Figur Hamlet jedoch in der Unterscheidung von Figur und Darsteller bzw. Figur und Zuschauer im Theater zu spiegeln schien, wurde Hamlet im Zuge seiner modernen Interpretation zum Prototypen *des* Theaters schlechthin auserkoren; eines Theaters, das auf das *Rollen*spiel auf der Bühne festgelegt wurde und sich als ein stellvertretendes Probehandeln eines sich selbst vergewissernden Publikums verstanden wurde, weil ihm die Vorstellung von der Rolle als eines »Spiegel des Selbst«[12] zugrunde lag: »Die Schauspieler fungieren als der Spiegel, der den Zuschauern ihr Bild als das eines Anderen zurückwirft. Indem die Zu-

nur wieder der Interpretation und könnten falsch sein oder falsch gedeutet werden. Das Theater sei daher Hamlets Hoffnung und sein Ausweg, weil es Evidenz zu erzeugen vermöge, die ein neues Subjekt zu garantieren vermag. Hamlet ist nach Bernhard Greiner also eine Szene, in der die moderne Subjektivität nicht nur reflektiert und aufgeführt, sondern auch erzeugt wird. Vgl. Bernhard Greiner: ›The Birth of the Subject out of the Spirit of the Play within the Play: The Hamlet Paradgim‹, in: The play within the play. The performance of meta-theatre and self-reflection, hg. v. G. Fischer/B. Greiner, Amsterdam/New York 2007, S.xi-xvi.

9 Vgl. Sulzer, ›Allgemeine Theorie der schönen Künste‹, Band 1, Leipzig 1771, S.194-200: Charakter wird hier zuerst als das »eigenthümliche oder unterscheidende in einer Sache, wodurch sie sich von anderen unterscheidet«, festgelegt, um sodann das Genie des Künstlers als die Fähigkeit zu begreifen, »die Charaktere der Dinge zu bemerken« und schlließlich die Abbildung menschlicher Charaktere als höchste Kunst auszurufen: »Unter den mannigfaltigen Gegenständen, welche die schönen Künste uns vor Augen legen, sind die Charaktere denkender Wesen ohne Zweifel die wichtigsten; folglich ist der Ausdruck, oder die Abbildung sittlicher Charaktere das wichtigste Geschäft der Kunst.«

10 Entscheidend in der neuzeitlichen Wandlung des Begriffs scheint erstens die Festlegung auf eine menschliche Qualität bei Locke und Leibniz zu sein und zweitens durch Kant und Herder die Aufwertung der Individualität, die den Menschen der Natur enthebt. Zur Begriffsgeschichte vgl. C.F. Graumann: ›Eintrag 'Persönlichkeit'‹, in: Historisches Wörterbuch der Philosophie, Bd.7, Basel 1989, S.345-354; Fritz Mauthner: ›Eintrag 'Persönlichkeit'‹, in: Wörterbuch der Philosophie, Bd.2, Leipzig 1923, S.527-544.

11 Vgl. Greiner: ›The Birth of the Subject‹, S.4: »Hamlet is the figure that refuses to play the game, lays claim to an ego behind the mask, and makes reference to truth rather than to functionality in social intercourse.« (Ebd., S.5) »The subject can gain itself as ›particular‹, that is, unique and indivisible, only by dividing into two subjects, one that acts in self-staged productions and another offstage that judges the performances.« (Ebd., S.7)

12 Fischer-Lichte: Geschichte des Dramas, S.109.

schauer ihrerseits dieses Bild reflektieren, treten sie zu sich selbst in ein Verhältnis.«[13] Die subjektive Teilung von Rolle und Selbst im Zuschauer wird verdoppelt und gespiegelt in der Gegenüberstellung von Rolle und Zuschauer, die auf der Grundlage der Trennung von Rolle und Darsteller erst möglich wird. Da sich das Subjekt hier probeweise auf die Suche nach Identität begeben können soll, wird Theater auf diese Weise mit dem Auftritt einer Figur mit Charakter in der Theorie auch zum bevorzugten Ort der Selbstvergewisserung der Moderne.[14]

Dieses Theater im Zeichen von Rollenspielen und Selbstvergewisserung baut auf der Vorstellung von der *Figur als Person* auf, als etwas, in dem man sich spiegeln und in das man sich verwandeln kann, weil es unabhängig von jedem etwaigen Auftritt ist.[15] Weil ihr ein Charakter unterstellt wird, der unabhängig von Darsteller, Schauspieler und Inszenierung sein soll, lässt sich die Figur von der Praxis abstrahieren und aus dem Zusammenhang jenes Bündels aus abgeschauten und angelernten Kniffen und Kunst-

---

13 Ebd., S.4. Vgl. Dietrich Schwanitz: Systemtheorie und Literatur. Ein neues Paradigma, Opladen 1990, S.115f: »Das Drama [im neuzeitlichen Sinne] [...] entstand, als die Differenz zwischen Interaktion und Gesellschaft bewusst wurde, als man die Eigengesetzlichkeit der Interaktion unabhängig von der Identität der Teilnehmer bemerkte.«

14 Vgl. z.B. Fischer-Lichte: Geschichte des Dramas: Da das Theater »in der Abständigkeit des Menschen von sich selbst die Bedingung seiner Möglichkeit« habe, symbolisiere es grundsätzlich »die Bedingungen menschlicher Identitätsausbildung« (S.8). Durch die tiefgreifenden gesellschaftlichen Umbrüche in Zweifel über seine Identität wende sich auch der Mensch der englischen Renaissance daher an das Theater, denn das Theater »erschien dem Zuschauer als der ideale Ort, an dem er sich spielerisch auf die Suche nach Identität begeben und neue Identitäten probeweise übernehmen und ausagieren konnte« (S.103).

15 Günter Heeg spricht in Bezug auf Lessing vom ›Phantasma des Charakters‹, das die Geister des Theaters mit der Illusion vollkommener Lebendigkeit ausstatte: »Die Textsprache wird zur Vorlage für den Charakter, der Charakter zum Fetisch des Lebendigen und der Schauspieler zu seinem Agenten« (Heeg: Das Phantasma der natürlichen Gestalt, S.243). »Publikum und Kritiker leben mit den Personen eines Dramas wie sonst nur Fernsehzuschauer mit den Serienhelden der soap operas. Sie kennen sie in- und auswendig wie gute Nachbarn, von denen man weiß, was sie – bedenkt man ihren Charakter im Ganzen – als Nächtes tun werden, und denen man gegebenenfalls zu sagen wagt, wenn sie gegen die Wahrscheinlichkeit ihres Charakters verstoßen. Es ist gespenstisch zu sehen, wie Kritiker Wort für Wort, Satz für Satz eines Dramentextes in die Empfindung des Charakters umsetzen, ohne sich der Konstruktion des Imaginären bewusst zu sein. Denn der ›Charakter‹ ist ein Phantasma im genauen Sinne des Wortes« (S.248). Das Fortleben dieses Phantasmas zeigt sich bspw. bei Bloom: Shakespeare, S.47: »Es ist sehr wenig damit gewonnen, wenn wir uns ins Gedächtnis rufen, dass Hamlet eine Fiktion ist und aus nichts als Worten besteht.« Vgl. auch Roselt: ›Figur‹, S.56, sowie: Thomas Bremer: ›Eintrag 'Charakter/charakteristisch'‹, in: Ästhetische Grundbegriffe. Historisches Wörterbuch in sieben Bänden, Bd.1, Stuttgart 2000, S.772-794.

stücken lösen, aus der sie hervorgeht. Der Auftritt der Person auf dem Theater verleugnet immer schon den eigenen Auftritt, die temporäre und tradierte Entstehung aus der Unterscheidung von Darstellern und Publikum. Denn zu einer Person kann die Figur nur dann werden, wenn sie sich auch wie eine Person verhält. Und das setzt voraus, dass der Darsteller das Publikum ignoriert, statt es zu adressieren.

Die Vorstellung vom Theater als *Rollen*spiel impliziert insofern, dass sowohl jene tradierten und habituellen Praktiken des Agierens und Gebärdens, mit denen der Darsteller sein Publikum bei der Stange hält, als auch die Überhöhung und Verklärung, die jede Figuration mit sich bringt, verleugnet werden. Die *Kunst*figur, die aus der Unterscheidung von Darsteller und Publikum hervorgeht, wird theoretisch und praktisch durch eine *natürliche* Gestalt verdrängt, die ihre Verklärung verschleiert und mit dem Verweis auf ein Inneres rechtfertigt.[16] Aus dem Auftritt einer Figur vor Publikum wird die Verwandlung eines Menschen in eine Rolle im Rahmen einer Szene, die auch in ihren verfremdeten Spielarten an ihrer Glaubwürdigkeit bemessen wird. A als B vor C heißt das in der substanzialistischen und szientistischen Formel von Bentley.[17]

Die personalisierte Figur tritt daher nicht mehr vor einem Publikum auf, sondern nur noch *als* Rolle *in* einer Szene, die nach außen hin abgeschlossen und ihrem gesellschaftlichen Ort rhetorisch enthoben wird, um ihn fortan spiegeln zu können.[18] Aus dem sozialen Spiel vor und mit dem Publikum wird eine abgetrennte Schau für das Publikum, die mit allen Mitteln versuchen muss, ihre Mittel zu verheimlichen, weil sie sich mit der Behauptung autorisiert und legitimiert, der Welt ihr Spiegelbild vorzuhal-

---

16 Dieser Übergang von der rhetorischen Repräsentation des Affekts zum rollenspielenden Ausdruck innerer Empfindungen zeigt sich deutlich im Kontrast von bürgerlicher und barocker Schauspieltheorie. Bei Franciscus Lang (1654-1725) bspw. sollen die Personen in »ihren Sitten und ihrem Tun« auf der Bühne dargestellt, ihre Affekte gezeigt werden, es gilt anzudeuten und vorzuführen, »was gesagt wird« (Roselt: Seelen mit Methode, S.89f). Von Zuhörern spricht Lang, und ganz offenkundig beschreibt er das Bühnengeschehen als einen Vorgang des Zeigens von Situationen und nicht des Spielens von Rollen. »Über den Auftritt im Theater ist zuerst zu bemerken, dass der Schauspieler, wenn er aus den Kulissen auf die Bühne tritt, unverzüglich Antlitz und Körper den Zuschauern zuwenden und sein Gesicht so darbieten soll, daß die Zuschauer in den Augen lesen können, in welcher Gemütsverfassung er kommt« (ebd., S.91). Selbst dort wo es um Affekte und Gemütsverfassung geht, werden diese nicht einer Rolle, sondern dem Darsteller zugeordnet. Vgl. auch Heeg: Das Phantasma der natürlichen Gestalt, S.126.

17 Vgl. Eric Bentley: What is theatre?. A query in chronicle form, Boston 1956. Ein ähnliches Verständnis von Theater als öffentliches ›Als-ob‹ findet sich bei Paul: ›Theaterwissenschaft als Lehre vom theatralen Handeln‹, S.186; Uri Rapp: Handeln und Zuschauen. Untersuchungen über den theatersoziologischen Apsekt in der menschlichen Interaktion, Darmstadt/Neuwied 1973; Umberto Eco: ›Semiotics of Theatrical Performance‹, erschienen in: The Drama Review 1/21 (1977), S. 107-117, hier: S.110.

18 Vgl. Roselt: Seelen mit Methode, S.97-98.

ten. Der Auftritt im Zeichen des Ausdrucks kommt so einer privaten Mitteilung gleich, die im Dienste der Natürlichkeit aufs Schlichte setzt und jedem Zuschauer das Gefühl gibt, persönlich gemeint zu sein.[19] Die theatrale Praxis aber – die dynamische Unterscheidung von Darstellern und Publikum und die ästhetische Verklärung der Gestalten – gerät in Verdacht und wird im Namen des Natürlichen und Menschlichen abgelehnt und ausgegrenzt. Statt *Eccomi* schreiend auf die Bühne zu springen, beginnen die Darsteller damit, sich auffällig-unauffällig hineinzuschleichen in den Kasten, der die Bühne geworden ist. Den großen Auftritt als etwas, das einen Unterschied macht, braucht es nicht mehr, er ist verpönt, weil dieser Unterschied architektonisch befestigt und literarisch vorgeschrieben wird.[20]

Die *Rolle* aber, die der Darsteller im Theater fortan zu spielen hat, ist die Kehrseite dieser Ein- und Unterordnung des Auftritts in den literarisch-architektonischen Theater-Apparat. Denn bevor die Rolle zu einem Stellvertreter der Person auf dem Theater wurde, mit dem sich spielen ließ, war sie ein Stück Papier oder Pergament und bezeichnete im Frühneuhochdeutschen seit dem 15. Jahrhundert vorerst behördliche Urkunden und Verzeichnisse. Noch in ›Zedlers Universallexicon‹ wird Rolle, französisch *Rôle*, im Theater als »das Verzeichnis desjenigen, was eine Person in der Comödie oder Oper auf dem Theatro zu präsentieren, zu spielen oder zu reden hat«, bezeichnet. Daher pflege man auch zu sagen: »Der hat seine Rôle oder Rolle sehr wohl gespielet.«[21] Der verwaltungstechnische Ursprung des Wortes ist hier noch deutlich zu spüren. Gelobt wird nicht die kunstvolle Verwandlung und Verkörperung, wie es im Verlauf des 19. Jahrhunderts immer häufiger der Fall wird, sondern die gelungene Ausführung einer Vorschrift. Mit der schriftlichen Fixierung der Darstellung durch die Rolle wird es daher nicht nur möglich, sich die Figur als etwas Dingliches, von ihrem Auftreten Unabhängiges vorzustellen, sondern es eröffnet auch die Möglichkeit, dem Auftreten wirkungsvoll Vor*schriften* zu machen.[22]

---

19 Vgl. Heeg: Das Phantasma der natürlichen Gestalt, S.90.

20 Vgl. Hulfeld: Zähmung der Masken, S.545ff.

21 Johann Heinrich Zedlers »Grosses vollständiges Universallexicon aller Wissenschaften und Künste«, 1732-54, Bd. 32, S.314. Vgl. auch Adelung, »Grammatisch-kritisches Wörterbuch der Hochdeutschen Mundart«, Band 3, Leipzig 1798, S.1149-51: Neben der übertragenen Bedeutung als »dasjenige, was ein Schauspieler auf der Bühne zu sagen hat,« kommt hier »nach einer noch weitern Figur« auch »die Person, welche man in einzelnen Fällen vorstellet, das Betragen eines Menschen in einzelnen Fällen« hinzu. Zur Geschichte des Rollenbegriffs vgl. Jakob Grimm/Wilhelm Grimm: ›Eintrag 'Rolle'‹, in: Deutsches Wörterbuch, Bd.14, Stuttgart 1893, S.1137-1139; Ralf Konersmann: ›Die Metapher der Rolle und die Rolle der Metapher‹, erschienen in: Archiv für Begriffsgeschichte 30 I (1986), S. 84-137; ders.: ›Eintrag 'Rolle'‹, in: Historisches Wörterbuch der Philosophie, Bd.8, Basel 1992, S.1063-1067.

22 Inwiefern die Vorstellung von einer Rolle, die es auf dem Theater zu spielen gilt, von den Praktiken des Lesens geprägt ist und dieses Lesen wiederum als Vorbild für die Rezeption

Die theoretische Ausgrenzung der Praxis aber, die mit der historischen Vertreibung der grotesken Figuren wie des Harlekins von der Bühne einhergeht, untermauert diese Disziplinierung des Auftritts durch die Rolle. Sie lenkt davon ab, dass auch das Ignorieren des Publikums eine Technik ist, seine Aufmerksamkeit zu erheischen, dass Natürlichkeit auch eine Form von Verklärung ist und dass schließlich auch das Beobachten von Spiegelbildern eine Praxis ist, die eine bestimmte Form von Subjektivität nicht nur reflektiert, sondern erst einmal trainiert. Das architektonische und literarische Regime der Kontrolle, in die das bürgerliche Theater den Auftritt einfasst, erlangt daher anders als andere Theaterapparate die Macht über die Figuren, indem es ihre Künstlichkeit leugnet. An die Stelle offener Auftrittsverbote und -privilegien tritt mit der ästhetischen Erziehung ein subtiles Regime der Auftrittsnormierung. Das Ideal ist fortan die ostentative Schaustellung der personalisierten Figur des »maskenlosen«[23] Menschen, der die Fratzen des verkünstelten Adels und unzivilisierten Pöbels zugunsten eines bürgerlichen Gesichtsausdrucks verdrängen sollte. Aus der Maske wurde das Gesicht, das als angenommenes Spiegelbild des Menschen, als *Ausdruck*[24] eines inneren Selbst interpretiert werden sollte.

5.1.2 Der Auftritt der Persönlichkeit

Diese Unterordnung des Auftritts unter den Ausdruck der Charaktere und den Wechsel von der theatralen zur authentischen Darstellung hat Richard Sennett mit einem weit-

---

des bürgerlichen Theaters fungiert, lässt sich bei Saint Albine finden: »Ich frage nämlich, warum Schauspieler, die bey dem Durchlesen ihrer Rollen sehr lebhaft gerührt wurden, dies nicht auch sind, indem sie dieselben vorstellten? Warum Scenen, die ihnen Tränen ablocken würden, wenn sie von Andern vorgestellt würden, nicht eben diese Würkung auf sie thun, wenn sie dieselben selbst vorstellen?« (Roselt: Seelen mit Methode, S.106). Die Rührung beim Durchlesen der Rolle ist das Ideal, das auch die ›Vorstellung‹ der Rolle sowie das Zuschauen bei der Vorstellung realisieren soll. Vgl. auch Adornos Kritik am Rollenbegriff: Theodor W., Adorno: Soziologische Schriften I, Frankfurt a.M. 1979.

23 Baumbach: ›Maschera, ve saludo!‹, S.138. »Schauspielen wurde ausgeprägt und festgelegt als eine in sich geschlossene Fiktion, als täuschend echter Schein des sich selbst genügenden Menschen. Dabei wird die Kunstleistung bemessen an der Überwindung der Maske« (ebd., S.140). Vgl. auch Weihe: Die Paradoxie der Maske, insbes. S.18, 53 und 94-95.

24 Ganz deutlich wird diese unentwegte Bezogenheit des szenischen Agierens auf einen imaginären Charakter durch den Ausdruck als die Fähigkeit, die »Empfindungen seiner Rolle« auszudrücken: Man müsse »alle Augenblicke das Verhältnis einsehen, welches das, was wir sagen, mit dem Charakter unserer Rolle [...] hat«, stellt Riccoboni fest (Roselt: Seelen mit Mehtode, S.114). Der Ausdruck sei eben »diejenige Geschicklichkeit, durch welche man den Zuschauer diejenigen Bewegungen, worein man selbst versetzt zu sein scheint, empfinden lässt« (ebd, S.116).

greifenden »Verfall der Öffentlichkeit« in Verbindung gebracht.[25] Der »Auftritt der Persönlichkeit«, also die Vorstellung, dass öffentliches Auftreten als Ausdruck eines inneren Selbst und nicht einer übergeordneten sozialen Ordnung zu verstehen ist, führe zu einer narzisstischen Angst vor unwillkürlicher Selbstoffenbarung.[26] Weil jede öffentliche Äußerung als Indiz der Persönlichkeit einen ungewollten Rückschluss auf die eigene Person möglich mache, weiche unpersönliche Expressivität der persönlichen Zurückhaltung in der Öffentlichkeit.[27] Die Unterscheidung von Rolle und Selbst eröffnet Sennett zufolge also gerade nicht jene Distanz zu den sozialen Rollen, die die ästhetischen Spielräume der Identitätsfindung möglich machen, sondern führt im Gegenteil zu einer Abhängigkeit der Rolle vom Selbst und einen entsprechenden Verlust der Selbstdistanz. Weil es das Selbst ist, das beständig auf dem Spiel steht, ist ein freier Selbstentwurf im Rollenspiel gerade nicht mehr möglich. Stattdessen entsteht ein Ort des Schweigens und Beobachtens, der von Praktiken des Entzifferns und Verschlüsselns beherrscht wird. Der Verlust der Selbstdistanz bringt ein narzisstisches Unbehagen in der Öffentlichkeit mit sich, das letztlich zu deren Verfall führt, weil die soziale Expressivität dem persönlichen Ausdruck weicht. An die Stelle sozialer Expressivität rückt eine narzisstische Selbstoffenbarung, die sich aus Angst vor öffentlicher Entblößung auf das Authentische und Intime zurückzieht.[28]

---

25 Vgl. Sennett: Verfall und Ende des öffentlichen Lebens, S.99, 200 und 325: »Als die Maske zum Gesicht wurde, als die äußere Erscheinung zum Indiz für die Person wurde, ging die Selbst-Distanz verloren.«

26 Vgl. ebd., S.39: »Auftritte in der Öffentlichkeit mussten trotz aller Verschleierung und Mystifikation ernst genommen werden, denn sie konnten Hinweise auf die Person hinter der Maske liefern.« So wurde aus dem barocken Körper, der primär als Zeichenträger fungierte, ein Seinsgarant (ebd., S.199): als Konstruktion einer einzigartigen Innerlichkeit, die im Gegensatz zu äußerlicher sozialer Rolle steht, ästhetisch und libidinös als Ich empfunden wird und eine Innenwelt begründet ,die sich aus Motiven, Ansichten und Gefühlen zusammensetzt, vgl. Reckwitz: Das hybride Subjekt, S.139. Zum Zusammenhang von Persönlichkeit und ökonomischen Bedingungen vgl. auch ebd., S.122 in Bezug auf Werner Sombart: Der Bourgeois. Zur Geistesgeschichte des modernen Wirtschaftsmenschen, Berlin 1987: »Zum zweiten ist es die Persönlichkeit als ganze und das heißt auch ihre – zumindest ihre sichtbaren – privaten Anteile, die ökonomische Vertrauenswürdigkeit sichern. Wenn für das bürgerliche Arbeitssubjekt über das Fachwissen hinaus die Struktur des gesamten ›Charakters‹ entscheidend ist, dann scheint es nur konseuquent, dass sein privates Verhalten als Indikator für den gesamten ›Menschen‹ genommen wird.«

27 Sennett: Verfall und Ende des öffentlichen Lebens, S.395. Vgl. dazu die Bedeutung der »Feinheiten« in der Schauspielkunst des 19. Jahrhunderts (Heeg: Das Phantasma der natürlichen Gestalt, S.256-259, sowie Roselt: Seelen mit Methode, S.45ff).

28 Vgl. Sennett: Verfall und Ende des öffentlichen Lebens, S.167: »[S]chweigende Beobachtung wurde zu einem Ordnungsprinzip der Öffentlichkeit.«

Was das moderne Subjekt mit seinem Unbehagen am öffentlichen Auftreten und der Zweiteilung in Rolle und Selbst hervorbringt, ist nach Sennett daher weniger eine Emanzipation von den übergeordneten Symbolsystemen als eine Reaktion auf die Unübersichtlichkeit dieser Systeme, die mit dem Wachstum der Städte entsteht und die Begegnung mit Fremden wahrscheinlich werden lässt.[29] Als Kompensation für das Versagen der transzendenten Symbolsysteme würde das in Distanz zur Rolle gesetzte Selbst als immanenter Referenzpunkt für den öffentlichen Auftritt eingesetzt.[30] Die Bedeutung der Figuren, aber auch die Autorität und Legitimität des Auftretens würden zunehmend auf die Persönlichkeit der Darsteller zurückgeführt. Entsprechend werde auch im Wandel vom 18. zum 19. Jahrhundert der Auftritt im Theater zunehmend als Ausdruck eines Selbst verstanden, Figuren würden zu Personen gemacht, die es zu entziffern gelte.[31] Aus der kollektiven und expressiven Konfrontation des Publikums mit den Darstellern werde so eine Menge vereinzelter Zuschauer, die einer Figuration zuschauten, die sich hinter der vierten Wand als psychologisches Abenteuer entfalte. Andererseits aber erhebe sie den Schauspieler selbst zu einer Persönlichkeit des öffentlichen Lebens, weil er genau das mache, was sich die braven Bürger im Alltag nicht mehr trauten: öffentlich aufzufallen. Der Auftritt im bürgerlichen Theater kompensiert in Sennetts Beschreibung daher den Verfall der öffentlichen Expressivität in zweifacher Hinsicht. Einerseits erschafft er eine Welt, die sich anders als die unübersichtliche Öffentlichkeit der Stadt noch *lesen* lässt, und andererseits deligiert er jene Expressivität, die sich die *braven* Bürger selbst nicht mehr erlauben, an dafür zugleich verehrte und verachtete Spezialisten. Im distanzierten Angesicht der großen stellvertretenden Persönlichkeiten auf der Bühne sitzen die Bürger selbst fortan schweigend im Publikum.[32]

---

29 Vgl. ebd., S.37: Mit dem Wachstum der Städte verlören die »realen Unterschiede« zunehmend »ihre sichtbaren Kennzeichen«, und es komme zu einer Unsicherheit in Bezug auf die »materiellen Elemente des öffentlichen Auftretens.«

30 Vgl. ebd., S.64: Städte ließen die Begegnung von Fremden wahrscheinlich werden und machten es daher notwendig, den »menschlichen Ausdruck anhand von Gesten und Symbolen zu begreifen, die aus sich heraus wirklich sind.«

31 Vom Zusammenhang des »Wandel[s] der Rollen auf der Bühne und auf der Straße« spricht Sennett (ebd., S.58). Die Auftritte im Theater seien mit den gleichen Problemen wie das Auftreten in der Stadt konfrontiert (ebd., S.62-63).

32 Vgl. Diderot: »In der großen Komödie, der Komödie der Welt, auf die ich immer wieder zurückkomme, befinden sich alle leidenschaftlichen Seelen auf der Bühne; alle Menschen von Genie sitzen im Parkett.« (Diderot, Gesammelte Werke 1986, Bd. II, S.488, Paradox über den Schauspieler, zit. n. Heeg: Das Phantasma der natürlichen Gestalt, S.104) In Sennetts Lesart des Paradoxen war Diderot »der Erste, der die Darstellung als eigenständige Kunstform verstand [und vom Ritual trennte, U.O.], unabhängig von dem, was dargestellt werden sollte. Die ›Zeichen‹ der Darstellung waren für Diderot nicht identisch mit den ›Zeichen‹ des Textes« (Sennett: Verfall und Ende des öffentlichen Lebens, S.148). Mit dieser Auffassung aber wurde die Interpretation des Textes zum entscheidenden Merkmal der

Die »Stadt des Spektakels«[33], die mit dem Auftritt der Persönlichkeit und dem Verfall der Öffentlichkeit entsteht, lässt sich mit Sennett daher vielleicht an dem Schweigen erkennen, das auf seinen Straßen und in den Theatern herrscht. Das Echo dieses Schweigens in der Gesellschaft des Spektakels aber ist ein *Konversationsideal*, das sich so auch als ein Phantomschmerz der Vormoderne verstehen lässt, den die moderne Amputation der Expressivität hinterlassen hat.[34] »Die Worte sollen nicht »mühsame Auskramungen des Gedächtnisses, sondern unmittelbare Eingebungen der gegenwärtigen Lage der Sachen scheinen.«[35] Die spektakuläre Entfremdung von den Realien, die das Subjekt zum Zuschauer degradiert, wäre demzufolge nicht, wie es Guy Debord und seine Epigonen behauptet haben, den Außenwirkungen der Medien zu verdanken, sondern entsteht ganz im Gegenteil aus einem inneren Bedürfnis heraus, dessen Wurzeln tiefer liegen und das mit der bürgerlichen Selbstsvergewisserung beginnt. Die Massenmedien, schreibt Sennett, befestigten lediglich jenes »Schweigen der Menge, das in den Theatern und Konzertsälen des 19. Jahrhunderts Gestalt anzunehmen begann«.[36]

Eben dieses Schweigen in der Öffentlichkeit aber scheinen die neuen Medien, die ihren Profit aus dem unentwegten *Gezwitscher* ihrer Nutzer ziehen, nicht mehr zuzulassen. Der Wandel im *Theatralitätsgefüge* entsteht dort, wo mit dem Rückzug des Stadtlichtes, das den *Cyberspace* beschreibt, auch das bürgerliche Modell der Öffentlichkeit seine Bedeutung verliert. Ein solcher Wandel jenes Gefüges aber, das sich in

neuen Künstlerpersönlichkeit des Schasupielers und der Augenblick der Aufführung zum entscheidenden Moment des Theaters (ebd., S.264). Von einer »Verwertung seiner Persönlichkeit« spricht Roselt in Bezug auf das Virtuosentum im 19. Jh. (Roselt: Seelen mit Methode, S.31).

33 Sennett: Verfall und Ende des öffentlichen Lebens, S.165. Die Eröffnung des Bon Marché von Aristide Boucicault im Jahr 1852 in Paris markiert bei Richard Sennett diesen Umbruch: Boucicault führte den Einheitspreis ein, und damit die Form eines Ladengeschäftes, das von der Kaufverpflichtung befreit war und nicht mehr aus den wedelnden Armen und wuchtigen Worten des Feilschens bestand, sondern aus der passiven Schau optischer Konsumanreize bestand: »Auf einem Markt, auf dem die Presie für die einzelnen Artikel schwanken, entfalten Verkäufer und Käufer ihre ganze Theatralität, um den Preis zu steigern bzw. zu drücken« (ebd., S. 186). Die Ware wird so einförmig und zugleich mit Persönlichkeitsattributen angereichert, während mit dem Feilschen die theatralen Ausdrucksfähigkeiten verloren gehen.

34 Vgl. Ursula Geitner: ›Die 'Beredsamkeit des Leibes'. Zur Unterscheidung von Bewußtsein und Kommunikation im 18. Jahrhundert‹, in: Das Achtzehnte Jahrhundert. Mitteilungen der Gesellschaft für die Erforschung des 18. Jahrhunderts, Bd.14, 1990, S.181ff, hier: S.182f: »Die Vorstellung einer Restitution einfacher und natürlicher Kommunikationsverhältnisse wird eine der zentralen aufklärerischen Utopien« (zit. n. Heeg: Das Phantasma der natürlichen Gestalt, S.127).

35 Vgl. ebd., S.219.

36 Sennett: Verfall und Ende des öffentlichen Lebens, S.359.

der Entwicklung vom 18. zum 19. Jahrhundert herausgebildet hat und dessen uneingeschränkte Wirksamkeit Richard Sennett noch 1975 bestätigte, müsste auch den Abgang jener Persönlichkeit zur Folge haben, deren Auftritt mit dem Wachsen der Städte einherging. Er müsste daran zu bemerken sein, dass das Unbehagen am expressiven Auftreten schwindet und die Sehnsucht nach Überwindung der spektakulären Distanz schwächer wird. Und schließlich vielleicht auch daran, dass auf einmal der Verdacht aufkommt, dass Hamlet nie modern gewesen ist und vielleicht nicht nur im Internet nie eine *Rolle* gespielt hat, sondern immer schon ein charakterloses *Vice*, das sich wenig für den Verlust einer Identität interessiert hat und vornehmlich damit beschäftigt war, die Zeit an der Rampe totzuschlagen.

5.1.3 Wenn Hamlet nie modern gewesen wäre

Und in der Tat scheint Hamlet nicht nur im Internet, sondern auch im *Globe* lange Zeit keine *Rolle* gespielt zu haben. Erst nach 1800 entsteht mit Hilfe von Coleridge, Hegel und anderen jene Persönlichkeit mit Charakter, die aus dem dramaturgischen, theatralen und historischen Kontext herausgelöst wird und als *Hamlet ohne Hamlet*[37] – als Figur ohne Auftritt – Karriere macht. Zur Person geworden lässt sich Hamlet nicht mehr an seinen Handlungen erkennen, sondern muss auf einen Charakter hin befragt werden, der er nun nicht mehr ist und den er stattdessen hat – und der sich ausgerechnet in dem offenbart, was er nicht tut. Unter den modernen Schichten der »Tragödie des Denkens« lässt sich jedoch (1.) eine Fabel entdecken, die sich um Erbfolgestreitigkeiten rankt, (2.) ein Genre bloßlegen, das die Handlungsarmut der Hauptfigur begründet, und (3.) eine tradierte Figur vermuten, die Hamlets Hang zum Verrücktspielen, zum Wortspiel, zum Bewegungsüberschwang und Gewaltverbrechen, zur Intrige und zur Improvisation erklärt.[38] Daher scheinen es weniger abstrakte epistemologische Gewissheiten zu sein, die für den Hamlet der Elisabethaner auf dem Spiel stehen, sondern der Thron, das Leben und die Gunst des Publikums.

Hamlets grübelndes Zögern lässt sich aus machtpolitischem Kalkül erklären, die handlungslose Handung hat in der Dramaturgie des Genres Tradition; und die Neigung zum Monolog, das intellektuelle Spiel mit dem Wort, dem Wahnsinn und dem Theater ist vielleicht weniger tiefenpsychologische Introspektion als ausgedehnte Unterhaltung des Publikums. Dort wo der moderne Hamlet als tiefer Denker ganz bei sich und seinen Gedanken ist, trat zu Elisabeths Zeiten vielleicht eine brutal-komische Figur auf, die das Spiel mit dem Wahnsinn voll auskostet, sich in Rage redet, statt in Gedanken zu

37 Vgl. De Grazia: Hamlet without Hamlet.

38 Vgl. ebd., S.7-22 und 158-204, sowie: Robert Weimann: Shakespeare and the Popular Tradition in Theatre. Studies in the Social Dimension of Dramatic Form and Function, hg. v. Robert Schwartz, Baltimore 1978, S.193.

versinken, und die Zeit auf dem Theater mit Rasereien und Reflektionen totschlägt.[39] Hamlets Modernisierung vollzieht sich entsprechend – wie Margareta de Grazia und andere überzeugend gezeigt haben – als Umdeutung von theatralen Kunststücken zu psychologischen Symptomen.[40] Vergessen und verdrängt wird dabei in den modernen Lesarten des Stücks gerade die Öffentlichkeit bei Hofe und im Theater, in deren Überlagerung sich Hamlets Handlungen abspielen.

Wenn Hamlet also nie modern gewesen ist oder zumindest erst dazu gemacht wurde, dann spielt vielleicht nicht nur jener Hamlet, dem man im Internet begegnen kann, keine Rolle, dann ist es vielleicht ratsam, sich ganz grundsätzlich von der Vorstellung zu verabschieden, das Netz sei ein Raum für »Rollenspiele und Identitätsarbeit«, für die »Erprobung unausgelebter Seiten des Selbst«.[41] Denn die sozialwissenschaftlichen Theorieansätze, die in Kombination von Goffmans Rollen- und Batesons Rahmentheorie das Internet als neues Welttheater für konsequenzgeminderte Rollenspiele konzipieren, stellen im Grunde nichts anderes als die Fortsetzung des bürgerlichen Theaters

39 De Grazia: Hamlet without Hamlet, S.174. Vgl. ebd., S.185:»[It] is not a cue to the audience to pretend not to be there. On the contrary, it is a signal that Hamlet will be speaking for its benefit alone.«

40 Ebd., S.16 »O that subtle trick to pretend to be acting when we are very near being what we act«, heißt es bei Samuel Taylor Coleridge: ›1811-12 Lectures on Shakespeare & Milton‹, in: Lectures 1808-1819 on Literature, Bd.2, London/Princeton 1987, S.541. Den Ursprung dieser modernen Innerlichkeit führt De Grazia auf die Rezeptionsgeschichte der 3. Szene des 3. Aktes zurück: Hamlet schleicht sich in Claudius Zimmer und trifft diesen allein beim Beten an. Er könnte ihn töten und tut es nicht. Weshalb zögert Hamlet? – Vor 1800 gibt es auf diese Frage eine klare Antwort. Sie findet sich im Stück und wird von Hamlet ausgesprochen: Der Tod im Gebet bringt ein gnädiges Nachleben mit sich, während Claudius, sollte er beim Sündigen getötet werden, ewige Verdammnis leiden müsste. Ein Vorsatz, der die Exegeten vor 1800 zutiefst schockiert; er wird auf die mittelalterlichen Sitten der Zeit und des Autors zurückgeführt, und man empfiehlt, ihn in Aufführungen besser zu streichen. Nach 1800 jedoch stellt sich die Frage anders: Wie lässt sich diese Haltung mit dem Charakter Hamlets vereinbaren? »How could this diabolic desire be reconciled with the nobility and decency of Hamlet's character?« (De Grazia: Hamlet without Hamlet, S.159) Die Antwort findet sich in einer Entschuldigung der Figur, nicht des Autors: »What Hamlet says is not what he means; the diabolical wishes he utters ›are not his real sentiments‹.« (Ebd., S.161) Das, was nach 1800 die Charakterstärke Hamlets unter Beweis stellt, wurde vor 1800 als Schwäche des Stückes ausgelegt: lange Monologe, wenig Handlung. Da die Szene aber kein anderes Personal hat, muss der Betrug ein Selbst-Betrug sein – »a pretext for not acting«. Damit aber entsteht – wie De Grazia überzeugend ausführt – die Vorstellung von einem Bewusstsein der Figur, das dieser selbst nicht zugänglich ist. Hamlet flüchtet vom Handeln ins Denken.

41 Barbara Becker: ›Selbst-Inszenierung im Netz‹, in: Performativität und Medialität, hg. v. S. Krämer, München 2004, S.413-429, hier: S.421.

mit anderen Mitteln dar.[42] Ausgehend von der Vorstellung, dass das Theater als Abbild sozialer Interaktion zu verstehen sei, übertragen sie das Vokabular des Theaters auf die soziale Interaktion und enden so zwangsläufig bei jenem schon in den Prämissen angelegten Schluss, dass das Netz als »Bühne [...] der Selbstthematisierung«[43] zu verstehen sei.[44] Dass es Rollen sind, die auf der Bühne gespielt werden, erscheint dabei plausibel, weil es Rollen sind, die im Alltag gespielt werden; und weil im Alltag Rollen gespielt werden, ist es naheliegend, dass auch auf der Bühne Rollen gespielt werden.

Wenn aber das, was alltäglich im Internet gespielt wird, keine Person darstellt und kein Selbst spiegelt, weil es in keinen Kasten passt und keine Substanz hat, dann stellt sich die Frage, ob hier auch das *Vice* wieder auftaucht und die nachmoderne Spielart

42 Vgl. Goffman: The Presentation of Self in Everyday-Life; und Gregory Bateson: A theory of play and fantasy, Indianapolis 1967. Den Vorläufer hat die Rollentheorie in der philosophischen Anthropologie (vgl. Helmuth Plessner: ›Zur Anthropologie des Schauspielers‹, in: Gesammelte Schriften VII. Ausdruck und menschliche Natur, Frankfurt a.M. 1984, S.399-418; Helmut Plessner: Die Stufen des Organischen und der Mensch, Berlin/New York 1975, S.321ff; und ders.: ›Soziale Rolle und menschliche Natur‹, in: Diesseits der Utopie, Düsseldorf/Köln 1966, S.23-35). In der deutschsprachigen Soziologie hat Ralf Dahrendorf die Rollentheorie populär gemacht: Ralf Dahrendorf: Homo sociologicus. Ein Versuch zur Geschichte, Bedeutung und Kritik der Kategorie der sozialen Rolle, Köln/Opladen 1959. Beispielhaft findet sich das Modell in Uri Rapps Theatersoziologie wieder (vgl. Rapp: Zuschauen und Handeln). Zur Aktualität des Begriffs in der Sozialforschung vgl. Hans Joas: ›Rolle – Person – Identität. Wie zeitgemäß sind diese Begriffe?‹, in: Global Player, Local Hero. Positionen des Schauspielers im zeitgenössischen Theater, hg. v. T. Broszat/S. Gareis, München 2000, S.31-37. Vgl. dazu auch die kritische Position von Friedemann Kreuder: »From a theatre-studies point of view, [...] Soeffner's and Goffman's sociological acting metaphors are still [...] completely shaped by the way in which the theatre was conceived dramatically in the 18th and 19th centuries« (Friedemann Kreuder: ›Schauspieler (actor): Operational-analytic and Historical Aspects of a Concept in the Theory of Drama‹, in: Performing the Matrix. Mediating Cultural Performances, hg. v. M. Wagner/W. D. Ernst, München 2008, S.223-239, hier: S.231).

43 Herbert Willems/Sebastian Pranz: ›Formationen und Transformationen der Selbstthematisierung. Von der unmittelbaren Interaktion zum Internet‹, in: Weltweite Welten. Internet-Figurationen aus wissenssoziologischer Perspektive, hg. v. H. Willems, Wiesbaden 2008, S.189-222, hier: S.189.

44 Anschließend an Simmel, Plessner, Mead, vor allem aber an Ervin Goffmans Rollentheorie und Uri Rapps Theatersoziologie versteht Herbert Willems Theatraliät daher als ein (soziales) Rollenspiel zweiter Ordnung, das »in sich selbst ein Abbild und Symbol menschlicher Interaktion« sei (Willems: ›Theatralität‹, S.55). Ähnlich argumentiert Soeffner: ›Die Wirklichkeit der Theatralität‹, S.237: Daher sei die Abständigkeit des Menschen von sich selbst die Grundlage für Schauspiel als auch ›alltägliches Rollenspiel‹, das »im Schauspiel durch die Rahmung des Theaters durchsichtig gemacht« werde.

Hamlets an die vormoderne erinnert. Ist der *Egoshooter*, als der Hamlet in der Computerkultur auftritt, mit anderen Worten eine Wiederentdeckung des früh-neuzeitlichen Gewaltkomikers? Und knüpft das ironische Nachspielen und Neuabmischen an die ältere Praxis des Extemporierens an? Während im *Mashup* ein Hamlet auftritt, der sich über seine moderne Gedankenschwere lustig macht und sich von der Verkörperung der Persönlichkeit verabschiedet hat, versucht Craig Bazan noch jenen modernen Hamlet zu geben, der glaubt, er wäre auf der Bühne ganz allein mit seinem Denken – es ist jene klassische Praxis der *Menschendarstellung*, die Bazan am ungewöhnlichen Ort kultiviert. Aber Bazans Publikum liest und erlebt diesen Auftritt nicht mehr als Aufführung, die es zu genießen und zu entziffern gilt. Es interessiert sich nicht dafür, wer Hamlet ist oder was seine Geschichte zu bedeuten hat, sondern dafür, was aus Craig Bazan wird und was sein Tun zu bedeuten hat. Es würdigt nicht die Interpretation der Rolle, sondern kommentiert den Auftritt und bringt so eine Figur hervor, die erst mit der Geschichte entsteht, die von ihrem Auftritt erzählt wird. Diese Figur aber, die daraus hervorgeht, spielt den modernen Hamlet nur noch nach, spricht ihn vor und drückt keine Persönlichkeit mehr aus.

Dieser Wandel aber von der Verkörperung der Rolle zum *personalisierten* Vorsprechen, der sich im Auftritt Hamlets im Internet ablesen lässt, hat sein Komplement in der Alltagstheatralität der Netzwerke. Mit der fortschreitenden Digitalisierung der Kultur scheint das Theatrale nicht einfach nur wieder mehr geworden zu sein, es hat vielmehr begonnen sich qualitativ zu verändern. Während in der Fiktion vom *Holodeck* als virtuellem Spielraum des Selbst das bürgerliche Theater auch in den neuen Medien weiterlebt, haben sich die personalisierten Auftritte auf den real-exististierenden Videoplattformen und in den sozialen Netzwerken längst vom Kult der Persönlichkeit verabschiedet. In eben dem Maße, in dem die kreative Publikation der Person zum ökonomischen und sozialen Imperativ wird, lernen sie eine Lust am expressiven Auftreten zu entwickeln, brechen sie das Schweigen in der Öffentlichkeit und verlieren die Sehnsucht nach der Überwindung der spektakulären Distanz. Der Kontext aber, in dem dieses personalisierte Auftreten zum Alltag der Gesellschaft wird, ist das letzte Viertel des 20. Jahrhunderts, und damit auch eine Fernsehkultur, die sich nicht zuletzt durch den Einfluss der neuen Medien maßgeblich zu verändern begonnen hat.

Wenn Hamlet also nie modern gewesen ist, wie es die zeitgenössische Shakespeare-Forschung nahe legt, hat vielleicht nicht nur Hamlet nie eine Rolle gespielt, sondern war auch das Theater vielleicht immer schon mehr Ritual, als es zugeben wollte.[45] Die Vorstellung einer *Rolle* aber, die der Spieler auf der Bühne zu verkörpern

45 Diese von Bruno Latour geborgte Wendung legt nahe, anstatt einen beständigen Ausgang in die Postmoderne zu postulieren, den Bruch der Moderne provisorisch zu leugnen, um auf diese Weise zu einer symmetrischen Anthropologie zu gelangen, die es erlaubt das bürgerliche Theater mit den gleichen Maßstäben zu messen wie die Tänze der ›Wilden‹. Es ersetzt das Postulat des Anbeginns der Zukunft in der Gegenwart durch den Verdacht der Gegenwärtigkeit einer verdrängten Vergangenheit. Vgl. Bruno Latour: Wir sind nie modern ge-

hat, verdeckt gerade diese kollektive Dimension des Theaters, weil es die Figur zur Person erklärt, das Schauspiel auf den Ausdruck des Charakters festlegt und das Publikum zum schweigsamen Empfinden verurteilt.

5.2 LEBEN AUF SENDUNG
WIE MAN LERNT, DIE KAMERAS ZU LIEBEN

Der narzisstische Schock, den die neuen Medien in der Gesellschaft des Spektakels auslösen, entsteht dadurch, dass das lang Ersehnte Wirklichkeit zu werden droht. Der endlose Reigen aktivierter Zuschauer, die Warhol und Beuys beim Wort genommen haben und nun bei Bohlen und Raab Schlange stehen, um ihre versprochenen 15 Minuten Ruhm abzuholen, löst im bürgerlichen Milieu traditionell Unbehagen aus. Doch während die extrovertierte Selbstdarstellung im televisionären Circus Maximus noch mit leiser Verachtung abgetan werden kann, scheint sich die unkontrollierte Selbstentblößung im Internet nur noch mit pathologischen Kategorien erfassen zu lassen.[46] Von Exhibitionismus und Voyeurismus ist dementsprechend meist die Rede, wenn es um die Darstellungskultur der neuen Medien geht. Mit Sennett lässt sich der unterstellte Narzissmus jedoch nicht in den Auftritten selbst suchen, sondern in den Kategorien der Kommentatoren, die unbeirrt nach inneren Motivationen und Deformationen Ausschau halten, um die vom bürgerlichen Schweigegebot abweichende Außendarstellung zu erklären. Die Frage aber, weshalb jemand so etwas tue, ist – wie Emily Nussbaum in der New York Times festgestellt hat – für eine 16-Jährige heute keine sinnvolle Frage mehr.

»The benefits are obvious: The public life is fun. It's creative. It's where their friends are. It's theater, but it's also community: In this linked, logged world, you have a place to think out loud and be listened to, to meet strangers and go deeper with friends.«[47]

Die Frage nach den Gründen für die Selbstdarstellung werde mit der Frage gekontert, was eigentlich dagegen spreche: »Why not? What's the worst that's going to happen? Twenty years down the road, someone's gonna find your picture? Just make sure it's a

wesen. Versuch einer symmetrischen Anthropologie, Frankfurt a.M. 2008; Jean-Francois Lyotard: Das postmoderne Wissen. Ein Bericht, Wien 1992.

46 Vgl. Dirk von Gehlen: ›Das Ego geht online‹, Süddeutsche Zeitung vom 5./6.Juni 2010, Nr. 126, S.15: »Dass Menschen Informationen teilen und sich online in einem guten Licht präsentieren wollen, hinterlässt hauptberufliche Grübler ratlos. Sie können nur mit einer Mischung aus Arroganz und Mitleid in das für sie undurchsichtige Netz blicken.«

47 Emily Nussbaum: ›Say Everything‹, erschienen in: New York Magazine vom 12.2.2007, http://nymag.com/news/features/27341/.

great picture.«[48] Seit der ersten Staffel des *Big-Brother*-Vorläufers *The Real World*[49] scheine sich das Verständnis von Privatheit grundlegend verschoben zu haben. Die Idee von einem Recht auf Privatsphäre in der Öffentlichkeit werde von einer Vorstellung vom Selbst verdrängt, das sich vorzugsweise in Bezug auf ein Publikum entwerfe. »Why go to a party if you're not going to get your picture taken?«, zitiert Nussbau die Überlegung einer jungen New Yorker Frau im Jahr 2009.[50] Es entstehe eine neue Form von Öffentlichkeit, in der man davon ausgehen müsse, dass alles, was man tue oder sage, aufgenommen, gespeichert und gesendet werden kann. Das Alltagsleben durchschnittlicher Jugendlicher nähere sich zunehmend jenem von Politikern und *Celebrities* an, das durch die kontinuierliche Überwachung des Ausdrucks – *Monitoring* – geprägt sei. So werde Paris Hilton zum Vorbild für die jüngere Generation, weil sie es perfekt beherrsche, die Grenze zwischen Selbstentblößung und Entblößtwerden zu verwischen.[51]

»In essence, every young person in America has become, in the literal sense, a public figure. And so they have adopted the skills that celebrities learn in order not to go crazy: enjoying the attention instead of fighting it – and doing their own publicity before somebody does it for them.«[52]

Durch die Verbreitung der digitalen Technologien und die einhergehende potentielle Publizität ist der private Alltag großteils zum Auftritt geworden und das Alltagshandeln dem *performativen Imperativ* der Informationsgesellschaft unterworfen: Handle so, dass die Veröffentlichung deines Tuns jederzeit zugleich als Verbesserung deines Profils dienen könnte.[53] Seinen frühen Reflex hat diese Veränderung aber in jenen Fern-

48 Ebd.

49 Die drei klassischen Formate entstehen in den 90er Jahre: Nummer 28 (1991), die niederländische Vorlage von Big Brother, Expedition Robinson, die schwedische Version von Survivor, und Pop Idol (2001), das britische Original der Castingshows. Nummer 28 führt die voyeuristische Kameraperspektive im Alltag ein, Expedition Robinson erhebt die dramatisierte Umgebung und den Wettkampf zum Prinzip ,und Pop Idol etabliert den Auftritt vor Publikum. Die Vorformen der Casting Shows wie Ted Mack's Original Amateur Hour (1948) und Arthur Godfrey's Talent Scouts (1948) finden sich aber schon Ende der 40er Jahre. Vgl. Mark Andrejevic (2003): Reality TV: The Work of Being Watched, Lanham; Anette Hill (2005): Reality TV. Audiences and Popular Factual Television, London u. N. Y.; Susan Murray/Laurie Ouellette (2004): Reality TV: Remaking Television Culture, New York.

50 Susan Sontag: On Photography, New York 1977, S.287: »Moderns feel they are images, and are made real by photographs.«

51 Nussbaum: ›Say everything‹.

52 Ebd.

53 Vgl. ebd.: »›My philosophy about putting things online is that I don't have any secrets‹, says Xiyin. ›And whatever you do, you should be able to do it so that you're not ashamed of

sehformaten gefunden, die die Wirklichkeit in die Genre-Bezeichnung mit aufgenommen haben. Denn das, was unter dem Namen *Reality-TV* seit den 90er Jahren die Bildschirme bevölkert, lässt sich nicht nur als Bemühen um eine Revitalisierung des *Realitätseffekts* der audiovisuellen Medien interpretieren oder als *Simulacrum*[54] verdammen, sondern auch auf seine Auswirkungen auf die Praktiken des Auftretens hin befragen. Nicht so sehr die Tatsache, dass hier noch einmal die Zeichenhaftigkeit der Bilder verschleiert werden soll, scheint aufschlussreich. Vielmehr sind es die praktischen Wechselwirkungen, die das Agieren im Container mit dem Verhalten im Alltagsleben miteinander eingehen.

5.2.1 Die Wirklichkeit des Fernsehens

»Was ist da in uns und in unseren Zeitgenossen, das uns immer wieder zu diesen Hunderten und Tausenden simulierter Handlungen treibt«[55], hatte Raymond Williams bereits 1974 in seiner Antrittsvorlesung über das Drama in einer dramatisierten Gesellschaft gefragt und vermutet, dass der quantitative Zuwachs an fiktionalen Formaten langfristig zu einem qualitativen Umschlag führen werde. Noch nie sei so viel geschauspielert und Schauspiel rezipiert worden wie in der Gegenwart. Während das Drama in früheren Zeiten »wichtig bei einem Fest, in einer bestimmten Jahreszeit oder als bewusste Reise zu einem Theater« gewesen sei, werde das Drama inzwischen als eine habitualisierte Erfahrung »in einer ganz neuartigen Art und Weise in die Rhythmen des Alltagslebens eingefügt«.[56] Mit der Gewöhnung an die dramatischen Formate jedoch gehe eine Verinnerlichung der entsprechenden Strukturen und Konventionen einher, die eine »Dramatisierung des Bewusstseins« zur Folge habe. Die Auswirkung sei nicht nur ein steigendes Bedürfnis nach dem Konsum dramatischer Darstellungen, sondern auch die Aneignung theatraler Verhaltensweisen, die auf diesem Umweg in die alltägliche Lebenswelt Eingang fänden.[57]

Im Gegensatz zu Guy Debord, in dessen Anklage des Spektakels aus dem Jahr 1968 der Alltag des Ausnahmezustands und des Außergewöhnlichen nur noch passive Zuschauer hinterlässt, sieht Raymond Williams aus seiner dramatisierten Gesellschaft

it. And in that sense, I put myself out there online because I don't care—I'm proud of what I do and I'm not ashamed of any aspect of that. And if someone forms a judgment about me, that's their opinion.‹«

54 Vgl. Jean Baudrillard: Agonie des Realen, Berlin 1978.

55 Williams: ›Inszenierungsgesellschaft?‹, S.240f.

56 Ebd., S.240.

57 Vgl. Willems: ›Theatralität‹, S.68: »Gleichzeitig besteht heute bei wohl historisch einmalig vielen Akteuren und in einmalig vielen Handlungs- und Erlebniskontexten ein waches Inszenierungs- und (damit) Publikumsbewusstsein.«

1974 vor allen Dingen Darsteller hervorgehen.[58] Mit der Egalisierung, Individualisierung und Habitualisierung der ehemals priveligierten und kollektiven Teilnahme an ehemals außeralltäglichen Ereignissen finde die Praxis des Schauspiels zunehmend Eingang in die Alltagswelt. Entweder handelt es sich bei diesen entgegengesetzten und hier zugespitzt wiedergegebenen Einschätzungen nur um zwei unterschiedliche und sich ergänzende Blickwinkel auf die gleiche Situation, oder aber es hat sich die Situation auch in den Jahren zwischen 1968 und 1974 grundlegend verändert, und ist in diesen Jahren offensichtlich geworden.

Zumindest ist auffällig, das genau im Jahr vor Williams Antrittsvorlesung der amerikanische Fernsehsender PBS mit *An American Family*[59] den Vorläufer des *Reality-TV* ausstrahlte. Sieben Monate lang hatten mehrere Filmteams ununterbrochen den Alltag einer idealtypischen kalifornischen Familie gefilmt und dies zwei Jahre später in zwölf Episoden als *ungeschminktes* Familiendrama mit ungeplanter Trennung gesendet.[60] Sie hätten so gelebt, »als ob wir nicht dabei gewesen wären«, hat Jean Baudrillard diese Utopie eines Agierens vor der Kamera beschrieben, das sich um sein Publikum nicht schert.[61] Das Darstellungsideal sei ein Handeln, dem die Kameras egal geworden seien und das keine Angst mehr vor der Überwachung habe. Weil es keine herausgehobene zentrale Zuschauerperspektive mehr gebe und Fernsehen und Leben sich ineinander auflösten, krümmt sich nach Baudrillard mit *An American Family* das »panoptische Überwachungsdispositiv«[62] und das Ende der Gesellschaft des Spektakels ist erreicht. Von einer Entgrenzung des Fernsehens als multimediales Event- und Ereignisangebot, das unmittelbar mit dem Alltag verknüpft ist, ist in der Mediensoziologie die Rede.[63] *Reality-TV* ist daher weniger als das Fernsehen aufzufassen, das Wirklichkeit abbildet, als jenes, das in bis dahin unbekannter Weise in die Wirklichkeit eindringt. Statt als Sedativum, wie es ihm Baudrillard 1968 vorwirft, wirken die Massenmedien durch die

58 Ders.: Theatralität der Werbung, S.41: »Unterhaltungsformate inszenieren zwar gerne, wie Bourdieu feststellt, das 'Außergewöhnliche', aber 'in seiner gewöhnlichsten Definition'; sie beschreiben z.B. 'den gewohnten Rahmen sprengende Situationen und Personen', aber 'nach der Logik des gewöhnlichen Menschenverstandes und in der alltäglichen Sprache, die sie vertraut erscheinen lässt.«

59 Eine häusliche Langzeitdokumention (1973 ausgestrahlt, 1971 gefilmt), die im Serienformat ausgestrahlt wurde und u.a. den Scheidungsprozess einer Kleinfamilie porträtiert. Vgl. Jeffrey Ruoff: An American Family. A Televised Life, Minneapolis 2002; Pat Loud/Nora Johnson: Pat Loud. A Woman's Story, New York 1974.

60 Vgl. Ruoff: An American Family.

61 Vgl. Baudrillard: Agonie des Realen, S.45.

62 Ebd.

63 Vgl. Gerhard Schulze: ›Das Medienspiel‹, in: Kultur-Inszenierungen, hg. v. S. Müller-Dohm/K. Neumann-Braun, 1995, S. 363-378; Göttlich: ›Öffentlichkeitswandel‹, S.292.

verstärkte Rekrutierung von *aktivierten Zuschauern* zunehmend als Aufputschmittel, und es kommt zur Reanimation des Couch-Potatoes.[64]

In der ersten Staffel von *Big Brother* in Deutschland im Jahr 2000 hängen die Darsteller wie die Zuschauer vornehmlich auf den Sofas herum. Es ist unbekannt genug, und daher aufregend und bedrohlich, was dort geschieht. Die *Bewohner* müssen noch keine Spielchen spielen oder sich sonst wie dramatisch ins Zeug legen, um die Zuschauer bei der Stange zu halten. Deshalb lungern sie vornehmlich auf den Sofas herum, langweilen sich und reden den ganzen Tag über das, was ihnen gerade so in den Kopf kommt oder was dort nicht drin ist. Zum Beispiel weiß der 25jährige Automechaniker Zlatko Trpkovski nicht, wer Shakespeare ist.[65] Das muss ein Automechaniker ja auch nicht unbedingt wissen, denkt man, doch schon hat ihn die unsympathische Schauspielschülerin Kerstin ausgelacht und erklärt ihm zögerlich, dass Shakespeare jener Lyriker gewesen sei, der Romeo und Julia geschrieben habe. Romeo und Julia kennt Slatko, er hat sogar den Film mit Leonardo di Caprio gesehen, auch wenn ihm darin zu viel geredet wurde. Es sind die Tage des Proll-Kults in Deutschland: Mit dem *Reality-TV* sind auch die Arbeiter wieder auf die Bühne zurückgekehrt.[66] Anders aber als in sozialromantischen englischen Arbeiterklasse-Komödien tritt der Arbeiter im deutschen Fernsehen ohne bildungsbürgerliche Idealisierung auf. Er will nicht erst Ballett tanzen lernen, um sich die Aufmerksamkeit der Gesellschaft zu verdienen, sondern klagt seine 15 Minuten Ruhm auf Bewährung im Bildungssektor ein. Das neue Selbstbewusstsein drückt sich auch darin aus, dass es plötzlich *cool* ist, nicht zu wissen, wer Shakespeare ist. Zlatkos Management lässt ein *Shakesbier* herstellen, aber das muss aufgrund mangelnder Nachfrage nach einem halben Jahr wieder eingestellt werden – beim Bier hört der Spaß schichtenübergreifend auf.

Diese Wirklichkeit des frühen *Reality-TV*, die sich aus einer neuen Spielweise und einem neuen Darstellertypus ergab, drohte jedoch schnell schon unwirklich und – was schwieriger war – langweilig zu werden. Und das führte zu einer schnell einsetzenden Dramatisierung und Theatralisierung des Genres. Neben den Konflikten, die aus den häuslichen Situationen des Zusammenlebens erwachsen, wie sie in den Klassikern *The Real World* und *Big Brother* im Mittelpunkt stehen, wurden Wettkämpfe im Singen, Flirten, Kochen, Abnehmen, Bewerben oder Ekelüberwinden eingeführt. Und die Abenteuer von Polizisten, Erzieherinnen, Therapeuten, Musikern oder Ärzten oder Bildungswege beim Umgestalten des Hauses, des Autos, der Ernährung, der Erziehung, des Körpers, der Drogensucht oder der Arbeitslosigkeit wurden ins Rampenlicht gerückt. Die Wirklichkeit knüpfte damit im Fernseher an bewährte dramatische Muster an

64 Vgl. Jack Mingo/Robert Armstrong: The Official Couch Potato Handbook. A Guide to Prolonged Television Viewing, Santa Barbara 1983.

65 Big Brother, Staffel 1, Frühjahr 2000, http://www.youtube.com/watch?v=ByFe08jg8eE.

66 Vgl. Poniewozik, James : ›Reality TV's Working Class Heroes‹, Time vom 22.5.2008.

und präsentierte wie ihre fiktionalen Vorbilder vor allen Dingen häuslichen Alltag, Krisensituationen und Abenteuergeschichten in szenisch verdichteter Form.[67]

Was dem Auftritt der *echten Menschen* im Wirklichkeitsfernsehen dabei ihre besondere Natürlichkeit verleihen sollte, war der Wechsel vom *Inszenieren zum Überwachen* und vom Vo*rschreiben zur Postproduction*, der durch örtlich und zeitlich entgrenzte Aufnahme- und Verarbeitungstechniken ermöglicht wurde.[68] Die Kameras wurden kleiner und beweglicher, und das Videomaterial war lichtempfindlich und günstig. Der digitale Schnittplatz ermöglichte andererseits durch die schnelle Bearbeitung der Unmengen von Material eine zeitnahe Ausstrahlung, die dem *Reality-TV* die Wirklichkeit der Gegenwärtigkeit bescherte. Die Verdichtung des Geschehens musste so nicht mehr aufgrund beschränkter Ressourcen im Vorhinein durch dramatische Autoren und schauspielerisch ausgebildete Darsteller erfolgen, sondern konnte im Nachhinein am Schnittplatz hergestellt werden.[69] Die Gestaltung einer Umgebung, die dramatisches oder komisches Verhalten wahrscheinlich werden ließ, und die Aufbereitung dieses Materials am Schnittplatz[70] ließen das fokussierte, rhythmisierte und konzentrierte Agieren der Schauspieler überflüssig werden, das aufgrund begrenzter Ressourcen erst aufwendig trainiert und geprobt werden musste. Aus Schreiben und Proben wurden Situationsmanagement und Postproduction.[71] Der Darsteller musste sich nicht mehr an der Kamera orientieren, weil die Kameras ihm folgten, und das vorgeschrie-

67 Vgl. Andrejevic: Reality TV; Hill: Reality TV; Murray: Reality TV; Godard Ellis: ›Reel Life: The Social Geometry of Reality Shows‹, in: Survivor Lessons, hg. v. M. J. Smith/A. F. Wood, Jefferson (N.C.) 2004, S.73-96.

68 Den Tod des Dramas hat die Journalistin Sheryl Longin noch 2007 vorhergesagt, weil an die natürlichen Bewegungen und den Reichtum der Körpersprache der ›echten Menschen‹ nicht einmal Alec Guiness herankäme. Der Unterschied sei dem zwischen High-Definition-Fernsehen und der analogen Videotechnik vergleichbar (Sheryl Longin: ›Confessions of a Reality Junkie‹, Pajamas Media, 11.8.2007). Und Michael Hirschhorn, Vizepräsident des Senders VH1, glaubt, die brennenden Themen würden heutzutage nur noch im Reality TV verhandelt werden. Dagegen würden die vorgeschriebenen Serien so vorhersehbar und innovativ wie japanisches Noh-Theater anmuten (Michael Hirschhorn: ›The Case for Reality TV‹. The Atlantic Monthly vom Mai 2007).

69 Mit Cops (1989) wurden erstmals Camcorder und digitaler Schnitt eingesetzt, um das quasi-dokumentarisch gefilmte Material zeitnah auszustrahlen.

70 Vorläufer dieser Formate ist u.a. Candid Camera (1948).

71 Das sind im Übrigen ähnliche Praktiken, wie sie auch die Spieler der Sims beherrschen müssen, die ebenfalls zuerst mit der Manipulation von Umgebungsvariablen beschäftigt sind und nachträglich dann aus den entstandenen Bildern eine Geschichte bauen und auf die Website des Anbieters hochladen können.

bene Agieren konnte zugunsten eines situativen Re-Agierens innerhalb eines vorgegebenen Rahmens aufgegeben werden.[72]

Auf Seiten des Zuschauers erzeugt der Blick durch die Überwachungskamera eine visuelle Nähe, die sich in der sozialen und räumlichen Nähe zum Darsteller doppelt. Denn der Aufenthaltsort des Containers ist bekannt und lädt zum Besuch ein, seine Bewohner sind potentielle Nachbarn und keine entrückten Persönlichkeiten. Anders als die klassischen Stars, bei denen sich die Sehnsucht der Fans darauf richtet, zu wissen, wie sie wirklich sind, stellt sich diese Frage hier nicht. Ähnlich wie bei Andy Warhols *Chelsea Girls*[73] ist es die Ähnlichkeit zwischen den Akteuren und ihrem Publikum, die das Realitätsfernsehen prägt und mit dem Künstler- und Starkult vorangegangener Jahrhunderte bricht. Die Zuschauer sollen auf der anderen Seite der Mattscheibe nicht nur ihresgleichen vorfinden, sondern werden auch mit dem Versprechen geködert, in der nächstes Staffel schon die Seite wechseln zu können.[74]

Was den Hausbewohner und späteren *Superstar* vom klassischen *Star* unterscheidet, ist nicht, dass er kein bedeutsames Werk oder kein herausragendes Können vorweisen kann, sondern das Fehlen einer außerordentlichen *Persönlichkeit*. Denn ein Star wird nicht für das verehrt, was er tut, sondern für das, was er ist, sein Auftritt erlangt seine Bedeutung aus dem Verweis auf sein Sein jenseits des Auftritts. Erst die Persönlichkeit verleiht dem Künstler jene mediale Aura, die ihn zu einem Star macht. Die Extravaganzen des Superstars hingegen verweisen nicht mehr auf eine außergewöhnliche Innerlichkeit, sondern nur noch auf sich selbst. Niemand interessiert bei der *B-Prominenz*, wie sie wirklich ist, weil man meist schon mehr über sie weiß, als man eigentlich wissen möchte. Kein Skandal kann sie entblößen, weil sie nichts hat, was es zu enthüllen gibt und jenseits der momentanen medialen Aufmerksamkeit die Attraktion des Publikums zu erhalten vermag. Es sind insofern nicht nur *Votings* und *Rankings*,

---

72 Der Bezug zu Techniken der Schauspielausbildung und des Psychodramas wird hier deutlich. Das improvisierende (soziale) Rollenspiels, das sich im Unterschied zum Extemporieren hinter der vierten Wand abspielt, ist auch eine Technik, die echten Tränen auch ohne jahrelange Ausbildung und wochenlanges Proben zu produzieren. Teure Schauspieler, Drehbuchautoren und Regisseure können eingespart werden und werden durch Produzenten ersetzt,

73 Andy Warhol: The Chelsea Girls, USA 1966.

74 Zum Phänomen des Stars vgl. Richard Dyer: Stars, London 1979; sowie: Enno Patalas: Sozialgeschichte der Stars, Hamburg 1963; Wolfgang Ullrich/Sabine Schirdewahn (2002): Stars. Annäherung an ein Phänomen, Frankfurt a. M. 2002; Werner Faulstich/Helmut Korte: Der Star. Geschichte, Rezeption, Bedeutung, München 1997; Stephen Lowry/Helmut Korte: ›Das Phänomen Filmstar‹, in: Der Filmstar, Stuttgart 2000; zu jüngeren Analysen der 'celebrity culture' vgl. Joshua Gameson: Claims to Fame. Celebrity in Contemporary America, Berkeley 1994; P. David Marshall: Celebrity and Power. Fame in Contemporary Culture, Minneapolis 1997; Chris Rojek: Celebrity, London 2001; Graeme Turner: Understanding Celebrity, London 2004.

die den Fans ein Mitbestimmungsrecht am Superstar zugestehen, er ist ganz grundsätzlich, das, was er ist, nur dank ihrer Gnaden. Damit hat sich aber auch das Machtverhältnis zugunsten des Publikums verschoben.[75]

Im Rückblick erscheinen *Big Brother* und seinesgleichen daher auch als Metapher und Modell für eine Gesellschaft, in der die örtliche und zeitliche Entgrenzung des Auftritts Alltag geworden ist, weil die Kameras unhintergehbar geworden sind. Die ironische Benennung der Sendung, die mit dem *Panoptikon*[76] kokettiert, kündigt an, was mit der Publikation der Person im sozialen Netwerk offensichtlich wird: Dass die Angst vor Überwachung von der sozialen und ökonomischen Notwendigkeit, mediale Aufmerksamkeit zu akkumilieren, überboten wird. Was Jean Baudrillard am Marketing der Louds fasziniert hatte, die Behauptung einer Lebenswirklichkeit, die gelernt hat, so zu agieren, »als ob wir nicht dabei gewesen wären«[77], wird zum gesamtgesellschaftlichen Bildungsauftrag. Die Allgegenwart der Kameras wird fortan weniger als repressive Kontrolle denn als performatives Potential wahrgenommen. Denn noch bevor die sozialen Netzwerke des Web 2.0 die Publikation der Person im großen Maßstab institutionalisiert und kommerzialisiert haben, beginnt die Veröffentlichung des Selbst mit den *Homepages* und *Webcams* in der Netzkultur der 90er Jahre.

5.2.2 Die Verkörperung des Netzwerks

»This is my page ... Welcome to my Homepage!!!!!!!!! I kiss you!!!!!«, wurde der Besucher auf *ikissyou.org* mit freundlichen Worten begrüßt.[78] Die Homepage zeigte Bilder von Cagri, Tischtennis und Akkordeon spielend, am Strand liegend oder mit Freunden vor diversen Kulissen posierend. Die Bilder waren in schlichter Abfolge untereinander zentriert angeordnet. Dazwischen eingefügt gaben kurze Sätze in einem eher unbeholfenen Englisch Auskunft über Cagris Interessen und Hobbys: Dass Cagri Musik, Sport und Sex mochte, konnte man erfahren, dass er gerne reiste, schon etliche ost- und nordeuropäische Länder besucht hatte, oder dass er 1,84 groß und 78 Kilo schwer war, sowie ein Haus und ein Auto besaß. Wer in die Türkei kommen wolle, sei herzlich eingeladen, hieß es ganz unten in Cagris charmantem englischen Dialekt: »Who is want to come TURKEY I can invitate... She can stay my home ....« Die Bilder

75 Die angebeteten Stars scheinen dabei meist Heilige und Aussätzige zugleich zu sein, deren Verehrung ihre Erniedrigung rechtfertigt. Anders gesagt opfert der Star sein Privatleben für eine öffentliche Existenz mit begrenzten Halbwertzeiten; diese Halbwertzeiten der Gestalten scheinen im Verlauf der Mediengeschichte mit den Frequenzen und Multiplikationen der Auftritte kontinuierlich gesunken zu sein. Vgl. René Girard: Das Heilige und die Gewalt, Frankfurt a.M. 1994.

76 Vgl. Foucault: Überwachen und Strafen.

77 Baudrillard: Agonie des Realen, S.45.

78 Die alte Seite findet sich unter http://istanbul.tc/mahir/mahir/.

von Cagris Homepage zeigen Cagri, wie er sich selbst sieht und wie er gesehen werden möchte. Es ist die pragmatische Außendarstellung, die die Prinzipien von Visitenkarte und Kontaktanzeige verbindet und visuell ausbaut. Cagri entblößt sich nicht und experimentiert auch nicht mit seiner Identität, sondern zeigt sich so, wie er gesehen werden möchte.[79]

Abbildung 27: Mahir Cagri

Cagri, ein türkischer Journalist und Sportlehrer, wurde 1999 für seine Homepage berühmt und schaffte es, ohne Größeres geleistet zu haben, als er selbst zu sein, bis in die *Late Night Show* von Jay Leno. Ohne institutionelle Einbindung und ohne besondere Persönlichkeit, nur weil Millionen von Menschen Cagris persönliche Homepage besucht hatten; und weil das den alten Medien eine Nachricht wert war, wurde Cagri berühmt und schließlich auf Tournee durch die Fernsehöffentlichkeit der USA geschickt. Dass Cagris Auftritt diesen unerwarteten und ungewollten Erfolg hatte, ist dementsprechend einzig und allein seinem Publikum zu verdanken. Es hat ihn zu dem gemacht, was er ist, weil es sich an diesem virtuellen Ort als eine disparate Gemeinschaft versammelte.

Als Akkumulation von Aufmerksamkeit hat Matthias Mertens solch einen Prozess beschrieben, der durch eine produktive Rezeption aus Cagris Homepage ein Ereignis machte, das so nicht planbar war, weil es sich selbst erschuf.[80] Was Mahir Cagris Auftritt in den Massenmedien verkörpere, sei daher nichts anderes als das Internet selbst, folgert Mertens in Anlehnung an McLuhans Diktum, dass das Medium die Botschaft

79 Hinter dem Auftritt im Internet verbirgt sich keine narzisstische Selbstentblößung noch ein alternativer Selbstentwurf, sondern ein im Wesentlichen als authentisch empfundenes Selbstbild und entspricht damit den typischen Nutzungsmotiven von privaten Homepages. Nicht das Experiment mit der Identität stehe im Vordergrund der Nutzung, sondern eine Relokalisierung, die Verortung des Selbst, die auf die von Giddens diagnostizierten Prozesse der Entbettung reagiere, stellt Misoch in einer quantitativen sozialwissenschaftlichen Untersuchung zu Nutzungsformen von privaten Homepages fest. (Sabina Misoch: Identitäten im Internet. Selbstdarstellung auf privaten Homepages, Konstanz 2004, S.202. Ebd., S.139)

80 Mertens: Kaffeekochen für Millionen, S.169: »Einen Wert im klassischen wirtschaftlichen Sinne stellte erst die Gemeinschaft dar, die sich entwickelt hat. Nur das machte die kaputte Kaffeemaschine zu einem Objekt, das auf eBay einen Preis erzielen konnte.«

sei, und ordnet Cagri in eine Geschichte der Internetereignisse ein, die er zehn Jahre zuvor mit einer Kaffeemaschine beginnen lässt: 1991 hatten ein paar Mathematiker an der Universität Cambridge eine Kamera auf eine Kaffeemaschine gerichtet und das Bild ab 1993 ins Netz gestellt, um von ihren Arbeitsplätzen zwei Stockwerke höher feststellen zu können, ob der Kaffee durchgelaufen war. Die Seite wurde zum Hit und die *Trojan Room Coffee Machine* zu einem medialen Ereignis, in dem sich die Technologie als Imaginäres manifestierte: ein virtueller Ort, an dem sich der Mythos der gleichberechtigten und gleichinformierten Gemeinschaft von *Freaks* und *Nerds* aus der Frühzeit des Internets anlagerte.

Abbildung 28: Trojan Room Coffee Machine

Wenn es also das Medium selbst ist, das jeweils hier auftritt, wieso – ließe sich fragen – ist es 1999 nicht mehr die Kaffeemaschine der Programmierer, sondern ausgerechnet ein andalusischer Diplom-Pychologe, Journalist und Sportlehrer mit Faible für Tisch-Tennis und Akkordeon-Musik, in dem das Internet Gestalt gewinnt? – Sicherlich ist es einerseits die Normalität und die Alltäglichkeit des neuen Mediums, die mit Mahir Cagris Auftritt gefeiert und vollzogen wird. Seine selbtgebastelte Homepage und sein ähnlich gelagertes Englisch zeugen auch davon, dass das Netz nicht mehr nur den Freaks und Experten gehört, sondern langsam von den Amateuren übernommen wird.[81] Einerseits wird mit Mahir Cagris Auftritt ein Medium gefeiert, das vom Ruhm des selbstbewussten Dilletanten kündet, andererseits feiert sich darin ein neues selbstbewusstes Publikum als Königsmacher: »We kiss you too« antwortet Amerika auf Cagris Homepage.

81 Zur Medienaneignung im Rahmen von Fan-Kulturen vgl. De Certeau: Die Kunst des Handelns; Stuart Hall: ›Encoding/Decoding‹, in: Culture, Media, Language. Working Papers in Cultural Studies 1972-79, hg. v. S. Hall et al., London 1980, S.128-138; John Fiske: ›The Cultural Economy of Fandom‹, in: The Adoring Audience. Fan Culture and Popular Media, London 1992, S.30-49; Matt Hills: Fan Cultures, London/New York 2002; Jenkins: Textual Poachers. Telivision Fans and Participatory Culture, N.Y. 1992; Cornel Sandvoss: Fans. The Mirror of Consumption, Oxford 2005.

Cagri verkörpert entsprechend den *aktivierten Zuschauer* gleich im doppelten Sinne: Es sind Aktivitäten der Zuschauer, die ihn berühmt gemacht haben, und er selbst ist nichts anderes als einer von ihnen, der nun aktiv ist. Sein Ruhm gründet sich auf der Tatsache, dass es nichts gibt, was seinen Ruhm begründen würde. In Cagri feiert sich die Gemeinschaft im Zeichen des Netzwerks dafür, dass der Einzelne auch ohne große Persönlichkeit der Aufmerksamkeit wert ist. Das ist die Botschaft des Mediums Internet, als es im Mainstream ankommt – verkörpert in Cagri, dem selbstbewussten Dilletanten und normalen Exoten, der nur ein wenig fremd und noch ähnlich genug, damit der amerikanische Mainstream ihn mögen und sich über ihn amüsieren kann: nur ein wenig schräg und schon gar nicht schwer verdaulich. So ist Cagri die Versinnbildlichung des globalen Niemands der Netzwerkgesellschaft und der prädestinierte Barde des politisch korrekten und technizistisch verklärten globalen Dorfes: »Unimportant is colour, race, religion, anything. We are all brothers and sisters. Yes, we must do fun, we must sex, we must dance, but we must teach other people, care of poor kids, animals, environment, we can be same«, lautet seine Botschaft an die Welt.[82]

Abbildung 29: Mahir Cagri vs. Borat Sagdiyev

Das bösartige Double Cagris ist die Kunstfigur Borat Sagdiyev des britischen Komikers Sasha Baron Cohen, den Cagri als Plagiator seiner selbst verklagen wollte.[83] Borat Sagdiyev ist ebenfalls Journalist, spielt gerne Ping Pong, mag Sex und kommt aus einem fiktiven Kasachstan, in dem man Frauen in Käfige einsperrt und Zigeuner als Volkssport mit Steinen bewirft. Er ist von aufdringlicher Freundlichkeit und von einem herzlichen und naiven Sexismus und Antisemitismus durchdrungen, der auf seinen Amerikareisen viel Sympathie erhält. *Cultural Learnings of America for Make Benefit Glorious Nation of Kazakhstan* ist Cohens *Borat*-Film von 2006 untertitelt, der sich wie auch die ursprüngliche Fernsehsendung und die Arbeit vieler Comedians seit den 90er Jahren aus dem engen Kontakt mit der Wirklichkeit speist.[84] Die Kunstfigur betritt als

82 Vgl. http://www.guardian.co.uk/film/2006/oct/28/comedy.

83 Vgl. http://www.wired.com/wired/archive/14.11/play.html?pg=4.

84 ›Borat: Cultural Learnings of America for Make Benefit Glorious Nation of Kazakhstan‹, USA 2006.

unausgewiesene Provokation die Wirklichkeit, und die versteckten Kameras verarbeiten das Ergebnis, das mit der Ästhetik und Spielweise von Homevideos und Hompages spielt, zu Unterhaltung.

Dabei ist es das Begehren nach der amerikanischen Frau, das Mahir Cagri und Borat Sagdiyev vereint und den Mittelpunkt der Völkerverständigung ausmacht: Borat Sagdiyevs Schwärmerei für Pamela Anderson ist das Echo auf Cagris »I like sex« und »she can stay with me«.[85] Als Imago des ländlich-rückständigen Osteuropäers an der Grenze zu Asien, der den amerikanischen Fernseh-Apollinismus umtanzt, erscheint Cagri insofern auch als ein merkwürdig gezähmter Satyr, der daran erinnert, dass sich ca. ein Viertel der Suchanfragen auf Pornografie amerikanischer Prägung richten.[86] – Die Kehrseite dieses domestizierten Satyrs aus Anatolien aber stellen die *Camgirls* dar: junge Frauen, die unentgeltlich und selbstbestimmt via Webcam ihr Privatleben veröffentlicht haben und die quasi als virtuelle Mänaden eine merkwürdig ambivalente Aura von Pornographie und Feminismus umweht.

5.2.3 Die Normalität der Kameras

Im Jahr 1996 hatte Jennifer Ringley, eine junge College-Studentin in den Vereinigten Staaten, eine Webcam in ihrem Zimmer installiert, die alle drei Minuten ein Bild ins Netz stellte. Die Seite zog schnell die Aufmerksamkeit der frühen Internetgemeinschaft auf sich, und *JenniCam* – wie die Seite fortan hieß – wurde zu einem kleinen Medienereignis, das Jennifer Ringleys Auftritt in diversen Talkshows und Magazinen zur Folge hatte.[87] Aber wie Mahir Cagris Homepage hatte auch *JenniCam* als elektronische Visitenkarte und private Homepage angefangen – neben einer Liste von Hobbys, Tagebucheinträgen und Gedichten zeigte die Webcam Bilder aus dem Inneren des Col-

---

85 Ähnlich ist auch die unausgewiesene Kunstfigur Papadizi, ein in Israel erfundener makedonischer Schäfer, der eine ganze Serie von Videobotschaften auf YouTube lanciert hat, die sich an Stephen Spielberg mit der Bitte um eine amerikanische Frau wenden. Vgl. http://www.youtube.com/watch?v=8mvUfxkhWSg.

86 Vgl. Bernd Graff: ›Worldwide Wollust‹, Süddeutsche Zeitung Nr. 102, 5. Mai 2009, S.9. Es gebe 420 Millionen Seiten mit pornographischem Inhalt, das seien 12% aller Seiten im Internet, fast 90% lägen in den USA. 25% aller Suchanfragen richteten sich auf Pornographie.

87 http://web.archive.org/web/19980514224645/jennicam.org/ Vgl. Krissi M. Jimroglou: ›A Camera With a View. JenniCAM, visual representation, and cyborg subjectivity‹, in: Information, Communication & Society 4/2 (1999), S.439-453; Victor Burgin: ›Jenni's Room: Exhibitionism and Solitude‹, in: Critical Inquiry 1/27 (2000), S.77-89; Brooke A. Knight: ›Watch me! Webcams and the public exposure of private lives‹, in: Art Journal 4/59 (2000), S.21-25; Barry Smith: ›Jennicam, or the telematic theatre of a real life‹, in: International Journal of Performance Arts and Digital Media 2/1 (2005), S.91-100; David Bell: ›Surveillance is sexy‹, in: Surveillance & Society 3/6 (2000), S.203.

lege-Lebens, vom Telefonieren und Fernsehen bis zum gelegentlichen Geknutsche auf dem Sofa. Nur hatte dieser gesendete Alltag schnell bis zu einer halben Million Zuschauer am Tag und machte auch die kommerzielle Nutzung mit Bezahlfunktion möglich und notwendig. Nach dem College und Jennifer Ringleys Umzug in eine größere Wohnung wurde *JenniCam* mit neun Kameras in allen Zimmern der Wohnung weitergeführt und die Frequenzen der Bilderneuerung an die Art des Zugangs angepasst: seltener für Gäste, für zahlende Besucher häufiger. *Livecasting*[88] – Lebenssendung – nannte sich das Genre auch, das schnell zahlreiche Nachahmer fand. In den 90er Jahren war dies zuerst eine kleine avantgardistische Gruppe von *Camgirls*,[89] im neuen Jahrtausend wurde daraus dann mit *Justin.TV* kommerzieller Mainstream. (Die deutsche Variante startete etwas verspätet, dafür aber mit um so hehreren Motiven und sozialkritischen Untertönen 2007 als *Trueman.tv*).[90]

Abbildung 30: JenniCam

Doch während es nicht schwierig ist, zu beschreiben, was Jennifer Ringley in all den Jahren auf Sendung getan hat – im Grunde tat sie nichts anderes als ihr Leben weiterzuführen und sich an die Anwesenheit der Kameras zu gewöhnen –, herrscht Uneinigkeit darüber, was es eigentlich *war*, was sie tat. Einige hielten es für Pornografie, andere für Kunst, einige für Feminismus und wieder andere einfach nur für Narzissmus. Aber so unterschiedlich die Ansichten und die entsprechenden Gebrauchsweisen auch waren, sie alle teilten die unausgesprochene Frage, wieso jemand, d.h. ein junges Mächen, sich freiwillig so ›schamlos‹ in der Öffentlichkeit bloßstellte. War es für das Geld, für die Kunst oder die Politik oder doch nur um der reinen Aufmerksamkeit willen? »Wie aber soll man diese Freizügigkeit deuten?«[91], fragt auch Roberto Sima-

88 »Lifecasting is a continual broadcast of events in a person's life through digital media«, http://en.wikipedia.org/wiki/Lifecasting_(video_stream).

89 Vgl. Theresa Senft: Camgirls. Celebrity and Community in the Age of Social Networks, New York 2008.

90 Vgl. http://en.wikipedia.org/wiki/Lifecasting_(video_stream); Helmut Merschmann: ›Selbstüberwachung schützt vor Fremdüberwachung‹, Spiegel-Online vom 25.03.2008 http://www.spiegel.de/netzwelt/web/0,1518,542734,00.html; ›Deutscher Truman hat schon 8000 Gaffer‹, Welt-Online vom 14.07.08, http://www.welt.de/wirtschaft/webwelt/-article2212595/Deutscher_Truman_hat_schon_8000_Gaffer.html.

91 Simanowski: Digitale Medien in der Erlebnisgesellschaft, S.57.

nowsky rückblickend in Bezug auf *JenniCam* und schlägt drei mögliche Interpretationen vor:

»Eine der möglichen Antworten wäre, das ganze als Exhibitionismus abzutun. Eine andere, dass der Exhibitionismus nur genutzt würde, um sich ein Publikum für die eigenen künstlerischen Ambitionen [...] zu schaffen. Die dritte sieht im Exhibitionismus selbst das Kunstprojekt, das auf offensive Weise die Gefahr des gläsernen Menschen vor Augen führt.«[92]

Was alle denkbaren Möglichkeiten anscheinend vereint, ist die Rolle als »Vorreiter und Wegbereiter einer Kultur des Exhibitionismus«, die Simanovski dem Phänomen zuordnet.[93] Dieser steht entweder für sich selbst, wird als Mittel zum Zweck oder als Zweck an sich betrachtet. Die beste denkbare Möglichkeit scheine die eines *kritischen Exhibitionismus* zu sein: »Wenn Jenni sich ihrem Publikum unbekleidet zeigt, ist der Inhalt des Bildes nicht wirklich ihr nackter Leib, sondern der Akt seiner Präsentation: Jennifer zeigt ihr Zeigen.«[94] Es ist die Reduktion der kulturell und medial bedingten Praxis der Selbstveröffentlichung aufs Semiotische, auf den Akt des Zeigens, der den komplexen Vorgang der medialen Ostentation auf den Exhibitionismus fixiert. Und so wurde der Akteurin in der journalistischen Berichterstattung eine krankhafte Lust an der Schaustellung des eigenen Körpers unterstellt, die ihr zugleich die Kontrolle über ihr Tun abspricht.[95] Auch wenn Jennifer Ringley de facto alle Produktionsmittel selbst in Händen hält, degradiert sie das Fragemuster der Berichterstatter doch wieder zum weiblichen Objekt eines männlichen Blickes. Und der Verdacht drängt sich auf, dass der unterstellte Exhibitionismus mit seiner Verquickung von moralischen Vorhaltungen und erotischer Aufladung doch nur ein diskursiver Effekt des Voyeurismus der Betrachter ist.

Einer journalistischen Berichterstattung, die sich voll und ganz auf den vermeintlichen Sex vor der laufenden Kamera stürzt, steht allerdings eine gänzlich anders gelagerte Selbstaussage und Selbsteinschätzung der Akteurin gegenüber. Hier fehlt sowohl jeglicher Verweis auf einen Lustgewinn am sich Nackt-Zeigen, auf künstlerische Ambitionen oder eine kritische Haltung zur Überwachungsgesellschaft. Ringley gibt eher beiläufige und profane Gründe für ihr Tun an: Es sei eine Komibination der verfügbaren Mittel und der Inspiration durch die *FishBowlCam*[96] gewesen, sagt Jennifer Rin-

92 Ebd., S.57.

93 Ebd., S.60.

94 Ebd., S.59.

95 Vgl. bspw. David Vogler: ›Design vs. Content: A Survey of Ten Popular Web Sites That Made Emotional Connections with the User‹, Computers in Entertainment 3/2 (April 2005), S.4; ›JenniCam's So-called Life Goes Live‹, Washington Business Journal vom 19.1.1998, S.2.

96 Gemeint ist die Kamera, die seit der ersten Staffel von The Real World auf das Aquarium der Bewohner in der Küche gerichtet war.

gley 2002 rückblickend und betont quasi in Umkehrung von Kants aufgeklärter Betrachterposition die Interesselosigkeit der Darstellerin: »I don't do it, because I like to be watched but because I don't mind.«[97] Die wiederholte Sexualisierung der Darstellung auf Seiten der Journalisten hingegen weist sie durchgängig zurück:[98] »Sex is not the focus of my site, and I've been consistently disappointed to find it the point of most of the articles written about my site.«[99] Im Gegensatz zu den Akteuren in einer Bühnenshow oder im Fernsehen, behauptet Jennifer Ringley, messe sie der Kamera keine Bedeutung bei, im Gegenteil sei durch die Gewöhnung an das Gerät die Beeinflussung des Verhaltens durch dieses minimal.[100] Und gerade das sei es, was das Ganze interessant mache. Es sei die Normalität, die im Zimmer ablaufe, und Nacktheit und Sexualität hätten gerade als Bestandteil der Normalität hier ihre Bedeutung, nicht in ihrer spektakulären Ausstellung: Es gehe darum, den Leuten zu zeigen, dass was wir im Fernsehen sehen – »people with perfect hair, perfect friends, perfect lives«[101] – nicht die Wirklichkeit sei, »I'm reality.«[102] Der Reiz liege eben darin, zu beobachten, dass jemand anderes da draußen nichts Interessanteres mache als man selbst: »Somebody else out there doing nothing more interesting then themselves.«[103] Andererseits betont sie, durch die Kamera fühle sie sich nicht so allein.

Im Gegensatz zum *Reality-TV*, das letztendlich doch nur an der ästhetischen Erneuerung des Dramas durch günstiges Personal und unverbrauchte Spielweisen arbeitet, lässt sich *JenniCam* daher kaum noch im Modus des Dramatischen rezipieren, weil sich das Verhältnis der Akteurin zur Kamera und entsprechend zum Publikum verschoben hat. Weil sie die Kameras und damit den Zuschauer ignoriert und vergisst, findet der Auftritt, den die Anordnung verspricht, nicht statt und das Publikum wird enttäuscht. Statt so zu tun, als ob man sich nicht beobachtet wüsste, und trotzdem alles für den Beobachter zu tun, wie es die voyeuristische Konvention der vierten Wand verspricht, lässt Ringley keine Zweifel daran, dass sie um die Beobachtung weiß, und

97 Sam Esmail, ESMAIL, #77, http://web.archive.org/web/20020810080413/http://www.-esmail.com/modules.php?name=News&file=article&sid=13. Vgl. Jennifer Ringley: ›JenniCam-Frequently Asked Questions‹, http://www.jennicam.org/faq/general.html, veröff. 1998, abgerufen am 25 April 1998; dies.: ›JenniCam: Life, Online‹, http://www. jennicam. com/j2kr/faq. html, veröff. 2001, abgerufen am 15.5.2001; dies.: ›What Is Jennicam?‹, http://jennicam.com, veröff. 2003, abgerufen am 20 April 2003.

98 Ebd.

99 Ebd.

100 Vgl. Interview in This American Life - ›Tales from the Net‹ - Episode 66 (Interview beginnt bei Minute 16) zit.n. Senft: Camgirls, S.80.

101 Ebd.

102 Christine Humphries: ›Inside the Mind (and Bedroom) of a Web Star‹, ABCNews.com, 22.4.1998, http://abcnews.go.com/sections/tech/DailyNews/jennicam980422.html.

103 Ebd. Vgl. Michele White: ›Too close to see: men, women, and webcams‹, erschienen in: New Media & Society 1/5 (2003), S. 7-28.

tut dennoch nichts, den Beobachtern zu gefallen. Die Körper setzen sich nicht in Szene, die Bilder montieren sich nicht zu einer Attraktion zusammen, und so geht der voyeuristische Blick letztlich ins Leere.

Wenn man *JenniCam* besuchte, herrschte Normalität und Abwesenheit vor, gefolgt von Bildern, die Rätsel aufgaben: Sie war nicht da. Das Zimmer, das Laken auf dem Sofa lagen verlassen da. Dann, nach drei Minuten wechselte das Bild. Meist hatte sich nicht viel verändert. Mit ein wenig Glück erwischte man einen Schatten: Eine Fotografie, die Spuren hinterlassen hat, von einem Körper, der sich noch vor ganz kurzem durch den Raum bewegte. Dann wechselte wieder das Bild und vielleicht hatte sich diesmal etwas verändert. Es ist ein verweigerter Auftritt, der das Publikum bewusst ignoriert und ihm demonstriert, dass er sich verweigert, für es zu agieren, während er doch zum Schauen auffordert.[104] Ringley zeigt dem Publikum konsequent die kalte Schulter, indem sie es zuerst einlädt zuzuschauen und sich dann weigert, auch nur den kleinen Finger für es zu rühren: Sie macht einfach weiter, als wären die Leute nicht da, und lässt sie mit der Entscheidung allein, warum sie der Darstellung Aufmerksamkeit zollen sollten. Sie zieht sich nicht nackt aus, wenn sie es wollen, spielt ihnen keine großen Gefühle vor und gibt sich keine Mühe, unterhaltsam zu sein. Wer nackte Frauen (oder Männer) sehen wollte, der wurde bei *JenniCam* kurz- oder mittelfristig frustriert, und wenn sich die zugehörige Usenet-Newsgroup *alt.fan.jennicam* innerhalb kürzester Zeit von einer Fan-Seite in eine Orgie des Hasses und männlicher sexueller Gewaltphantasien verwandelt hat, dann sicher auch deshalb, weil sich der weibliche Körper hier nicht der Kamera hingab und der gezeigte Sex sich der Pornografie verweigerte.[105]

---

104 Auch der Schauspieler hinter der vierten Wand tut so, als gäbe es das Publikum nicht. Aber anders als Ringley lebt er nur für dieses Publikum und geht, wenn es nicht das Produktionsteam schon für ihn tut, in jedem Moment sicher, dass die Blicke der Zuschauer ganz bei ihm sind, dass er im Fokus der Aufmerksamkeit ist. So sehr er sie auch scheinbar ignoriert, ist er doch voll und ganz bei ihnen.

105 http://groups.google.com/group/alt.fan.jennicam/topics?start=4930&sa=N&pli=1. Der diffamatorische Terminus, der diese Objektposition festschreibt, ist die ›Medienhure‹. Zeitgleich erscheinen Jennicam und die anderen Camgirls jedoch auch im Kontext eines feministischen Diskurses, der der Praxis einen Widerstand gegen Laura Mulveys männlichen Blick oder auch die Aufhebung der Gechlechterdifferenzen zugunsten einer Cyborg Subjectitivity im Sinne Donna Harraways zutraut. Vgl. Senft: Camgirls; Jimroglou: A Camera with a view; zum feministischen Technologie-Diskurs und zum Topos der ›emotionalen Arbeit‹ vgl Kristine Blair/Pamela Takayoshi: Feminist Cyberscapes. Mapping Gendered Academic Spaces, Stanford (Conn.) 1999; S. C. Herring: ›Gender and Power in On-line Communication‹, in: The Handbook of Language and Gender, Oxford 2003, S.202-228; Arlie Russell Hochschild: The Managed Heart. Commercialization of Human Feeling, Berkeley 1983; Alicia A. Grandey: ›Emotion regulation in the workplace: A new way to conceptualize emotional labor‹, erschienen in: Journal of Occupational Health Psychology 1/5 (2000), S. 95-110.

Jennifer Ringleys Auftritt ist daher bedingt bedeutungsfrei, was nicht heißt, dass er keine Bedeutungen generiert, sondern nur, dass er sich ihrer Inszenierung enthält. Wie Craig Bazans oder Mahir Cagris Auftritte lässt sich dieser Auftritt weder aus den Tätigkeiten der Akteure noch aus den Zeichen, die sie hervorbringen, erklären. Nicht die Motivationen der Akteure geben Aufschluss über das Geschehen, vielmehr die Motivationen, die den Akteuren von ihren Kommentatoren unterstellt werden. Es ist das Verständnis und der Gebrauch der Betrachter, oder besser gesagt der Nutzer, die die Bedeutung des Auftritts bestimmen. Angelegt als ein Langzeitexperiment, eine Alltagschronik oder ein Menschenzoo, wirft *JenniCam* das Publikum auf sich selbst zurück und stellt die Frage nach dem Zuschauer, weil sie anders als die institutionalisierte Fiktion, die nicht ohne codifzierte Rezeption zu haben ist, den Gebrauch der Darstellung nicht festlegt.[106] »What were you doing there? Who were you, anyway? A connoisseur of conceptual art? A craven, oversexed geek looking for porn? A lonely nerd looking for a friend?«[107] fragt Steve Baldwin rückblickend in Bezug auf *JenniCam* und macht damit deutlich, dass es der Betrachter, also der Nutzer ist, der sich entscheiden muss, was er hier sieht und sehen will. Ringley selbst verweigert die Antwort auf diese Frage, weil sie keine Auswahl trifft und keine Aussage macht, keine Rolle spielt und kein Selbst darstellt, sondern eine apparative Konfiguration entwirft, die Bilder ihres Körpers verbreitet, die sie zur Nutzung zur Verfügung stellt.[108]

Aus dieser Perspektive aber stellt sich der zuerst Ringley, später einer ganzen Generation unterstellte Narzissmus und Exhibitionismus in einem anderen Licht dar. Die Diagnose fällt auf den Diagnostiker selbst zurück, weil die Kategorie in den Verdacht gerät, weniger über das Seelenleben der Akteurin als über die Kultur der Kommentato-

---

106 Vgl. dazu den Bericht eines anderen Camgirls: »Okay, I am sitting on my couch, in tears. I have a horrible migraine, and the pain is getting worse. My boyfriend Jason comes into the apartment and asks me what is wrong. I tell him about my headache and he goes to the pharmacy to get medecine for me. I sit on the couch, crying, with my stereo playing in the background [...] Ten minutes later, I check my email, and there are twenty messages telling me how horrible my boyfriend is to make me cry and then walk out on me, and how they'd never treat me that wy. This is why i say over and over, my cams aren't about me – they are about YOU. What are you feeling today, that you saw that series of images and made those connections?« Gespräch mit Ana Voog zit. n. Senft: Camgirls, S.19 .

107 Steve Baldwin: ›Forgotten Web Celebrities: Jennicam.org's Jennifer Ringley‹, 19.5.2004, http://www.disobey.com/ghostsites/2004_05_19_archive.html.

108 So beobachtet Terry Senft, dass anders als bei Film- und Fernsehstars Zuschauer bei Internet-Berühmtheiten dazu neigen, zu diskutieren, welche Verpflichtungen die Figur gegenüber denen habe, die sie zu dem gemacht hätten, was sie sei – »viewers tend to debate the personality's obligations to those who made her what she is.« Dies sei darin begründet, dass im Internet Popularität von der Verbindung zum Publikum abhinge, und nicht von der Trennung von ihm: »on the Web, popularity depends upon a connection to one's audience, rather than an enforced seperation from them« (Senft: Camgirls, S.25f).

ren auszusagen. Betrachtet man den Auftritt mit Sennett statt mit Freud, dann stellt sich der nachgesagte Narzissmus weniger als individuelle Psychopathologie denn als kollektives Phantasma dar – ein bürgerliches Phantasma, das mit der Entdeckung der eigenen Innerlichkeit zugleich eine tiefgehende Angst vor der öffentlichen Entblößung dieses Selbst ausbildet.[109] Der Skandal aber, den Jeniffer Ringley und ihresgleichen provozieren, besteht eben in der Abwesenheit dieser Angst. »I don't do it, because I like to be watched but because I don't mind«[110], lautet der entscheidende und im bürglerichen Bezugsrahmen kaum nachvollziehbare Satz, der nicht nur das Unbehagen angesichts der eigenen ›Veröffentlichung‹ verneint, sondern auch die Kategorie der Motivation gleichsam kategorisch zurückweist.

Es ist dieser Widerstreit des unterstellten Narzissmus und der behaupteten Motivationslosigkeit, der den kulturellen Kontext von *JenniCam* aufspannnt und diesen Auftritt als einen Versuch verstehen lässt, mit den Kameras zu leben. Jennifer Ringley stellt den Körper der Überwachung zur Verfügung und versucht in der Gewöhnung an eine Umgebung, in der alles jederzeit aufgezeichnet, gespeichert und gesendet werden kann, eine ostentative Immunität zu erlangen, gleichsam trotz Publikum sie *selbst* zu sein. Und gerade darin zeigt sich dieser frühe Versuch, auf eine neue mediale Realität zu reagieren, noch ganz einer traditionellen antitheatralen Sehnsucht nach demaskierter Wirklichkeit verhaftet.[111] Denn ähnlich wie das Wirklichkeitsfernsehen und das Videotheater der 90er Jahre birgt auch *JenniCam* die Sehnsucht in sich, mittels der Videocamera Zugang zu einer natürlichen Gestalt und wiederbelebten Interaktion hinter dem entfremdenden Spektakel zu erhalten.[112] Die Kameras sind noch keine Selbstverständlichkeit geworden. Denn anders als die in der *Times* zitierten jungen New Yorkerinnen, denen die mediale Veröffentlichung des Alltags zur Lust geworden ist, versucht die Avantgarde der Camgirls noch mit den Kameras zu leben und liebt sie noch nicht.

Erst mit der Ausbreitung des vernetzten und personalisierten Auftretens in den sozialen Netzwerken des Web 2.0, die sich parallel zur Retheatralisierung des *Reality-TV* zur Casting-Show vollzogen hat, scheint diese aufgeklärte Sehnsucht nach dem wahren Leben einer barocken Freude an der Selbstveröffentlichung zu weichen. »Broadcast yourself!« lautet der Slogan, mit dem das Videoportal *YouTube* Anfang des Jahrtausends innerhalb von zwei Jahren einen Wert von 1,65 Milliarden Dollar generiert hat. – Fraglich ist jedoch, ob diese Sendung des Selbst, wie sie der Slogan verspricht, noch

109 Vgl. Sigmund Freud: Zur Einführung des Narzissmus, Leipzig 1924.

110 Sam Esmail, ESMAIL, Issue #77.

111 Vgl. ebd.: »I do what I find interesting, not what society thinks I should.« »Why should I be embarassed about something that's perfectly natural?«

112 Vgl. dazu Castorfs Selbstaussagen, mit der Kamera die Schauspieler so zu zeigen, wie sie nicht selbst gesehen werden wollen, und Hegemanns Behauptung, dass dies den Produktionen eine Ehrlichkeit und dokumentarische Qualität gäben, die das traditionelle Theater überträfen (Hegemann, Carl: ›Was bewirkt die Kamera auf der Bühne?‹, Dramaturg 1, 2004, S. 8. zit.. n. Kreuder: ›Schauspieler (actor)‹, S.238).

viel vom Selbst und seiner Darstellung übrig lässt und ob es sich nicht auch hier wiederum um ähnlich selbstlose Angelegenheiten handelt wie bei den Auftritten Cagris, Ringleys oder der Trojanischen Kaffeemaschine. Denn auch in den sozialen Netzen findet das vermeintliche Rollenspiel kaum noch als außergewöhnlicher und außerordentlicher Ausnahmezustand statt, sondern wird zur Verlängerung des individuellen Alltags. Die Figuren erscheinen hier wie McLuhans Medien als Erweiterungen – »extensions« – des Menschen, als inkorporierte Bestandteile des Individuums und konstituieren kein anderes Ich mehr – oder sie scheinen sich erst im Rahmen von Techniken des Selbst zu konstituieren. Andererseits aber – und das ist ihr konstitutives Paradox – stellen sich auch diese Auftritte als kollektive Rituale dar, in denen die Macht über die Körper im Akt ihrer Schaustellung ausgehandelt wird.

5.3 15 MB OF FAME
WESHALB DAS INTERNET ERWACHSEN WURDE

Gary Brolsma zieht beim Mitsingen die Mundwinkel merkwürdig nach unten, er hüpft auf seinem Stuhl hin und her, die Arme fliegen abwechselnd hoch und auch mal seitlich, der Kopf wackelt links und rechts, er beugt den Kopf nach vorne in die Kamera, fährt sich mit der Zunge über die Lippe, hüpft wieder auf und ab. Der *Numa Numa Dance*[113] besteht aus lippensynchronem Grimassenschneiden und wild fuchtelnden Armen zu moldawischen Popklängen, er lässt sich bequem im Sitzen vor dem Bildschirm tanzen, und sein Erfinder Gary Brolsma, ein dicker weißer Junge mit Brille, hat offensichtlich viel Spass dabei. Brolsma hat den *Numa Numa Dance* 2004 selbst aufgenommen und ins Netz gestellt, der virale Ruhm ließ nicht lange auf sich warten; und es folgten Auftritte in ABCs *Good Morning America*, NBCs *The Tonight Show* und VH1s *Best Week Ever*, die Brolsma eine Zeit lang willig absolvierte, bis ihm der Ruhm aufs Gemüt schlug.[114] Mit geschätzten 900 Millionen Views hält der *Numa Numa Dance* den Rekord als erfolgreichster Clip aller Zeiten.[115]

Der 14jährige Ghyslain Raza hingegen, der ein Jahr vor Brolsma als *Star Wars Kid*[116] berühmt wurde, war unfreiwillig zu diesem Ruhm gelangt, versuchte rechtliche

113 Das Original und die meisten Kopien sind inzwischen auf YouTube nicht mehr verfügbar. Ausschnitte finden sich in einer Fernsehsendung: http://www.youtube.com/watch?v=-W9m9UFhEARg.

114 Vgl. Alan Feuer/Jason George: ›Internet Fame Is Cruel Mistress for a Dancer of the Numa Numa‹, New York Times vom 26.2.2005.

115 Vgl. VH1: ›The Greatest‹, Folge 172: ›40 Greatest Internet Superstars (Hour 1)‹, 23.3.2007, http://www.vh1.com/video/play.jhtml?id=1554283, sowie: Bob Tedeschi: ›New Hot Properties: YouTube Celebrities‹, New York Times vom 26.2.2007.

116 http://www.youtube.com/watch?v=HPPj6viIBmU.

Schritte gegen seine Veröffentlicher einzulegen und kam ohne psychiatrische Behandlung nicht mehr aus. Mitschüler hatten das von Raza selbst aufgenommene Video durch einen Zufall auf seinem Computer entdeckt und ins Netz gestellt. Zu sehen war Raza selbst, ein dicker weißer Junge ohne Brille, der einen *Golf Ball Retriever* als Laserschwert im *Star Wars* Stil handhabte. In einer Serie von aneinandergeschnittenen Auftritten betritt Raza mächtig und breitbeinig den Raum, blickt finster drein und fuchtelt dann in einem plötzlichen, wilden und zugleich unbeholfen schwerfälligen Ausbruch mit dem Stab durch den Raum. Auch das *Star Wars Kid* überzeugte durch ungeteilte Hingabe und körperliche Verausgabung.

5.3.1 Die Schaustellung der Körper

Groteske Auftritte sind es, die ganz oben auf der Liste der Internet-Berühmtheiten rangieren, und es ist der Mainstream des amerikanischen Computerkids, der hier auftritt: dicke weiße Jungs aus der amerikanischen Kleinstadt, die vermutlich zu viel Zeit vor dem Computer verbringen und hier offensichtlich die fehlende Bewegung kompensieren. Und zwar mit einer Lebensfreude, die nicht nur Spott und Schadenfreude hervorruft, sondern auch eine gewisse Begeisterung zu wecken imstande ist. Zwar konstituiert sich die Komik des *Star Wars Kid* in der Diskrepanz von gewollter Demonstration körperlicher Mächtigkeit und unfreiwillig offenbarter körperlicher Impotenz; und der *Numa Numa Dance* lebt von dem Widerspruch von Tanz und Schreibtischstuhl. Aber beide haben auf ihre Weise eine gewisse Erhabenheit, die der Ernsthaftigkeit und dem Enthusiasmus der Akteure geschuldet ist. Beide geben als Darsteller alles, ohne Furcht vor Übertreibung und Angst vor der Peinlichkeit. Das gibt ihren Auftritten Kraft, auch wenn man über sie lacht.

Abbildung 31: Numa Numa Dance & Star Wars Kid

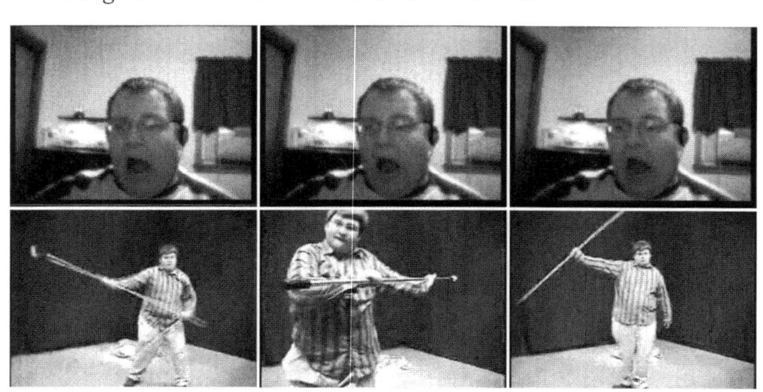

Nebenbei setzen Numa Numa Dance und Star Wars Kid damit auch eine Gegenwelt zu den Pop-Idolen und Casting-Shows des Fernsehens in Szene. Man muss nicht gut aussehen, um fröhlich sein zu können, nicht aufstehen, um zu tanzen, und keinen gestählten Körper haben, um ein Laserschwert zu schwingen – das könnte die durchaus fröhliche Botschaft, zumindest aber das Geheimnis von Brolsmas und Razas Erfolg sein. Die Gemeinschaft der Nutzer ist ihnen zu nahe, um über sie einfach nur zu lachen, wie es vielleicht das amerikanische Fernsehen über den Türken Cagri machen konnte. Cagri, das war der Exot, der in gebrochenem Englisch den Traum von medialer Völkerverständigung verkörperte und auf der Suche nach einer amerikanischen Frau war. Mit Brolsma und Raza aber treten die Widersprüche und das Groteske des Mainstream der amerikanischen Suburbia zum Vorschein. Und damit tritt auch die massenmediale und popkulturelle Orientierung der Amateurkultur der neuen Medien deutlich zutage. Die Mehrheit der Auftritte auf *YouTube* kommunizieren weniger mit der Gemeinde der Nutzer als vielmehr mit den Produkten der ›Kulturindustrie‹. In der scheiternden Nachahmung des schönen Scheins der medialen Welten beweist der digitale Amateur seine Größe.

Der groteske Auftritt, das überschwängliche und überbordende Auftreten des Nicht-Perfekten im Gegensatz zum Wohl-Inszenierten der schönen Körper und perfekten Bilder lasse sich so als ein zentrales Motiv des viralen Erfolges weiter verfolgen: Berühmt geworden sind mit Videoplattformen wie *YouTube* in den ersten Jahren u.a. Lee Paige[117], ein beleibter Polizist, der bei einer Veranstaltung vor Schülern vor dem Umgang mit Waffen warnt, und sich dabei aus Versehen ins Bein schießt; Jack Rebney, ein Wohnwagenverkäufer, der einen Werbespot dreht, seinen Text nicht behalten kann, und sich in überbordende Kaskaden des Fluchens hineinsteigert;[118] Ethan Chandler, der *Bank-of-America-Singer*, ein singender Manager, der anlässlich der Fusion seiner Bank eine angepasste Version von U2s *One* zum Besten gibt;[119] *The Average Homeboy*[120], der sich in einem in den 80er Jahren produzierten Video als weißer Mittelstands-Rapper anpreist; und ein Amateursportreporter eines Studentensenders, der für ein völlig ausdrucksloses und spannungsentladendes »Boom goes the dynamite« berühmt wurde;[121] Jay Maynard, *the Tron Guy*[122], ein beleibter Computerconsultant, der sich anlässlich einer *Science-Ficiton-* und *Fantasy-Convention* ein batteriebetriebenes Kostüm der 80er-Jahre-Filmfigur *Tron* schneiderte; oder auch das *Zombie-Kid*[123]: ein kleiner als Zombie geschminkter Junge, der in einem Freizeitpark vom Regionalfernsehen nach seinem Make-up gefragt wird und ein vollkommen kontextloses »I like turtles« zur Antwort gibt.

117 http://www.youtube.com/watch?v=mhIJOVD8hwY

118 http://www.youtube.com/watch?v=tuQvid2b9E8

119 http://www.youtube.com/watch?v=0qAuqq1LFnU

120 http://www.youtube.com/watch?v=TXb6bjCCtuY

121 http://www.youtube.com/watch?v=W45DRy7M1no

122 http://www.youtube.com/watch?v=RsF2RUMmpqc

123 http://www.youtube.com/watch?v=CMNry4PE93Y

Es sind exzentrische Gestalten mit exponierten Körpern, die aus diesen grotesken Auftritten hervorgehen. Auch dort, wo das Zustandekommen weniger auf einen Zufall und mehr auf eine bewusste Selbstinszenierung zurückgeht, sind es vor allen Dingen die Körper und ihr Ausdruck, die im Mittelpunkt der Szenen stehen: der Schuss ins Bein, pausenloses Fluchen, extrovertierte Kostümierung und Maskierung, die Diskrepanzen von stimmlichem und gestischem Ausdruck. *Ask a Ninja*[124] heißt eine der erfolgreichsten Serien, in der ein maskierter Mann die Welt erklärt. In *Chad Vader: Day Shift Manager*[125] kehrt Darth Vader in der Welt des Supermarkts wieder. Noah Kalina machte über viele Jahre jeden Tag ein Foto von seinem Gesicht und schnitt diese zu einem fünfminütigen Zeitraffer von Lebensjahren zusammen.[126] Matt Harding bereist die Kontinente und tanzt vor den Sehenswürdigkeit der Welt einen merkwürdig unbeholfenen Tanz.[127] Überhaupt erfreuen sich Tänze außerordentlicher Beliebtheit im Internet. Allen voran ist Judson Laipplys *Evolution of Dance*[128], einer der erfolgreichsten Clips überhaupt, der Laipply in einem Scheinwerfer-Spot die Tänze der letzten 50 Jahre vorführen lässt. Auch die Tiere, wie *Tyson the Skateboarding Bulldog*, *Rags the Boxing Kangaroo* oder die *Sweet Tired Cat*, deren Kopf beim Einschlafen beständig zurückfällt, glänzen mit körperlichen Kunststücken und Absonderlichkeiten. Meist sind die Körper dabei aus ihrer Umgebung herausgelöst und heben sich wie vor einer Kulisse ab. Sie wirken wie Touristen in einem globalen popkulturellen Freizeitpark.

Abbildung 32: Dancing Baby

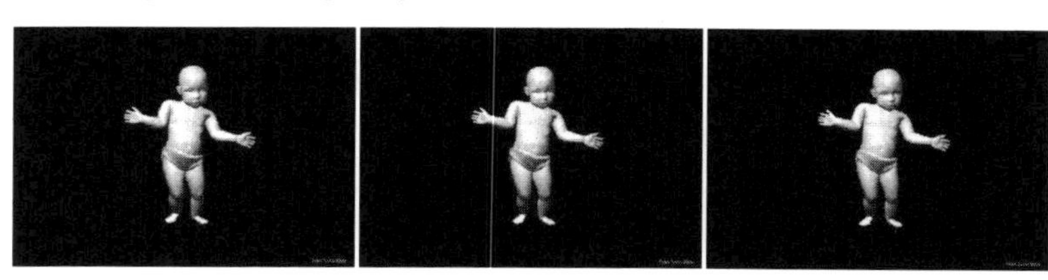

Auch wenn es inzwischen mehrheitlich Musikvideos und Fernsehschnipsel zu sein scheinen, die die Speicher der Videoplattformen füllen, so sind es doch diese größtenteils ungeplanten Auftritte der grotesken Körper und exzentrischen Gestalten, die *You-*

124 http://www.youtube.com/watch?v=Q94XTQWWL1M&feature=channel

125 http://www.youtube.com/watch?v=Vz0aXl303j0&list=SL

126 http://www.youtube.com/watch?v=6B26asyGKDo

127 http://www.youtube.com/watch?v=zlfKdbWwruY

128 http://www.youtube.com/watch?v=dMH0bHeiRNg. Und das hat Tradition, denn auch schon vor YouTube, in den Frühzeiten des Internets, vor Videostreaming und Social Software waren es Tänze, die die größte virale Berühmtheit erlangten: 1998/1999 der Hampster Dance, eine rustikale Animation eines tanzenden Hamsters; 1996/97 das Dancing Baby, eine 3D Animation. Vgl. http://en.wikipedia.org/wiki/Hampster_dance, sowie: http://en.wikipedia.org/wiki/Dancing_baby.

Tube groß gemacht haben und aus seinen Eigenheiten hervorgegangen sind. Berühmt und bekannt geworden ist *YouTube* jedoch für seine *Videoblogger*, auch wenn diese im Vergleich zu den Musikvideos, Film- und Fernsehclips nur einen Bruchteil der Nutzer ausmachen; sie sind die eigentlichen Stars der Frühzeit des Mediums: *Mike Caracciolo*, das *Kid from Brooklyn*, *lonelygirl15*, *geriatric1927*, *Renetto*, *Mister Pregnant*, *zefrank*, *Chris Crocker*, *Little Loca*, – sie und nicht andere sind es, die den Slogan der Plattform »Broadcast yourself« Wirklichkeit werden ließen, die dem Mythos von einer Gemeinschaft, von wahren Geschichten und einer alternativen Form der Kommunikation prägten und ihm zugleich den Nährstoff gaben.

Nimmt man diese Marktredner und Geschichtenerzähler unter die Lupe, so stellen sie sich bald als Moderatoren oder Comedians heraus. Denn sie erzählen kaum Geschichten und nehmen keine Standpunkte ein, stattdessen sind es Kommentare über Kommentare über Kommentare über Popularkultur, die den Reigen der Videoantworten prägen: Was jener in jenem Video zu dem Video von einem anderen, der über den Auftritt von soundso bei Letterman zu berichten wusste, wird kommentiert. Lediglich zwei Figuren schienen das Versprechen der Plattform von der Sendung des Selbst wirklich zu erfüllen: ein alter Mann und ein einsames Mädchen. Der alte Mann nannte sich *geriatric1927*[129], hatte viel erlebt und erzählte der jüngeren Generation von Krieg und Frieden; das einsame Mädchen, kam aus einer langweiligen Kleinstadt, hatte Schwierigkeiten mit seinen Eltern und seinem Freund und erzählte vom Erwachsenwerden. Den alten Mann gab es wirklich, das einsame Mädchen war eine Schauspielerin – ihre Geschichte erzählt exemplarisch davon, wie das neue Medium von einer alten Kunst in Besitz genommen wurde.

5.3.2 Die Dramatisierung des Netzwerks

»Hi Guys, so this is just my first video blog, I've been watching for a while and I really like a lot of you guys on here...«[130] Sie wirkt unsicher, sitzt vorgebeugt, die Schultern leicht hochgezogen, hat das Knie umklammert und das Kinn darauf abgestellt. Immer wieder lächelt sie verlegen und die Augen weichen der Kamera aus. Die Sätze fallen zum Ende hin ab, aber finden immer ein grammatikalisches Ende. Die Pausen häufen sich, aber sie sind nie wirklich zu lang. Ab und zu beißt sie sich auf die Lippe und lächelt den Zuschauer von unten an. Im Hintergrund erkennt man eine Tür mit einer Federboa, ein Bett mit Stofftieren und einen Druck von Edward Hopper, der ein alleinstehendes Haus zeigt. Sie heißt Bree, ist 16 Jahre alt, wohnt in einer langweiligen Kleinstadt, will aber nicht sagen wo und schaut schon länger zu. Gut findet sie die Vi-

129 http://www.youtube.com/watch?v=qJ6B2qOFp7Y

130 http://www.youtube.com/watch?v=-goXKtd6cPo. Die im Folgenden zitierten Videos sind sämtlich einzusehen unter http://www.youtube.com/user/lonelygirl15?blend=2&ob=4.

deos von Emily alias *paytotheorderofofoftwo*[131] und *TheWineKone*[132] findet sie lustig und merkwürdig. Dies ist ihr erster Blog, und es geht darin irgendwie um sie selbst – »i guess the video blog is about me.« Das *me* setzt sie in gestische Anführungszeichen, aber das fällt da noch niemandem auf. Auf jeden Fall hat sie eigentliche keinen Plan, was sie in dem Blog machen will, und schneidet deshalb einfach Grimassen: Kunststücke mit der Gesichtsmuskulatur, wobei ein Teil der Ober- oder Unterlippe wie von einem unsichtbaren Faden rauf und runtergezogen wird, unterlegt mit *Crazy* von *Gnarls Barkeley*. Sie lacht und verabschiedet sich winkend. lonelygirl15 will Kontakt aufnehmen, sie flirtet mit der Kamera auf eine merkwürdig verschämte Art und Weise, die in ihrer gespielten Schüchternheit an den Flirt einer Erstkommunantin mit dem Beichtvater erinnert. Immer wieder schaut sie verschämt weg und blickt dann wieder mit großen braunen Augen direkt in die Kamera. Das einsame Mädchen sucht offenbar Freunde.

»First Blog / Dorkiness Prevails«, der erste Auftritt von *lonelygirl15* am 16. Juni 2006 dauerte genau eine Minute und 35 Sekunden. Es folgten weitere im Abstand von zwei bis drei Tagen. Bis Ende Juli sind es fünfzehn: Bree spielt Puppentheater mit einem lila Stoffaffen (18.6.), erzählt, dass sie Privatunterricht erhält, weil die Eltern sie von der Schule genommen haben (21.6), dass die Römer Kannibalen waren, Pluto halb so schwer wie die Antarktis ist und ihr Freund Daniel, der nicht aufs Video will und dennoch immer häufiger dort auftaucht, die Videos schneidet. Es sind alltägliche Szenen einer Teenagerin (23.6.), angereichert und aufgeheitert mit kuriosen Anekdoten aus der Welt des Wissens und recycelter und nachgespielter Popularkultur (25.6.). Die Videos von lonelygirl15 ähneln denen von vielen anderen und bilden das Genre Videoblog recht genau ab. Dann – am 4.7. – kommt der Wendepunkt: »My Parents suck...« ist das Video übertitelt, von ›certain believes‹ ist darin die Rede: Es geht um Adoleszenz und Religion: Die strengen Eltern verbieten ihr, mit ihrem Freund Daniel wandern zu gehen.

Dieses fünfte Video der Serie führt mit der Religion das zentrale Motiv der Serie ein und stellt auch den zentralen Wendepunkt des ganzes Projektes dar: Mit der Initiierung einer von einem familiären Konflikt angetriebenen Handlung wird ein unterschwelliger und doch eindeutiger Genrewechsel vom Videoblog zur Seifenoper vollzogen, und mit diesem Genrewechsel steigen auch die *Einschaltqoten* von um die 50.000 Zuschauern pro Woche auf 500.000 in den ersten 48 Stunden an.[133] Auch die Reaktionen der Rezipienten verändern sich mit diesem Wandel schlagartig. Hielten sich in den Kommentaren und Videoreaktionen bis dahin Sympahtiebekundungen, Hasstiraden und Parodien die Waage, so kommen mit den familiären Problemen auch ganz

131 Inzwischen nicht mehr auffindbar.

132 http://www.youtube.com/user/thewinekone?blend=2&ob=4

133 Auch die Macher bestätigen im Nachhinein, dass es danach mit lonelygirl15 eigentlich erst richtig angefangen habe. Vgl. http://www.youtube.com/watch?v=7gA6DcZZ8ss&p=-64356C3702AB55AE&playnext=1&index=9.

andere Reaktionen zum Vorschein und dominieren die Debatten: einerseits der väterliche Rat, nicht selten mit dem Tenor: ehre Deine Eltern. Andererseits ein schwesterliches Mitgefühl und Verständnis für die Probleme mit den Eltern. Am 5.7. folgt dann die Reaktion des Freundes auf einem zweiten Kanal: »Daniel responds« Er greift die Kommentatoren an und unterstellt ihnen, dass sie keine Ahnung hätten und sich von zweiminütigen Videoclips zu falschen Annahmen hinreißen ließen: »Its easy to make a comment when you have no idea what's going on.« Die Antwort wirkt schlecht improvisiert, unbeholfen gespielt und die Konstruktion der Zweikanal-Erzählung gewollt. So ist diese Folge schließlich auch der Punkt, wo viele Zuschauer angefangen haben zu ahnen, was hier gespielt wird: dass sich hinter der Kamera noch jemand befindet, außer dem einsamen Mädchen und ihrem stillen Freund.

Am 7.7. und 9.7. aber wird die Handlung erst einmal wieder fallen gelassen, und man kehrt zu bekannten und bewährten Formen des Videoblogs zurück: Bree dekoriert ihr Zimmer im Zeitraffer um, und führt die Reihe »Proving Science Wrong« ein. Es geht um Stephen Hawking, Richard Feynman und die Heisenberg'sche Unschärferelation. Das ist witzig gemacht, nicht ganz doof und recht unterhaltsam. Vor allen Dingen ist es nicht unbedingt das, was man von einer 16jährigen amerikanischen Teenagerin erwarten würde, anscheinend jedoch das, was ein großer Teile der *YouTuber* sich von ihr erhofft. Am 13.7. wird dann mit dem doch noch zustande gekommenen Wanderausflug die Handlung wieder aufgenommen und der familiäre Konflikt mit Beziehungsproblemen angereichert. Das Drama beginnt am 16.7. mit einem Video namens »Boy Problems...«. Pubertäre Verunsicherungen anlässlich des konkreten Geschlechterverhältnisses kommen zur Sprache. Am 18.7. dann auf dem zweiten Kanal die Antwort von Daniel: »Girl Problems...« Vorläufiger Höhepunkt mit circa einer Million Zuschauern; die Ratgeber unter den Zuschauern überschlagen sich mit ihren Empfehlungen in unzähligen Kommentaren und Videoantworten.[134]

Am 22.7. folgt die Versöhnung per Telefon, die Entschuldigung für das ganze ›Drama‹ gegenüber den Zuschauern und das nächste Problem mit den Eltern – über das aber nicht gesprochen werden kann – schließt sich an. Es folgen drei weitere Episoden, in denen es um den Coreolis-Effekt und das Tolstoi-Prinzip geht, die Abstammung des Menschen und Ähnliches. Der elterliche Konflikt schwelt unter der Oberfläche weiter. Auffällig unauffällig wird nebenbei ein Bild von Aleister Crowley über einem Kerzenständer zentral in Szene gesetzt (6.8.). Zwei Tage später kommt die Antwort von Daniel mit Andeutungen über die merkwürdige Religion Brees (8.8.). Wieder zwei Tage später folgt Brees Verteidigung des noch immer unbenannten Glaubens. Am 15.8. steht ein von Bree angeblich heimlich aufgenommenes Problemgespräch an (18.8.). Daraufhin folgt der Bruch und schon bald darauf ein öffentlicher Versöhnungsversuch von Bree (20.8.), dann die Ankündigung von Daniel, zu Brees Theaterstück zu gehen (24.8.), und schließlich Brees überschäumende Freude über den unerwarteten Besuch

134 Vgl. TylerSpilker: ›Re: My Lazy Eye (and P. Monkey gets Funky!)‹, 23.6.2006, http://www.YouTube.com/watch?v=VRcudw0yyuc.

Daniels bei ihrer Vorstellung (25.8.). Ungewöhnlich viel Handlung für ein Format, das sich normalerweise auf die Reflektion der eigenen Rezeption beschränkt, und ungewöhnlich viel Kommunikation zwischen den beiden Protagonisten, die nur noch über und für die Zuschauer geführt wird.

Aber genau dieses Zuviel an Handlung, an Drama und Dialog, die Anpassung an Seriendramaturgie und Entfaltung eines dramatischen Konfliktes scheint dem Auftritt von *lonelygirl15* seinen Erfolg beschert zu haben. Anfang August 2006 jedenfalls ist *lonelygirl15* der viert-erfolgreichste Kanal auf *YouTube* und hat über 2 Millionen Zuschauer versammelt, die der Geschichte nicht nur folgen, sondern in einem regen Austauch miteinander stehen. Daniel Gardners *Lonelygirl Ballad*, von ihm selbst gesungen, auf der Gitarre begleitet und als Video verbreitet, beschreibt Ende August die Anzeihungskraft des Phänomens und formuliert in den folgenden Strophen im gleichen Atemzug Zweifel an dieser Geschichte.[135]

In a dark and lonely world,
Lived a sad and lonely girl,
Feeling left behind ...
She said, ›Here I am of age,
Why must I live in a cage?‹
And she felt she had to share her mind,
[...]
People came all around,
Just to hear the lonely sound,
Of lonelygirl and her ballad.
[...]
Lonely girl,
are you lonely any more?
Half a million a views,
The world of YouTube,
No, you aren't lonely anymore.«

Spätestens jetzt ist für viele eigentlich klar, was sie von Anfang an vermutet hatten:[136] Dass hier *Theater* gespielt wird, dass jemand diese Auftritte schreibt und dass es Leute

135 Daniel Gardner: »Lonelygirl Ballad (theme song)«, 7.8.2006, http://www.YouTube.com /watch?v=_KK6yM973.

136 Vgl. Adam Sternbergh: ›Hey There, Lonelygirl‹, New York Magazine vom 20.8.2006, http://nymag.com/arts/tv/features/19376/: »In early August 2006, a fan named HyeMew began a discussion at the previously stagnant www.lonelygirl15.com message boards and raised an all-out investigation into the who, what, and wheres behind lonelygirl15. Soon the message board became invigorated with discussion about even the tiniest details in each of her videos, everything from the quality of the lighting to the flora seen in her outdoor vid-

gibt, die außerhalb des Rahmens stehen und daran drehen. Denn nicht nur Licht und Ton sind ein bisschen zu gut, das einsame Mädchen ein bisschen zu süß und die Geschichte ein bisschen zu aufregend – das alles ließe sich noch schlucken, wenn man es nur glauben wollte. Was die Macher hingegen entlarvt, ist ihre mangelnde Professionaliät: Sie verletzen die Regeln des eigenen Genres, der fiktionalen Dokumentation, als sie am 15.8. ein Video ins Netz stellen, dessen Veröffentlichung sich aus den Figuren nicht motivieren lässt und das den Darstellern darüberhinaus ein szenisches Spiel abverlangt, das sie nicht beherrschen.[137] Gezeigt wird ein angeblich heimlich gefilmtes Gespräch, das die unmittelbare Publikumsadresse aufgibt und die Darsteller ein Streitgespräch vor der Kamera improvisieren lässt.

Aber auch dieses Video unterfütterte nur eine Diskussion, die in den Foren von Anfang an geführt wurde. Neben den mitfühlenden und ratschlagenden Fans gab es auch immer schon die Ungläubigen, die allerdings ähnlich besessen von der Serie schienen wie diejenigen, die ihnen nur Neid unterstellten. Wenn man sich den ersten Auftritt Brees im Nachhinein anschaut, zeigt sich in der Tat auch hier schon deutlich, dass dieser Auftritt geplant und vorbereitet, von hinter der Kamera inszeniert ist. »I didn't really have a plan for this videoblog«, sagt Bree, zieht den Mund zusammen und schaut zur Seite, »but hmm... I'll think I'll just do this:« Schnitt auf Grimassen und Musik. Der gezeigte Vorgang unterstellt, dass Ratlosigkeit oder Idee im Moment entstehen, kein vorgefertigter Entschluss und keine nachgeordnete Bearbeitung die Idee mit den Grimassen hervorbringen. Das indexikalische ›this‹ aber zeigt auf die nachfolgende Sequenz und impliziert damit, dass diese zum Zeitpunkt des Sprechens schon existiert. Eine spontane Ratlosigkeit mit nachfolgender Idee bräuchte nicht nur mehr Zeit, sondern würde den gefassten Plan benennen und nicht nur bezeichnen. Das, was der Zuschauer hier zu sehen bekommt, ist insofern weder ein Mädchen, das weder weiß noch nicht weiß, was es tun soll, sondern eine Darstellerin, die spielt, dass sie einen Einfall hat, die mit anderen Worten eine Figur vorführt, die eine Idee entwickelt und darin allen klassischen theatralen und filmischen Darstellungsregeln des Einen-Einfall-Habens folgt.

eos. Fans used the forum to collect, organize and share their findings, making the investigation a truly collaborative effort. Fans pointed to small inconsistencies within the videos as evidence that the story might not be genuine, wondering if Bree's posts were part of a teaser campaign for a television show or an upcoming movie.« Vgl. linuxed, ›Answering: Lonelygirl15 a Fake?‹, 23.7.2006, http://www.youtube.com/watch?v=CLiWPKQORjU; lonelyboy, ›lonelygirl15 is she fake???‹, 24.8.2006, http://www.youtube.com/watch?v=MamQ0wEKII0&feature=related.

137 Vgl. den Blog-Eintrag von Brian Flemmig am 21.8.06. Dort empfiehlt er den Machern, die Inszenierung weniger perfekt zu machen, die Handlung als zweitrangig gegenüber dem Stil zu handhaben und die Reaktionen der Zuschauer stärker in die Produktion mit aufzunehmen. Brain Flemming: ›Lonelygirl15 jumgs the shark‹, 21.8.06 http://www.-slumdance.com/blogs/brian_flemming/archives/002277.html.

Und paradoxerweise scheint es gerade diese dramatische Konventionalität zu sein, die den Auftritt überhaupt erst so glaubwürdig erscheinen lässt und ihn von dem Gestotter und Gestammel im Dunkeln unterscheidet, das so viele Videoblogs furchtbar langweilig und real werden lässt. Und so braucht es auch nach dem 15.8. und einer immer mehr anziehenden Handlung noch drei Wochen, bis die Bombe endgültig platzt. Das liegt vielleicht einerseits daran, dass erst Anfang September neben den szenischen Indizien auch handfeste Beweise für die Gemachtheit von Figur und Serie auftauchen, ist andererseits aber auch darin begründet, dass viele an *lonelygirl15* noch glauben wollten, als sie es eigentlich schon besser wussten und längst bekannt geworden war, dass die Fan-Site www.lonelygirl15.com einige Wochen vor dem ersten Auftritt auf *YouTube* registriert worden war.[138] Anfang September dann verdichteten sich die Hinweise auf eine Mail, und auf der Fan-Site erschien ein Schreiben der Macher an die Fans.

»Thank you so much for enjoying our show so far. We are amazed by the overwhelmingly positive response to our videos; it has exceeded our wildest expectations. With your help we believe we are witnessing the birth of a new art form. Our intention from the outset has been to tell a story– A story that could only be told using the medium of video blogs and the distribution power of the internet. A story that is interactive and constantly evolving with the audience. [...] Right now, the biggest mystery of Lonelygirl15 is ›who is she?‹ We think this is an oversimplification. Lonelygirl15 is a reflection of everyone. She is no more real or fictitious than the portions of our personalities that we choose to show (or hide) when we interact with the people around us.«[139]

Die Nachricht aber von dieser Fiktionalität der Figur schlug im Internet erst über die Printmedien ein, anscheinend brauchte es die Berichterstattung in Zeitungen und im Fernsehen, um die Nutzer davon zu überzeugen, dass auch diese Mitteilung nicht wieder nur ein Teil der Geschichte war. Am 7.9. berichtete die *New York Times* über die Mitteilung der Macher.[140] Am 8.9. folgte die *Los Angeles Times* mit der Enthüllung, dass drei Fans die Email von *lonelygirl15* mit einem Trick zu einem Server der *Creative Artists Agency* in Hollywood zurückverfolgt hätten.[141] Am 12.9. dann erschienen die Namen der Macher und Interviews mit ihnen in der *New York-* und *LA-Times*: »The

138 Vgl. Daniel Gardner in Antwort auf die Kommentaren zu seinem Video vom 28.7. http://www.YouTube.com/watch?v=_KK6yM973.

139 http://old.lg15.com/lonelygirl15/forum/viewtopic.php?t=36

140 Virginia Heffernan, ›Not Now Nor Ever‹, New York Times-Online vom 7.9.06 und Richard Rushfield: ›Lonelygirl15's revelation: It's all just part of the show‹, LA-Times-Online, 9.9.06.

141 Richard Rushfield: ›Mystery fuels huge popularity of web's Lonelygirl15‹, LA-Times, 8.9.06, und Richard Rushfield: »On the Trail of lonelygirl15 Daily«, 4.9.2006, LA Times, http://www.latimes.com/entertainment/news/la-et-lonelygirl5sep05,1,7869367.htmlstory.

LonelyGirl That Wasn't.«[142] Und der australische Journalist Tom Foremski gräbt später im Internet den Namen und Bilder der Darstellerin Jessica Rose aus.[143] Fernsehberichte auf NBC und anderen Sendern folgen. »Ich habe es gerade im Fersehen gesehen: Lonelygirl is fake«[144], heißt es im Netz. Erst in den alten Medien kann *lonelygirl15* so als Fälschung entlarvt werden und zu einem Medienereignis werden. Wer *lonelygirl15* ist, scheint entschieden: die 21-jährige Schauspielerin Jessica Rose. Nun steht an zu entscheiden, was diese Identität zu bedeuten hat.

Die Reaktionen im Internet auf diese Enthüllung sind reichhaltig, aber sie sind, anders als es die massenmediale und skandalträchtige Geschichte von der Täuschung und dem Schein will, wesentlich differenzierter, uneinheitlicher und vielstimmiger. Sie zeigen ein sehr gemischtes Bild von der Gemeinschaft, die sich um diesen Auftritt herum versammelt hatte.[145] Einige sind enttäuscht, andere wütend und sauer, fühlen sich getäuscht oder um einen Traum beraubt.[146] Manchen ist es egal, ob falsch oder echt, und viele glauben sich bestätigt.[147] Wieder andere finden die ganze Geschichte *cool*, und die, die es immer schon wussten, triumphieren oder fühlen sich um den eigentliche Spass betrogen: »I knew it was fake, but I didn't want THEM to tell me! Investigation seems a little less fun now that all parties involved acknowledge its fake.«[148] Schon Ende August hatte Brian Flemming gemutmaßt, der eigentliche Reiz der Serie könne gerade in dieser Unsicherheit liegen: »Is it/isn't it fake could have been an interesting running theme for the series, if only it hadn't so clearly answered the question so early. Now the only mystery is exactly who is behind it and why they're doing it.«[149] Wirklich überrascht sind wenige. Die Entrüstung über den Betrug, von dem die Massenmedien sensationalistisch berichten, ist im Netz eher die Ausnahme. Meist scheint eher die Hoffnung enttäuscht zu sein, dass etwas wahr sein könnte, von dem man eigentlich wusste, dass es das nicht ist. Während so in den Printmedien mit einer starren Sein/Schein Dichotomie operiert wird, scheint sich diese Sehnsucht nach der echten Persönlichkeit für den Gefühlshaushalt der Internetcommunity relativiert zu haben. Die merkwürdig enge und eingeschworene Gemeinschaft, die sich um *lonelygirl15* versammelt hatte, um über ihre ›Echtheit‹ zu diskutieren, zerfällt mit dem Skandal, die Figur aber bleibt erhalten. Am 3.8.2007 endet die erste Staffel von lonelygirl15 mit ei-

142 Virginia Heffernan: ›The LonelyGirl that really wasn't‹, New-York-Times, 13.9.06.

143 Tom Foremski: ›SVW Exclusive: The identity of LonelyGirl15‹, SilcionValleyWatcher, 12.9.2006, http://www.siliconvalleywatcher.com/mt/archives/2006/09/the_identity_of.php.

144 Vgl. bspw. http://www.youtube.com/watch?v=2aVaGXYl5x0.

145 Vgl. Frank Patalong: ›Nur falsch ist wirklich echt‹, Spiegel-Online vom 11.9.06.

146 Vgl. bspw. das Videoblog von BlackArrowTea am 13.9.06: ›Lonelygirl fake speech‹, http://www.YouTube.com/watch?v=8Hkh3M4zs9U.

147 Vgl. das Videoblog von loconut am 8.9.06 http://www.youtube.com/watch?v=-m405VLeTvf4.

148 Vgl. Virginia Heffernan in der New-York-Times vom 7.9.06.

149 Vgl. den Blog-Eintrag von Brian Flemming am 21.8.06.

ner durchschnittlichen Zuschauerzahl von 100.000 pro Episode. Auch nach der Enthüllung konnte sich das Format, wenn auch in ganz anderen Dimensionen, also halten.[150] Ob hier ein neues interaktives Serienformat gefunden wurde, lässt sich daher bezweifeln. Virales Marketing gab es schon vorher und durchaus besser, der Zuschauererfolg hielt sich in Grenzen, und ästhetisch dominierten weniger die neuen Formen als die alten Muster. Eine neue Kunst ist hier nicht entstanden. Der Auftritt der Figur jedoch wurde zum Symbol für das neue Medium und die Erneuerung des Mediums unter dem Label *Web 2.0*[151]. Kein anderer Blogger auf *YouTube* konnte innerhalb des Internets, aber auch in den Massenmedien eine ähnliche Aufmerksamkeit generieren wie *lonelygirl15*; sie wurde somit quasi zum Synomyn für die neue Selbstdarstellungskultur. Mit *lonelygirl15* kommt das Internet im Mainstream an und tritt nun nicht mehr als Kaffeemaschine der Programmierer, als exzentrischer Satyr oder avantgardistische Mänade, sondern als All-American-Girl in Erscheinung. Und genau das ist es, was *lonelygirl15* schließlich auf die Titelseite von *Wired*, dem tonangebenden Branchenmagazin, gebracht hat.

Abbildung. 33: Google Trends Suchanfragen (5/2009)

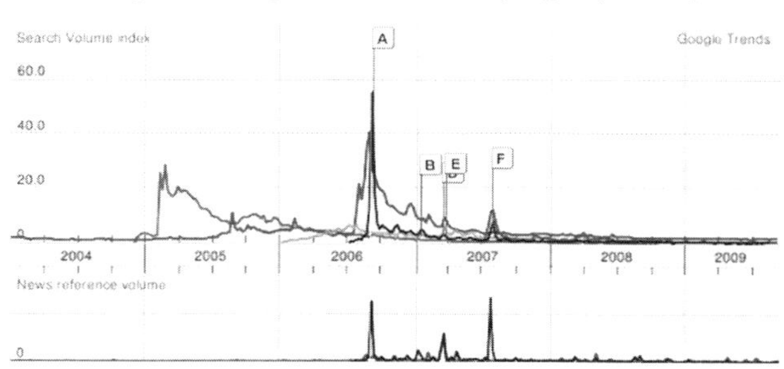

»YouTube grows up«[152], lautet die Schlagzeile, unter der Jessica Rose auf dem Titelblatt von *Wired* im Dezember 2006 ruht – den Kopf auf den Armen abgelegt und recht antriebslos in die Leere blickend. Und das wundert nicht, denn in der Tat ist es das Erwachsenwerden im Sinne des *Coming-of-Age* und des Ankommens im Mainstream, das der Auftritt von *lonelygirl15* im Internt vollzieht. Für *Wired* aber endete die Adoleszenz des Mediums ein paar Monate später mit dem Verkauf von *YouTube* an *Google* für 1,65

150 Finale der ersten Staffel 3.8.2007. Durschnittlich 100000 pro Folge. Vgl. Stefan Schultz: ›Der tumbe Tod von ›lonelygirl15‹, Spiegel Online vom 6.8.07.

151 »Web 2.0 ist ein Schlagwort, das für eine Reihe interaktiver und kollaborativer Elemente des Internets, speziell des World Wide Webs, verwendet wird. Der Begriff postuliert in Anlehnung an die Versionsnummern von Softwareprodukten eine neue Generation des Webs und grenzt diese von früheren Nutzungsarten ab. Die Bedeutung des Begriffs nimmt jedoch zugunsten des Begriffs Social Media ab« (Wikipedia, Eintrag ›Web 2.0‹).

152 WIRED, 14.12.2006.

Milliarden Dollar. Die noch ausstehende Reifeprüfung aber sollte die Geschäftsmodelle vorführen, mit denen sich dieser Wert abschöpfen und damit rechtfertigen ließ. Wirklich erwachsen wären *YouTube* und *lonelygirl15* erst, wenn sich mit ihnen richtig Geld verdienen ließe, weil eine Möglichkeit gefunden würde, hier geschickt Werbung zu platzieren. Weshalb aber sei *YouTube* soviel wert, wenn noch völlig offen sei, wie und ob überhaupt sich damit Geld verdienen lasse, fragt *Wired* und findet die Antwort im bisher aussichtslosen Streben des Jedermann, aus seinem einsamen anonymen Leben stiller Verzweiflung auszubrechen, um vor die ganze Welt zu treten und jemand zu sein – »the hitherto futile aspirations of the everyman to break out of his lonely anonymous life of quiet desperation, to step in front of the whole world and be somebody, dude.«[153] »Everyone, in the back of his mind, wants to be a star«, bestätigt Chad Hurley, einer der Gründer von YouTube, »and we provide the audience to make it happen«.[154]

Abbildung 34: Wired, Titelblatt Dez. 2006

Der Irrtum ist offensichtlich. Ein Blick auf das Titelblatt des Magazins genügt, um ein großes Fragezeichen hinter die These vom unbändigen und allgegenwärtigen exhibitionistischen Hunger des Jedermann zu setzen. Denn auf dem Titelblatt prangt ein Mädchen, das nicht sich selbst darstellen wollte, sondern sich von der Rolle im Internet einen Karrieresprung als Schauspielerin in Hollywood erhoffte. Und ihren Erfolg verdankt sie einer Fangemeinschaft, die mit all ihren Kommentaren und Videos viel lieber das Schicksal und die Bedeutung von *lonelygirl15* disktutierte, als sich selbst darzustellen. Für diese Nutzer war die Anteilnahme an einem anderen Leben, das so viel spannender schien als das eigene, das mit anderen geteilt werden konnte, das nah schien und gleichzeitig weit weg war, weit wichtiger als die Präsentation des eigenen Selbst. An *lonelygirl15s* Leben ließ sich sehr ähnlich wie an einer Fernsehserie durch kontinuierliches und kritisches Beobachten Anteil nehmen, eben ohne dass man selbst betroffen war. Nicht die Selbstdarstellung ist das Thema, sondern die (An-)Teilnahme an einem virtuellen Dabeisein, das die Beschränkungen des eigenen Lebens übersteigt.

153 Ebd.

154 Ebd.

»Back to my boring life«, schreibt einer der Nutzer als Reaktion auf die massenmediale Enthüllung von *lonelygirl15*. Das ist kurz und knapp; enttäuscht, aber nicht entsetzt, Ende der Anteilnahme, zurück zum Alltag.

Warum aber war gerade *lonelygirl15* so erfolgreich? Einerseits sicher, weil die Macher verstanden hatten, wie sich Erfolg in sozialen Netzwerken erzielen lässt: Noch vor dem ersten Auftritt der Figur wurden unter dem Account zwei Videos ins Netz gestellt, die auf Videos von derzeit angesagten Bloggern reagierten und geschickt mit *Tags* markiert waren. Wer die Videos von *TheWineKone* sah, hatte große Chancen auch auf *lonelygirl15* zu stoßen, und die Reaktion von *TheWineKone* auf *Lonelygirls* Reaktion erhöhte diese Wahrscheinlichkeit noch einmal. Es war die Teilnahme an der Kommunikation dieser virtuellen Gemeinschaft, die das Publikum für den ersten Auftritt heranlockte. Und dieses Publikum wurde bewusst gepflegt. Das Team, das *lonelygirl15* produzierte, bestand inklusive der Darstellerin zwar nur aus 5 Personen; eine von ihnen war allerdings ausschließlich damit beschäftigt und dafür engagiert, die Anfragen der Fans zu beantworten und auf Kommentare zu reagieren. Ein Anwalt war von Anfang an hinzugezogen worden, um sicher zu gehen, dass man in diesem kommunikativen Spiel mit Schein und Sein nicht rechtlich in Bedrängnis käme: Nicht lügen, war die Devise, sondern Fragen nach der Realität geschickt ausweichen.[155] Zudem war die Figur in ihrer einfältigen Vielfältigkeit so gestaltet, dass sie erstens der Tatsache gerecht wurde, dass sich hier ein ausgesprochen inhomogenes Publikum versammelt hatte und sie zweitens den unterschiedlichen Teilpublika jeweils eigene Rezeptionsmodi anbot:

»Her character is also deliberately crafted to target the Web's most active demographics. Nerds geek out on the idea that this beautiful girl lists physicist Richard Feynman and poet e. e. cummings as heroes. Horny guys respond to the tame but tantalizing glimpses of her cleavage. Teenage girls sympathize with her boy troubles and her sometimes-stormy relationship with her strict parents. Early on, viewers started emailing to offer advice and sympathy. Others wanted to talk dirty and discuss mathematical equations.«[156]

Während der Auftritt von *lonelygirl15* so auf die Eigenarten des neuen Mediums und sein vernetztes und segmentiertes Publikum einging, scheint der entscheidende Erfolgsfaktor jedoch der Rückgriff auf klassische dramaturgische Muster gewesen zu sein. Zwar übernahm *lonelygirl15* die üblichen Zutaten des Videoblogs: Alltagsthematisierung, Popularkulturaneignung, Kuriositätenschau, Moderationsgestus und Kollegenkommentar. Anders als die anderen Videoblogs erzählte *lonelygirl15* aber eine Ge-

155 Ebd.: »If anyone asks point-blank if you're real, don't answer the question, he said. Don't lie to people. The answer is no answer. In my mind, it's the equivalent of not lying. But if people talk to Bree like she's Bree, that's fair game.«

156 Ebd. Vgl. Virginia Heffernan / Tom Zeller: ›Lonley Girl‹ (and Friends) Just Wanted Movie Deal‹, in New York Times, 12.9.06, http://www.nytimes.com/2006/09/12/technology/12cnd-lonely.html?hp&ex=1158120000&en=a56f0e777a707f56&ei=5094&partner=homepage.

schichte, und zwar eine mit etwas *Mystery* angereicherte Geschichte des *Coming-of-Age*, und setzte dementsprechend auch auf eine grundsätzlich andere Spielweise. Denn ein erfolgreicher Videoblog speist sich normalerweise aus den darstellerischen Vorbildern des Showmasters, Latenight-Hosts und Stand-up Comedians und setzt auf Schlagfertigkeit, Pointensicherheit, Alltagszuspitzung und den aktuellen Kommentar der Popularkultur. Gleichzeitig aber wahrt der Alleinunterhalter dabei immer auch die (ironische) Distanz zu sich selbst, zu seinem Publikum und zu dem, worüber er spricht. Anders verhält es sich bei *lonelygirl15*. Auch sie addressiert die Kamera und unterhält, aber der Gestus ist ein grundsätzlich anderer. Das Publikum wird nicht auf Distanz gehalten, sondern es wird Nähe hergestellt, Intimität insinuiert. *lonelygirl15* steht nicht oben auf einer Bühne und führt den Vielen etwas vor, sondern sie spricht jeden Einzelnen an und guckt dabei von unten hoch, nicht von oben herab.

Der öffentliche Auftritt von *lonelygirl15* geriert sich als privates Gespräch, will keine expressive Show und kommt als eine Art intime Beichte daher. Die Darstellerin ist nah dran an der Kamera, schaut hoch und manchmal verlegen weg, addressiert den Zuschauer ganz persönlich, schaut ihm direkt in die Augen und lässt auch mal ein verlegenes Schweigen entstehen. Die Gefühle werden nicht hinter dem Kommentar versteckt oder gebrochen in der Rede verarbeitet, sondern mimisch und gestisch vermittelt. Es sind die klassischen Techniken einer bürgerlichen Schauspielkunst, die hier zum Einsatz kommen, nicht die rhetorische Schlagfertigkeiten des offensiven öffentlichen Auftretens. Hier wird es persönlich, und das wird es sonst nicht im Videoblog; und daher treten hier die Mahner und Wahner auf: Sie solle aufpassen, was sie über sich preisgibt, schreiben viele Gutmeinende, die einem scheinbaren *Newbie* erklären wollen, dass es in diesem neuen Medium grundsätzlich unpersönlich zugeht. Und so scheint es gerade diese Ambivalenz aus der Annahme des neuen Mediums und der Übernahme alter kultureller Muster zu sein, der *lonelygirl15* letztlich seinen Erfolg zu verdanken hat.

5.3.3 Das Opfer der Unschuld

Drei Geschichten sind es, die sich so im Auftritt von *lonelygirl15* kreuzen. (1.) Die Geschichte eines einsamen jungen Mädchens in der Pubertät, das von einem bösen Orden wegen seiner seltenen Blutgruppe geopfert wird. (2.) Die Geschichte eines einsamen jungen Mädchens in der Pubertät, das im Internet Videos veröffentlicht und eine Schar von Fans um sich versammelt, die leidenschaftlich über die Bedeutung dieses Mädchens diskutierten. Und (3.) die Geschichte eines einsamen jungen Mädchens in der Pubertät, das ein erfolgloser Drehbuchautor bei keinem Produzenten unterbringen konnte und das durch einen Zufall und die Hilfe eines plastischen Chirurgen und einer gelangweilten Kanzleiangestellten zu einem Überraschungserfolg wurde.[157] Je nachdem, ob man die narrative Fiktion, ihre Rezeption oder Produktion in den Vordergrund des Interesses stellt, ergibt sich so eine der drei alternativen Erzählungen. So unterschiedlich sie auch sind, alle drei treffen und bündeln sich jedoch in der namensgebenden Figur und ihrer Unschuld. Die Unschuld ist es, die das einsame Mädchen zum idealen Opfer der Satanisten macht, sie ist es, die die Reaktionen der Rezipienten provoziert und auf deren Inszenierung die Produzenten ihr Augenmerk legen. Es ist nichts anderes als das bürgerliche Trauerspiel, das hier im Gewand der neuen Medien wieder aufersteht.

Wie die Bürgerstochter im Trauerspiel ist auch *lonelygirl15* eine Figur, die als *natürliche Gestalt* erscheint und deren konstitutiver Widerspruch, dass die Kunst hier Natur sein soll, durch eine vermeintlich unschuldige Darstellung aufgehoben wird.[158] Die ausgestellte Schamhaftigkeit der Figur soll den Eindruck einer Person vermitteln, »die ihre Wirkung nicht kalkuliert, nicht öffentlich agiert, sondern privat ist, nicht darstellt und den Zuschauer entsprechend nicht anschauend, sich dem Blick ausliefert«.[159] Das »natürliche Zeichen«, das sich als unmittelbarer und unvermittelter Ausdruck eines *Charakters* gibt, negiert den Auftritt, indem es seinen Zeichencharakter und die theatrale Situation verleugnet.[160] Es legt den Körper auf die inneren Bewegungen einer Figur fest, die sich aus einem Text ergeben und die Handlungen der Charaktere, Aktionen, Mimik und Gestik, lückenlos motivieren. Das Phantasma des Charakters besteht – wie Günter Heeg in Bezug auf Lessing herausgearbeitet hat – eben darin, die theatralen Geister mit der Illusion vollkommener Lebendigkeit auszustatten. Es läuft auf die Verwechslung der Figur mit einer Person hinaus und verleiht ihr eine Existenz auch über die Dauer ihres Auftritts hinaus.

Das Spiel mit der Realität führt insofern nur eine Ästhetik konsequent fort, die schon immer mit der Substantialität ihrer Figuren koketiert hat. Der vermeintliche Betrug ist nichts anderes als eine konsequente Fortführung von Coleridges ›(willing) suspension of disbelieve‹, denn auch hier wurde im Grunde nur jeder die Einfühlung störende Verweis auf die Hinterbühnen vermieden. Dass die Fiktion von einigen für Wirk-

---

157 Vgl. http://www.youtube.com/watch?v=7gA6DcZZ8ss&p=64356C3702AB55AE&play next=1& index=9.

158 Vgl. hierzu und dem Folgenden v.a. Heeg: Das Phantasma der natürlichen Gestalt, hier insbes. S.90f und 61f. Sehr aufschlussreich ist in diesem Zusammenhang Heegs Unterscheidung zwischen Gestalt und Figur: »Die Gestalt ist das bedeutende Bild des Körpers. Das Geheimnis der Gestalthaftigkeit ist die Unsichtbarkeit ihrer Bedeutung« (S.79). Im Unterschied zur rhetorischen Figur füge sie dem Körper nichts an Bedeutung hinzu, sondern ließe weg, was sich der Bedeutung von sich aus nicht füge.

159 Ebd., S.29. Von einem »Privattheater der Scham« spricht Heeg in Bezug auf das bürgerliche Trauerspiel.

160 Vgl. ebd., S.38.

lichkeit gehalten wurde, setzt die Verschleierung der Gemachtheit fort, die im Theater durch den Rahmen des Proszeniums und die vierte Wand etabliert wird. Sie wird nötig, um die Einfühlung bei der gestiegenen Distanz zu erhalten. Während die räumliche Nähe von Akteuren und Publikum im Proszeniumstheater die labile Unterscheidung von Akteuren und Publikum durch eine imaginäre vierte Wand mit viel Mühe aufrechterhalten muss, stellt sich das Problem in den Medien andersherum dar. Es gilt die verfestigte Distanz zu überbrücken, um Einfühlung zu ermöglichen. Diese Verschleierung des fiktionalen Rahmens wirkt im Internet zusammen mit der schamhaften Adressierung des Publikums, die so Nähe herzustellen vermag, ohne den Schein des Privaten zu unterminieren.

Denn auch wenn die Akteurin in die Kamera blickt und zum potentiellen Zuschauer spricht, ist dies doch keine Adresse ans Publikums, sondern gibt sich den anti-rhetorischen Anschein der privaten Mitteilung an einen ungesehenen Betrachter. Was Günther Heeg in Bezug auf *La Père de famille* analysiert hat, lässt sich ohne Umschweife auf *lonelygirl15* übertragen. [161] »Ohne Gegenblick erledigt sie ihren öffentlichen Auftritt und verbirgt sich schamhaft, als sich die Blicke der andern auf sie richten. So kann ihr Körper als Schauplatz der Blicke das Begehren wecken und doch seine Unschuld bewahren.«[162] Die anti-rhetorische Illusion des Privaten durch eine vermeintlich darstellungslosen Darstellung, die das eigene Ausstellen und Ansprechen vermeidet und mit dem Nichtwissen des Betrachters koketiert, korreliert mit der erotischen Anziehung. Die Darstellerin gibt sich scheinbar unschuldig und naiv einem männlichen und wissenden Betrachter hin, der aus der Tugend und dem Untergang einen mitleidigen und zugleich voyeuristischen Lustgewinn ziehen kann.[163] So steht nicht zuletzt die Prüfung der Unschuld an ihren unwillkürlichen körperlichen Reaktionen im Mittelpunkt des bürgerlichen Trauerspiels wie auch des Auftritts von *lonelygirl15*; und erst in dieser Prüfung, dem szenischen Opfer und der rhetorischen Denunziation der Darstellerin, gewinnt das männliche Subjekt seine reaktualisierte Autonomie.[164] Deutlich zeichnet sich dieses Modell gerade dort ab, wo es unterwandert und hinterfragt wird. Denn *lonelygirl15* wurde auf *YouTube* zu einer viel-zitierten, imitierten und persfilierten Figur, die neben unzähligen naiven Nachahmungen auch kritische und pointierte szenische Kommentare hervorgerufen hat.[165]

161 Diderot, 1758.

162 Vgl. ebd., S.41.

163 Vgl. Marian Hobson: The Object of Art. The Theory of Illusion in 18th Century France, Cambridge 1982, S.190, zit. n. Heeg: Das Phantasma der natürlichen Gestalt, S.82.

164 Vgl. ebd., S.30. Heeg spricht von der »Konstitution und Selbstdarstellung des Subjekts durch die Ordnung und Repräsentation des Begehrens«.

165 Vgl. u.a. auch: bjoernclausen: ›Re: lonelygirl15 Audition (lonelyGAY15)‹, 13.2.2007, http://www.YouTube.com/watch?v=eGjN-xMA7ik

Am 21. September 2006 stellt Christine Gambito auf ihrem Kanal *HappySlip* ein Video mit dem Titel *lonelygirl15 audition*[166] ins Netz, das schon deshalb interessant ist, weil Gambito fast in jeder Hinsicht das Gegenteil von *lonelygirl15* darstellt. Gambito ist eine amerikanische Schauspielerin philippinischer Abstammung und mit selbstproduzierten Videos bekannt geworden, in denen sie regelmäßig in die Rollen diverser Familienmitglieder schlüpft und sich selbstironisch und humorvoll mit der Internetkultur auseinandersetzt. Es seien Gerüchte aufgetaucht, dass auch sie eine Schauspielerin wäre, eröffnet sie das Video und gesteht, dass sie nicht nur eine Schauspielerin sei, sondern auch selbst für die Rolle von *lonelygirl15* vorgesprochen habe. Die nächste Einstellung zeigt sie beim Vorsprechen vor der Kamera als selbstbewusste urbane Frau mit ausgefallener Frisur, lässig Kaugummi kauend. Die Stimme der Produzentin im Hintergrund (ebenfalls Gambito) korrigiert: »Way too fancy«, das Haar »too wacky«, »way too much makeup«. Das Zeug von den Augen soll runter, es muss alles natürlicher aussehen, und der Ring muss natürlich abgenommen werden. Es folgen mehrere Probeaufnahmen, in denen Gambito mit der ihr eigenen expressiven, lebhaften und spielerischen Mimik eine *lonelygirl15* Szene kopiert. Die Produzentin im Hintergrund ist nicht begeistert. Zuerst heißt es »more cheery«, es sei zu hip, dann: »cheery, but not over the top«, »natural, but not boring«, »engaging«, »way down, honey«. Immer ist Gambito zu expressiv, ist ihr Spiel zu spielerisch, zu wenig naturalistisch. Sie trifft den Ton nicht und lässt in dem Kontrast mit ihrer expressiven Spielweise die für das Internet merkwürdig mimetische Spielweise und das antiquierte Frauenbild von *lonelygirl15* deutlich hervortreten.

Abbildung 35: Christine Gambito

Ähnlich kritisch, wenn auch weniger subtil, wird die Figur in einem Clip von *LisaNova* dargestellt, die ähnlich wie Christine Gambito das Comedy-Genre professionell bedient und dafür eine Anzahl verschiedener Figuren entwickelt hat. Nachgestellt wird der Fernsehbericht auf NBC über die Macher von *lonelygirl15*.[167] Gezeigt werden in Analogie zum Original drei junge Männer, die sich in ersichtlich halbherzig nachgestellten Fernsehszenen selbst loben und sich in einer unglücklichen Interview-Situation auf einem allzu engen Sofa in Szene setzen und für ihre großartigen Dialoge beglückwün-

166 http://www.YouTube.com/watch?v=1vj05Ngiy30

167 LisaNova: ›LisaNova Does Lonelygirl15‹, 15.9.06, http://www.YouTube.com/watch?v=-6XCQTSI4djM.

schen. Die Darstellerin hingegen ist ein leicht dementes Mädchen, das mit groß aufgerissenen Augen immerzu nickt, lacht und nur »blablahblah« und »wiwiwi« hervorzubringen imstande ist. Von einer Bildungsgeschichte schwärmen die Macher, von einer immensen Entwicklung, die die Figur durchgemacht hätte, von einer wahrhaftigen Erzählung, die realer als real sei, fabulieren sie und streiten sich darüber, wer auf die großartige Idee gekommen sei, dass es ein junges Mächen sein sollte, wer auf das Schlafzimmer, und wer die Idee gehabt habe, dass sie einsam sein sollte. »Originally I wanted her tied up«, gibt einer zu verstehen. Diejenige, über die gesprochen wird, schaut von unten unterwürfig zur Kamera hoch, fiepst und wimmert, beißt sich auf die Lippe und reißt die Augen auf. »Du bleibst hier«, heißt es barsch, als die Macher zum Mittagessen gehen. Die Kritik ist offensichtlich und zeigt deutlich auf, inwiefern die Konstruktion der Figur des jungen Mädchens als Unschuld mit der Dramatisierung und Kommerzialisierung des Mediums einerseits und der Bestätigung eines männlichen Blicks verbunden ist.

Das verkappte Jungfrauen-Opfer des bürgerlichen Trauerspiels wiederholt sich so als mediales Ritual im Internet[168] – und steht auch hier, wie im 18. Jahrhundert, ganz im Zeichen der Institutionalisierung einer Praxis des Auftretens, die den Körper dem Charakter unterwirft, das Äußere auf ein Inneres fixiert und damit die Gemachtheit des Auftritts im Zeichen von Natürlichkeit zu negieren versucht. Ähnlich wie das bürgerliche Trauerspiel die selbstbeherrschte Empfindsamkeit des Bürgerideals zu exemplifizieren und zu trainieren hilft, so vollzieht sich auch hier das *Erwachsenwerden* des Mediums, von dem *Wired* berichtet, als Institutionalisierung einer neuen Spielweise durch die Gemeinschaftsbildung mit einer verkappten Opferhandlung.[169] Der Auftritt im Internet kommt – mit anderen Worten – auch am Anfang des 21. Jahrhunderts entgegen aller futuristischen Visionen und Beschwörungen des ganz und gar Neuen im nur allzu altbekannten Gewand der natürlichen Gestalt daher. Dieses Gewand aber ist auf den konfigurativen Zugriff der Benutzer ausgelegt, es verbirgt sich dahinter kein Kern und keine Innerlichkeit mehr. Die Unschuld ist im Zeitalter der Interaktivität personalisierbar geworden.

168 Vgl. ebd., S.93. Zum Opfer vgl. v.a. Girard: Das Heilige und die Gewalt.

169 Vgl. Heeg: Das Phantasma der natürlichen Gestalt, S.176, sowie S.298: Die dargestellte Handlung wiederhole den rituellen Exorzismus und das Opfer des Weiblichen, das »der Schauspieler als Opfer des Affekts im Prozess der Darstellung gebracht habe«.

5. Der Rest des Schweigens

Theatralität 2.0?

»Die ›Botschaft‹ der Vertreter des Harlekin-Prinzips bestand häufig allein in ihrem *Auftreten*«,[1] hat Rudolf Münz in Hinblick auf jenes *andere* Theater festgestellt, das abseits von Architekturen und Literaturen in großem Maßstab dem Vergessen anheim gegeben wurde. Der Harlekin aber, der kein menschliches Double ist und ohne Subjektivität auskommt, wird damit nicht nur als renitenter Antipode des bürgerlichen Trauerspiels rehabilitiert, sondern zugleich auch als Denkfigur von Theater und Theatralität entworfen. Denn der Auftritt des Harlekins, als Vertreter eines *theatralen Prinzips*, hat keine Botschaft, die sich *in* Medien kapseln lässt oder aber *als* das Medium selbst entpuppt – die Botschaft des Harlekins ist sein Auftritt, besser gesagt: sein Auf*treten*, d.h. jene theatrale *Praxis*, die den Harlekin als Figur aus der Unterscheidung von Akteuren und Publikum erst hervorgehen lässt. Jenseits von bedeutenden Werken und technischen Bedingtheiten spielt sich der Auftritt des Harlekins als ein Komplex aus kulturell kontingenten und konventionalisierten Praktiken in tradierten und variierten Formen ab: Die rhetorische Figur, die natürliche Gestalt oder der personalisierte Avatar sind andere Manifestationen solch theatraler Auftrittsformen, in denen sich ebenfalls weniger ein Abbild des Menschen offenbart als vielmehr ein gesellschaftlicher Modus der Gesellung, Schaustellung und Unterscheidung.

Was eine solche Analyse von Auftritten jedoch offen lässt, ist die Frage, wie sich die verschiedenen Arten des Auftretens in einer Gesellschaft zueinander verhalten. Wie lässt sich von Auftritten auf die Gesellschaft schließen, wenn nicht davon auszugehen ist, das Auftritte die Gesellschaft abbilden oder aber die Auftritte nur eine Funktion der Gesellschaft sind? Als Bindeglied zwischen Ostentatio und Sozialität dient in der Theaterwissenschaft traditionell das *Subjekt*. Theater im engeren Sinn oder Auftritte im weiteren trainieren und exemplifizieren historisch kontingente Subjektmodelle – so lässt sich das theoretische Modell zusammenfassen. Einerseits erscheint die Figur als körperlich ausgestelltes und verklärtes Exempel eines spezifischen Subjektideals; andererseits wird die Praxis des Auftritts selbst, die theatrale Aktion und Rezeption, als konstitutives Trainingsfeld von Subjektivität in der Wechselwirkung kultureller und

---

1 Rudolf Münz: ›Das Harlekin-Prinzip‹, in: Theatralität und Theater. Zur Historiographie von Theatralitätsgefügen, hg. v. R. Münz et al., Berlin 1998, S.60-65, hier: S.62.

medialer Praktiken begreifbar. Allen voran das bürgerliche Theater erscheint aus dieser Perspektive als der Apparat einer Gesellschaft, die die Welt zu lesen gelernt hat und den Menschen in diesem Sinne neu erfindet: Die Konzentration des Zuschauers entspricht derjenigen des Lesers, die theatrale Sensibilität korrespondiert mit der familiären, und die moralischen Werte spiegeln die Notwendigkeiten des Kreditgeschäfts. Und so findet sich das bürgerliche Subjekt nicht nur als imaginäres Ideal-Ich unter dem Portal wieder, sondern wird erst in den habitualisierten Praktiken der Produktion und Rezeption lebendig.

In der Fortführung dieses Modells liesse sich dann der Auftritt im Internet als Idealbild und Spielwiese eines postmodernen Kreativsubjektes verstehen, das aus dem Übergang von der Angestellten- zur Agenturkultur entsteht, und in der das ›Ich‹ als ›Du‹ daherkommt. »Person of the Year: You«[2], titelte das Time Magazine im Dezember 2006, und Der Spiegel legte mit ›Du bist das Netz‹[3] im gleichen Jahr nach.

»It's a story about community and collaboration on a scale never seen before. [...] It's about the many wrestling power from the few and helping one another for nothing and how that will not only change the wolrd, but also change the way the world changes. [...] We're looking at an explosion of productivity and innovation, and it's just getting started, as millions of minds that would otherwise have drowned in obscurity get backhauled into the global intellectiual economy. Who are these people? [...] Who has the time and that energy and that passion? The answer is, you do.«[4]

Dieses ›Du‹ der neuen Medien ist der Hoffnungsträger der Informationsgesellschaft, das Versprechen, nicht in Vergessenheit zu geraten, die Rückkehr des Einzelnen in eine individualisierte Gemeinschaft durch fröhliche Selbstentäußerung, und hat ihre politische Verwirklichung in jenem ›Du‹ gefunden, das Barack Obama seinen Wählern 2008 angeboten hat: »This election has never been about me«, lautete die zentrale Botschaft des Kandidaten, »It's about you.«[5] Wie die neuen Medien versprach auch Obama einen grundlegenden Wandel, der nicht nur die Welt verändern sollte, sondern auch die Art und Weise, wie sich die Welt verändert. Inhalte oder Personen tauchten nur am Rande des Wahlprogramms auf, dessen Mittelpunkt das Versprechen einer wiederhergestellte Teilnahme am politischen Prozess war: »I'm asking you to believe. Not just in my ability to bring about real change [...] – I'm asking you to believe in yours«, lautete die Forderung bei einem Wahlkampf-Auftritt in Illinois. Die Werbung für das *Ich* kommt sprachlich als Glaube an das *Du* daher. Es sind keine künftigen Taten des Kandidaten, mit denen geworben wird, sondern die Hoffnung auf eine nicht näher benannte

2 Time Magazine vom 13.12.2006.

3 Der Spiegel 29/2006, S. 60.

4 Lev Grossman: ›Time's Person of the Year: You‹, Time Magazine vom 13.12.2006.

5 Ebd.

Veränderung, die ein neues Wir durch seine aktive Partizipation hervorbringen soll.[6] Es ist der Mythos der Interaktivität, der hier wiederkehrt, der Traum von einem bidirektionalen Kommunikationsapparat, der die Gesellschaft von Empfang auf Sendung umstellt und die spektakuläre Entfremdung ohne die mühsamen Umwege der aufgeklärten Buchkultur zu überwinden imstande ist.[7]

---

6 Viele Menschen in Amerika hätten den Glauben an die Politik verloren, attestiert Obama in einem Videoblog, der sich an die YouTube-Community richtet, aber er nehme zugleich einen Hunger nach Veränderung wahr: »people want to make a difference«, und das heißt: »they want to get involved.« Was Obama daher von den Zuschauern fordert, für »uns«, für »unserer Land« zu tun, ist ihre Geschichte zu teilen: »to start sharing your story.« http://www.YouTube.com/watch?v=Tk3hpVt8Nfk&feature=channel. Es ist das Versprechen, die Kommunikationskanäle in die andere Richtung zu öffnen, den Wähler als Sender statt als Empfänger zu verstehen und all den verstreuten Ichs, aus denen sich das amerikanische Wir zusammensetzt, Beachtung zu schenken. Es sei zwar nur Theater, aber recht gutes. Denn nichts sei wichtiger im Theater als die Interaktion zwischen Darstellern und Zuschauern, als das Hin und Her der Emotionen zwischen Bühne und Zuschauerraum, und für dieses »Feedback« gebe es kein besseres Beispiel als die Inauguration des 44. Präsidenten der Vereinigten Staaten von Amerika – schreibt die Los Angeles Times im Januar 2009.(Vgl. Charles McNulty: ›Inauguration of Barack Obama gives public theater a much needed lift‹, Los Angeles Times vom 21.1.2009.) Die vierte Wand werde durchbrochen und die Zuschauer in die Aufführung miteinbezogen und so fälschlicherweise glauben gemacht, sie wären an den dargestellten politischen Handlungen beteiligt, heißt es in einem Blog im Mai desselben Jahres. (Vgl. den Eintrag von murphy am 6.5.2009 unter http://pumapac.org/2009/05/06/barack-obama-is-political-theater/.)

7 Vgl. Michael Trautmann/Frank Striefler: ›Das Geheimnis der Marke Obama‹, http://www.harvardbusinessmanager.de/strategien/artikel/a-601026.html und http://www-.fastforwardblog.com/2008/03/05/how-obama-is-using-web-and-enterprise-20-in-the-us-pri mary-campaign; ›Vergleich: Obama-Kampagne und deutscher Internetwahlkampf‹, 6.11.2008, http://www.netzpolitik.org/2008/vergleich-obama-kampagne-und-deutscher -internetwahlkampf/; Daniel Nations: ›How Barack Obama Is Using Web 2.0 to Run for President‹ http://webtrends.about.com/od/web20/a/obama-web.htm; Felix Knoke: ›Obama will per Web 2.0 regieren‹, 7.1.2008, Spiegel-Online, http://www.spiegel.de/netzwelt/web/-0,1518,589059,00.html. – Den Fernsehpolitiker Kennedy konnte man als Privatperson auf Sendung beobachten und sich als Starschnitt an die Wand hängen, Barack Obama ließ sich im sozialen Netzwerk als Freund gewinnen und hielt seine potentiellen Wähler über Emails und SMS auf dem Laufenden. Der Kandidat stellte sich als nach individuellen Präferenzen konfigurierbarer Content-Provider dar. Auf myBarackObama.com ließ sich der Kandidat nach individuellen Präferenzen konfigurieren und personalisieren. und er verspricht Transparenz, direkte Erreichbarkeit und Überwachung. – Was er tut, soll jederzeit einsehbar sein: Die Rezeption fand nicht mehr im Modus massenmedialer Projektion, der Identifikation der vielen Ähnlichen mit dem einen Repräsentanten statt, sondern im Modus der Konfiguration.

Wenn aber die *Person* des Jahres, die die Botschaft des neuen Mediums ist, Du bist, dann lässt das auch die *Persönlichkeit*, die ich so lange war, nicht kalt, denn dieses Du, das ich jetzt bin, hat – anders als der Pudel – keinen Kern. Mit der Person des Jahres ›Du‹ weicht die Persönlichkeit der Personalisierung.[8] So wie *Hamlet on the Street* vermisst die Figur, die aus dem Auftritt im Internet hervorgeht, eine Tiefe, die auf Ausdruck wartet, sondern konstituiert sich wie Mahir Cagri und Jennifer Ringley nur noch im Modus der Rückkopplung. Die Maske, die in der Moderne zum Gesicht geworden ist, weicht dem *Facebook*, das zugleich mit dem Erlebnis und der Veröffentlichung des Selbst lockt. Das personalisierte Selbst wählt und wird selbst zum Gegenstand der Wahl, es gestaltet sich seine Figuren, wie es sich selbst der Wahl zur Verfügung stellt, wird selbst zum User, muss Benutzerfreundlichkeit garantieren und sich in Ratings beweisen. Sein Auftritt als Profiseller und Profilersteller, als Datenversorger und Marktteilnehmer klinkt sich in die Kreisläufe der Informationsverwertung ein.

Aus der Persönlichkeit, die sich durch die literarisch geschulte Beobachtung des Selbst und die Beherrschung des Körpers auf eine einzigartige Individualität besinnt und sich als eine »fokussierbare, reflektierbare und gestaltbare Sinneinheit«[9] entwirft, die es von der sozialen Mitwelt und den metaphysischen Bezügen unabhängig macht, wird ein personalisiertes Subjekt.[10] Als expressives Selbst und Kreativsubjekt hat Andreas Reckwitz dieses Subjektmodell der Postmoderne, das vom individualästhetischen Konsum und einem *Optionalitätshabitus* geprägt wird, zusammenfassend beschrie-

Die vermeintliche Oberflächlichkeit des Kandidaten ist nur ein Reflex dieser veränderten medialen Auftrittspraxis: Seine Botschaft war das Medium, besser gesagt: der Mythos des Mediums, das Versprechen, nichts darzustellen und alles sein zu können. Als schwarzer Präsident scheint Obama nur so weit möglich zu sein, insofern er seiner Hauptfarbe die Bedeutung abspricht. Als Demokrat hätte er auch Republikaner sein können, Hussein heißt er nur, um umso christlicher sein zu können. Ein Gottesdienst zur Inauguration wird von einem explizit homophoben Priester (Rick Warren), ein anderer von einem offen schwulen (Gene Robinson) geleitet. Vgl. Times-Online, 12.1.2009, http://www.timesonline.co.uk /tol/comment/faith/article5504882.ece.

8 Vgl. auch Tilmann Sutter: ›'Interaktivität' neuer Medien – Illusion und Wirklichkeit aus Sicht einer soziologischen Kommunikationsanalyse‹, in: Weltweite Welten. Internet-Figurationen aus wissenssoziologischer Perspektive, hg. v. H. Willems, Wiesbaden 2008, S.57-73, hier: S.68: »Personalisierung wird zum Merkmal der Interaktivität neuer Kommunikationsformen, die eine individuelle Gestaltbarkeit der Texte erlauben.«

9 Reckwitz: ›Das hybride Subjekt‹, S.168.

10 Vgl. auch ders.: ›Unscharfe Grenzen‹, S.225f und 168; sowie Stephen Greenblatt: Renaissance Self-fashioning. From More to Shakespeare, Chicago 1980. In der Soziologie wird das Subjekt traditionell als Resultat von moderner Rationalisierung (Weber, Durkheim, Habermas), Ausdifferenzierung (Luhmann) oder Disziplinierung (Foucault) verstanden.

ben:[11] Denn so wie es sich in Wahlakten konstituiert, ist es zugleich selbst beständig das Objekt von Wahlakten:[12] »Der Umgang mit dem Computer übt das Subjekt exakt in jener doppelten ästhetisch-experimentellen wie elektiv-marktförmigen Praxis, wie sie die gesamte spätmoderne Lebensform charakterisiert.«[13]

Wie die Avatare in den Sims und die Profile in den sozialen Netzwerken setzt sich dieses personalisierte Selbst aus optionalen Wahlmöglichkeiten zusammen.[14] Andererseits ist es von Figuren umgeben, die sich bedeutungsoffen seiner Auswahl zur Verfügung stellen. Das Profil wird das, was für den Bürger sein Amt und seine Familie war: Die ursprünglichen bürgerlichen Tugenden und Fähigkeiten – der vertrauten Dialogozität, der moralischen Selbstidentität und rationalen Entscheidungsfindung, die nicht zuletzt aus den ökonomischen Notwendigkeiten der neuen Schichten erwuchsen – setzen sich in der Profilbildung fort. Und so steht, wie Andreas Reckwitz deutlich gemacht hat, auch das postmoderne Subjekt noch in der Tradition des bürgerlichen Vorgängermodells.[15]

Die Figuren aber, die aus dieser Subjektkultur hervorgehen, scheinen ihre Substanz verloren zu haben. Sie sind keine idealisierten Nachbildungen von Subjekten mehr, wie sie sich vom bürgerlichen Theater bis nach Hollywood gehalten haben sondern funktionale und symbolische Stellvertreter. Die Avatare in den *Sims*, in *World of Warcraft* oder *Tomb Raider* sind ähnlich wie die Auftritte von Jennifer Ringley oder Mahir Cagri keine Subjektmodelle mehr. Auch wenn sie wie Menschen aussehen, auch wenn sie

11 Andreas Reckwitz unterscheidet in seinem historischen Abriss der Subjektformen zwischen dem moralischen, souveränen und rationalen Charakter des bürgerlichen Subjekts, der sozial und ästhetisch extrovertierten Persönlichkeit des Angestelltensubjekts und dem kreativ-konsumtorischen Selbst mit Optionalitätshabitus der Creative Class (Vgl. Reckwitz: ›Unscharfe Grenzen‹, S.15).

12 Vgl. Eva Illouz: Der Konsum der Romantik. Liebe und kulturelle Widersprüche des Kapitalismus, Frankfurt a.M. 2003, Mike Featherstone: Consumer culture and postmodernism, London/Newbury Park 1991.

13 Reckwitz: ›Unscharfe Grenzen‹, S.173.

14 Vgl. Bernd Graff: ›Das neue Profil des Menschen‹, in: Süddeutsche Zeitung Nr. 126 vom 5./6.6.2010: »Denn das Paradox der Google-Facebook-Welt besagt zwar, dass nicht ich für sie bedeutend bin oder irgendein anderes Ich bedeutend wäre, obwohl sie alles von uns erfahren wollen. Bedeutend ist für sie immer nur ›die ganze Welt‹, also die große Zahl der Ichs, von denen sie alles wissen müssen, damit ihre Rechner Muster erkennen können. Und Profile von uns erstellen, die nicht einnmal wir selber kennen. Diesseits dieser Welt aber muss ich die Bedeutung, meine Bedeutung, behaupten und unvermindert verteidigen. Andernfalls wird das Ich zur bewusstlosen Ware.«

15 Es ist nicht zuletzt die wirtschaftliche Existenz des Subjekts, die hier mit reinspielt: Die Ich-Inszenierung im Netz ist »nicht Ergebnis von Exhibitionismus, sondern Ausdruck von wirtschaftlicher Vernunft«, schreibt Dirk von Gehlen (Dirk von Gehlen: ›Das Ego geht online‹, Süddeutsche Zeitung vom 5./6.Juni 2010, Nr. 126, S.15).

wie *lonelygirl15* das bürgerliche Subjektideal im wiederholten Opfer am Leben zu halten versuchen, so sind sie es längst nicht mehr. Nicht weil sie es wie aristokratische oder volkstümliche Repräsentationen an Natürlichkeit vermissen ließen, sondern weil sie ihre innere Substanz zugunsten der kollektiven Konfigurierbarkeit eingebüßt haben. Selbst dort, wo sie die Traditionen der Menschendarstellung wiederbeleben und mit der dramatischen Disziplinierung der zur Schau gestellten Körper an das moderne Projekt der Schaffung eines (neuen) Menschen aus dem Geiste der bürgerlichen Tugenden anknüpfen, bleiben sie doch nur die symbolischen Stellvertreter merkwürdig medialer Rituale.[16]

Der Versuch, die Figur auf den Reflex von Subjektivität zu reduzieren, schlägt fehl, weil die Spiegelmetapher und das Rollenspiel den Auftritt auf seine repräsentative Funktion reduzieren und ihnen das normative Modell eingeschrieben bleibt. Die Figuren aber, die hier auftreten, sind eben nie modern gewesen und erschließen sich nicht als mimetische Gestalten und bleiben rhetorisch. Jenseits von A als B vor C wird Figuration durch *Clicks* und *Comments* einerseits kollektiviert und andererseits als Technik des Selbst privatisiert. So wird der Auftritt im Internet zu einem konfigurativen Privattheater, das den Anschein des Menschlichen im wiederholten Opfer der Unschuld wahrt und das Theatrale nur noch simuliert.

Aber diese Vorstellung vom Auftritt als idealtypischer Subjektivation und von der Figur als Subjektideal läuft Gefahr, selbst der Rhetorik des Auftritts zu erliegen und jene transfigurative Verklärung der Figur, die dem Auftritt zugrunde liegt, unhinterfragt zu übernehmen. Mit anderen Worten: Wer überlegt, wieso Emilia das tut, was sie tut, hat bereits vorausgesetzt, dass ihre Handlungen begründet sind und dass es *ihre* Handlungen sind, die sich begründen lassen – dass es tatsächlich eine Person ist, die hier die Bühne betritt; und wer glaubt, dass Hamlet ein Subjekt und kein Clown ist, wird in den von Shakespeare überlieferten Texten kaum das elisabethanische Publikum entdecken, dem diese Worte galten, sondern einzig und allein jene tiefe Innerlichkeit, die das Phantasma der Persönlichkeit heraufbeschwört. Die Kategorie des Subjekts, so kontingent man es auch immer setzen mag, so sehr man seine Widersprüchlichkeit und Gemachtheit auch betont, legt doch immer die kleinste Einheit fest, drückt einen Fokus und eine Präferenz aus und kommt von der Moderne nicht los.[17] Wo die Figur auf das Subjekt festgelegt wird, treten der Chor und das Publikum nur noch als eine Vielfachheit von Individuen auf, und die Unterscheidung, die der Auftritt macht, rückt als transparente Gegebenheit aus dem Sichtfeld.

Wenn aber das, was da auftritt, nur als Mensch erscheint, weil wir einen lebenden Körper nicht anders zu denken gewohnt sind, obwohl es eigentlich ein Fetisch, Phallus oder eine Hostie ist; wenn selbst Emilia nicht nur die Unschuld ist, sondern auch das Opferlamm; wenn der Auftritt sich als ähnlich selbstlos wie unmodern erweist – dann

16 Vgl. Reckwitz: ›Das hybride Subjekt‹, S.176.

17 Vgl. Reckwitz: ›Das hybride Subjekt‹, S.26: »Die Moderne ist jene Kultur, die das Subjekt kontingent setzt.«

kann es dienlich sein, sich von Subjekt und Subjektivität vorübergehend zu verabschieden, um eben jenes in den Blick zu kriegen, was auch am aufgeklärten Auftritt vielleicht nie modern gewesen ist. Lässt man aber diese Vorstellung fallen, die die Figur auf das Subjekt festlegt, dann stellt sich auch die Frage nach dem theoretischen Brückenschlag zwischen Auftritt und Gesellschaft noch einmal neu. Denn wenn Theater sich eben nicht darauf beschränkt, jene moderne Selbstvergewisserungsanstalt der Kunst zu sein, die das 18. Jahrhundert im Zentrum der Gesellschaft institutionalisiert hat, dann bleibt offen, wie sich jene Myriade von theatralen Phänomena sinnvoll auf den Begriff bringen lassen, ohne sich in den endlosen Weiten der Theatermetapher zu verlieren und Theatralität zum Paradigma von Allem und Nichts auszurufen.

Diese Erkenntnis, dass das europäische Kunsttheater, wie es sich seit dem 18. Jahrhundert herausgebildet hatte, eher als Sonderfall denn als Regel betrachtet werden muss, ist es, die im Zentrum der Überlegungen zu Theatralität als einem historisch kontingenten Gefüge steht, wie es in den 80er Jahren maßgeblich von Rudolf Münz entwickelt wurde.[18] Theaterkunst im engeren Sinne wurde als ausdifferenzierte Form eines vielfältigeren Phänomens erkennbar, das sich in weit größerem Maßstab in einem *außerkünstlerischen* Bereich abspielte. Politische, religiöse und mediale Schaustellungen, Zeremonien, Paraden, Versammlungen, aber auch die Alltäglichkeit von Darstellungsvorgängen auf Straßen und Marktplätzen gerieten als ein »Theater« in Anführungszeichen in den Blick, ein Alltags- oder Lebenstheater, das in engerer Beziehung zum Kunsttheater zu stehen schien, als man es bisher anzunehmen gewagt hatte.[19] Das Theater der Kunst schien ganz im Gegenteil fest verwurzelt zu sein in den Formen eines primären ›Theaters‹ der Gesellschaft, der Politik, Religion oder Medizin, in dem Macht, Normen und Grenzen versinnlicht, Krisen bewältigt und Gemeinschaften gebildet wurden und das sich aus Feiern, Festen und Ritualen entwickelt hatte.[20] – Zwei grundsätzlich verschiedene Umgangsformen mit den Potentialen von »Theater« ließen sich dabei im Vergleich unterschiedlicher Kulturen und Epochen beobachten:

1. »die generelle Ablehnung jeglicher ›Theaterei‹ (als Kunst ebenso wie im Alltag) und Lobpreisung der Zeiten von Nicht-Theater mit dem Ideal der Identitäts-Realisierung«;[21]

---

18 Vgl. Rudolf Münz: ›Theatralität und Theater‹, in: Wissenschaftliche Beiträge der Theaterhochschule Hans Otto, Leipzig 1989, S.5-20; ders.: ›Das Leipziger Theatralitätskonzept als methodisches Prinzip der Historiographie älteren Theaters‹, in: Arbeitsfelder der Theaterwissenschaft, Tübingen 1994, S.15-42; ders.: ›'Ein Kadaver den es noch zu töten gilt.' Das Leipziger Theatralitätskonzept als methodisches Prinzip der Historiographie älteren Theaters‹, in: Theatralität und Theater. Zur Historiographie von Theatralitätsgefügen, Berlin 1998, S.82-103.

19 Vgl. Münz: ›Theatralität und Theater‹, S.69.

20 Hulfeld: Zähmung der Masken, S.400.

21 Münz: ›Theatralität und Theater‹, S.69.

2. »die Konzipierung eines Strukturtyps von ›Theater‹, der Theater und »Theater« bewusst entgegensteht, der [sich »betont und bewusst ›unnatürlich‹, d.h. supra-artifiziell« gibt, und] das ›Theatralische‹ beider kritisch durchleuchtet, ›entlarvt‹, wozu er sich überwiegend der Maske bedient.«[22]

Dem ausdifferenzierten Kunst-Theater, das sich in Abgrenzung zu einem vielfältigen und allgegenwärtigen »Theater« der Gesellschaft etabliert, standen zwei weitere *Spielarten* von Theater entgegen: Einerseits die Restriktionen und Reglementierungen eines diskursiven *Nicht-Theaters*, andererseits die Enthüllungen und Verkehrungen eines spielerischen ›Theaters‹ der Masken.[23] Eben das kontingente Gefüge aus diesen vier Spielarten von Theater, ihre Gewichtungen und Wechselwirkungen versucht das Theatralitätsmodell von Rudolf Münz in seinen historischen Wandlungen zu fassen – und kann von daher auch als Ausgangspunkt für eine ›symmetrische‹ Theaterwissenschaft verstanden werden, die das universalistische Modell der Moderne und ihrer Subjekte entschieden relativiert.[24] Denn dort, wo das Kunsttheater als historischer Sonderfall erkannt wird, treten auch seine vormodernen Züge hervor.

Aber lässt sich dieses Modell, das Rudolf Münz in Bezug auf die Geschichte älteren Theaters entwickelt hat, auch auf die postindustrielle(n)[25] und postfordistische(n)[26], hoch-, spät oder postmoderne(n) Gesellschafte(n) beziehen? Passt sich die ›postspektakuläre‹ Theatralität der Risiko-, Multioptions-, Erlebnis- oder Informationsgesellschaft[27] noch in dieses relationale Quadrupel aus Theater, »Theater«, ›Theater‹ und Nicht-Theater ein – oder widersetzt sich die Komplexität der hochdifferenzierten Gesellschaften einem Modell, das aus dieser Perspektive selbst als historisch erscheint? Eignet sich dieses Modell, das in Hinblick auf die Historiographie älteren Theaters entstand, wirklich noch für eine Auseinandersetzung mit der Theatralität der neuen Medien? Einerseits lässt sich diese Frage klar verneinen, denn offensichtlich lassen sich keine klaren Grenzen zwischen den Spielarten des Theatralen mehr ziehen, andererseits jedoch bleibt das Modell als ein historischer Bezugspunkt und eine heuristische Größe hoch aktuell, denn auch wenn es beispielsweise keine Maskenspiele mehr zu geben scheint, die sich noch längere Zeit als ein Theater der Verkehrung gegenüber denen des

22 Ebd.

23 Ebd., S.99.

24 Vgl. Latour: ›Wir sind nie modern gewesen‹.

25 Vgl. Daniel Bell: The Coming of Post-industrial Society, New York 1973; Michael J. Piore/Charles F. Sabel: The Second Industrial Divide. Possibilities for Prosperity, New York 1984.

26 Vgl. Alain Lipietz: Towards a New Economic Order . Postfordism, Ecology, and Democracy, New York 1992.

27 Vgl. Ulrich Beck: Risikogesellschaft. Auf dem Weg in eine andere Moderne, Frankfurt am Main 1986; Peter Gross (1994): Die Multioptionsgesellschaft, Frankfurt a.M. 1994; Schulze: Die Erlebnisgesellschaft; Manuel Castells: The Rise of the Network Society. The Information Age: Economy, Society and Culture, Bd.1, Cambridge/Oxford 1996.

Alltags und der Kunst behaupten können, so lassen sich doch die entsprechenden Praktiken und Strategien der Verkehrung in unterschiedlichsten kulturellen Phänomenen wiederfinden.

Wenn man die Ergebnisse der vorliegenden Untersuchung auf dieses relationale Theatralitätsmodell bezieht, dann fällt zuerst einmal auf, dass das »Theater« des Alltags dabei ist, zu großen Teilen in die neuen Medien abzuwandern und zunehmend von deren technischen Vorgaben geprägt wird. In den Konfigurationen der neuen Medien wandelt sich das öffentliche Auftreten zu medialen Techniken des Selbst, die in der Unterscheidung zwischen Mensch und Maschine die Netzwerke mit personalisierten Stellvertretern bevölkern. Die technische Unwahrscheinlichkeit des Schweigens führt zu jenem Rückzug des Stadtlichts, das den Cyberspace hervorbringt, indem es die Differenz zwischen Akteuren und Publikum überbrückt und die Angst vor der Entblößung des Selbst zugunsten der Lust an seiner Konfiguration überwindet. Damit aber bildet sich auch jene Differenzierung zurück, die als Keimzelle des Theaters die theatrale Schau im Rahmen einer gesellschaftskonstituierenden Öffentlichkeit begründet.

Denn wenn im Gegensatz zu Spiel und Fest das, »was man auf griechisch schlicht die ›Schau‹ nennt, théa«, erst mit »den wachsenden Bevölkerungszahlen in den entstehenden Städten« an Bedeutung gewinnt – wie Rudolf Münz vermutet hat –,[28] dann scheint auch umgekehrt mit dem Rückzug des Stadtlichts und dem Schrumpfen der Städte die Schau wieder an Bedeutung zu verlieren und neuen Formen der Gemeinschaftsbildung in medialen Ritualen zu weichen. Aus der *Szene* im Sinne eines herausgehobenen Bühnengeschehens, in dessen Gegenüber sich ein *Publikum* durch die geteilte Aufmerksamkeit auf den gleichen Gegenstand konstituiert, ist die Szene als interessegeleitetes Netzwerk geworden, das sich in der geteilten körperlichen und medialen Selbststilisierung des eigenen Auftretens symbolisch als eine nach außen abgegrenzte Gemeinschaft konstituiert.[29] Anders gesagt: wenn die Spiele in segmentär dif-

28 Münz: ›Theatralität und Theater‹, S.68.

29 Ronald Hitzler/Arne Niederbacher: Leben in Szenen. Formen jugendlicher Vergemeinschaftung heute, Wiesbaden 2005, S.20. Hitzler begreift Szenen als »[t]hematisch fokussierte Netzwerke von Personen, die bestimmte materiale und/oder mentale Formen der kollektiven Selbststilisierung teilen und Gemeinsamkeiten an typischen Orten und zu typischen Zeiten interaktive stabilisieren und weiterentwickeln« (S.21). »Partizipation an einer Szene bedeutet insofern also vor allem kommunikative und interaktive Präsenz des Akteurs« (S.21). Damit werde auch die Abgrenzung zum Publikum deutlich, welches sich lediglich durch den gleichzeitigen Konsum eines bestimmten »Erlebnisangebots« ausweise (S.22). Allerdings kämen Szenen ohne Publikum nicht aus, denn sie würden qua » ›Auftritte‹ von (allen) Szenegängern – immer wieder von Neuem – ›in Szene gesetzt‹« (S.22). Rohmann zitierend führt Hitzler aus: Das Theaterpublikum bilde keine Szene, sondern eine gleichgestimmte Menge. Vgl. Gabriele Rohmann: Spasskultur im Widerspruch: Skinheads in Berlin, Bad Tölz 1999, S.23: »Schenkt man aber seine Aufmerksamkeit nicht nur der Aufführung,

ferenzierten Gesellschaften an den heiligen Orten einer Gemeinschaft stattfinden, die stratifikatorische Differenzierung schichtspezifische Spiele in Palästen und auf Marktplätzen hervorbringt, und wenn mit der funktionalen Differenzierung jene Spiele vom bürgerlichen Theater bis zur *Gameshow* entstehen, die im Kontext medialer Öffentlichkeiten angesiedelt sind – wie Udo Thiedecke ausgeführt hat –, dann stellt sich auch die Frage, was für Spiele es sind oder sein werden, die jene Gesellschaften spielen werden, die sich im Übergang zur informationellen Differenzierung befinden.[30]

Das Internettheater aber ist vielleicht der Prototyp eben jener Spiele der Informationsgesellschaften, die keine Zuschauer mehr kennen und nur noch Teilnehmer haben, in denen man sich durch technische Extravaganz und vorgegebene Normabweichung profilieren muss und zu deren verteilten Gemeinschaften der Zugang nicht mehr über gesellschaftliche Zugehörigkeit, sondern über ein spezialisiertes Wissens führt;[31] und in dem sich die Beuysche Behauptung, dass jeder ein Künstler sei, mit der Warholschen Wunschvorstellung, eine Maschine zu werden, vereinen.

Diese Wandlung des »Theaters« des Alltags aber scheint begleitet und angetrieben von einem Antitheater-Diskurs, der die ostentative Differenzierung in Medien und Konsum für die gesellschaftliche Entfremdung verantwortlich macht und auf die Überwindung der Unterscheidung im Zeichen von Interaktivität und Performativität zugunsten einer wiedergewonnenen Unmittelbarkeit der Kommunikaion hofft. Nicht der falsche Schein ist es, auf den sich die Ablehnung des Theaters weiterhin bezieht – das Theaterhafte des Sozialen scheint vielmehr längst zum akzeptierten Modell geworden zu sein –, vielmehr die von der unentwegten Schaustellung erzeugte Distanz ist es, die abgelehnt wird. Von der Theaterwissenschaft bis zur Computertechnik zieht sich ein Diskurs, der sich die Überwindung der distanzierten Schaustellung zugunsten der aktiven Anteilnahme erhofft. Erst mit der restlosen Durchsetzung der neuen Technologien und ihrer Ökonomie Anfang des neuen Jahrtausends scheint dieser Diskurs an Macht einzubüßen, und es werden Stimmen laut, die ihn infrage stellen.

Das Theater der Kunst aber lebt auch dort, wo es nicht als kulturelles Erbe gehegt und gepflegt wird, als machtvolles Gespenst in der Mediengesellschaft weiter. Es prägt als bürgerliches Ideal und Ideologie auch jene Technologien, die nichts mit ihm zu tun haben wollen, es verklärt das Computerspiel und drängt ins Internet. Selbst dort, wo das Theater nichts weniger sein will als Theater, den radikalen Bruch mit der Tradition proklamiert und jene Wirklichkeit wiederzufinden sucht, die zu verleugnen ihm immer vorgeworfen wurde, scheint die Macht des bürgerlichen Theaters ungebrochen. Denn selbst in dem Insistieren auf der Präsenz der Leiber und der Präferenz der

sondern auch dem eigenen Auftreten und dem Auftreten anderer, beginnt die Aggregation einer Szene.«

30 Vgl. Udo Thiedecke: ›Spiel-Räume. Zur Soziologie entgrenzter Exklusionsbereiche‹, in: Weltweite Welten. Internet-Figurationen aus wissenssoziologischer Perspektive, Wiesbaden 2008, S.295-317, hier: S.297.

31 Vgl. ebd., S.313.

face-to-face-Kommunikation, durch das sich das Performative vom Interaktiven absetzt und abgrenzt, scheint sich nichts anderes fortzusetzen als die bürgerliche Forderung nach der Gegenwärtigkeit des Schauspielers in der Rolle und der maskenlosen Transparenz des Gesichts.[32]

Das Theater der Masken aber kehrt in der ambivalenten Vermischung von Medien- und Lebenswirklichkeit in der Popular- und Amateurkultur wieder. Der Zugang zu den medialen Produktionsmitteln und ihre Mobilität ermöglicht die Intervention in der Medienwirklichkeit. Der Amateur fordert die alten Medien in den neuen heraus, er setzt sich die Masken des Mainstreams auf und verkörpert das Potential, den repräsentativen Status quo – zeitlich und räumlich begrenzt – auf den Kopf zu stellen. Das maskenhafte Spiel mit den medialen Klischees oszilliert zwischen affirmativer Inkorporation und subversiver Persiflage; anarchischer Impetus und kulturindustrielle Eingemeindung sind dabei kaum voneinander zu trennen. Als ›anderes‹ Theater im emphatischen Sinne scheint die Amateurkultur der Medienaneignung daher nicht herzuhalten, und dennoch sind es die theatralen Praktiken der Harlekinaden, das Adhoc des Auftritts, der spielerische Maskenwechsel, der grosteske Gestus sowie der offensive Bezug auf das Publikum, die hier wiederkehren. Vor allen Dingen aber stellt der Auftritt der Figur in der Lebenswirklichkeit die interaktive Ideologie auf den Kopf, indem er statt den Zuschauer zum Teilnehmer zu machen, die Figur in der Welt der Zuschauer auftreten lässt und den Passanten wider seinen Willen auf die Bühne zerrt.

Als relationales Gefüge lässt sich Theatralität am Anfang des 21. Jahrhunderts daher nur noch mit Einschränkungen beschreiben. Die allumfassende Computerisierung der Kultur hat auch hier die Grenzen zwischen den einzelnen Bereichen aufgelöst und die Entdifferenzierung vorangetrieben. Nicht nur die Trennung zwischen Alltagstheater und einer dem Lebensprozess enthobenen Kunstform hat sich mit der Ästhetisierung der Lebenswelt tendenziell aufgelöst, auch die Verneinung des Theatralen und seine spielerische Infragestellung haben längst Eingang in den theatralen Alltag der Mediengesellschaft gefunden. Angetrieben vom antitheatralen Imperativ des Interaktiven wandelt sich das »Theater« des Alltags zunehmend zu einer konfigurativen Praxis in den neuen Medien. Das ausspezialisierte Theater der Kunst aber lebt als diskursives und praktisches Ideologem in diesem entdifferenzierten Milieu weiter. Und jenes spielerische ›Theater‹ schließlich, das sich bewusst künstlich gibt und die etablierten Mas-

---

32 Vgl. Fuchs: ›Presence and the Revenge of Writing: Re-Thinking Theatre after Derrida‹, erschienen in: Performing Arts Journal 2-3/9 (1985), S. 163-173; und Roger Copeland: ›The Presence of Mediation‹, erschienen in: The Drama Review 4/34 (1990), S. 28-44, hier: S.42: Insofern der Glaube an die Liveness des Theaters auf dem unausgesprochenen Glauben an eine moralische Überlegenheit gegenüber Film und Fernsehen beruhe, spricht Roger Copeland von einer bürgerlichen Sentimentalität: »[T]he idea that theatre's ‚liveness' is – in and of itself – a virtue, a source of automatic, unearned, moral superiority to film and television, is sheer bourgeois sentimentality.«

ken aufnimmt und infrage stellt, sprießt aus diesem medialen Milieu punktuell hervor, um gleich wieder in dieses zurückzufallen.

Und damit stellt sich nicht nur die Frage, ob es nicht an der Zeit ist, den Verlust der Distanz zu betrauern und über die zunehmende Unmöglichkeit zu klagen, es sich im Parkett mit Whiskey und Zigarre gemütlich zu machen – sondern auch, wie subversiv das Performative je gewesen ist. Denn so vortrefflich scheint sich der aktivierte Zuschauer in die herrschende Informationsökonomie einzupassen, dass der Couch Potato fast schon als Widerstandskämpfer erscheint.[33]

Doch auch wenn der Rest alles andere als Schweigen ist, lässt sich daraus keine positive Bestimmung des Theaters mehr ableiten. Denn wenn die Gesellschaft nicht nur für Interaktion weitgehend unzugänglich geworden ist,[34] sondern sich zugleich in restloser Interaktivität auflöst, wird das Theater auch dort virtuell, wo es sich nicht im Internet abspielt. Und so konstituiert auch das Kunsttheater ganz ähnlich wie das Internettheater keine Öffentlichkeit mehr, sondern findet weitgehend im Rahmen einer Szene statt, in der man zunehmend unter sich bleibt und in dessen Mittelpunkt immer weniger das Ereignis der Schau als der Prozess des Probierens steht.[35] Nur als Gerücht und als Metapher erreicht das Theater noch eine Gesellschaft, deren Wirklichkeit sich in den Massenmedien konstituiert. Und so bedarf es der Theaterwissenschaft vielleicht für nichts dringlicher als dafür, Gerüchte zu streuen und Metaphern zu hinterfragen.

Theaterwissenschaft wäre dann vielleicht nicht nur als eine »Kulturgeschichte unter einem besonderen Aspekt«[36] zu verstehen, sondern auch mit einer besonderen Taktik zu betreiben – einer theatralen Taktik, die die spezifische Neigung zu Widersprüchlichkeiten, Konflikten und Ambivalenzen ihres immer schon entschwundenen Gegenstandes teilt und um die unauflösbare Verquickung von Wissenserzeugung und Schau-

33 Vgl. Joseph Heath/Andrew Potter: The Rebel Sell. How the Counterculture became Consumer Culture, Chichester 2006; Luc Boltanski/Eve Chiapello: The New Spirit of Capitalism, London 2005.

34 Vgl. Niklas Luhmann: Soziale Systeme. Grundriss einer allgemeinen Theorie, Frankfurt a.M. 1984, S.585: »Die Gesellschaft ist, obwohl weitgehend aus Interaktion bestehend, für Interaktion unzugänglich geworden. Keine Interaktion, wie immer hochgestellt die beteiligten Personen sein mögen, kann in Anspruch nehmen, repräsentativ zu sein für Gesellschaft.« Und: »Die in der Interaktion zugänglichen Erfahrungsräume vermitteln nicht mehr das notwendige gesellschaftliche Wissen, sie führen womöglich systematisch in die Irre.«

35 Der Trend zu kollaborativen Projekten, die Arbeit mit Laien, die Wiederentdeckung des Stadtraumes und seiner Bevölkerung, das neue Interesse für das Theater als Prozess und Vermittlung, als etwas, das man macht und nicht schaut, dessen Botschaft nicht im Ereignis der Leiber, sondern im Probieren und Interagieren liegt, scheint nichts anderes als ein Reflex dieser Tendenz zum Tun zu sein. Vgl. dazu auch das Manifest des Hebbel-am-Ufer von Dirk Baecker: ›Die Stadt, das Theater und die Naturwissenschaft der Gesellschaft‹, April 2003, http://www.hebbel-am-ufer.de/de/theorietext_3112.html?HAU=1.

36 Fiebach: ›Zur Geschichtlichkeit der Dinge und der Perspektiven‹, S.373.

stellung weiß: eine fröhliche Wissenschaft, die sich mit dem Unzeitgemäßen und der Randständigkeit angefreundet hat, eine gewisse Freude an dem Staub entwickelt, der auf der Angelegenheit zu liegen gekommen ist, eine sozusagen bernadonische Wissenschaft, die mit der Maskenhaftigkeit des Wissens zu spielen versteht.

Dank

Diese Arbeit ist als Dissertation am Fachbereich Kulturwissenschaften und Ästhetische Kommunikation der Stiftung Universität Hildesheim entstanden und aus meiner dortigen Tätigkeit als wissenschaftlicher Mitarbeiter am Institut für Medien, Theater und populäre Kultur hervorgegangen. Mein besonderer Dank gilt Jens Roselt, der diese Arbeit nicht nur betreut, gefördert und ihr in den entscheidenden Momenten die richtigen Impulse gegeben hat, sondern mir auch einen neuen Zugang zur Theaterwissenschaft eröffnet hat. Matthias Warstat und Peter W. Marx bin ich zu großem Dank für ihre Gutachten verpflichtet, die mich die eigene Arbeit noch einmal neu verstehen ließen. Letzterem bin ich darüber hinaus für die Gespräche und Unterstützung zu seiner Zeit als Gastprofessor in Hildesheim und den Kontakt zum Mainzer IPP Performance and Media Studies zu großem Dank verpflichtet. Dort sind es Friedemann Kreuder und Michael Bachmann, denen ich für die freundliche Aufnahme und für wichtige Gespräche herzlich danken möchte. Zu verschiedenen Zeiten haben Teile dieser Arbeit von der Lektüre und dem Rat von Annemarie Matzke, Mathias Mertens, Hans-Otto Hügel und Michael Bachmann wesentlich profitiert. Hajo Kurzenberger bin ich zu großem Dank verpflichtet, dass er mich damals vom Theater an die Universität geholt und mir die Idee mit der Promotion in den Kopf gesetzt hat. Nicht zuletzt aber ist es Joachim Fiebach, dem ich an dieser Stelle ausdrücklich danken möchte, für all das, was ich in den Jahren als Student an der Humboldt-Universität gelernt habe, und von dem ich erst beim Schreiben dieser Arbeit bemerkt habe, dass ich es überhaupt gelernt hatte.

Schließlich möchte ich mich herzlichst bei den vielen Kollegen in Hildesheim und andernorts bedanken, für die Begegnungen auf Korridoren und Konferenzen, die die Lust an der Forschung genährt haben, als auch bei den zahlreichen Studierenden, deren kritische Beiträge in Seminaren und Übungen nicht unwesentlich zum Zustandekommen dieses Buches beigetragen haben. Kaja Jakstat und Maike Tödter haben mir mit der Sichtung und Bearbeitung des Manuskripts eine große Hilfe erwiesen. – Vor allen Dingen aber habe ich meinem Vater zu danken, der nicht nur meine erste Begegnung mit dem Internet ermöglichte, als es noch kaum jemand kannte, sondern mich auch als erster und unermüdlicher Korrekturleser in diesem Unterfangen unterstützt hat. Auch dafür, danke!

Literaturverzeichnis*

Aarseth, Espen (1997): *Cybertext. Perspectives on Ergodic Literature*, Baltimore.

Aarseth, Espen (2008): ›A Hollow World: World of Warcraft as Spatial Practice‹, in: *Digital Culture, Play and Identity. A World of Warcraft Reader*, hg. v. Hilde G. Corneliussen u. Jill Walker Rettberg, Cambridge, Mass., S.111-122.

Aarseth, Espen (2004): ›Genre Trouble: Narrativism and the Art of Simulation‹, in: *First person. New Media as Story, Performance, and Game*, hg. v. Pat Harrigan u. Noah Wardrip-Fruin, Cambridge, Mass. [u.a.], S.45-55.

Ackerman, Alan L. Jr. (2001): ›Hamlet's Ghost: The Spirit of Modern Subjectivity‹, in: *Theatre Journal 1/53*, S.119-144.

Adamowsky, Natascha (2003): ›See you on the Holodeck! Morphing into New Dimensions‹, in: *Transforming Spaces. The Topological Turn in Technology Studies,* hg. v. Mikeal Hård, Andreas Lösch u. Dirk Verdicchio, Onlinepublikation.

Adamowsky, Natascha (2002): ›Spielen im Netz. Barocke Formen – ludische Performance im Netz‹, in: *Praxis Internet. Kulturtechniken der vernetzten Welt*, hg. v. Münker u. Roesler, Frankfurt a.M., S.140-157.

Adamowsky, Natascha (2000): *Spielfiguren in virtuellen Welten*, Frankfurt/New York.

Adams, Tyrone/Stephen A. Smith (2008): *Electronic tribes. The virtual worlds of geeks, gamers, shamans, and scammers*, Austin.

Adorno, Theodor W./Max Horkheimer (1981): *Dialektik der Aufklärung. Philosophische Fragmente*, Frankfurt a.M.

Adorno, Theodor W., (1979): *Soziologische Schriften I*, Frankfurt a.M.

Adorno, Theodor W., (1952): *Versuch über Wagner*, Berlin.

Aebischer, Pascale/Edward J. Esche/Nigel Wheale (2003): *Remaking Shakespeare: Performance across Media, Genres, and Cultures*, Houndmills, New York.

Agamben, Giorgio (2005): *Profanierungen*, Frankfurt a.M..

Ahl, David H./Steve North (1978): *Basic Computer Games*, New York.

Andrejevic, Mark (2003): *Reality TV: The Work of Being Watched*, Lanham.

Arns, Inke (2004): ›Interaction, participation, networking: Art and telecommunication‹, erschienen in: *Media Art Net 1*.

* Soweit nicht anders vermerkt wurden die elektronischen Quellen zuletzt am 3. August 2010 überprüft.

Aronson, Sidney (1977): ›Bell's electrical toy – What's the use? The sociology of the early telephone usage‹, in: *The Social Impact of the Telephone*, hg. v. I. de S. Pool, Cambridge (Mass.).

Ascott, Roy (2001): ›Behaviorist Art and the Cybernetic Vision‹, in: *Multimedia: from Wagner to virtual reality*, hg. v. Randall Packer u. Ken Jordan, New York, S.95-103.

Ascott, Roy (1999): ›Gesamtdatenwerk: Connectivity, Transformation and Transcendence‹, in: *Ars Electronica: Facing the Future*, hg. v. Timothy Druckey, Cambridge, Mass., S.86-89.

Ascott, Roy (1998): ›Technoetic Structures‹, erschienen in: *Architectural Design 11/12/68*, S.30-33.

Assmann, Aleida/Jan Assmann (2001): *Aufmerksamkeiten*, München.

Atkins, Barry (2003): *More Than a Game the Computer Game As Fictional Form.* Manchester/New York.

Au, Wagner James (2008): *The Making of Second Life: Notes from the New World*, New York.

Auerbach, Erich (1938/67): ›Figura‹, erschienen in: *Archivum Romanicum 22*, S.436-489, wieder abgedruckt in: *Gesammelte Aufsätze zur romanischen Philologie*, hg. v. Erich Auerbach, Bern/München 1967, S.55-92.

Augé, Marc (1994): ›Orte und Nicht-Orte‹, in Ders.: *Orte und Nicht-Orte. Vorüberlegungen zu einer Ethnologie der Einsamkeit*, Frankfurt a.M.

Aupers, Stef (2007): ›Better than the real world. On the Reality and Meaning of Online Computer Games‹, erschienen in: *Fabula 48*, S.3-4.

Aurich, Rolf/Wolfgang Jacobsen/Gabriele Jatho (2000): *Künstliche Menschen. Manische Maschinen, kontrollierte Körper*, Berlin.

Auslander, Philip, (2005): *Performance: critical concepts in literary and cultural studies, London*; New York.

Auslander, Philipp (2002): ›'Just be your self'. Logocentrism and differenc in performance theory‹, in: *Acting (re)considered : a theoretical and practical guide Worlds of performance*, hg. v. Philipp B. Zarilli, London; New York, S.59-67.

Auslander, Philipp (2002): ›Live from Cyberspace: Performance on the Internet‹, in: *Mediale Performanzen. Historische Konzepte und Perspektiven*, hg. v. Jutta Eming, Anette Jarl Lehmann u. Irmgard Maasen, Freiburg.

Auslander, Philipp (1999): *Liveness. Performance in a mediatized culture*, New York.

Auslander, Philip, (1997): *From acting to performance: essays in modernism and postmodernism*, London; New York.

Austin, John Langshaw (1986): ›Performative Äußerungen‹, in: *Gesammelte philsophische Aufsätze*, Stuttgart, S.305-327.

Austin, John Langshaw (1979): *Zur Theorie der Sprechakte*, Stuttgart.

Austin, John Langshaw (1968): ›Performative und konstatierende Äußerungen‹, in: *Sprache und Analysis*, hg. v. Rüdiger Bubner, Göttingen.

Bachtin, Michail M. (1987): *Rabelais und seine Welt. Volkskultur als Gegenkultur*, Frankfurt a.M. [u.a.].

Bachtin, Michail M. (1985): *Literatur und Karneval. Zur Romantheorie und Lachkultur*, Frankfurt/M. [u.a.].

Baecker, Dirk (2007): ›Medientheater‹, in: *Studien zur nächsten Gesellschaft*, Frankfurt a.M., S.81-97.

Bailey, J/I Kerr (2007): ›Seizing control?: The experience capture experiments of Ringley & Mann‹, in: *Ethics and Information Technology 2/9*, S.129-139.

Bainbridge, William Sims (2010): *The warcraft civilization: social science in a virtual world*, Cambridge, MA.

Balandier, Georges (1980): *Le pouvoir sur scènes*, Paris.

Balme, Christopher B. (2006): ›Die Bühne des 19. Jahrhunderts: Zur Entstehung eines Massenmediums‹, in: *Amüsement und Schrecken. Studien zum Drama und Theater des 19. Jahrhunderts*, hg. v. Franz Norbert Mennemeier u. Bernhard Reiz, Tübingen.

Balme, Christopher, (2004): *Beyond aesthetics: performance, media, and cultural studies,* Trier.

Balme, Christopher B./Markus Moninger (2004): *Crossing media. Theater, Film, Fotografie, neue Medien*, München.

Balme, Christopher B. (2004): ›Theater zwischen den Medien: Perspektiven theaterwissenschaftlicher Intermedialitätsforschung‹, in: *Crossing media. Theater, Film, Fotografie, neue Medien*, hg. v. Christopher B Balme u. Markus Moninger, München, S.13-31.

Balme, Christopher B. (2001): ›Pierrot encadré. Zur Kategorie der Rahmung als Bestimmungsfaktor medialer Reflexivität‹, in: *Maschinen, Medien, Performances*, hg. v. Martina Leeker, Berlin, S.480-492.

Barbatsis, Gretchen/Michael Fegan/Kenneth Hansen (1999): ›The Performance of Cyberspace: An Exploration Into Computer-Mediated Communication‹, in: *Journal of Computer-Mediated Communication 1/5*, http://jcmc.indiana.edu/vol5/issue1/barbatsis.html.

Barbrook, Richard/Andy Cameron (1995): ›The Californian Ideology‹, in: *Mute Nr. 3/1*, 10.1995.

Barish, Jonas A (1981): *The antitheatrical prejudice*, Berkeley.

Barkhoff, Jürgen/Hartmut Böhme/Jeanne Riou (2004): *Netzwerke: eine Kulturtechnik der Moderne*, Köln.

Bartels, Klaus (1995): ›Computer und Theater‹, in: *Juni. Magazin für Literatur und Politik 22*, S.101-115.

Barthes, Roland, (1971): *Sade, Fourier, Loyola*, Paris.

Barthes, Roland (1964): *Mythen des Alltags.*, Frankfurt a.M..

Bate, Jonathan (1998): *The Genius of Shakespeare*, New York.

Bateson, Gregory (1967): *A theory of play and fantasy*, Indianapolis.

Baudrillard, Jean (1978): *Agonie des Realen*, Berlin.

Baumbach, Gerda (2002): *Theaterkunst & Heilkunst. Studien zu Theater und Anthropologie*, Köln.

Baumbach, Gerda (2000): ›Die Maske und die Bestie oder Die Primitivität der westlichen Schauspielkunst‹, erschienen in: *Maske und Kothurn 2-4/42. Jg.*, S.209-240.

Baumbach, Gerda (2000): ›Maschera, ve saludo! Maske, seid gegrüßt! Anmerkungen zu Maske, Theater-Maske und Masken-Theater in der europäischen Neuzeit‹, in: *Masken und Maskierungen*, hg. v. Schäfer u. Wimmer, Opladen, S.137-155.

Baumbach, Gerda (1995): *Seiltänzer und Betrüger? Parodie und kein Ende; ein Beitrag zu Geschichte und Theorie von Theater*, Tübingen.

Bayersdörfer, Hans-Peter (1990): ›Probleme der Theatergeschichtsschreibung‹, in: *Theaterwissenschaft heute. Eine Einführung*, hg. v. Renate Möhrmann, Berlin, S.41-63.

Bechar-Israeli, Haya: ›From ‹Bonehead› to ‹cLoNehEAd›. Nicknames, Play, and Identity on the Internet Relay Chat‹, erschienen in: *Journal of Computer-Mediated Communication 2/1.*

Beck, Ulrich (1986): *Risikogesellschaft. Auf dem Weg in eine andere Moderne*, Frankfurt am Main.

Becker, Barbara (2004): ›Selbst-Inszenierung im Netz‹, in: *Performativität und Medialität*, hg. v. Sybille Krämer, München, S.413-429.

Becker, Barbara (2000): ›Cyborgs, Robots und Transhumanisten. Anmerkungen über die Widerständigkeit eigener und fremder Materialität‹, in: *Was vom Körper übrig bleibt. Körperlichkeit-Identität-Medien*, hg. v. Barbara Becker u. Irmela Schneider, Frankfurt/New York, S.41-71.

Beißwenger, Michael (2000): *Kommunikation in virtuellen Welten. Sprache, Text und Wirklichkeit*, Stuttgart.

Bell, Daniel (1973): *The Coming of Post-industrial Society*, New York.

Bell, David (2009): ›Surveillance is sexy‹, in: *Surveillance & Society 3/6*, S.203.

Bell, David (2006): *Mapping cyberculture. Critical concepts in media and cultural studies*, London [u.a.].

Belting, Hans (2001): *Bild-Anthropologie. Entwürfe für eine Bildwissenschaft*, München.

Benedikt, Michael (1993): ›Introduction‹, in: *Cyberspace. First Steps*, Cambridge, Mass.

Benjamin, Walter (1990): *Das Kunstwerk im Zeitalter seiner technischen Reproduzierbarkeit*, Frankfurt a. M.

Benjamin, Walter (1977): *Gesammelte Schriften*, Frankfurt a.M.

Benjamin, Walter (1977): ›Reflexionen zum Rundfunk‹, in: *Gesammelte Schriften, Bd.II*, Frankfurt a.M., S.1507-1507.

Bentley, Eric (1956): *What is theatre? A query in chronicle form*, Boston.

Berg, Jan (1985): *Zur Theorie und Geschichte des spektatorischen Ereignisses. Unveröffentlichte Habilitationsschrift*, Berlin.

Berg, Jan (1984): ›Das Autonomie-Mißverständnis in der Theaterwissenschaft‹, erschienen in: Theaterzeitschrift 8/, S.35-43.

Berghaus, Günter (2005): *Avant-Garde Performance – Live Events and Electronic Technologies,* Basingstoke [u.a.].

Bermbach, Udo (2004): *Der Wahn des Gesamtkunstwerks. Richard Wagners politisch-ästhetische Utopie*, Stuttgart.

Bernstein, Charles (2001): ›Play it again, Pac-Man‹, erschienen in: *The Medium of the Video Game 1/2*, S.155-168.

Bessiáere, Katherine/A Fleming Seay/Sara Kiesler (2007): ›The Ideal Elf: Identity Exploration in World of Warcraft‹, erschienen in: *Cyberpsychology & Behavior: The Impact of the Internet, Multimedia and Virtual Reality on Behavior and Society 4/10*, S.530-535.

Birringer, Johannes H (1998): *Media & Performance: Along the Border*, Baltimore.

Blair, Kristine/Pamela Takayoshi (1999): *Feminist Cyberscapes. Mapping Gendered Academic Spaces*, Stamford, Conn.

Blau, Herbert (1980): ›Theatre and History: A Conspiracy Theory‹, erschienen in: *Performing Arts Journal 1/5* , S.9-24, http://www.jstor.org/stable/3245123.

Bloom, Harold (1998): *Shakespeare: . The Invention of the Human*, New York.

Boal, Mark (2000): ›Me and my Sims. Three Days in the Most Surreal Game on Earth‹, erschienen in: *Village Voice*, 28.03.2000, auch unter: http://www.villagevoice.com/2000-03-28/news/me-and-my-sims/.

Boehm, Gottfried/Gabriele Brandstetter/Achatz von Müller (2006): *Figur und Figuration. Studien zu Wahrnehmung und Wissen*, Paderborn.

Böhme, Gernot (2004): ›Der Raum leiblicher Anwesenheit und der Raum als Medium von Darstellung‹, in: *Performativitä und Medialität*, hg. v. Sybille Krämer, München, S.129-140.

Böhme, Gernot (2001): *Aisthetik. Vorlesung über Ästhetik als allgemeine Wahrnehmungslehre*, München.

Böhme, Hartmut (2004): ›Kulturgeschichtliche Grundlagen der Theatralität‹, in: *Theatralität als Modell in den Kulturwissenschaften*, hg. v. Erika Fischer-Lichte, Tübingen.

Böhme, Hartmut (2002): ›Das Theater der Kulturwissenschaften‹, erschienen in: *Der Tagesspiegel*, 30.12.2002, S.25.

Böhme, Hartmut (1996): ›Zur Theologie der Telepräsenz‹, in: *KörperDenken. Aufgaben der historischen Anthropologie*, hg. v. Frithjof Hager, Berlin, S.237-249.

Boellstorff, Tom, (2008): *Coming of age in Second Life: an anthropologist explores the virtually human,* Princeton.

Boenisch, Peter M. (2006): ›Aesthetic Art to Aisthetic Act: Theatre, Media, Intermedial Performance‹, in: *Intermediality in Theatre and Performance*, hg. v. Freda Chapple u. Chiel Kattenbelt, Amsterdam/New York, S.103-116.

Boenisch, Peter M. (2006): ›Mise en scène, hypermediacy and the sensorium‹, in: *Intermediality in Theatre and Performance*, hg. v. Freda Chapple u. Chiel Kattenbelt, Amsterdam / New York, S.55-66.

Boenisch, Peter M. (2004): ›Szenische Projekte im Kontext der neuen Medien‹, in: *Theorie, Theater, Praxis*, hg. v. Hajo Kurzenberger u. Annemarie Matzke, Berlin, S.261-268.

Boenisch, Peter M (2003): ›Theater als Medium der Moderne? Zum Verhältnis von Medientechnologie und Bühne im 20. Jahrhundert‹, in: *Theater als Paradigma der Moderne? Positionen zwischen historischer Avantgarde und Medienzeitalter*, hg. v. Christopher B Balme, Erika Fischer-Lichte u. Stephan, Grätzel, Tübingen, S.447-456.

Boenisch, Peter M. (2002): ›www dot theatre dot. Alice Croft, or: Transforming Performance in the Internet Culture‹, in: *Body, Space and Technology 2/2*.

Boltanski, Luc/Eve Chiapello (2005): *The New Spirit of Capitalism*, London.

Bolter, J. David/Richard Grusin (2000): *Remediation. Understanding New Media*, Cambridge, Mass./London.

Bolter, J. David (1991): *Writing Space. The Computer, Hypertext, and the History of Writing*, Hillsdale, N.J..

Bolz, N./F. A. Kittler/C. Tholen (1994): *Computer als Medium*, München.

Bolz, Norbert (1993): *Am Ende der Gutenberggalaxis. Die neuen Kommunikationsverhältnisse*, München.

Boone, George William (2008): *A Burkean Analysis of "World of Warcraft" Identity Work in a Virtual Environment*, M.A. Thesis, Villanova University.

Boorstin, Daniel (1961): *The Image. A Guide to Pseudo-Events in America*, New York.

Bourdieu, Pierre (1998): *Über das Fernsehen*, Frankfurt a.M.

Bourdieu, Pierre (1982): *Die feinen Unterschiede. Kritik der gesellschaftlichen Urteilskraft*, Frankfurt a.M.

Böhme, Hartmut (2002): ›Enträumlichung und Körperlosigkeit im Cyberspace und ihre historischen Vorläufer‹, in: *Die Politik der Maschine. Computer Odyssee 2001*, hg. v. Peter Dencker, Hamburg, S.488-501.

Brand, Stewart (1972): ›Spacewar. Fanatic Life and Symbolic Death Among the Computer Bums‹, erschienen in: *Rolling Stone/7*, 07.12.1972, S.50-58.

Brandenburg, Detlef (1999): ›Einflüsse der Informationsgesellschaft auf die Darstellenden Künste‹, in: *Kulturpolitik für das 21. Jahrhundert. Anforderungen an die Informationsgesellschaft*, hg. v. Olaf Zimmermann u. Gabriele Schulz, Bonn, S.51-67.

Brandl-Risi, Bettina/Wolf-Dieter Ernst/Meike Wagner (2000): ›Prolog der Figuration. Vorüberlegungen zu einem Begriff‹, in: *Figuration. Beiträge zum Wandel der Be-*

trachtung ästhetischer Gefüge, hg. v. Bettina Brandl-Risi, Wolf-Dieter Ernst u. Meike Wagner, München, S.10-29.

Brandstetter, Gabriele (2008): ›Un/Sichtbarkeit: Blindheit und Schrift. Peter Turrinis 'Alpenglühen' und William Forsythes 'Human Writes'‹, in: *Theater und Medien/Theatre and the Media. Grundlagen-Analysen-Perspektiven. Eine Bestandsaufnahme*, hg. v. Henri Schoenmakers, Stefan Bläske, Kai Krichmann u. Jens Ruchatz, Bielefeld, S.85-97.

Brandstetter, Gabriele (2004): ›Aufführung und Aufzeichnung - Kunst der Wissenschaft?‹, in: *Kunst der Aufführung - Aufführung der Kunst*, hg. v. Erika Fischer-Lichte, Clemens Risi u. Jens Roselt, Berlin, S.40-50.

Brandstetter, Gabriele (2004): ›Dies ist ein Test. Theatralität und Theaterwissenschaft‹, in: *Theatralität als Modell in den Kulturwissenschaften*, hg. v. Erika Fischer-Lichte, Christian Horn, Sandra Umathum u. Matthias Warstat, Tübingen u. Basel, S.27-42.

Brandstetter, Gabriele (2002): ›de figura. Überlegungen zu einem Darstellungsprinzip des Realismus – Gottfried Kellers ‚Tanzlegendchen'‹, in: *De figura : Rhetorik, Bewegung, Gestalt*, hg. v. Gabriele Brandstetter u. Sibylle Peters, München, S.223-245.

Brandstetter, Gabriele/Sybille Peters (2002): ›Einleitung‹, in: *De figura: Rhetorik, Bewegung, Gestalt*, hg. v. Gabriele Brandstetter u. Sibylle Peters, München, S.7-22.

Brecht, Bertolt (2000): ›Der Rundfunk als Kommunikationsapparat‹, in: *Kursbuch Medienkultur. Die maßgeblichen Theorien von Brecht bis Baudrillard*, hg. v. Claus Pias, Stuttgart, S.259-262.

Brecht, Bertolt (1993): ›Die Straßenszene. Grundmodell einer Szene des epischen Theaters‹, in: *Werke. Große kommentierte Berliner und Frankfurter Ausgabe, Bd.22 [= Schriften 2, Teil 1]*, hg. v. Werner Hecht, Berlin u.a., S.370-381.

Bremer, Thomas (2000): ›Eintrag ‚Charakter/charakteristisch'‹, in: *Ästhetische Grundbegriffe. Historisches Wörterbuch in sieben Bänden, Bd.1*, hg. v. Karlheinz Barck u. Martin Fontius, Stuttgart, S.772-794.

Brewster, Ben/Lea Jacobs (1997): *Theatre to cinema: stage pictorialism and the early feature film*, Oxford; New York.

Brignall, T W/T L Van Valey (2007): ›An Online Community as a New Tribalism: the World of Warcraft‹, erschienen in: *HAWAII INTERNATIONAL CONFERENCE ON SYSTEM SCIENCES Conf 40/6*, S.2966-2972.

Broadhurst, Susan (2007): *Digital practices : aesthetic and neuroesthetic approaches to performance and technology*, Basingstoke [u.a.].

Broadhurst, Susan/Josephine, Machon (2006): *Performance and technology : practices of virtual embodiment and interactivity*, Basingstoke [u.a.]

Browning, Gary/Frank Webster/Abigail Halci (1999): *Understanding contemporary society: theories of the present*, London [u.a.].

Bruckman, Amy (1996): ›Finding One's Own Space in Cyberspace‹, erschienen in: *Technology Review 1/99*, S.48-54.

Bruns, Axel (2008): *Blogs, Wikipedia, Second Life, and Beyond: From Production to Produsage*, New York.

Brusberg-Kiermeier, Stefani/Jörg, Helbig (2004): *Shakespeare in the media. From the Globe Theatre to the World Wide Web*, Frankfurt a.M. [u.a.].

Buchanan, Bruce G. (2005): ›A (very) brief history of artificial intelligence‹, erschienen in: *AI Magazine 4/26*, S.53.

Bucy, E Page, (2002): *Living in the Information Age: a new media reader Wadsworth series in mass communication and journalism*, Belmont, CA.

Bürdek, Bernhard E. (2001): ›Der digitale Wahn‹, in: *Der digitale Wahn*, hg. v. Bernhard E. Bürdek, Frankfurt a. M., S.178-213.

Bürger, Peter, (1974): *Theorie der Avantgarde*, Frankfurt a. M.

Büscher, Barbara (2004): ›Kybernetische Modell, minimalistische Strategien: Performance und mediale Anordnungen in den sechziger Jahren‹, in: *Theorie, Theater, Praxis*, hg. v. Hajo Kurzenberger u. Annemarie Matzke, Berlin, S.250-260.

Büscher, Barbara (2002): *Live Electronic Arts und Intermedia: die 1960er Jahre*, Habilitationsschrift an der Fakultät für Geschichte, Kunst- und Orientwissenschaften der Universität Leipzig.

Büscher, Barbara (2001): ›(Interaktive) Interfaces und Performance. Strukturelle Aspekte der Koppelung von Live-Akteuren und medialen Bild/Räumen‹, in: *Maschinen, Medien, Performances. Theater an der Schnittstelle zu digitalen Welten*, hg. v. Martina Leeker, Berlin, S.87-111.

Büscher, Barbara (1999): ›Interfaces: Theater – performative Medienkunst‹, in: *Transformationen. Theater der neunziger Jahre*, hg. v. Erika Fischer-Lichte, Doris Kolesch u. Christel Weiler, Berlin.

Bukatman, Scott (1994): ›Gibson's Typewriter‹, in: *Flame Wars. The Discourse on Cyber Culture*, hg. v. Mark Dery, Durham, NC u. London, S.71-90.

Burgin, Victor (2000): ›Jenni's Room: Exhibitionism and Solitude‹, erschienen in: *Critical Inquiry 1/27*, S.77-89.

Burk, Juli (1999): ›ATHEMO and the Future Present‹, in: *Theatre in cyberspace. Issues of teaching, acting and directing*, hg. v. Stephen A Schrum, New York, S.109-134.

Burk, Juli (1998): ›The Play's the Thing: Theatricality and the MOO Evironment‹, in: *High Wired. On the Design, Use and Theory of Educational MOOs*, hg. v. Cynthia Haynes u. Jan Rune Holmevik, Michigan, S.232-249.

Burke, Kenneth (1957): *The Philosophy of Literary Form. Studies in Symbolic Action*, London.

Burns, Elizabeth (1972): *Theatricality. A Study in Convention in Theatre and Everyday Live*, London.

Busch, Otto von/Karl Palmås (2006): *Abstract hacktivism: the making of a hacker culture*, London [u.a.].

Butler, Judith (2009): *Das Unbehagen der Geschlechter*, Frankfurt a.M.

Butler, Judith, (2008): *Hass spricht. Zur Politik des Performativen*, Frankfurt a.M.

Butler, Judith (1988): ›Performative acts and gender constitution: An essay in phenomenology and feminist theory‹, erschienen in: *Theatre Journal 4/40*, S.519-531.

Caillois, Roger (1960): *Die Spiele und die Menschen. Maske und Rausch*, München/Wien.

Campe, Rüdiger (1990): *Affekt und Ausdruck: zur Umwandlung der literarischen Rede im 17. und 18. Jahrhundert*, Tübingen.

Carey, James W. (1998): ›Political Ritual on Televison. Episodes in the history of Shame, Degradation and Excommunication‹, in: *Media, Ritual and Identity*, hg. v. Tamar Liebes u. James Curran, London, S.42-70.

Carlson, Marvin (2004): *Performance. A Critical Introduction*, New York.

Casati, Rebecca et al. (2007): ›Alles im Wunderland‹, in: *Spiegel Nr. 8*, 17.02.2007, S.150-163.

Cassell, Justine/Henry Jenkins (1999): *From Barbie to Mortal Kombat: Gender and Computer Games*, Cambridge, Mass.

Castells, Manuel (1996): *The Rise of the Network Society. The Information Age: Economy, Society and Culture, Bd.1*, Cambridge u. Oxford, auf deutsch erschienen als: *Das Informationszeitalter I. Der Aufstieg der Netzgesellschaft*, Opladen 2001.

Castronova, Edward (2005): *Synthetic worlds: the business and culture of online games*, Chicago.

Causey, Matthew (2006): *Theatre and Performance in Digital Culture. From Simulation to Embeddedness*, London.

Causey, Matthew (1999): ›Postorganic Performance. The Appearance of Theater in Virtual Spaces‹, in: *Cyberspace Textuality. Computer Technology and Literary Theory*, hg. v. Marie-Laure Ryan, Bloomington, Ind., S.182-201.

Causey, Matthew (1999): ›The Screen Test of the Double: The uncanny performer in the space of technology‹, in: *Performance*, S.381-394.

Chalmers, Jessica (1998): ›The Screens. All the World's a CyberStage: The State of Online Theater‹, in: *Village Voice*, 08.12.1998, auch unter: [www.villagevoice.com/content/printVersion/213609].

Chaouli, Michel (2003): ›Kommunikation und Fiktion‹, erschienen in: *Weimarer Beiträge 1/49*, S.5-16.

Chapple, Freda/Chiel Kattenbelt (2006): *Intermediality in Theatre and Performance*, Amsterdam/New York.

Chartier, Roger (1987): *The Cultural Uses of Print in Early Modern France*, Princeton, N.J..

Chen, Mark (2009): ›Communication, Coordination, and Camaraderie in World of Warcraft‹, erschienen in: *Games and Culture 1/4*, S.47-73.

Cherny, Lynn/Elisabeth Weise (1966): *Wired woman: gender and new realities in cyberspace,* Seattle/Washington.

Coleridge, Samuel Taylor (1987): ›1811-12 Lectures on Shakespeare & Milton‹, in: *Lectures 1808-1819 on Literature, Bd.2*, hg. v. R. A. Foakes, London/Princeton.

Colmerauer, Alain/Philippe Roussel (1996): ›The Birth of Prolog‹, in: *History of Programming Languages II*, hg. v. Thomas J. Bergin, JR u. Richard G. Gibson, JR., New York, S.331-367.

Copeland, Roger (1990): ›The Presence of Mediation‹, erschienen in: *The Drama Review 4/34*, S.28-44.

Corbineau-Hoffmann, Angelika (1980): ›Spiel‹, in: *Historisches Wörterbuch der Philosophie, Bd.9*, hg. v. Joachim Ritter u. Karlfried Gründer, Basel, S.1383--1390.

Corneliussen, Hilde/Jill Walker Rettberg (2008): *Digital culture, play, and identity: a World of Warcraft reader*, Cambridge, MA.

Costikyan, Greg (2000): ›Where stories end and games begin‹, erschienen in: *Game Developer 9/7*, S.44-53.

Coyle, Rebecca (1993): ›The Genesis of Virtual Reality‹, in: *Future Visions: New Technologies of the Screen*, hg. v. Philipp Hayward u. Tana Wollen, London.

Coyne, Richard, u. Inc., NetLibrary (1999): *Technoromanticism Digital Narrative, Holism, and the Romance of the Real*, Cambridge, Mass.

Crary, Jonathan (2002): *Aufmerksamkeit. Wahrnehmung und moderne Kultur*, Frankfurt a.M.

Crary, Jonathan (1990): *Techniques of the observer: on vision and modernity in the nineteenth century*, Cambridge, Mass..

Crary, Jonathan (1989): ›Spectacle, Attention, Counter-Memory‹, erschienen in: *October Herbst/50*, S.97-107.

Crevier, Daniel (1992): *AI. The Tumultuous History of the Search for Artificial Intelligence*, New York.

Csikszentmihalyi, Mihaly (1975): *Beyond Boredom and Anxiety. The Experience of Play in Work and Games*.

Cushman, Lisander William (1910): *The Devil and the Vice in English Dramatic Literature Before Shakespeare*, Halle.

Dahm, Markus (2006): *Grundlagen der Mensch-Computer-Interaktion*, New York.

Dahrendorf, Ralf (1959): *Homo sociologicus. Ein Versuch zur Geschichte, Bedeutung und Kritik der Kategorie der sozialen Rolle*, Köln/Opladen.

Danet, Brenda, (2001): *Cyberpl@y. Communicating online*, Oxford/New York.

Danet, Brenda (1998): ›Text as mask: Gender, play, and performance on the Internet‹, erschienen in: *Cybersociety 2.0* , S.129-158.

Danet, Brenda (1995): ›Curtain Time 20:00 GMT: Experiments in Virtual Theater on Internet Relay Chat‹, erschienen in: *Journal of Computer-Mediated Communication 2/1*, [http://jcmc.indiana.edu/vol1/issue2/contents.html].

Danet, Brenda (1995): ›'Hmmm... where's all that smoke coming from?' Writing, play and performance on the Internet Relay Chat‹, in: *Journal of Computer-Mediated Communication, Bd.2*.

Danet, Brenda (1995): ›Hmmm. Where's that smoke coming from?...‹, in: *Network & Netplay, hg. v. Fay Sudweeks, Margaret McLaughin u. Sheizaf Rafaeli*, Cambridge, Mass., S.37-76.

Daniels, Dieter (2002): *Kunst als Sendung. Von der Telegrafie zum Internet*, München.

Daniels, Dieter (2000): ›Strategien der Interaktivität‹, in: *Medien Kunst Interaktion / Media Art Interaction . Die 80er und 90er in Deutschland / The 1980s and 1990s in Germany*, hg. v. Rudolf Frieling u. Dieter Daniels, Wien/New York, S.142-169.

Danto, Arthur Coleman (1996): *Kunst nach dem Ende der Kunst*, München.

Davis, Mike (1993): ›Apocalypse soon‹, erschienen in: *Artforum*, 12.1993.

Davis, Erik (1998): *Techgnosis. Myth, Magic, Mysticism in the Age of Information*, New York.

Dayan, Daniel (2000): ›Religiöse Aspekte der Fernsehrezeption‹, in: *Religiöse Funktionen des Fernsehens*, hg. v. Günter Thomas, Wiesbaden.

Dayan, Daniel/Elihu Katz (1992): *Media Events. The Live Broadcasting of History*, Cambridge, Mass..

Debord, Guy (1971): *La société du spectacle*, Paris, auf Deutsch erschienen als: *Die Gesellschaft des Spektakels*, Hamburg 1978.

De Certeau, Michel (1988): *Kunst des Handelns*, Berlin.

Derrida, Jacques (1976): *Randgänge der Philosophie*, Frankfurt/M.

De Grazia, Margreta (2007): *Hamlet without Hamlet*, Cambridge, UK ; New York .

Deuber-Mankowsky, Astrid, (2001): *Lara Croft. Modell, Medium, Cyberheldin; das virtuelle Geschlecht und seine metaphysischen Tücken*, Frankfurt am Main.

Dibbel, Julian (1993): ›A Rape in Cyberspace. How an Evil Clown, a Haitian Trickster Spirit, Two Wizards, and a Cast of Dozens Turned a Database Into a Society‹, erschienen in: *Village Voice*, www.villagevoice.com/content/printVersion/196279.

Diderot, Denis (1967): ›Das Paradox über den Schauspieler‹, in: *Ästhetische Schriften, Bd.2*, Berlin/Weimar, S.481-539.

Diederichsen, Diederich (2004): ›Der Idiot mit der Videokamera. Theater ist kein Medium – aber es benutzt welche‹, erschienen in: *Theater Heute Nr. 4*, 2004, S.27-31.

Dinkla, Söke/Martina Leeker (2002): *Tanz und Technologie. Auf dem Weg zu medialen Inszenierungen*, Berlin.

Dinkla, Söke (2001): ›Auf dem Weg zu einer performativen Interaktion‹, in: *Maschinen, Medien, Performances. Theater an der Schnittstelle zu digitalen Welten*, hg. v. Martina Leeker u. Detlev Schneider, Berlin.

Dinkla, Söke (2001): ›Das flottierende Werk. Zum Entstehen einer neuen künstlerischen Organisationsform‹, in: *Formen interaktiver Medienkunst. Geschichte, Tendenzen, Utopien* , hg. v. Peter Gendolla, Norbert M. Schmitz, Irmela Schneider u. Peter M. Spangenberg, Frankfurt a. M., S.64-91.

Dinkla, Sönke (1997): *Pioniere interaktiver Kunst*, Ostfildern Dinkla, Söke (1996): ›From Participation to Interaction: Toward the Origins of Interactive Art‹, in:

Clicking In; hot links to a digital Culture, hg. v. Lynn Hershman-Leeson, Seattle, S.279-289..

Dix, Alan (2004): *Human-Computer Interaction*, New York.

Dixon, Steve (2007): *Digital Performance – A History of New Media in Theater, Dance, Performance Art and Installation*, Cambridge (Mass.).

Doebler, John (1972): ›The Play within the Play: the Muscipula Diaboli in Hamlet‹, erschienen in: *Shakespeare Quarterly 2/23*, S.161-169.

Dormans, J (2006): ›On the Role of the Die: A brief ludologic study of pen-and-paper roleplaying games and their rules‹, in: *Game Studies 1/6*, http://www.gamestudies.org/0601/articles/dormans.

Ducheneaut, N./N. Yee/E. Nickell/R. J. Moore (2007): ›The Life and Death of Online Gaming Communities: A Look at Guilds in World of Warcraft‹, in: *CHI -CONFERENCE- 2*, S.839-848.

Dyer, Richard (1979): *Stars*, London.

Eberspächer, Jörg/Münchner Kreis (2008): *Virtuelle Welten im Internet Tagungsband; [Vorträge und Diskussionen der Fachkonferenz des Münchner Kreises am 21. November 2007]*, Heidelberg.

Eco, Umberto (1977): ›Semiotics of Theatrical Performance‹, erschienen in: *The Drama Review 1/21*, S.107-117.

Edelman, Murray (1976): *Politik als Ritual. Die symbolische Funktion staatlicher Institutionen und politischen Handelns*, Frankfurt a. M..

Edwards, Dan J./J. Martin Graetz (1962): ›PDP-1 plays at Spacewar‹, erschienen in: *MITDecuscope Nr. 1/1*, 04.1962, S.2-4.

Eiermann, André (2009): *Postspektakuläres Theater. Die Alterität der Aufführung und die Entgrenzung der Künste*, Bielefeld.

Eisenstein, Elizabeth L (1979): *The Printing Press as an Agent of Change. Communications and Cultural Transformations in Early Modern Europe*, Cambridge/New York.

Eisner, Monika/Thomas Müller (1988): ›Der angewachsene Fernseher‹, in: *Materialität der Kommunikation*, hg. v. Hans Urlich Gumbrech, K. Ludwig Pfeiffer u. Monika Elsner, Frankfurt a.M., S.392-412.

Elias, Norbert (2003): ›Figuration‹, in: *Grundbegriffe der Soziologie*, hg. v. Bernd Schäfers, Stuttgart.

Ellis, Godard (2004): ›Reel Life: The Social Geometry of Reality Shows‹, in: *Survivor Lessons*, hg. v. Matthew J. Smith u. Andrew F. Wood, Jefferson, N.C., S.73-96.

Elsaesser, Thomas/Adam Barker (1990): *Early cinema : space, frame, narrative,* London.

Elsner, M./H. U. Gumbrecht/T. Müller/P. M. Spangenberg (1994): ›Zur Kulturgeschichte der Medien‹, erschienen in: *Die Wirklichkeit der Medien*, S.163-187.

Enzensberger, Hans Magnus (1997): *Baukasten zu einer Theorie der Medien*, hg. v. Peter Glotz, München.

Eskelinen, Markku (2004): ›Towards Computer Game Studies‹, in: *First person. New media as story, performance, and game*, hg. v. Pat Harrigan u. Noah Wardrip-Fruin, Cambridge, Mass. [u.a.], S.36-44.

Eskelinen, Markku/Ragnhild Tronstad (2003): ›Video Games and Configurative Performances‹, in: *The Video Game Theory Reader*, hg. v. Mark J. P. Wolf u. Bernard Perron, N.Y. u. London, S.195-220.

Eskelinen, Markku (2001): ›The Gaming Situation‹, erschienen in: *Game Studies 1/1.*

Esslin, Martin (1982): *The Age of Television*, San Francisco.

Evers, Dirk (2005): ›Der Mensch als Turing-Maschine?‹, erschienen in: *Neue Zeitschrift für Systematische Theologie und Religionsphilosophie 1/47*, S.101-118.

Evert, Kerstin (2003): ›Theater im virtuell geteilten Raum‹, in: *Transforming Spaces. The Topological Turn in Technology Studies*, hg. v. Mikael Hard, Andreas Lösch u. Dirk Verdicchio.

Evreinov, Nikolai (1915): *Teatr dlja sebja (Theater für sich selbst), Teil 1*, St. Petersburg.

Evreinov, Nikolai (1908): ›Apologija teatral' nost‹, erschienen in: *Utro*, 08.09.1908.

Faßler, Manfred/Wulf Halbach (1992): *Inszenierungen von Information. Motive elektronischer Ordnung*, Gießen.

Faulstich, Werner (2006): *Mediengeschichte von 1700 bis ins 3. Jahrtausend*, Göttingen.

Faulstich, Werner/Helmut Korte (1997): *Der Star. Geschichte, Rezeption, Bedeutung*, München.

Featherstone, Mike (1991): *Consumer culture and postmodernism*, London/Newbury Park, Calif..

Féral, Josette (1998): ›La théâtralité; Recherche sur la spécificité du langage théâtral‹, erschienen in: *Poétique 75.*

Féral, Josette (1997): ›Performance and Theatricality: The Subject Demystified‹, in: *Mimesis, Masochism, and Mime. The Politics of Theatricality in Contemporary French Thought*, Ann Arbor, S.289-300.

Fiebach, Joachim (2007): *Inszenierte Wirklichkeit. Kapitel einer Kulturgeschichte des Theatralen*, Berlin.

Fiebach, Joachim (1999): ›Ausstellen des tätigen Darstellerkörpers als Keimzelle von Theater, oder Warum Theater kein Medium ist‹, in: *Maschinen, Medien, Performances*, hg. v. Martina Leeker, Hellerau, S.493-499.

Fiebach, Joachim (1998): ›Brechts Straßenszene. Versuch über die Reichweite eines Theatermodells‹, in: *Keine Hoffnung, keine Verzweiflung. Versuche um Theaterkunst und Theatralität*, Berlin, S.9-34.

Fiebach, Joachim (1998): ›Kommunikation und Theater. Diskurse zur Situation im 20. Jahrhundert‹, in: *Keine Hoffnung, keine Verzweiflung. Versuche um Theaterkunst und Theatralität*, Berlin, S.85-182.

Fiebach, Joachim (1996): ›Theatralitätsstudien unter kulturhistorisch-komparatistischen Aspekten‹, in: *Spektakel der Moderne. Bausteine zu einer Kulturgeschichte der Medien und des darstellenden Verhaltens*, Berlin, S.9-68.

Fiebach, Joachim (1990): ›Zur Geschichtlichkeit der Dinge und der Perspektiven. Bewegungen des historisch materialistischen Blicks‹, in: *Theaterwissenschaft heute. Eine Einführung*, hg. v. Renate Möhrmann, Berlin, S.371-388.

Fiebach, Joachim (1986): *Die Toten als die Macht der Lebenden. Zur Theorie und Geschichte von Theater in Afrika*, Wilhelmshaven.

Fiebach, Joachim (1975): *Von Craig bis Brecht. Studien zu Künstlertheorien in der ersten Hälfte des 20. Jahrhunderts*, Berlin.

Finter, Helga (2000): »Theatre in a Society of Spectacle«, in: *Mediated drama, dramatized media. Papers given on the occasion of the eighth annual conference of the German Society for Contemporary Theatre and Drama in English*, hg. v. Eckart Voigts-Virchow, Trier 2000, S.43-55.

Finter, Helga (2004): ›Cyberraum versus Theaterraum – Zur Dramatisierung abwesender Körper‹, in: *Interaktivität. Ein transdisziplinärer Schlüsselbegriff*, hg. v. Christoph Bieber u. Claus Leggewie, Frankfurt a.M., S.308-316.

Fischer-Lichte, Erika (2005): ›Aufführung ‹, in: *Lexikon Theatertheorie*, hg. v. Erika Fischer-Lichte, Doris Kolesch u. Matthias Warstat, Stuttgart/Weimar, S.16-26.

Fischer-Lichte, Erika (2005): ›Theaterwissenschaft‹, in: *Lexikon Theatertheorie*, hg. v. Erika Fischer-Lichte, Doris Kolesch u. Matthias Warstat, Stuttgart/Weimar, S.351-358.

Fischer-Lichte, Erika (2004): *Ä„sthetik des Performativen*, Frankfurt am Main.

Fischer-Lichte, Erika (2004): ›Diskurse des Theatralen‹, in: *Diskurse des Theatralen*, hg. v. Erika Fischer-Lichte, Christian Horn, Sandra Umathum u. Matthias Warstat, Tübingen/Basel, S.11-34.

Fischer-Lichte, Erika (2004): ›Theatralität als kulturelles Modell‹, in: *Theatralität als Modell in den Kulturwissenschaften*, hg. v. Erika Fischer-Lichte, Horn, Umathum u. Warstat, u. Basel, S.7-26.

Fischer-Lichte, E (2003): ›Vom Theater als Paradigma der Moderne zu den Kulturen des Performativen. Ein Stück Wissenschaftsgeschichte‹, in: *Theater als Paradigma der Moderne*, hg. v. Christopher Balme, Erika Fischer-Lichte u. Stephan Grätzel, Tübingen, S.15-32.

Fischer-Lichte, Erika/Jens Roselt (2001): ›Attraktion des Augenblicks – Aufführung, Performance, performativ und Performativität als theaterwissenschaftliche Begriffe‹, in: *Theorien des Performativen. Paragrana: Internationale Zeitschrift für Historische Anthropologie*, hg. v. Erika Fischer-Lichte u. Christoph, Wulf, Berlin, S.237-253.

Fischer-Lichte, E. (2001): ›Verkörperung/Embodiment. Zum Wandel einer alten theaterwissenschaftlichen in eine neue kulturwissenschaftliche Kategorie‹, in: *Verkör-*

perung, hg. v. E Fischer-Lichte, Christian Horn u. Matthias Warstat, Tübingen/Basel, S.11-25.

Fischer-Lichte, Erika (2000): ›Live-Performance und mediatisierte Performance‹, erschienen in: *Theaterwissenschaftliche Beiträge 2000* , S.10-13.

Fischer-Lichte, Erika (2000): ›Theatralität – eine kulturwissenschaftliche Grundkategorie‹, in: *Evolution. Gedächtnis und Theatralität als kulturelle Praktiken*, München, S.167-182.

Fischer-Lichte, Erika (1999): *Geschichte des Dramas. Epochen der Identität auf dem Theater von der Antike bis zur Gegenwart*, Tübingen .

Fischer-Lichte, Erika (1998): ›Inszenierungsgesellschaft? Zum Theater als Modell, zur Theatralität von Praxis‹, in: *Inszenierungsgesellschaft. Ein einführendes Handbuch*, hg. v. Herbert Willems u. Martin Jurga, Wiesbaden, S.81-90.

Fischer-Lichte, Erika (1997): ›Die Verklärung des Körpers. Theater im Medienzeitalter‹, in: *Die Entdeckung des Zuschauers. Paradigmenwechsel auf dem Theater des 20. Jahrhunderts*, hg. v. Erika Fischer-Lichte, Tübingen, S.205-220.

Fischer-Lichte, Erika (1995): ›From Theater to Theatricality. How to Construct Reality‹, in: *Theater Research International 2/20*.

Fischer-Lichte, Erika (1995): *TheaterAvantgarde. Wahrnehmung, Körper, Sprache*, Tübingen.

Fischer-Lichte, Erika (1983): *Semiotik des Theaters. 3 Bände*, Tübingen.

Fiske, J (1992): ›The Cultural Economy of Fandom‹, in: *The Adoring Audience. Fan Culture and Popular Media*, London, S.30-49.

Fiske, John (1992): *Television culture*, London [u.a.].

Flanagan, M (2003): ›SIMple and Personal: Domestic Space and The Sims‹, erschienen in: *Melbourne DAC* , S.http://media.rmit.edu.au/projects/dac/papers/Flanagan.pdf.

Fleischmann, Monika/Wolfgang Strauss (2000): ›Extended Performance: Virtuelle Bühne, Selbstrepräsentanz und Interaktion‹, in: *Kaleidoskopien*, Inst. für Theaterwissenschaft, Universität Leipzig 2000, S. 52-57

Fleischmann, Monika/Wolfgang Strauss (1998): ›Images of the Body in the House of Illusion‹, in: *Art@Science*, hg. v. Christa Sommerer u. Laurent Mignonneau, New York/Wien, S.133-147.

Florida, Richard L. (2002): *The Rise of the Creative Class. And how it's transforming work, leisure, community and everyday life*, New York, NY.

Fohrmann, Jürgen (2004): *Rhetorik. Figuration und Performanz*, Stuttgart.

Fohrmann, Jürgen (2003): ›Der Unterschied der Medien‹, erschienen in: *Transkriptionen 1*, S.2-7.

Fornäs, Johan, (2002): *Digital borderlands : cultural studies of identity and interactivity on the Internet Digital formations, vol. 6*, New York.

Fornoff, Roger (2004): *Die Sehnsucht nach dem Gesamtkunstwerk. Studien zu einer ästhetischen Konzeption der Moderne*, Hildesheim.

Foster, Winnie (2009): *Spielkonsolen und Heimcomputer 1972-2009*, Uttin.

Foucault, Michel (1994): *Überwachen und Strafen. Die Geburt des Gefängnisses*, Frankfurt a. M.

Foucault, Michel/Rux Martin/Luher H. Martin/Huck Gutman/Patrick H. Hutton (1993): *Technologien des Selbst*, Frankfurt a.M.

Foucault, Michel (1986): *Der Gebrauch der Lüste. Sexualität und Wahrheit 2*, Frankfurt a.M.

Franck, Georg (1998): *Ökonomie der Aufmerksamkeit*, München.

Frasca, Gonzalo (1999): ›Ludology meets narratology‹, erschienen in: *Similitude and differences between (video) games and narrative, Parnasso 3.*

Freud, Sigmund (1924): *Zur Einführung des Narzissmus*, Leipzig.

Freyermuth, Gundolf S. (2001): ›Von A nach D. Zwischen Hype und Utopie – Am Horizont der Digitalisierung von Kunst und Unterhaltung lockt das Holodeck‹, in: *Cyberhypes. Möglichkeiten und Grenzen des Internet*, hg. v. Rudolf Maresch u. Florian Rötzer, Frankfurt a. M., S.213-232.

Friedman, Ted (1999): ›Civilization and its discontents: Simulation, subjectivity, and space‹, erschienen in: *On a Silver Platter: CD-ROMs and the Promises of a new Technology*, S.132-150.

Friedrich, S./K. Kramer (2008): ›Theatralität als mediales Dispositiv. Zur Emergenz von Modellen Theatraler Performanz aus medienhistorischer Perspektive‹, in: *Theater und Medien/Theatre and the Media: Grundlagen-Analysen-Perspektiven. Eine Bestandsaufnahme*, Bielefeld, S.67.

Fritsch, Herbert/Sabrina Zwach (2006): *Hamlet_X. Interpolierte Fressen*, Berlin.

Fuchs, Elinor (1985): ›Presence and the Revenge of Writing: Re-Thinking Theatre after Derrida‹, erschienen in: *Performing Arts Journal 2-3/9*, S.163-173.

Fuller, Mary/Henry Jenkins (1995): ›Nintendo and New World Travel Writing: A Dialogue‹, in: *Cybersociety. Computer-mediated Communication and Community*, S.57-72.

Funken, Christiane (2004): ›Über die Wiederkehr des Körpers in der elektronischen Kommunikation‹, in: *Performativität und Medialität*, hg. v. Sybille Krämer, München, S.307-322.

Gameson, Joshua (1994): *Claims to Fame. Celebrity in Contemporary America*, Berkeley.

Gebauer, Gunter (1997): ›Spiel‹, in: *Vom Menschen. Handbuch historische Anthropologie*, hg. v. Christoph Wulf, Weinheim, S.1038-1048.

Gebauer, Gunter/Christoph Wulf (1998): *Spiel, Ritual, Geste. Mimetisches Handeln in der sozialen Welt*, Reinbek.

Gebhardt, W./R. Hitzler/M. Pfadenhauer (2000): *Events. Soziologie des aussergewöhnlichen,* Opladen.

Geertz, Clifford, (1973): *Deep Play. Notes on the Balinese Cockfight*, New York, auf Deutsch erschienen als: ›Deep play: Bemerkungen zum balinesischen Hahnenkampf‹, in: *Dichte Beschreibung. Beiträge zum Verstehen kultureller Systeme*, Frankfurt a. M. 1983, S.202-260.

Gehse, Kerstin (2001): *Medien-Theater: Medieneinsatz und Wahrnehmungsstrategien in theatralen Projekten der Gegenwart*, Würzburg/Boston.

Geitner, Ursula (1990): ›Die 'Beredsamkeit des Leibes'. Zur Unterscheidung von Bewusstsein und Kommunikation im 18. Jahrhundert‹, in: *Das Achtzehnte Jahrhundert. Mitteilungen der Gesellschaft für die Erforschung des 18. Jahrhunderts, Bd.14*, S.181ff.

Gendolla, Peter/Norbert M. Schmitz/Irmela Schneider/Peter M. Spangenberg (2001): *Formen interaktiver Medienkunst. Geschichte, Tendenzen, Utopien*, Frankfurt a.M.

Giannachi, Gabriella (2006): *The Politics of New Media Theatre*, London.

Giannachi, Gabriella (2004): *Virtual Theatres. An Introduction*, London/New York.

Gibson, William, (2003): *Pattern recognition*, New York.

Gibson, William (1984): *Neuromancer*, New York.

Giddens, Anthony (1995): *Konsequenzen der Moderne*, Frankfurt am Main.

Giesecke, Michael (1991): *Der Buchdruck in der frühen Neuzeit. Eine historische Fallstudie über die Durchsetzung neuer Informations- und Kommunikationstechnologien*, Frankfurt a. M..

Gilder, George F., (2000): *Telecosm : how infinite bandwidth will revolutionize our world*, New York.

Giles, David (2000): *Illusions of Immortality. A Psychology of Fame and Celebrity*, Basingstoke [u.a.].

Girard, René (1994): *Das Heilige und die Gewalt*, Frankfurt a.M..

Girshausen, Theo (1990): ›Zur Geschichte des Fachs‹, in: *Theaterwissenschaft heute. Eine Einführung*, hg. v. Renate Möhrmann, Berlin, S.21-37.

Glesner, Julia (2008): ›Theater in der Ambivalenz zum Technische – Anthropologische Dimensionen von Internet Performances‹, in: *Medien und Theater. Grundlagen – Analysen – Perspektiven*, hg. v. Henri Schoenmakers, Stefan Bläske, Kay Kirchmann u. Jens Ruchatz, Bielefeld, S.479-492.

Glesner, Julia (2005): *Theater und Internet. Zum Verhältnis von Kultur und Technologie im Übergang zum 21. Jahrhundert*, Bielefeld.

Göttlich, Udo (2005): ›Öffentlichkeitswandel, Individualisierung und Alltagsdramatisierung. Aspekte der Theatralität von Fernsehkommunikation im Mediatisierungsprozess‹, in: *Diskurse des Theatralen*, hg. v. Erika Fischer-Lichte, Tübingen/Basel.

Göttlich, Udo/Jörg-Uwe Nieland (1998): ›Alltagsdramatisierung und Daily Soaps. Öffentlichkeitswandel durch Lifestyle-Inszenierung‹, in: *Kommunikation im Wandel: Zur Theatralität der Medien*, hg. v. Udo Göttlich, Jörg-Uwe Nieland u. Heribert Schatz.

Göttlich, Udo (1998): ›Medien und Theatralität des Alltäglichen‹, in: *Kommunikation im Wandel: Zur Theatralität der Medien*, hg. v. Udo Göttlich, Jörg-Uwe Nieland u. Heribert Schatz, S.257-259.

Goffman, Erving (1959): *The Presentation of Self in Everyday-Life*, New York.

Goodman, Nelson (1984): *Weisen der Welterzeugung*, Frankfurt a.M.

Graetz, J. Martin (1981): ›The Origin of Spacewar‹, erschienen in: *Creative Computing/8*, 08.1981, auch unter: [http://gillesboulet.ca/textes/spacewar.pdf].

Grandey, Alicia A. (2000): ›Emotion regulation in the workplace: A new way to conceptualize emotional labor‹, erschienen in: *Journal of Occupational Health Psychology 1/5*, S.95-110.

Grau, Oliver (2001): *Virtuelle Kunst in Geschichte und Gegenwart. Visuelle Strategien*, Berlin.

Graumann, C.F. (1989): ›Eintrag 'Persönlichkeit'‹, in: *Historisches Wörterbuch der Philosophie, Bd.7*, hg. v. Joachim Ritter, Karlfried Gründer u. Gottfried Gabriel, Basel, S.345-354.

Gray, Chris Hables (2001): *Cyborg Citizen. Politics in the posthuman Age*, New York.

Greenblatt, Stephen (2000): ›The touch of the Real‹, in: *Practising New Historicism*, hg. v. Stephen Greenblatt u. Catherine Gallagher, Chicago/London, S.20-48.

Greenblatt, Stephen (1993): *Verhandlungen mit Shakespeare. Innenansichten der englischen Renaissance*, Frankfurt am Main.

Greenblatt, Stephen, (1980): *Renaissance Self-fashioning. From More to Shakespeare*, Chicago.

Greer, Germaine (1999): *The whole Woman*, New York.

Greiner, Bernhard (2007): ›The Birth of the Subject out of the Spirit of the Play within the Play: The Hamlet Paradgim‹, in: *The play within the play. The performance of meta-theatre and self-reflection*, hg. v. Gerhard Fischer u. Bernhard Greiner, Amsterdam; New York, S.xi-xvi.

Greulich, Silke (2001): ›Das Internet: Alles Theater?‹, in: *Perlentaucher.de*, 16.11.2001, auch unter: http://print.perlentaucher.de/artikel/12.html.

Grigat, Stephan/Johannes Grenzfurthner/Günther Friesinger (2006): ›Spektakel, Kunst, Gesellschaft‹, in: *Guy Debord und die Situationistische Internationale*, Berlin.

Grimm, Jakob/Wilhelm Grimm (1893): ›Eintrag 'Rolle'‹, in: *Deutsches Wörterbuch, Bd.14*, Stuttgart, S.1137-1139.

Gross, Peter (1994): *Die Multioptionsgesellschaft*, Frankfurt am Main.

Grotowski, Jerzy (1968): *Towards a poor Theatre*, Holstebro.

Grundy, David (2008): ›The Presence of Stigma Among Users of the MMORPG RMT‹, erschienen in: *Games and Culture 2/3*, S.225-247.

Guest, Tim (2007): *Second lives*, London.

Gumbrecht, Hans Ulrich/Joachim Schulte (2004): *Diesserts der Hermeneutik: die Produktion von Präsenz*, Frankfurt a.M.

Gunkel, David/Ann Hetzel Gunkel (2009): ›Terra Nova 2.0 - The New World of MMORPGs‹, erschienen in: *Critical Studies in Media Communication 2/26*, S.104-127.

Hafner, Katie (1996): *Where Wizards stay up late. The Origins of the Internet*, New York.

Hall, Stuart (1980): ›Encoding/Decoding‹, in: *Culture, media, language. Working Papers in Cultural Studies, 1972-79*, hg. v. Stuart Hall, Dorothy Hobson, Andrew Lowe u. Paul Willis, London, S.128-138.

Harraway, Donna (1991): *Simians, Cyborgs, and Women. The Reinvention of Nature*, New York.

Harries, Dan, (2002): *The new media book*, London.

Harrigan, Pat/Noah Wardrip-Fruin (2009): *Third person. Authoring and exploring vast narratives,* Cambridge, (Mass.).

Harrigan, Pat/Noah Wardrip-Fruin (2004): *First Person. New Media as Story, Performance, and Game*, Cambridge (Mass.).

Harris, Stuart (1995): ›Virtual Reality Drama‹, in: *Cyberlife!*, Indianapolis , S.497-520.

Hassan, Ihab (1977): ›Prometheus as Performer: Toward a Posthumanist Culture?‹, in: *Performance in Postmodern Culture,* hg. v. Michel Benamou und Charles Caramello, Wisconsin.

Havelock, Eric A. (1972): *Als die Muse schreiben lernte*, Frankfurt a.M..

Hayles, N. Katherine (2004): ›Refiguring the Posthuman‹, erschienen in: *Comparative Literature Studies 41*, S.311-316.

Hayles, N. Katherine (2002): *Writing machines*, Cambridge, Mass.

Hayles, N. Katherine (1999): *How We Became Posthuman. Virtual Bodies in Cybernetics, Literature, and Informatics*, Chicago.

Heath, Joseph/Andrew Potter (2006): *The Rebel Sell. How the Counterculture became Consumer Culture*, Chichester.

Heckel, Paul (1984): *The Elements of Friendly Software Design*, New York.

Heeg, Günther (2000): *Das Phantasma der natürlichen Gestalt. Körper, Sprache und Bild im Theater des 18. Jahrhunderts*, Frankfurt am Main.

Hegemann, Carl (2001): ›Das Theater retten, indem man es abschafft? Oder: Die Signifikanz des Theaters‹, in: *Maschinen, Medien, Performances*, hg. v. Martina Leeker, Berlin, S.638-649.

Heibach, Christiane (2002): ›Schreiben im World Wide Web – eine neue literarische Praxis?‹, in: *Praxis Internet. Kulturtechniken der vernetzten Welt*, hg. v. Stefan Münker u. Alexander Roesler, Frankfurt a. M., S.182-207.

Heibach, Christiane (2000): *Literatur im Internet. Theorie und Praxis einer kooperativen Ästhetik*, Berlin.

Heilige, Hans-Dieter (2008): *Mensch-Computer-Interface. Zur Geschichte und Zukunft der Computerbedienung*, Bielefeld.

Heim, Michael, (1998): *Virtual Realism*, New York.

Heiseler, Till Nikolaus von (2008): *Medientheater. inszenierte Medientheorie*, Berlin.

Heitjohann, Jens/Steffen Popp (2004): ›Redirecting the Net – Theatrale Streifzüge zwischen Biotechnologie und Semiotik‹, in: *Interaktivität. Ein transdisziplinärer Schlüsselbegriff*, hg. v. Christoph Bieber u. Claus Leggewie, Frankfurt a.M., S.317-328.

Helbig, Jörg (1998): *Intermedialität. Theorie und Praxis eines interdisziplinären Forschungsgebiets*, Berlin.

Helsel, Sandra K/Judith Paris Roth (1991): *Virtual Reality. Theory, Practice, and Promise*, Westport.

Herring, S. C. (2003): ›Gender and Power in On-line Communication‹, in: *The Handbook of Language and Gender*, hg. v. Janet Holmes u. Miriam Meyerhoff, Oxford, S.202-228.

Herrmann, Max (1981): ›Über die Aufgaben eines theaterwissenschaftlichen Institutes‹, in: *Theaterwissenschaft im deutschsprachigen Raum. Texte zum Selbstverständnis*, hg. v. Helmar Klier, Darmstadt, S.15-24.

Herrmann, Max (1931): ›Das theatralische Raumerlebnis‹, in: *Zeitschrift für Ästhetik und allgemeine Kunstwissenschaft 25 (Beilagenheft: Vierter Kongreß für Ästhetik und allgemeine Kunstwissenschaft, Hamburg, Oktober 1930).*

Herrmann, Max (1914): *Forschungen zur deutschen Theatergeschichte des Mittelalters und der Renaissance*, Berlin.

Herrmann, Hans-Christian von (2005): *Das Archiv der Bühne. Eine Archäologie des Theaters und seiner Wissenschaft*, München.

Hershman-Leeson, Lynn, (1996): *Clicking in: hot links to a digital culture*, Seattle.

Herz, Jessie Cameron (1997): *Joystick Nation. How Videogames Gobbled Our Money, Won Our Hearts and Rewired our Minds*, London.

Hess-Lüttich, Ernest W. B. (1984): ›Multimediale Kommunikation als Realität des Theater in theoriegeschichtlicher und systematischer Perspektive‹, in: *Zeichen und Realität*, hg. v. Klaus Oehler, Tübingen, S.915-927.

Heuser, Sabine (2003): *Virtual Geographies. Cyberpunk at the Intersection of the Postmodern and Science Fiction*, Amsterdam/New York.

Hickethier, Knut/Joan Kristin Bleicher (1998): ›Die Inszenierung der Information im Fernsehen‹, in: *Inszenierungsgesellschaft*, hg. v. H Willems u. M Jurga, Opladen, S.369-383.

Hill, Anette (2005): *Reality TV. Audiences and Popular Factual Television*, London u. N. Y.

Hills, Matt (2002): *Fan Cultures*, London/New York.

Hitzler, Ronald/Arne Niederbacher (2005): *Leben in Szenen. Formen jugendlicher Vergemeinschaftung heute*, Wiesbaden.

Hobson, Marian (1982): *The Object of Art. The Theory of Illusion in 18th Century France*, Cambridge.

Hochschild, Arlie Russell (1983): *The Managed Heart. Commercialization of Human Feeling*, Berkeley.

Hooks, Ed (2001): *Acting strategies for the cyber age*, Portsmouth, NH.

Hörning, Karl H. (2004): *Doing Culture. Neue Positionen zum Verhältnis von Kultur und sozialer Praxis*, Bielefeld.

Holmquist, Berit (1994): ›Face to Interface‹, in: *The Computer as Medium*, hg. v. Peter Bøgh Andersen, Berit Holmqvist u. Jens F. Jensen, Cambridge, S.222-235.

Horbelt, Andreas (2004): ›'All the world's a unix term. And all the men and women merely irc addicts' Das virtuelle Theater der Hamnet Players und ihrer Nachfolger‹, erschienen in: *Theorie, Theater, Praxis*, S.303-308.

Horbelt, Andreas (2003): *'On the Internet, nobody knows you're a dog' – Überlegungen zum Theater im Internet.* [http://www.luftschiff.org/Theater/mixedreality/Vortrag/main.html].

Horbelt, Andreas (2001): *Theater und Theatralität im Internet. Unveröffentlichte Magisterarbeit an der Ludwig-Maximilian-Universität München*, München.

Horn, Christian (2004): ›Verhandlung von Macht durch Inszenierung und Repräsentation‹, in: *Diskurse des Theatralen*, hg. v. Erika Fischer-Lichte, Christian Horn, Sandra Umathum u. Matthias Warstat, Basel, S.151-169.

Hügel, Hans-Otto (1993): ›Die ästhetische Zweideutigkeit der Unterhaltung‹, erschienen in: *Montage a/v 2/1*, S.119-141.

Huizinga, Johan (1987): *Homo Ludens. Vom Ursprung der Kultur im Spiel*, Reinbek bei Hamburg.

Hulfeld, Stefan (2007): *Theatergeschichtsschreibung als kulturelle Praxis. Wie Wissen über Theater entsteht*, Zürich.

Hulfeld, Stefan (2000): *Zähmung der Masken, Wahrung der Gesichter. Theater und Theatralität in Solothurn, 1700-1798*, Zürich.

Illouz, Eva (2003): *Der Konsum der Romantik. Liebe und kulturelle Widersprüche des Kapitalismus*, Frankfurt a.M. [u.a.].

Inness, Shirley (1999): *Tough Girls. Women Warriors and Wonder Women in Popular Culture*, Philadelphia.

Jameson, Frederic (1986): ›Postmoderne. Zur Logik der Kultur im Spätkapitalismus‹, in: *Postmoderne. Zeichen eines kulturellen Wandels*, hg. v. Andreas Huyssens u. Klaus Scherpe, Reinbek b. Hamburg, S.45-102.

Jenik, Adrienne (2001): ›Desktop Theatre. Keyboard Catharsis and the Masking of Roundheads‹, erschienen in: *The Drama Review 3/45*, S.95-112.

Jenkins, Henry (2004): ›Game Design as Narrative Architecture‹, in: *First person. New Media as Story, Performance, and Game*, hg. v. Pat Harrigan u. Noah Wardrip-Fruin, Cambridge, Mass. [u.a.], S.118-130.

Jenkins, Henry (1998): ›Complete Freedom of Movement: Video Games as Gendered Play Spaces‹, in: *From Barbie to Mortal Kombat: Gender and Computer Games*, S.262-297.

Jenkins, Henry (1992): *Textual Poachers. Television fans and participatory culture*, New York.

Jensen, Amy Petersen, (2007): *Theatre in a media culture : production, performance and perception since 1970*, Jefferson, N.C..

Jensen, Jens F. (1999): ›'Interactivity.' Tracking a New Concept in Media and Communication Studies‹, in: *Computer Media and Communication* , S.185-204.

Jimroglou, Krissi M. (1999): ›A Camera With a View. JenniCAM, visual representation, and cyborg subjectivity‹, in: *Information, Communication & Society 4/2*, S.439-453.

Joas, Hans (2000): ›Rolle – Person – Identität. Wie zeitgemäß sind diese Begriffe?‹, in: *Global Player, Local Hero. Positionen des Schauspielers im zeitgenössischen Theater*, hg. v. Tilmann Broszat u. Sigrid Gareis, München, S.31-37.

Jones, Gerard (2002): *Killing Monsters: Why Children Need Fantasy. Super Heroes and Make Believe Violence*, New York.

Jones, Steve, (1998): *CyberSociety 2.0 : revisiting computer-mediated communication and community New media cultures*, Thousand Oaks, Calif.

Juul, Jesper (2004): ›Introduction to Game Time‹, in: *First person. New media as story, performance, and game*, hg. v. Pat Harrigan u. Noah Wardrip-Fruin, Cambridge, Mass. [u.a.], S.131-142.

Juul, Jesper (2001): ›Games telling stories‹, erschienen in: *Game Studies 1/1*, S.45.

Juul, Jesper (1999): ›A clash between game and narrative‹, in: *M.A. Thesis, University of Copenhagen, Denmark.*

Kac, Eduardo (1997): ›Das Internet und die Zukunft der Künste‹, in: *Mythos Internet*, hg. v. Stefan Münker u. Alexander Roesler, Frankfurt a. M., S.291-318.

Kacunko, Slavko (2004): *Closed Circuit Videoinstallationen. Ein Leitfaden zur Geschichte und Theorie der Medienkunst mit Bausteinen eines Künstlerlexikons*, Berlin.

Kaes, Anton (1978): *Kino-Debatte. Texte zum Verhältnis von Literatur u. Film 1909-1929*, München/Tübingen.

Kalawsky, R. S. (1993): *The science of virtual reality and virtual environments. A technical, scientific and engineering reference on virtual environments*, Reading (Mass.).

Kaminski, Winfred/Martin Lorber (2008): *Clash of Realities 2008: Spielen in digitalen Welten*, München.

Kaminski, Winfred (2006): *Clash of Realities: Computerspiele und soziale Wirklichkeit*, München.

Kay, Alan/Adele Goldberg (1977): ›Personal dynamic media‹, erschienen in: *Computer 3/10*, S.31-41.

Kellner, Douglas (2002): *Media Culture. Cultural Studies, Identity and Politics between the Modern and the Post-Modern*, London.

Kendall, Lori (1998): ›Meaning and Identity in 'Cyberspace': The Performance of Gender, Class, and Race Online‹, erschienen in: *Symbolic Interaction 2/21*, S.129-153.

Kennedy, Helen W. (2002): ›Lara Croft: Feminist Icon or Cyberbimbo? On the Limits of Textual Analysis‹, erschienen in: *Game Studies 2/2*.

Kent, Steven (2001): *The Ultimate History of Videogames*, London.

Kerckhove, Derrick de (1999): ›Eine Mediengeschichte des Theaters. Vom Schrifttheater zum globalen Theater‹, in: *Maschinen, Medien, Performances*, hg. v. Martina Leeker, Hellerau, S.501-525.

Kerckhove, Derrick de (1995): ›Eine Theorie des Theaters‹, in: *Schriftgeburten. Vom Alphabet zum Computer*, München, S.71-94.

Kerckhove, Derrick de (1995): *Schriftgeburten. Vom Alphabet zum Computer*, München.

Kerckhove, Derrick de (1982): ›Theatre as Information-Processing in Western Cultures‹, erschienen in: *Modern Drama 1/XXV*, S.143-153.

King, Lucien (2002): *Game on. The History and Culture of Videogames*, London.

King, Geoff/Tanya Krzywinska (2006): *Tomb Raiders and Space Invaders. Videogame Forms and Contexts*, London [u.a.].

Kirchner, Thomas (1985): ›Der Theaterbegriff des Barock‹, in: *Maske und Kothurn. 31. Jg.*, Wien, S.131-142.

Kirschstein, Corinna (2007): ›Ein 'gefährliches Verhältnis' – Theater, Film und Wissenschaft in den 1910er und 1920er Jahren‹, in: *Theaterhistoriographie. Kontinuitäten und Brüche in Diskurs und Praxis*, hg. v. Friedemann Kreuder, Stefan Hulfeld u. Andreas Kotte, Tübingen, S.179-187.

Klimmt, Christoph (2006): *Computerspielen als Handlung. Dimensionen und Determinanten des Erlebens interaktiver Unterhaltungsangebote*, Köln.

Klotz, Heinrich/Florian Rötzer (1991): ›Für ein mediales Gesamtkunstwerk‹, in: *Digitaler Schein. Ästhetik der elektronischen Medien*, hg. v. Florian Rötzer, Frankfurt a. M., S.356-370.

Knight, Brooke A. (2000): ›Watch me! Webcams and the public exposure of private lives‹, erschienen in: *Art Journal 4/59*, S.21-25.

Konersmann, Ralf (1992): ›Eintrag 'Rolle'‹, in: *Historisches Wörterbuch der Philosophie, Bd.8*, hg. v. Joachim Ritter, Karlfried Gründer u. Gottfried Gabriel, Basel, S.1063-1067.

Konersmann, Ralf (1986): ›Die Metapher der Rolle und die Rolle der Metapher‹, erschienen in: *Archiv für Begriffsgeschichte 30 I*, S.84-137.

Kotte, Andreas (2005): *Theaterwissenschaft. Eine Einführung*, Köln.

Kotte, Andreas (1999): ›Der Mensch verstellt sich, aber der Schauspieler zeigt. Drei Variationen zum Theater im Medienzeitalter‹, in: *Horizonte der Emanzipation. Texte zu Theater und Theatralität* , hg. v. Christopher B Balme, Christa Hasche, Wolfgang Mühl-Benninghaus u. Joachim Fiebach, Berlin, S.151-168.

Kotte, Andreas (1998): ›Theatralität: Ein Begriff sucht seinen Gegenstand‹, erschienen in: *Forum modernes Theater 2/13*, S.117-133.

Krämer, Sybille (2004): ›Was haben 'Performativität' und 'Medialität' miteinander zu tun? Plädoyer für eine in der 'Aisthetisierung' gründende Konzeption des Performativen‹, in: *Performativität und Medialität*, München, S.13-32.

Krämer, Sybille (1997): ›Vom Mythos 'Künstliche Intelligenz' zum Mythos 'Künstliche Kommunikation' oder: Ist eine nicht-anthropomorphe Beschreibung von Internet-Interaktionen möglich?‹, in: *Mythos Internet*, hg. v. Stefan Münker u. Alexander Roesler, Frankfurt a.M., S.83-108.

Kreuder, Friedemann (2008): ›Schauspieler (actor): Operational-analytic and Historical Aspects of a Concept in the Theory of Drama‹, in: *Performing the Matrix. Mediating Cultural Performances*, hg. v. Meike Wagner u. Wolf-Dieter Ernst, München, S.223-239.

Krueger, Myron (2001): ›Responsive Environments‹, in: *Multimedia. From Wagner to Virtual Reality*, hg. v. Randall Packer u. Ken Jordan, New York, S.104-120.

Krueger, Myron (1991): *Artificial Reality II*, Reading (Mass.) [u.a.].

Krueger, Myron (1977): ›Responsive Environments‹, erschienen in: *American Federation of Information Processing Systems 46*, S.423-433.

Krzywinska, T. (2006): ›Blood Scythes, Festivals, Quests, and Backstories: World Creation and Rhetorics of Myth in World of Warcraft‹, in: *Games and Culture 4/1*, S.383-396.

Kurzenberger, Hajo (1997): ›Die 'Verkörperung' der dramatischen Figur durch den Schauspieler‹, in: *Authentizität als Darstellungsform*, hg. v. Jan Berg, Hans-Otto Hügel u. Hajo Kurzenberger, Hildesheim, S.106-121.

LaFarge, Antoinette (1995): ›A World Exhilarating and Wrong: Theatrical Improvisation on the Internet‹, erschienen in: *Leonardo 5/28*.

Landow, George P (1992): *Hypertext. The Convergence of Contemporary Critical Theory and Technology*, Baltimore.

Lanham, Richard A. (1993): *The Electronic Word. Democracy, Technology, and the Arts*, Chicago.

Latour, Bruno (2008): *Wir sind nie modern gewesen. Versuch einer symmetrischen Anthropologie*, Frankfurt a.M..

Laurel, Brenda (1991): *Computers as Theatre*, Reading, Mass..

Lavender, Andy (2006): ›Mise en scène, hypermediacy and the sensorium‹, in: *Intermediality in Theatre and Performance*, hg. v. Freda Chapple u. Chiel Kattenbelt, Amsterdam / New York, S.55-66.

Lazarowicz, Klaus (1991): ›Einleitung‹, in: *Texte zur Theorie des Theaters*, hg. v. Klaus Lazarowicz u. Christopher Balme, Stuttgart.

Leeker, Martina (2002): ›Theater/Performance mit und in elektronischen Medien‹, in: *Netkids und Theater. Studien zum Verhältnis von Jugend, Theater und neuen Medien*, hg. v. Jörg Richard, Frankfurt a. M., S.171-194.

Leeker, Martina/Detlev Schneider (2001): *Maschinen, Medien, Performances. Theater an der Schnittstelle zu digitalen Welten*, Berlin.

Leeker, Martina (1995): ›Medien, Mimesis und Identität. Bemerkungen über einen geglückten Umgang mit Neuen Technologien‹, erschienen in: *Paragrana 2/4*, S.90-102.

Leggewie, Claus/Christoph Bieber (2004): ›Interaktivität – Soziale Emergenzen im Cyberspace?‹, in: *Interaktivität. Ein transdisziplinärer Schlüsselbegriff*, hg. v. Christoph Bieber u. Claus Leggewie, Frankfurt a.M., S.7-14.

Lehmann, Hans-Thies (1999): *Postdramatisches Theater*, Frankfurt a.M.

Leiris, Michel (1989): ›Die Besessenheit und ihre theatralischen Aspekte bei den Äthiopiern von Gondar‹, in: *Die eigene und die fremde Kultur. Ethnographische Schriften, Bd.1*, Frankfurt a.M..

LeNoir, Nina (1999): ›Acting in Cyberspace. The Player in the World of Digital Technology‹, in: *Theatre in Cyberspace. Issues of Teaching, Acting and Directing*, hg. v. Stephen A Schrum, New York, S.175-200.

Leroi-Gourhan, André (1980): *Hand und Wort. Die Evolution von Technik, Sprache und Kunst*, Frankfurt a. M.

Leschke, Rainer (2003): *Einführung in die Medientheorie*, München.

Lessing, Ephraim (1965): ›Laokoon oder Über die Grenzen der Malerei und Poesie‹, in: *Werke, Bd.3*, Berlin u. Weimar, S.161-332.

Levine, Lawrence W. (1988): *Highbrow, Lowbrow. The Emergence of Cultural Hierarchy in America*, Cambridge (Mass.) [u.a.].

Lévy, Pierre (2001): *Cyberculture*, Minneapolis [u.a.].

Lévy, Pierre, (1998): *Becoming virtual. Reality in the Digital Age*, New York.

Levy, Steven (2010): *Hackers*, Sebastopol (USA).

Levy, Steven (1994): *Insanely Great. The Life and Times of Macintosh, the Computer That Changed Everything*, London.

Lévi-Strauss, Claude (1977): ›Die Zweiteilung der Darstellung in der Kunst Asiens und Amerikas (1944/45)‹, in: *Strukturale Anthropologie, Bd.1*, Frankfurt a. M., S.268-291.

Licklider, Joseph Carl Robnett/R. W. Taylor (1968): ›The computer as a communication device‹, erschienen in: *Science and Technology 2/76*, S.1-3.

Licklider, Joseph Carl Robnett (1960): ›Man-Computer Symbiosis‹, erschienen in: *Transactions on Human Factors in Electronics 1*, S.4-11.

Lindtner, Silvia/Bonnie Nardi/HICSS, 41st Annual Hawaii International Conference on System Sciences 2008 (2008): ›Venice, California and world of warcraft: Persistence and ephemerality in playful spaces‹, erschienen in: *Proc Annu Hawaii Int Conf Syst Sci Proceedings of the Annual Hawaii International Conference on System Sciences*, Waikoloa/Hawaii.

Lipietz, Alain (1992): *Towards a New Economic Order. Postfordism, Ecology, and Democracy*, New York.

Lischka, Konrad (2002): *Spielplatz Computer. Kultur, Geschichte und Ästhetik des Computerspiels*, Hannover.

Lober, Andreas (2007): *Virtuelle Welten werden real. Second Life, World of Warcraft & Co: Faszination, Gefahren, Business,* Hannover.

Loud, Pat/Nora Johnson (1974): *Pat Loud. A Woman's Story*, New York.

Lovell, Robb E. (2000): ›Computer Intelligence in the Theater‹, erschienen in: *New Theatre Quarterly 63 3/16*, S.255-262.

Lowry, Stephen/Helmut Korte (2000): ›Das Phänomen Filmstar‹, in: *Der Filmstar*, hg. v. Stephen Lowry u. Helmut Korte, Stuttgart.

Luhmann, Niklas/Dirk Baecker (2002): *Einführung in die Systemtheorie*, Heidelberg.

Luhmann, Niklas, (1997): *Die Gesellschaft der Gesellschaft. 2 Bände*, Frankfurt a.M..

Luhmann, Niklas (1996): *Die Realität der Massenmedien*, Opladen.

Luhmann, Niklas (1987): *Die Kunst der Gesellschaft*, Frankfurt a.M..

Luhmann, Niklas (1986): ›Das Medium der Kunst‹, erschienen in: *Delfin 7*, S.6-15.Luhmann, Niklas (1984): *Soziale Systeme. Grundriss einer allgemeinen Theorie*, Frankfurt a. M.

Lyotard, Jean Francois (1992): *Das postmoderne Wissen. Ein Bericht*, Wien.

MacAloon, John J. (1984): ›Introduction‹, in: *Rite, Drama, Festival, Spectacle. Rehearsals Toward a Theory of Cultural Performance*, Philadelphia.

MacCallum-Stewart, Esther/Justin Parsler (2008): ›Role-Play vs. Gamplay: The Difficulties of Playing a Role in World of Warcraft‹, in: *Digital Culture, Play and Identity. A World of Warcraft Reader*, hg. v. Hilde G. Corneliussen u. Jill Walker Rettberg, Cambridge (Mass.), S.225-246.

Maintz, Christian/ Oliver Mübert / Matthias Schumann (2002): *Theater und Film. Historische Präliminarien, Bd.Schaulust. Theater und Film – Geschichte und Intermedialität*, Münster [u.a.].

Malone, Paul M (2000): ›Cyber-Kleist: The Virtual Actor as Über-Marionette‹, in: *Mediated drama, dramatized media. papers given on the occasion of the eighth annual conference of the German Society for Contemporary Theatre and Drama in English*, hg. v. Eckart Voigts-Virchow, Trier, S.57-65.

Manifold, Marjorie Cohee (2005): ›Life as Theater – Theater as Life: Art Expressions of Information-Age Youth‹, erschienen in: *Journal of Cultural Research in Art Education 23*, S.1-16.

Manovich, Lev (2001): *The Language of New Media*, Cambridge (Mass.).

Maresch, Rudolf (2007): ›Das Zweite ist das Erste. In 'Online-Wohnwelten' spiegeln sich vor allem die Vorlieben, Neigungen und Geschäftsinteressen der realen Welt‹, in: *Telepolis*, 21.06.2007, [http://www.heise.de/tp/r4/artikel/25/25361/1.html]

Marshall, P. David (1997): *Celebrity and Power. Fame in Contemporary Culture*, Minneapolis.

Marx, Peter W. (2008): *Ein theatralisches Zeitalter. Bürgerliche Selbstinszenierungen um 1900*, Tübingen und Basel.

Marx, Peter W. (2006): *Max Reinhardt. Vom bürgerlichen Theater zur metropolitanen Kultur*, Tübingen.

Mateas, Michael (2004): ›A Preliminary Poetics for Interactive Drama and Games‹, in: *First Person. New Media as Story, Performance, and Game*, hg. v. Pat Harrigan u. Noah Wardrip-Fruin, Cambridge (Mass.) [u.a.], S.19-33.

Matussek, Peter (1997): ›www.heavensgate.com – Virtuelles Lebens zwischen Eskapismus und Ekstase‹, erschienen in: *Paragrana 1/6*.

Matzat, Wolfgang (2008): ›Welttheater und Bühne der Gesellschaft. Überlegungen zur Tragödie der französischen Klassik‹, in: *Theater im Aufbruch. Das europäische Drama der frühen Neuzeit*, Tübingen, S.133-154.

Mauss, Marcel (1989): ›Eine Kategorie des menschlichen Geistes. Der Begriff der Person und des 'Ich' (1938)‹, in: *Soziologie und Anthropologie, Bd.2*, Frankfurt a.M..

Mauthner, Fritz (1923): ›Eintrag 'Persönlichkeit'‹, in: *Wörterbuch der Philosophie, Bd.2*, Leipzig, S.527-544.

McKenzie, Jon (2001): *Perform or else: from discipline to performance*, London/New York.

McLuhan, Marshall (1997): ›The Global Village‹, in: *Medien verstehen. Der McLuhan Reader*, hg. v. Martin Baltes, Fritz Böhler, R Höltschl u. J Reuß, Mannheim, S.223-235.

McLuhan, Marshall (1969): ›The Playboy Interview: Marshall McLuhan‹, erschienen in: *Playboy Magazine*, 03.1969, S.233-269.

McLuhan, Marshall (1964): *Understanding Media. The Extensions of Man,*, New York.

McPherson (2006): ›Reload‹, in: *New media, old media : a history and theory reader*, hg. v. Wendy Hui Kyong, Chun u. Thomas, Keenan, New York.

McQuire, Scott (2002): ›Space for Rent in the Last Suburb‹, in: *Prefiguring Cyberculture. An Intellectual History*, hg. v. Darren Tofts, Annemarie Jonson u. Alessio Cavallard, Sydney, S.166-178.

Meadows, Mark Stephen (2008): *I, Avatar. The Culture and Consequences of Having a Second Life*.

Mersch, Dieter ›Life-Acts. Die Kunst des Performativen und die Performativität der Künste‹, in: *Performance*, hg. v. Gabriele Klein u. Wolfgang Sting, Bielefeld.

Mertens, Mathias (2007): ›'A Mind Forever Voyaging'. Durch Computerspielräume von den 70ern bis heute‹, in: *Escape! Computerspiele als Kulturtechnik*, hg. v. Claus Pias u. Christian Holtorf, Köln, S.45-54.

Mertens, Mathias (2006): *Kaffeekochen für Millionen. Die spektakulärsten Ereignisse im World Wide Web*, Frankfurt a.M..

Mertens, Mathias (2002): *Wir waren Space Invaders. Geschichten vom Computerspielen*, Frankfurt a.M..

Mertens, Mathias/Heinz Brüggemann/Aage Ansgar Hansen-Löve (2000): *Forschungsüberblick 'intermedialität'. Kommentierungen und Bibliographie*, Hannover.

Meyer, Petra Maria (1997): ›Theaterwissenschaft als Medienwissenschaft‹, erschienen in: *Forum modernes Theater 2/12*, S.115-131.

Meyer, Thomas/Rüdiger Ontrup (1998): ›Das 'Theater des Politischen'. Politik und Politikvermittlung im Fernsehzeitalter‹, in: *Inszenierungsgesellschaft*, hg. v. H. Willems u. M. Jurga, S.523-541.

Meyer, Thomas/Rüdiger Ontrup/Christian Schicha (2000): *Die Inszenierung des Politischen. Zur Theatralität von Mediendiskursen*, Wiesbaden.

Meyrowitz, Joshau (1987): *Die Fernseh-Gesellschaft. Wirklichkeit und Indentiät im Medienzeitalter*, Weinheim.

Mezger, Werner (2000): ›Masken an Fastnacht, Fasching und Karneval. Zur Geschichte und Funktion von Vermummung und Verkleidung während der närrischen Tage‹, in: *Masken und Maskierungen*, hg. v. Alfred Schäfer u. Michael Wimmer, Opladen, S.109-134.

Mikula, Maja (2003): ›Gender and Videogames: the political valency of Lara Croft‹, erschienen in: *Continuum: Journal of Media & Cultural Studies 1/17*.

Mingo, Jack/Robert Armstrong (1983): *The Official Couch Potato Handbook. A Guide to Prolonged Television Viewing*, Santa Barbara.

Minsky, Marvin Lee, (2006): *The Emotion Machine. Commonsense Thinking, Artificial Intelligence, and the Future of the Human Mind*, New York.

Minsky, Marvin Lee (1986): *The Society of Mind*, New York.

Misoch, Sabina (2004): *Identitäten im Internet. Selbstdarstellung auf privaten Homepages*, Konstanz.

Mitchell, William J (2000): *E-topia. 'Urban life, Jim – but not as we know it'*, Cambridge (Mass.).

Moninger, Markus (2004): ›Vom 'Media-Match' zum 'Media-Crossing'‹, in: *Crossing media. Theater, Film, Fotografie, neue Medien*, hg. v. Christopher Balme u. Markus Moninger, München, S.7-12.

Moravec, Hans P. (1999): *Computer übernehmen die Macht. Vom Siegeszug der künstlichen Intelligenz*, Hamburg.

Moravec, Hans P. (1988): *Mind Children. The Future of Robot and Human Intelligence*, Cambridge (Mass.).

Moreno, Jakob Levy (1973): *Gruppenpsychotherapie und Psychodrama. Einleitung in die Theorie und Praxis*, Stuttgart.

Morningstar, Chip/Randall Farmer (1991): ›The Lessons of Lucasfilm's Habitat‹, in: *Cyberspace. First Steps*, hg. v. Michael Benedikt, Cambridge, Mass..

Morse, Margaret, u. Inc. NetLibrary (1998): *Virtualities Television, Media Art, and Cyberculture*, Bloomington: Indiana.

Morse, Margaret (1998): ›What do Cyborgs Eat? Oral Logic in an Information Society‹, in: *Virtualities: television, media art, and cyberculture*, Indiana.

Morse, Margaret (1997): ›Virtually Live: Hybride Körper, Bildschirme und 'Replikanten'‹, in: *Hybridkultur. Medien, Netze, Künste*, hg. v. Irmela Schneider u. Christian W. Thomson, Köln, S.193-207.

Moulthrop, Stuart (2004): ›From Work to Play: Molecular Culture in the Time of Deadly Games‹, in: *First person. New media as story, performance, and game*, hg. v. Pat Harrigan u. Noah Wardrip-Fruin, Cambridge (Mass.) [u.a.], S.56-69.

Müller, Jörg (1996): *Virtuelle Körper. Aspekte sozialer Körperlichkeit im Cyberspace*, Berlin.

Müller, Jürgen (1998): ›Intermedialität als poetologisches und medientheoretisches Konzept. Einige Reflektionen zu dessen Geschichte‹, in: *Intermedialität. Theorie und Praxis eines interdisziplinären Forschungsgebiets*, hg. v. Jörg Helbig, Berliln, S.31-40.

Müller, Gisela (2005): ›Die utopischen Räume, oder: Theatralität als open source‹, in: *MorgenWelt*, 23. Juli 2001.

Müller, Gisela (2003): *Von vernetzten Spielräumen und der Inszenierung des Disparaten. Vortrag im Rahmen des Symposiums 'Future Theatre*, ZKM Karlsruhe, 18./19.01.2003.

Müller, Gisela (2001): *Das ganze Web eine Bühne. Netzinszenierung und Internet-Performances.* Vortrag am 13.6.2001 an der Humboldt Universität Berlin.

Müller, Eggo (2006): ›Interaktivität: Polemische Ontologie und gesellschaftliche Form‹, in: *Das Spiel mit dem Medium*, hg. v. Britta Neitzel u. Rolf Nohr, Marburg, S.66-79.

Müller-Krumbach, Renate (1992): *Kleine heile Welt. Eine Kulturgeschichte der Puppenstube*, Leipzig.

Müller-Tamm, Pia/Horst Bredekamp (1999): *Phantasmen der Moderne. Puppen, Körper, Automaten*, Köln [u.a.].

Münker, Stefan/Alexander Roesler (2002): ›Vom Myhtos zur Praxis. Auch eine Geschichte des Internet‹, in: *Praxis Internet. Kulturtechniken der vernetzten Welt*, hg. v. Stefan Münker u. Alexander Roesler, Frankfurt a.M., S.11-22.

Münkler, Herfried (2001): ›Die Theatralisierung der Politik‹, in: *Ästhetik der Inszenierung*, hg. v. Josef Früchtl u. Jörg Zimmermann, Frankfurt a.M., S.144-163.

Münz, Rudolf (1998): ›'Ein Kadaver den es noch zu töten gilt.' Das Leipziger Theatralitätskonzept als methodisches Prinzip der Historiographie älteren Theaters‹, in: *Theatralität und Theater. Zur Historiographie von Theatralitätsgefügen*, hg. v. Rudolf Münz, Gerda Baumbach u. Gisbert Amm, Berlin, S.82-103.

Münz, Rudolf/Gerda Baumbach/Gisbert Amm (1998): *Theatralität und Theater. Zur Historiographie von Theatralitätsgefügen*, hg. v. Rudolf Münz, Gerda Baumbach u. Gisbert Amm, Berlin.

Münz, Rudolf (1998): ›Theatralität und Theater. Konzeptionelle Erwägungen zum Forschungsprojekt 'Theatergeschichte'‹, in: *Theatralität und Theater. Zur Histo-*

riographie von Theatralitätsgefügen, hg. v. Rudolf Münz, Gerda Baumbach u. Gisbert Amm, Berlin, S.66-81.

Münz, Rudolf (1994): ›Das Leipziger Theatralitätskonzept als methodisches Prinzip der Historiographie älteren Theaters‹, in: *Arbeitsfelder der Theaterwissenschaft*, hg. v. Erika Fischer-Lichte, Tübingen, S.15-42.

Münz, Rudolf (1989): ›Theatralität und Theater‹, in: *Wissenschaftliche Beiträge der Theaterhochschule Hans Otto*, Leipzig, S.5-20.

Münz, Rudolf (1979): *Das 'andere' Theater. Studien über ein deutschsprachiges teatro dell'arte der Lessingzeit*, Berlin.

Mukarovsky, Jan (1970): *Kapitel aus der Ästhetik*, Frankfurt a.M..

Mulvey, Laura (1988): ›Visual Pleasure and Narrative Cinema‹, in: *Feminism and Film Theory*, hg. v. Constance Penley, New York, S.57-68.

Murray, Janet (1997): *Hamlet on the Holodeck. The Future of Narrative in Cyberspace*, Cambridge (Mass.).

Murray, Janet (2004): ›From Game-Story to Cyberdrama‹, in: *First person. New media as story, performance, and game*, hg. v. Pat Harrigan u. Noah Wardrip-Fruin, Cambridge (Mass.) [u.a.], S.2-11.

Murray, Susan/Laurie Ouellette (2004): *Reality TV: Remaking Television Culture*, New York.

Ndalianis, Angela, (2004): *Neo-Baroque aesthetics and contemporary entertainment*, Cambridge (Mass.).

Negroponte, Nicholas (1995): *Being digital*, New York.

Nelle, Florian (2005): *Künstliche Paradiese. Vom Barocktheater zum Filmpalast*, Würzburg.

Neuberger, Christoph (2007): ›Interaktivität, Interaktion, Internet. Eine Begriffsanalyse‹, in: *Publizistik. 52. Jg., H. 1, S. 33-50.* , Bd.52. Jg., S.33-50.

Newman, James (2002): ›The myth of the ergodic videogame‹, erschienen in: *Game studies 1/2*, S.1-17, [http://www.gamestudies.org/0102/newman/].

Norman, Donald A./Stephen W. Draper (1986): *User Centered System Design. New Perspectives on Human-Computer Interaction*, Hillsdale (N.J.).

Nussbaum, Emily (2007): ›Say Everything‹, erschienen in: *New York Times* .

Ong, Walter J. (1982): *Orality and Literacy. The Technologizing of the Word*, London/New York.

Ontrup, Rüdiger (1998): ›Die Macht des Theatralischen und die Theatralität der Macht. Vorüberlegungen zu einer Theorie der Medientheatralität‹, in: *Kommunikation im Wandel. Zur Theatralität der Medien*, hg. v. Udo Göttlich, Jörg-Uwe Nieland u. Heribert Schatz, S.20-35.

Otto, Ulf (2009): ›To tube or not to tube – Digitaler Shakespeare-Gebrauch ‹, in: *Shakespeare revisited. Theatrale Verfahren der Vergegenwärtigung*, hg. v. Ole Hruschka, Hildesheim.

Packer, Randall/Ken Jordan (2001): *Multimedia: from Wagner to virtual reality*, New York.

Packer, Randall (2001): ›Utopianism, Technology, and the Avant-Garde: The Artist Shaping the Social Condition‹, erschienen in: *Link: A Critical Journal on the Arts* .

Paech, Joachim (1998): ›Intermedialität. Mediales Differenzial und transformative Figurationen‹, in: *Intermedialität. Theorie und Praxis eines interdisziplinären Forschungsgebiets*, hg. v. Jörg Helbig, Berlin, S.14-29.

Partridge, Christopher H. (2005): *Introduction to World Religions*, Minneapolis (Minn.).

Patalas, Enno (1963): *Sozialgeschichte der Stars*, Hamburg.

Paul, Arno (1971): ›Theaterwissenschaft als Lehre vom theatralischen Handeln‹, in: *Moderne Dramentheorie, Bd.1*, hg. v. Aloysius an Kesteren, Herta Schmid u. Sergei Dmitrievich Balukhatyi, S.162-192.

Paul, Arno (1981): ›Theaterwissenschaft als Lehre vom theatralischen Handeln und Theater als Kommunkationsprozeß. Medienspezifische Erörterungen zur Entwöhnung vom Literaturtheater‹, in: *Theaterwissenschaft im deutschsprachigen Raum*, hg. v. Helmar Klier, Darmstadt, S.208-289.

Pearce, Celia (1997): *The Interactive Book. A Guide to the Interactive Revolution*, Indianapolis.

Penny, Simon (2004): ›Representation, Enaction, and the Ethics of Simulation‹, in: *First person. New media as story, performance, and game*, hg. v. Pat Harrigan u. Noah Wardrip-Fruin, Cambridge (Mass.) [u.a.], S.73-84.

Perlin, Ken (2004): ›Can There Be a Form between a Game and a Story?‹, in: *First person. New media as story, performance, and game*, hg. v. Pat Harrigan u. Noah Wardrip-Fruin, Cambridge (Mass.) [u.a.], S.12-18.

Peters, Sybille (2004): ›Zur Figuration von Evidenz: Der Vortrag als wissenspoietisches Szenario – Prolegomena‹, in: *Diskurse des Theatralen*, hg. v. Erika Fischer-Lichte, Tübingen/Basel, S.311-344.

Pfahl, Julia (2008): *Zwischen den Kulturen – zwischen den Künsten. Medialhybride Theaterinszenierungen in Québec*, Bielefeld.

Phelan, Peggy (1993): *Unmarked. The Politics of Performance*, London/New York.

Pias, Claus (2005): ›Die Pflichten des Spielers. Der User als Gestalt der Anschlüsse‹, in: *Hyperkult II*, hg. v. Wolfgang Coy u. Martin Warnke, S.313-341.

Pias, Claus (2003): ›Wenn Computer spielen. Ping/Pong als Urszene des Computerspiels‹, in: *Homo faber ludens. Geschichten zu Wechselbeziehungen von Technik und Spiel*, hg. v. Stefan Poser u. Karin Zachmann, Frankfurt a. M., S.255-280.

Pias, Claus (2002): *Computer-Spiel-Welten*, München.

Pinhanez, C. S. (1996): ›Computer theater‹, unter [http://www.pinhanez.com/claudio/publications/378.pdf]

Piore, Michael J./Charles F. Sabel (1984): *The Second Industrial Divide. Possibilities for Prosperity*, New York.

Plessner, Helmuth (1984): ›Zur Anthropologie des Schauspielers‹, in: *Gesammelte Schriften VII. Ausdruck und menschliche Natur*, Frankfurt a.M., S.399-418.

Plessner, Helmut (1975): *Die Stufen des Organischen und der Mensch*, Berlin/New York.

Plessner, Helmut (1966): ›Soziale Rolle und menschliche Natur‹, in: *Diesseits der Utopie*, Düsseldorf/Köln, S.23-35.

Poole, Steven (2000): *Trigger Happy. The Inner Life of Videogames*, London.

Porombka, Stephan (2001): *Hypertext. Zur Kritik eines digitalen Mythos*, München.

Poster, Mark (1995): *The second media age*, Cambridge, Mass.

Postman, Neil (1985): *Amusing Ourselves to Death. Public Discourse in the Age of Show Business*, New York.

Pranz, Sebastian (2008): ›Die Präsentation des Raumes im Videospiel‹, in: *Weltweite Welten. Internet-Figurationen aus wissenssoziologischer Perspektive*, hg. v. Herbert Willems, Wiesbaden, S.319-339.

Prümm, Karl (1990): ›Lektüre des Audiovisuellen. Film und Fernsehen als Gegenstände einer erweiterten Theaterwissenschaft‹, in: *Theaterwissenschaft heute. Eine Einführung*, hg. v. Renate Möhrmann, Berlin.

Prümm, Karl (1987): ›Intermedialität und Multimedialität. Eine Skizze medienwissenschaftlicher Forschungsfelder‹, erschienen in: *Theaterzeitschrift 4/22*, S.95-103.

Rapp, Uri (1993): *Rolle, Interaktion, Spiel. Eine Einführung in die Theatersoziologie*, Wien.

Rapp, Uri (1973): *Handeln und Zuschauen. Untersuchungen über den theatersoziologischen Apsekt in der menschlichen Interaktion*, Darmstadt/Neuwied.

Rayner, Alice (1999): ›Everywhere and Nowhere: Theatre in Cyberspace‹, erschienen in: *Of Borders and Thresholds* , S.278-302.

Reaney, Mark (2000): *Art in Real-Time: Theatre and Virtual Reality. Abstract zu einem Seminar an der Université Paris 8 am 24. März 2000.*

Reaney, Mark (1995): ›Virtual Reality on Stage. VR valuable for design, performance, and remote viewing in the theatre‹, in: *VR World Mai/Jun 1995/*, S.28-31.

Reck, Hans Ulrich (2007): ›Immersive Environments: The Gesamtkunstwerk of the 21st Century?‹, in: *The Myth of Media Art. The Aesthetics of the Techno/Imaginary and an Art Theory of Virtual Reality*, Weimar, S.99-108.

Reckwitz, Andreas (2008): *Unscharfe Grenzen. Perspektiven der Kultursoziologie*, Bielefeld.

Reckwitz, Andreas (2006): *Das hybride Subjekt. Eine Theorie der Subjektkulturen von der bürgerlichen Moderne zur Postmoderne*, Weilerswist.

Reckwitz, Andreas (2003): ›Grundelemente einer Theorie sozialer Praktiken‹, erschienen in: *Zeitschrift für Soziologie 4/32*, S.282-301.

Rehak, Bob (2003): ›Playing at Being. Psychoanalysis and the Avatar‹, in: *The Video Game Theory Reader*, hg. v. Mark J. P. Wolf u. Bernard Perron, London/New York, S.103-127.

Reichert, Ramón (2008): *Amateure im Netz: Selbstmanagement und Wissenstechnik im Web 2.0. YouTube - MySpace - Second Life Kultur- und Medientheorie*, Bielefeld.

Reid, Elizabeth (1995): ›Virtual World: Culture and Imagination‹, in: *Cybersociety: Computer Mediated Communication and Community*, hg. v. Steven G. Jones, Thousand Oaks (Calif.).

Reid, Elizabeth (1994): *Cultural Formations in Text-Based Realities*, Melbourne.

Reid, Elizabeth (1991): *Electropolis: Communication and community on Internet Relay Chat. B.A. Thesis*, Melbourne.

Reid-Walsh, Jacqueline (2008): ›Harlequin meets The SIMS. A history of interactive Narrative Media for Children and Youth from Early Flap Books to Contemporary Multimedia‹, in: *The International handbook of children, media and culture*, S.71-87.

Reinelt, Janelle (2002): ›The Politics of Discourse. Performativity meets Theatricality‹, erschienen in: *SubStance 98/99 2 & 3/31*, S.201-215.

Renan, Sheldan (1996): ›The Net and the Future of being Fictive‹, in: *Clicking In. Hot Links To a Digital Culture*, hg. v. Lynn Hershman Leeson, Seattle, S.61-72.

Rheingold, Howard (1985): *Tools for Thought*, New York.

Rheingold, Howard (1992): *Virtual reality*, New York.

Rheingold, Howard (1993): *The Virtual Community. Homesteading on the Electronic Frontier*, Reading (Mass.), auf Deutsch erschienen als: *Virtuelle Gemeinschaft. Soziale Beziehungen im Zeitalter des Computers*, Bonn [u.a.] 1994.

Riedel, Christian (2006): ›My Private Little Revolution? Computerspiel als Widerstand in The Sims und The Sims Online‹, in: *Das Spiel mit dem Medium. Partizipation, Immersion, Interaktion*, hg. v. Britta Neitzel u. Nohr Rolf F., Marburg, S.276-295.

Rifkin, Jeremy (2000): *The Age of Access. The New Culture of Hypercapitalism, where all of Life is a Paid-for Experience*, New York.

Ringley, Jennifer: ›What Is Jennicam?‹, unter: [http://jennicam.com, veröff. 2003, abgerufen am(20 April 2003)].

Ringley, Jennifer: ›JenniCam: Life, Online‹, unter: [http://www. jennicam. com/j2kr/faq. html, veröff. 2001, abgerufen am15.5.2001].

Ringley, Jennifer: ›JenniCam-Frequently Asked Questions‹, unter: [http://www.jennicam.org/faq/general.html, veröff. 1998, abgerufen am (25 April 1998)].

Rodatz, Christopher (2004): ›Theaterraum als Computer-Bildschirm. Vom Zuschauer zum aktiven Nutzer‹, in: *Crossing media. Theater, Film, Fotografie, neue Medien*, hg. v. Christopher B Balme u. Markus Moninger, München, S.189-204.

Roesler, Silke, (2007): *Identity Switch im Cyberspace: eine Form von Selbstinszenierung Studien zum Theater, Film und Fernsehen, Bd. 43*, Frankfurt a. M.

Röttger, Kati (2004): ›F@ust vers. 3.0: eine Theater & Medien-Geschichte‹, in: *Crossing media. Theater, Film, Fotografie, neue Medien*, hg. v. Christopher B Balme u. Markus Moninger, München, S.33-54.

Rötzer, Florian (2007): ›Das Leben als Spiel. Konturen einer ludischen Gesellschaft‹, in: *Escape! Computerspiele als Kulturtechnik*, hg. v. Claus Pias u. Christian Holtorf, Köln, S.171-189.

Rötzer, Florian (1995): ›Konturen der ludischen Gesellschaft im Computerzeitalter. Vom Homo ludens zum ludo globi‹, in: *Schöne Neue Welten?. Auf dem Weg zu einer neuen Spielkultur*, hg. v. Florian Rötzer, München, S.171-216.

Rötzer, Florian/Peter Weibel (1993): *Cyberspace. Zum medialen Gesamtkunstwerk*, München.

Rötzer, Florian (1993): ›Einleitung‹, in: *Cyberspace. Zum medialen Gesamtkunstwerk*, hg. v. Florian Rötzer u. Peter Weibel, München, S.9-14.

Rohmann, Gabriele (1999): *Spasskultur im Widerspruch: Skinheads in Berlin*, Bad Tölz.

Rojek, Chris (2001): *Celebrity*, London.

Roselt, Jens (2008): *Phänomenologie des Theaters*, München.

Roselt, Jens (2006): ›Die Arbeit am Nicht-Perfekten‹, in: Wege der *Wahrnehmung*, hg. v. Erika Fischer-Lichte, Barbara Gronau, Sabine Schouten u. Christel Weiler, Berlin, S.28-38.

Roselt, Jens, (2005): ›Schauspieltheorien vom Barock bis zum postdramatischen Theater‹, in: *Seelen mit Methode*, Berlin.

Roselt, Jens (2005): ›Figur‹, in: *Metzler Lexikon Theatertheorie*, hg. v. Erika Fischer-Lichte, Doris Kolesch u. Matthias Warstat, Stuttgart, S.104-107.

Roselt, Jens (1999): ›Vom Affekt zum Effekt. Schauspielkultur und Popularkultur‹, in: *Transformationen. Theater der neunziger Jahre*, hg. v. Erika Fischer-Lichte, Doris Kolesch u. Christel Weiler, Berlin, S.110-120.

Rosenfelder, Andreas (2008): *Digitale Paradiese. Von der schrecklichen Schönheit der Computerspiele*, Köln.

Rosenthal, Marshall (2003): ›Dr. Higinbotham's Experiment. The First Video Game or: Fun with an Oscilliscope‹, in: *Discovery Channel Online: Dead Inventors' Corner*, 17.03.2003, auch unter: [www.discovery.com/doc/1012/world/inventors100596/inventors.html].

Roth, Rodris (1998): ›Scrapbook Houses: A Late Nineteenth-Century Children's View of the American Home‹, erschienen in: *The American Home: Material Culture, Domestic Space, and Family Life*.

Ruedenberg, Lucia/Brenda Danet/Y. Rosenbaum-Tamari (1995): ›Virtual Virtuosos: Play and Performance at the Computer Keyboard‹, in: *Electronic Journal of Communication, Bd.5*.

Ruoff, Jeffrey (2002): *An American Family. A Televised Life*, Minneapolis.

Rushkoff, Douglas (1999): *Playing The Future. What we can learn from Digital Kids*, New York.

Ryan, Marie-Laure (2001): ›Beyond Myth and Metaphor – The Case of Narrative in Digital Media‹, erschienen in: *Game Studies 1/1*, [http://gamestudies.org/0101/ryan/].

Ryan, Marie-Laure (2001): *Narrative as Virtual Reality. Immersion and Interactivity in Literature and Electronic Media*, Baltimore.

Sack, Tilman (2000): *Theater Und Internet. Überlegungen Zu Einem Konzept 'Chattheater'*, [www.dichtung-digital.de/Interscene/Sack].

Salen, Katie/Eric, Zimmerman (2003): *Rules of Play. Game Design Fundamentals*, Cambridge (Mass.).

Saltz, David Z. (2001): ›Live Media: Interactive Technology and Theatre‹, in: *Theatre Topics 2/11*, S.107-130.

Saltz, David Z. (1997): ›The Art of Interaction: Interactivity, performativity, and computers‹, erschienen in: *The Journal of Aesthetics and Art Criticism 2/55*, S.117-127.

Sandbothe, Mike (1998): ›Theatrale Aspekte des Internet. Prolegomena zu einer zeichentheoretischen Analyse theatraler Textualität‹, in: *Kommunikation im Wandel. Zur Theatralität der Medien*, hg. v. Udo Göttlich, Jörg-Uwe Nieland u. Heribert Schatz, Köln, S.209-226.

Sandvoss, Cornel (2005): *Fans. The Mirror of Consumption*, Oxford.

Sarcinelli, Ulrich (1987): *Symbolische Politik. Zur Bedeutung symbolischen Handelns in der Wahlkampfkommunikation der Bundesrepublik Deutschland*, Opladen.

Sauter, Willmar (2005): ›Publikum‹, in: *Metzler Lexikon Theatertheorie*, hg. v. Erika Fischer-Lichte, Doris Kolesch u. Matthias Warstat, Stuttgart, S.253-259.

Schanze, Helmut (2001): ›Mediengeschichte des Theaters‹, in: Handbuch Mediengeschichte, Stuttgart, S.316-346.

Schanze, Helmut (1996): ›Theater und Fernsehen im Kontext 'Neuer Medien', in: Helmut Schanze: *Theater und Fernsehen. Bilanz einer Beziehung*‹, hg. v. Rolf Bolwin, Peter Seibert u. Sandra Nuy, Opladen 1996, S.45-52.

Schatz, Heribert/Jörg-Uwe Nieland (2004): ›Theatralität als Zerfallsform politischer Öffentlichkeit? Symbole, Inszenierungen und Identitäten in der 'Berliner Republik'‹, in: *Theatralität als Modell in den Kulturwissenschaften*, hg. v. Erika Fischer-Lichte, Christian Horn, Sandra Umathum u. Matthias Warstat, Tübingen/Basel, S.159-181.

Schatzki, Theodor R./Karin Knorr Cetina/Eike von Savigny (2001): *The Practice Turen in Comtemporary Theory*, London / N. Y..

Schechner, Richard (1973): *Environmental Theater*, New York.

Schicha, Christian/Rüdiger Ontrup (1999): *Medieninszenierungen im Wandel. Interdisziplinäre Zugänge*, Münster.

Schiller, Friedrich (2000): *Über die ästhetische Erziehung des Menschen in einer Reihe von Briefen*, Stuttgart.

Schleiner, Anne Maria (2000): ›Does Lara Croft wear Fake Polygons‹, erschienen in: *Leonardo 3/34*, S.221-226.

Schmundt, Hilmar (1996): ›Sei gegrüßt, Fleisch. Internet als Karneval‹, erschienen in: *Der Freibeuter*, 09.1996, S.86-97.

Schoenmakers, Henri/Stefan Bläske/Kay Kirchmann/Jens Ruchatz (2008): *Theater und Medien. Grundlagen - Analysen - Perspektiven*, Bielefeld.

Schramm, Helmar (1996): *Karneval des Denkens. Theatralität im Spiegel philosophischer Texte des 16. und 17. Jahrhunderts*, Berlin .

Schramm, Helmar (1990): ›Theatralität und Öffentlichkeit. Vorstudien zur Begriffsgeschichte von Theater‹, in: *Ästhetische Grundbegriffe. Studien zu einem historischen Wörterbuch*, hg. v. K. Barck, M. Fontius u. Wolfgang Thierse, Berlin, S.202-242.

Schrum, Stephen A (1999): *Theatre in Cyberspace. Issues of teaching, acting and directing*, New York.

Schudson, Michael (1978): ›The Ideal of Conversation in the Study of Mass Media‹, erschienen in: *Communication Research 3/5. Jg*, S.320-329.

Schulze, Gerhard (1995): ›Das Medienspiel‹, erschienen in: *Kultur-Inszenierungen* , S.363-378.

Schulze, Gerhard (1992): *Die Erlebnisgesellschaft. Kultursoziologie der Gegenwart*, Frankfurt a.M. [u.a.].

Schunk, Dirk (2004): *Einführung in die Generation: Counter Strike : das e- und Cyber-Sports-Zeitalter*, Norderstedt.

Schwanitz, Dietrich (1990): *Systemtheorie und Literatur. Ein neues Paradigma*, Opladen.

Schwartz, Frederic D. (1990): ›The Patriarch of PONG‹, erschienen in: *Invention and Technology*, 10.1990, S.64, auch unter: [www.fas.org/cp/pong_fas.html].

Schwartzenberg, Roger-Gérard (1977): *L'état spectacle. Essai sur et contre le star system en politique*, Paris.

Schweller, Kenneth (1999): ›Staging a Play in the MOO Theater‹, in: *Theatre in Cyberspace. Issues of teaching, acting and directing*, hg. v. Stephen A. Schrum, New York, S.147-157.

Seabrook, John (1997): *Odyssee im Cyberspace: Leben in virtuellen Welten*, Düsseldorf/Regensburg.

Seesslen, Georg (2003): *Die Matrix entschlüsselt*, Berlin.

Seifert, Robert (2007): *Flow in Azeroth: eine Analyse von Spielerfahrungen in MMO(RP)Gs am Beispiel von World of Warcraft*, Saarbrücken.

Senft, Theresa (2008): *Camgirls. Celebrity and Community in the Age of Social Networks*, New York.

Sennett, Richard (1986): *Verfall und Ende des öffentlichen Lebens. Die Tyrannei der Intimität*, Frankfurt a.M..

Shani, Hadassa (2006): ›Modularity as a Guiding Principle of theatrical Intermediality. Me-Dea-Ex: An Actual-Virtual Digital Theatre Project‹, in: *Intermediality in Theatre and Performance*, hg. v. Freda Chapple, Amsterdam/New York, S.207-221.

Sherlock, Lee (2009): ›Genre, Activity, and Collaborative Work and Play in World of Warcraft: ‹, in: *Journal of Business and Technical Communication 3/23*, S.263-293.

Sicart, Manuel (2004): ›Family values: ideology, computer games & The Sims‹, in: *Level Up. Digital Games Research Conference*, hg. v. Marinka Copier u. Joost Raessens, Utrecht.

Silver, David/Adrienne Massanari (2006): *Critical cyberculture studies*, New York.

Simanowski, Roberto (2008): *Digitale Medien in der Erlebnisgesellschaft. Kultur – Kunst – Utopien*, Reinbek bei Hamburg.

Simanowski, Roberto (2001): *Digitale Literatur*, München.

Singer, Milton (1959): ›Introduction‹, in: *Traditional India. Structure and Change*, Philadelphia.

Slevogt, Esther (2001): ›Das Cyber-Gerücht. Eine Expedition in die Labyrinthe des world wide webs auf der Suche nach dem Theater im Internet‹, in: *Theater Heute*, 12.2001, auch unter: [http://www.theaterheute.de/galerie/12-01/internet.html].

Slevogt, Esther (2001): ›Könnte Lara Croft die Ophelia spielen? Eine historische Expedition in die Tiefen des www‹, bei: *Nachtkritik.de*, 2001, auch unter: [http://www.nachtkritik.de/index.php?option=com_content&task=view&id=23&Itemid=85].

Sloane, Sarah (2000): *Digital fictions. Storytelling in a Material World*, Stamford, Conn..

Slodov, Dustin A. (2008): *Nostalgia and World of Warcraft Myth and Individual Resistance*, Ohio University.

Smith, Barry (2005): ›Jennicam, or the telematic theatre of a real life‹, erschienen in: *International Journal of Performance Arts and Digital Media 2/1*, S.91-100.

Smith, Marc A.,/Peter Kollock (1999): *Communities in cyberspace*, London/New York.

Smith, Matthew Wilson (2007): *The Total Work of Art. From Bayreuth to Cyberspace*, New York.

Soeffner, Hans-Georg (2004): ›Die Wirklichkeit der Theatralität‹, in: *Theatralität als Modell in den Kulturwissenschaften*, hg. v. Erika Fischer-Lichte, Christian Horn, Sandra Umathum u. Matthias Warstat, Tübingen u. Basel, S.235-247.

Sofia, Zoe (1999): ›Virtual Coporeality: A Feminist View‹, in: *Cybersexualities: A Reader on Feminist Theory, Cyborgs and Cyberspace*, hg. v. Jenny Wolmark, Edinburgh, S.55-68.

Sombart, Werner (1987): *Der Bourgeois. Zur Geistesgeschichte des modernen Wirtschaftsmenschen*, Berlin (West).

Sontag, Susan (1980): ›Theater und Film‹, in: *Kunst und Antikunst. 24 literarische Analysen*, München, S.177-195.

Sontag, Susan (1977): *On Photography*, New York.

Stanislavsky, Konstantin (1961): *Die Arbeit des Schauspielers an sich selbst. Tagebuch eines Schülers*, Berlin (Ost).

Stanislavsky, Konstantin (1955): *Die Arbeit des Schauspielers an der Rolle. Fragmente eines Buches*, Berlin (Ost).

Stanley, Henry Morton/Richard Stanley/Alan Neame (1961): *The Exploration Diaries of H. M. Stanley*, London.

Stelarc (1990): ›Prosthetics, Robotics and Remote Existence: Postevolutionary Strategies‹, in: *SISEA Proceedings. Second International Symposium on Electronic Art*, hg. v. Wim van der Plas, Groningen, S.227-236.

Stephenson, Neal (1992): *Snow Crash*, New York.

Stern, Carol Simpson/Bruce Henderson (1993): ›Introduction‹, in: *Performance. Texts and Contexts*.

Stone, Allucquère Rosanne (1995): *The war of desire and technology at the close of the mechanical age*, Cambridge (Mass.).

Sutherland, Ivan Edward (1968): ›A Head-Mounted Three Dimensional Display‹, erschienen in: *Proceedings of the Fall Joint Computer Conference 33*, S.757-764.

Sutter, Tilmann (2008): ›'Interaktivität' neuer Medien – Illusion und Wirklichkeit aus Sicht einer soziologischen Kommunikationsanalyse‹, in: *Weltweite Welten. Internet-Figurationen aus wissenssoziologischer Perspektive*, hg. v. Herbert Willems, Wiesbaden, S.57-73.

Sutton-Smith, Brian (1997): *The Ambiguity of Play*, Cambridge (Mass.).

Tapscott, Don (1998): *Growing up Digital. The Rise of the Net Generation*, New York.

Teichert, Dieter (2005): ›Medienphilosophie des Theaters‹, in: *Systematische Medienphilosophie*, hg. v. Mike Sandbothe u. Ludwig Nagl, Berlin.

Thiedecke, Udo (2008): ›Spiel-Räume. Zur Soziologie entgrenzter Exklusionsbereiche‹, in: *Weltweite Welten. Internet-Figurationen aus wissenssoziologischer Perspektive*, hg. v. Herbert Willems, Wiesbaden, S.295-317.

Thiedeke, Udo (2004): *Soziologie des Cyberspace: Medien, Strukturen und Semantiken*, Wiesbaden.

Thomas, Douglas (2002): *Hacker Culture*, Minneapolis.

Thompson, John B (1995): *The Media and Modernity. a Social Theory of the Media*, Cambridge.

Thomson, Cliff (2003): ›Suburban Rhapsody – In The Sims, America's favorite computer game, winning means having stuff – the most friends, the biggest house. Sound familiar?‹, erschienen in: *Psychology Today 6/36*, S.32-41.

Tofts, Darren/Annemarie Jonson/Alessio Cavallaro (2002): *Prefiguring cyberculture: an intellectual history*, Cambridge, Mass./Sydney.

Tronstad, Ragnild (2008): ›Character Identification in World of Warcraft: The Relationship between Capacity and Appearance‹, in: *Digital Culture, Play and Identity. A World of Warcraft Reader*, hg. v. Hilde G. Corneliussen u. Jill Walker Rettberg, Cambridge (Mass.), S.249-264.

Turing, Alan (1950): ›Computing machinery and intelligence‹, erschienen in: *Mind 236/59*, S.433-460.

Turkle, Sherry (1995): *Life on the Screen. Identity in the Age of the Internet*, New York, auf Deutsch erschienen als: *Leben im Netz. Identität in Zeiten des Internets*, Reinbek b. Hamburg 1999.

Turner, Graeme (2004): *Understanding Celebrity*, London.

Turner, Victor (1982): *From Ritual to Theatre. The Human Seriousness of Play* , New York.

Ullrich, Wolfgang/Sabine Schirdewahn (2002): *Stars. Annäherung an ein Phänomen*, Frankfurt a. M..

Burnham, Van/Ralph H. Baer (2003): *Supercade. A visual history of the videogame age. 1971-1984*, Cambridge (Mass.).

Van Gennep, Arnold (1981): *Les Rites de Passage. Étude systématique des rites*, Paris.

Vardac, A. Nicholas (1949): *Stage to screen. Theatrical method from Garrick to Griffith*, Cambridge (Mass.).

Vill, Susanne (2008): ›Spielräume zwischen Medienkunst und virtueller Realität‹, in: *Medien und Theater*, hg. v. Henri Schoenmakers, Bielefeld, S.457-477.

Voigts-Virchow, Eckart (2000): ›Introduction: Post-Theatrical Drama/Post-Dramatic Theatre‹, in: *Mediated drama, dramatized media. Papers given on the occasion of the eighth annual conference of the German Society for Contemporary Theatre and Drama in English*, hg. v. Eckart Voigts-Virchow, Trier, S.7-11.

von Kardorff, Ernst (2008): ›Virtuelle Netzweke – neue Formen der Kommunikation und Vergesellschaftung‹, in: *Weltweite Welten. Internet-Figurationen aus wissenssoziologischer Perspektive*, hg. v. Herbert Willems, Wiesbaden, S.23-55.

von Neumann, John (1993): ›First Draft of a Report on the EDVAC‹, erschienen in: *IEEE Annals of the History of Computing 4/15*, S.27-75.

Waldenfels, Bernhard (2004): *Phänomenologie der Aufmerksamkeit*, Frankfurt a.M..

Ward, Mike (2000): ›Being Lara Croft, or, We are All Sci Fi‹, erschienen in: *Pop Matters*, 14.01.2000, auch unter: [http://popmatters.com/features/000114-ward.html].

Wardrip-Fruin, Noah/Nick Montfort (2003): *The new media reader*, Cambridge, Mass./London.

Warstat, Matthias (2008): ›Ausnahme von der Regel. Zum Verhältnis von Theater und Gesellschaft‹, in: *Strahlkräfte. Festschrift für Erika Fischer-Lichte*, hg. v. Jens, Roselt, Clemens Risi u. Christel Weiler, Berlin, S.116-133.

Warstat, Matthias (2005): ›Theatralität‹, in: *Metzler Lexikon Theatertheorie*, hg. v. Erika Fischer-Lichte, Doris Kolesch u. Matthias Warstat, Stuttgart, S.358-364.

Warstat, Matthias (2004): ›Theatralität der Macht – Macht der Inszenierung‹, in: *Diskurse des Theatralen*, hg. v. Erika Fischer-Lichte, Christian Horn, Sandra Umathum u. Matthias Warstat, Tübingen/Basel, S.151-169.

Weber, Anne Nicholson, (2006): *Upstaged: making theatre in the media age*, New York.

Weber, Samuel (1998): ›Vor Ort. Theater im Zeitalter der Medien‹, in: *Grenzgänge. Das Theater und die anderen Künste*, hg. v. Gabriele Brandstetter, Tübingen.

Weber, Samuel (2004): *Theatricality as Medium*, New York.

Weibel, Peter (2007): ›Das neue Leben vor dem Tod‹, erschienen in: *Spiegel Nr. 8*, 17.02.2007, S.156-157.

Weihe, Richard (2004): *Die Paradoxie der Maske. Geschichte einer Form*, München.

Weiler, Christel (2008): ›Weiter Denken – Analytisch und wild zugleich‹, in: *Strahlkräfte. Festschrift für Erika Fischer-Lichte*, hg. v. Jens, Roselt, Clemens Risi u. Christel Weiler, Berlin.

Weimann, Robert (1978): *Shakespeare and the Popular Tradition in Theatre. Studies in the Social Dimension of Dramatic Form and Function*, hg. v. Robert Schwartz, Baltimore.

Weimann, Robert (1967): ›Rede-Konvention des Vice von Mankind bis Hamlet‹, erschienen in: *Zeitschrift für Anglistik und Amerikanistik/2*, 1967.

Wells, Stanley W. (1978): *Nineteenth-century Shakespeare burlesques*, Wilmington (Del.).

Welsch, Wolfgang (1995): ›Künstliche Paradiese? Betrachtungen zur Welt der elektronischen Medien – und zu anderen Welten‹, in: *Paragrana, Bd.4*.

Welsh, Alexander (2001): *Hamlet in his Modern Guises*, Princeton (N.J.).

Werber, Niels (2008): ›Sehnsüchtige Semantik. Neue Medien, neue Literatur im World Wide Web‹, in: *Weltweite Welten. Internet-Figurationen aus wissenssoziologischer Perspektive*, hg. v. Herbert Willems, Wiesbaden, S.341-362.

Wertheim, Margaret (2002): ›Internet Dreaming: A Utopia for all Seasons‹, in: *Prefiguring Cyberculture. An Intellectual History*, Sydney, S.216-226.

Wertheim, Margaret (1999): The Pearly Gates of Cyberspace. A History of Space from Dante to the Internet, New York., auf Deutsch erschienen als: *Die Himmelstür zum Cyberspace. Eine Geschichte des Raumes von Dante zum Internet*, Frankfurt a.M. 2000.

Wesemann, A. (1997): ›The Mirror Games Of The New Media A technohistory of dance‹, in: *BALLETT INTERNATIONAL*, S.36-39.

White, Michele (2003): ›Too close to see: men, women, and webcams‹, erschienen in: *New Media & Society 1/5*, S.7-28.

Wiens, Birgit (2006): ›Hamlet and the Virtual Stage: Herbert Fritschs Project Hamlet_X‹, in: *Intermediality in Theatre and Performance*, hg. v. Freda Chapple, Amsterdam/New York, S.223-236.

Wiens, Birgit (2004): ›Telematisch, distribuiert, vernetzt: Theater als 'interaktive Landschaft'? – Ein Essay‹, in: *Szenografie in Ausstellungen und Museen*, hg. v. Gerhard Kilger, Essen, S.111-115.

Wilckens, Lenoie von (1978): *Das Puppenhaus. Vom Spiegelbild des bürgerlichen Hausstandes zum Spielzeug für Kinder*, München.

Willems, Herbert/Sebastian Pranz (2008): ›Formationen und Transformationen der Selbstthematisierung. Von der unmittelbaren Interaktion zum Internet‹, in: *Weltweite Welten. Internet-Figurationen aus wissenssoziologischer Perspektive*, hg. v. Herbert Willems, Wiesbaden, S.189-222.

Willems, Herbert (2007): ›Theatralität. Überlegungen zu einem kulturtheoretischen Ansatz‹, erschienen in: *Österreichische Zeitschrift für Soziologie 2/32. Jg.*, S.53-71.

Willems, Herbert (2003): *Theatralität der Werbung. Theorie und Analyse massenmedialer Wirklichkeit: zur kulturellen Konstruktion von Identitäten*, Berlin.

Willems, Herbert (2001): ›Medientheatralität‹, in: *Wahrnehmung und Medialität*, hg. v. Erika Fischer-Lichte, Christian Horn, Sandra Umathum u. Matthias Warstat, Tübingen/Basel, S.385-401.

Willems, Herbert (1998): ›Inszenierungsgesellschaft? Zum Theater als Modell, zur Theatralität von Praxis‹, in: *Inszenierungsgesellschaft. Ein einführendes Handbuch*, hg. v. Herbert Willems u. Martin Jurga, Wiesbaden, S.23-80.

Williams, Dmitri/T.L.M. Kennedy/R.J. Moore (2010): ›Behind the avatar: The Patterns, Practices, and Functions of Role Playing in MMOs‹, in: *Games and Culture* 6/2, S. 171-200

Williams, D./N. Ducheneaut/L. Xiong/Y. Zhang/N. Yee/E. Nickell (2006): ›From Tree House to Barracks: The Social Life of Guilds in World of Warcraft‹, in: *Games and Culture 4/1*, S.338-361.

Williams, Raymond (1998): ›Drama in einer dramatisierten Gesellschaft‹, in: *Kommunikation im Wandel. Zur Theatralität der Medien*, hg. v. Udo Göttlich, Jörg-Uwe Nieland u. Heribert Schatz, Köln, S.238-252.

Wilson, Elizabeth A. (2002): ›Affects and Intelligence in Alan Turing‹, in: *Prefiguring cyberculture: an intellectual history*, Sydney, S.38-51.

Wilson, Stephen (2002): *Information arts: intersections of art, science, and technology*, Cambridge, Mass.

Wittgenstein, Ludwig (1998): *Philosophische Untersuchungen*, hg. v. Eike von Savigny, Berlin.

Wunderer, Monika (1999): ›Presence in Front of the Fourth Wall of Cyberspace‹, in: *Theatre in Cyberspace. Issues of teaching, acting and directing*, hg. v. Stephen Schrum, New York, S.203-220.

Wunderer, Monika (1997): ›Die virtuellen Bretter der Welt. Theater in Public Space‹, in: *Unveröffentlicht Diplomarbeit an der Universität Wien.*

Xander, Harald (1994): ›Theatralität im vorrevolutionären russischen Theater. Evreinovs Entgrenzung des Theaterbegriffs‹, in: *Arbeitsfelder der Theaterwissenschaft*, hg. v. Erika Fischer-Lichte, Tübingen.

Zarrilli, Phillip B./Gary Jay Williams (2006): *Theatre histories: an introduction*, New York/London.

Zarrilli, Phillip B. (2002): *Acting (Re)considered. A Theoretical and Practical Guide*, London/New York.

Zielinski, Siegfried (1989): *Audiovisionen. Kino und Fernsehen als Zwischenspiele in der Geschichte der Kulturen und Ideen*, Reinbek bei Hamburg.

Zielske, Harald (1981): ›Theatergeschichte oder praktisches Theater? Bemerkungen über den Gegenstand der Theaterwissenschaft‹, in: *Theaterwissenschaft im deutschsprachigen Raum*, hg. v. H. Klier, Darmstadt, S.164-170.

Abbildungsverzeichnis

Abbildung 16: Medientheater http://mark.aufflick.com/static/assets/stock/Engelbart.png, verfiziert am 15.10.2012

Abbildung 17: Videoplace, http://www.flong.com/storage/images/texts/essay_cvad/videoplace1.jpg sowie http://www.flong.com/storage/images/texts/essay_cvad/videoplace.jpg und http://www.w2vr.com/timeline/16_KruegerVideoPlace1.jpg, verifiziert am 15.10.2012

Abbildung 18: Participation TV, http://www.medienkunstnetz.de/assets/img/data/2638/bild.jpg, verifiziert am 15.10.2012

Abbildung 19: David Rokeby: Very Nervous System,1991, http://vimeo.com/8120954, verifiziert am 15.10.2012

Abbildung 20: Osmose, http://www.medienkunstnetz.de/assets/img/data/1857/bild.jpg, http://www.medienkunstnetz.de/assets/img/data/1860/bild.jpg, verifiziert am 15.10.2012

Abbildung 21: Weltesche, Wilson Smith, Matthew (2007): The Total Work of Art: From Bayreuth to Cyberspace, London/New York, S. 28.

Abbildung 22: Rheintöchter mit Unterbau, Wilson Smith, Matthew (2007): The Total Work of Art: From Bayreuth to Cyberspace, London/New York, S. 34

Abbildung 23: Landschaftsgarten, Azeroth, Mittelerde http://www.gardenvisit.com/assets/madge/teme232seg221/original/teme232seg221_original.jpg sowie http://arathor.free.fr/carte_lordaeron.jpg und http://www.sauron-hdr.de/images/Mittelerde.JPG, verifiziert am 15.10.2012

Abbildung 24: Lara Croft Doubles, http://2.bp.blogspot.com/_vXhVGx51WYI/SVPEEXF_oxI/AAAAAAAACt0/V0Gz5MnmsbA/s1600-h/A7343778-325.jpg sowie http://mimg.ugo.com/201008/56397/cuts/lara-croft-cosplay-9_480x640.jpeg und http://www.cosplay.com, verifiziert am 15.10.2012

Abbildung 25: BusinessWeek, Mai 2006

Abbildung 26: Hamlet, the mild Cigar, http://www.youtube.com/watch?v=wJ_c2UaccJE, verifiziert am 15.10.2012

Abbildung 27: Mahir Cagri, http://www.istanbul.tc/mahir/mahir/, verifiziert am 15.10.2012

Abbildung 28: Trojan Room Coffee Machine, http://www.cl.cam.ac.uk/coffee/qsf/xcoffee.gif, verifiziert am 15.10.2012

Abbildung 29: Mahir Cagri vs. Borat Sagdiyev, http://images.paraorkut.com/img/funnypics/images/s/sexy_time-12327.jpg und http://www.aref-adib.com/archives/mahir_borat.jpg, verifiziert am 15.10.2012

Abbildung. 30: JenniCam, Jennifer Ringley, www.jennicam.org, 1996-2003

Abbildung 31: Numa Numa Dance & Star Wars Kid, http://www.youtube.com/watch?v=W9m9UFhEARg und http://www.youtube.com/watch?v=HPPj6viIBmU&feature=player_embedded, verifiziert am 15.10.2012.

Abbildung 32: Dancing Baby, http://www.youtube.com/watch?v=iQ3InoTMpe4, verifiziert am 15.10.2012.

Theater

NINA BIRKNER, ANDREA GEIER, URTE HELDUSER (HG.)
Spielräume des Anderen
Geschlecht und Alterität
im postdramatischen Theater

Februar 2013, ca. 300 Seiten, kart., ca. 29,80 €,
ISBN 978-3-8376-1839-6

FRIEDEMANN KREUDER, MICHAEL BACHMANN, JULIA PFAHL, DOROTHEA VOLZ (HG.)
Theater und Subjektkonstitution
Theatrale Praktiken zwischen Affirmation
und Subversion

Oktober 2012, 752 Seiten, kart., zahlr. Abb., 34,80 €,
ISBN 978-3-8376-1809-9

ECKHARD MITTELSTÄDT, ALEXANDER PINTO (HG.)
Die Freien Darstellenden Künste in Deutschland
Diskurse – Entwicklungen – Perspektiven

März 2013, ca. 280 Seiten, kart., zahlr. Abb., 29,80 €,
ISBN 978-3-8376-1853-2

Leseproben, weitere Informationen und Bestellmöglichkeiten finden Sie unter www.transcript-verlag.de

Theater

Patrick Primavesi, Jan Deck (Hg.)
Stop Teaching!
Neue Theaterformen mit Kindern
und Jugendlichen

Februar 2013, ca. 300 Seiten, kart., zahlr. Abb., ca. 29,80 €,
ISBN 978-3-8376-1408-4

Jens Roselt, Ulf Otto (Hg.)
Theater als Zeitmaschine
Zur performativen Praxis des Reenactments.
Theater- und kulturwissenschaftliche
Perspektiven

August 2012, 264 Seiten, kart., zahlr. Abb., 27,80 €,
ISBN 978-3-8376-1976-8

Wolfgang Schneider (Hg.)
Theater und Migration
Herausforderungen für Kulturpolitik
und Theaterpraxis

2011, 236 Seiten, kart., 24,80 €,
ISBN 978-3-8376-1844-0

Leseproben, weitere Informationen und Bestellmöglichkeiten finden Sie unter www.transcript-verlag.de

Theater

Martin Bieri
Neues Landschaftstheater
Landschaft und Kunst in den Produktionen von »Schauplatz International«
August 2012, 430 Seiten, kart., zahlr. z.T. farb. Abb., 39,80 €,
ISBN 978-3-8376-2094-8

Rosemarie Brucher
Subjektermächtigung und Naturunterwerfung
Künstlerische Selbstverletzung im Zeichen von Kants Ästhetik des Erhabenen
Januar 2013, 284 Seiten, kart., 32,80 €,
ISBN 978-3-8376-2270-6

Adam Czirak
Partizipation der Blicke
Szenerien des Sehens und Gesehenwerdens in Theater und Performance
Februar 2012, 326 Seiten, kart., 29,80 €,
ISBN 978-3-8376-1956-0

Jan Deck, Angelika Sieburg (Hg.)
Politisch Theater machen
Neue Artikulationsformen des Politischen in den darstellenden Künsten
2011, 186 Seiten, kart., 24,80 €,
ISBN 978-3-8376-1409-1

Andreas Englhart, Artur Pelka (Hg.)
Junge Stücke
Theatertexte junger Autorinnen und Autoren im Gegenwartstheater
Februar 2013, ca. 300 Seiten, kart., ca. 29,80 €,
ISBN 978-3-8376-1734-4

Susanne Valerie Granzer
Schauspieler außer sich
Exponiertheit und performative Kunst. Eine feminine Recherche
2011, 162 Seiten, kart., 19,80 €,
ISBN 978-3-8376-1676-7

Annemarie Matzke
Arbeit am Theater
Eine Diskursgeschichte der Probe
Juni 2012, 314 Seiten, kart., 32,80 €,
ISBN 978-3-8376-2045-0

Katharina Pewny
Das Drama des Prekären
Über die Wiederkehr der Ethik in Theater und Performance
2011, 336 Seiten, kart., 32,80 €,
ISBN 978-3-8376-1651-4

Jens Roselt, Christel Weiler (Hg.)
Schauspielen heute
Die Bildung des Menschen in den performativen Künsten
2011, 268 Seiten, kart., zahlr. Abb., 25,80 €,
ISBN 978-3-8376-1289-9

Jenny Schrödl
Vokale Intensitäten
Zur Ästhetik der Stimme im postdramatischen Theater
Mai 2012, 318 Seiten, kart., mit CD-ROM, 35,80 €,
ISBN 978-3-8376-1851-8

André Studt, Claudia Schweneker (Hg.)
SchattenOrt: Theater auf dem Nürnberger Reichsparteitagsgelände
Ein Monument des NS-Größenwahns als Lernort und Bildungsmedium
Dezember 2012, 256 Seiten, kart., mit DVD, 29,80 €,
ISBN 978-3-8376-2234-8

Leseproben, weitere Informationen und Bestellmöglichkeiten finden Sie unter www.transcript-verlag.de